谨以此书献给70年前为中国抗战与世界反法西斯战争做出巨大牺牲的南洋华侨

马来西亚海南会馆联合会会长、槟城孙中山协会会长拿督林秋雅女士，新加坡二战历史研究会会长、新加坡南洋孔教会会长郭文龙先生共同资助出版

南洋华侨机工研究
（1939—1946）

A Study of the NanYang
Volunteer Drivers and Mechanics（1939-1946）

夏玉清◎著

中国社会科学出版社

图书在版编目（CIP）数据

南洋华侨机工研究：1939～1946 / 夏玉清著 . —北京：中国
社会科学出版社，2016.3

ISBN 978-7-5161-6960-5

Ⅰ.①南… Ⅱ.①夏… Ⅲ.①华侨—抗日战争史—中国—
1939～1946 Ⅳ.①K265.06

中国版本图书馆 CIP 数据核字（2015）第 246360 号

出 版 人	赵剑英	
责任编辑	张 林	
特约编辑	宋英杰	
责任校对	王 斐	
责任印制	戴 宽	

出 版	中国社会科学出版社
社 址	北京鼓楼西大街甲 158 号
邮 编	100720
网 址	http://www.csspw.cn
发 行 部	010-84083685
门 市 部	010-84029450
经 销	新华书店及其他书店

印刷装订	三河市君旺印务有限公司
版 次	2016 年 3 月第 1 版
印 次	2016 年 3 月第 1 次印刷

开 本	710×1000 1/16
印 张	28.25
插 页	2
字 数	478 千字
定 价	99.00 元

凡购买中国社会科学出版社图书，如有质量问题请与本社营销中心联系调换
电话：010-84083683
版权所有　侵权必究

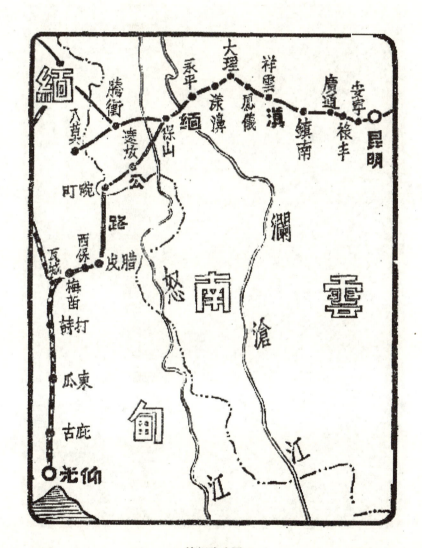

滇缅路略图

图片来源:《华侨动员》1940 年第 4 卷第 3 期。

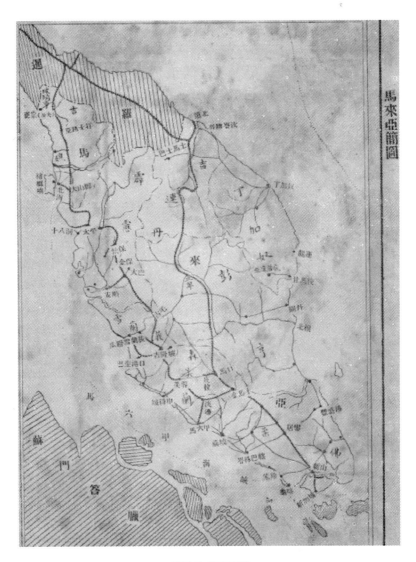

英属马来亚地图

图片来源：傅无闷编：《南洋年鉴》，南洋商报社 1939 年版。

马来西亚雪兰莪华侨机工纪念碑

马来西亚槟城南侨机工纪念碑

位于中国昆明西山的南侨机工纪念碑

2013 年 3 月设立于新加坡晚晴园的南侨机工纪念碑

士乃第二批机工

图片来源：《总汇新报》1939年2月13日。

马六甲第一批回国机工

图片来源：《总汇新报》1939年6月13日。

槟城华侨欢送第三批回国机工

图片来源：《总汇新报》1939 年 6 月 13 日。

星洲顺利客车公司欢送机工

图片来源：《总汇新报》1939 年 4 月 11 日。

蘇坡第三批回国机工

资料提供：昆明机工后代张田玉女士。

机工张智源（坐）、张金炳（右）与其叔叔张中孝（中）返国前合影

资料提供：昆明机工后代张田玉女士。

华侨机工在"运输人员训练所"集合

图片来源：《华侨先锋》第 5 卷第 7 期，第 28 页。

运输途中休息的南侨机工

图片来源：云南省档案馆。

南侨机工在中国服务所唱《运输救国歌》

资料来源：《新加坡南侨复员机工互助会十二周年纪念特刊》。

南侨机工汤仁文（后右一）南返时与家人及朋友在广州黄花岗

资料提供：昆明机工后代汤耶碧女士。

怡保南返机工互助会合影

资料提供：昆明机工后代汤耶碧女士。

侯西反与陈嘉庚

侯西反在昆明的墓碑（现存昆明博物馆）

资料提供：昆明机工后代张田玉女士。

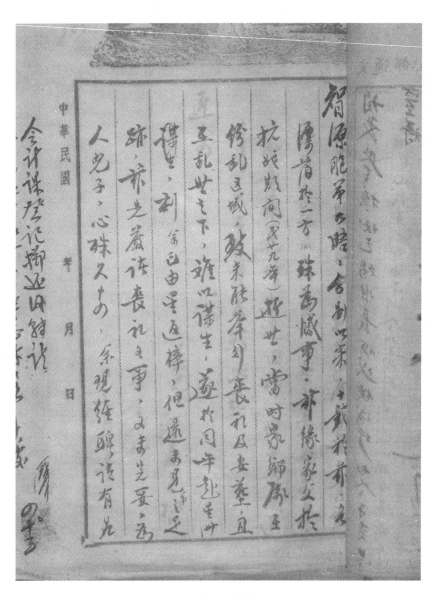

机工张智源家书

资料提供：昆明机工后代张田玉女士。

笔者与昆明的南侨机工罗开湖（98 岁）

笔者与中国远征军老兵杨毓骧（中）、机工后代汤耶碧女士合影

序　言

以文献重构南侨机工的历史图像

　　2015 年是中国抗战与世界反法西斯战争结束七十周年。当人们在总结七十年前法西斯发动第二次世界大战的历史教训、缅怀为中华民族与世界和平献出宝贵生命的英烈之时，无法忘怀当年来自南洋的 3000 多名"南侨机工"。这些以华侨为主的南洋青年才俊在"二战"最艰难的时刻来到中国战场，将青春与热血抛洒在西南运输大动脉的滇缅公路上，为中国持续抗日与世界反法西斯战争取得最后的胜利做出了重大贡献。

　　20 世纪 30 年代，欧洲与远东都面临法西斯的威胁。当时的中国作为世界反法西斯战争的主要与重要战场，牵制了大批日军主力，阻止了日军北进苏联的企图以及德日法西斯的联合。因此中国抗日战场的战况，关乎世界反法西斯战争之成败。然而，由于当时中国主要的交通运输线均被日军封锁切断，致使中国战场所需各类军用物资的补给面临极大的困难。为此，中国政府于 1938 年底在西南开通滇缅公路，用以运送在国外购买和国际援助的武器装备及军需补给品等物资。这条东起云南省会昆明、西行经下关到畹町出境，直通缅甸境内腊戍的滇缅公路，不仅是抗战时期中国联系外部世界唯一的军事物资补给重要通道，亦是中美英反法西斯合作的交会点，对于中国持续抗日和世界反法西斯战争取得最后胜利具有非常重要的战略意义。中国政府于 1937 年 10 月 1 日成立"军事委员会西南进出口物质运输总经理处"（简称西南运输处），作为执行运送国内外军事物资工作的组织与管理机构。然而此时的西南运输处却面对一个大难题，那就是在兵荒马乱的中国，想招募到足够数量、能承担在山路崎岖的滇缅公路上完成运送军事物资重任的中国汽车司机与汽车修理工非常困难。于是该机构就将招募司机与机工的目标转向南洋。

此一时期的南洋除泰国外，均处于西方殖民政府的统治之下。伴随中国近现代以来一波又一波的移民浪潮，南来拓荒的华南移民已在这片土地上重建了新家园。从"九一八"事变到"七七"卢沟桥事件爆发中国进入全面抗战，南洋华人社会民族情绪高涨、抗日救国运动正如火如荼地展开。1938年10月10日，以新加坡怡和轩俱乐部为总部、由陈嘉庚先生领导的南洋华侨筹赈祖国难民总会（简称南侨筹赈总会）成立，标志着南洋华社支持祖国抗战总机构正式登上历史舞台。基于与中国同属世界反法西斯战线，此一时期南洋各地的殖民地政府对华人与华社的抗日活动大多在不同程度上持容忍态度。在这样的时代背景下，西南运输处于1939年2月7日向南侨筹赈总会发出正式信函，请求在南洋代为招募汽车司机与修理工。接此信函，南侨筹赈总会随即发布《筹赈总会通告》与举办各种集会，阐述招募机工回国参加抗日战争的意义，同时通过设在南洋各地华人社会的筹赈分会广泛地展开动员工作。陈嘉庚的奔走与筹赈总会的呼吁，获得南洋各地华社与华侨青年的热烈响应。从1939年2月到10月短短的8个月时间，总会即以"南洋华侨机工回国服务团"之名，为国民政府招募并组织安排了数千名年轻的汽车司机与汽车修理工到达国内，在西南运输线上承担为中国战场运送军需物资补给的重任。

来到中国战场的"南侨机工"，面对极其恶劣的生活与工作环境。滇缅公路全长1146公里，跨越高耸入云的横断山脉，穿过怒江、澜沧江、漾濞江三条急流大河，沿途崇山峻岭、深山峡谷。此时这条新开辟的公路还是土路，每遇风雨，道路泥泞坑洼不平，而且沿途毒蛇袭人恶疾流行，加上日军飞机又常在头顶盘旋轰炸，运送军需的车辆行驶在这样的险路上，稍有不慎就会车毁人亡。然而"南侨机工"却不畏艰难不怕牺牲，以"一个华侨能出力，十个敌人九不回"的豪迈精神，坚持奋战在滇缅公路运输线上。根据相关资料，抗战期间中国战场所需武器和装备等有一半是由"南侨机工"和其他司机通过滇缅公路运进的。在1939年至1942年"南侨机工"来到中国战场的三年多时间里，他们运输的物资包括50多万吨来自海外的枪械大炮等武器与装备等、15000辆军车以及美国红十字会赠送的药品以及其他无法统计的各种生活用品与军需品。1942年5月滇缅公路因日军的轰炸而中断后，"南侨机工"仍在中美开辟的"驼峰航线"

中担负接转运输中国战场所需各种军用物资的任务。不仅如此，"南侨机工"还承担运输中国远征军入缅作战等重大任务，并以其懂英语和马来语的优势，为中国远征军和美国驻中国的军事机关提供服务。在承担与完成上述任务的同时，很多"南侨机工"也付出了惨重的生命代价。统计资料显示，第二次世界大战后当机工们回返南洋家园时，他们中的 1/3 即 1000 多人已永远长眠在滇缅公路这片土地上。历史可以毫不夸张地记载，在"二战"最艰难的时刻，"南侨机工"们以大无畏的牺牲精神，用生命与血肉之躯构筑起中国抗战的后勤军需补给通道与世界反法西斯战争的国际运输线，为第二次世界大战的最后胜利做出了不可替代的重要贡献。他们的赤子之心与英雄壮举，永昭日月，永载史册！

今天，最终以正义战胜邪恶的第二次世界大战已结束七十载，七十多年前中国西南滇缅公路上的战火与硝烟亦早被和平与安宁所取代。然而，世界仍然铭记与感念"南侨机工"的英雄们。因为他们不仅为当年的反法西斯战争献出鲜血和生命，亦为人类的和平与永续发展留下了宝贵的精神文化遗产。而对于学术界而言，"南侨机工"不仅是中国抗战史和第二次世界大战世界反法西斯战争史研究中的一项重要内容，亦涉及 20 世纪上半叶中国政府与南洋华侨社会的关系以及在中国现代社会发展进程中，南洋华侨所扮演的角色等诸多课题的研究，因而备受海内外学者的关注。然而，受到社会变迁、政治纷争、文献不足等诸因素的制约，迄今为止学界以"南侨机工"为考察对象并做全面且深入讨论的研究专著还不太多见。

《南洋华侨机工研究（1939—1946）》一书，是夏玉清在其博士论文基础上修订而成的学术著作。夏玉清的博士论文从确定选题到最后完成，大约进行了五年的时间。为了突破现有研究主要以口述为基本资料的局限，夏玉清花费大量时间收集包括历史档案、报刊报道、南侨机工出版物等在内的各类第一手文献。历史档案是研究"南侨机工"最基本与重要的资料。据目前所知，有关"南侨机工"的历史档案主要保存在国内的云南省档案馆。而台湾"国史馆"则主要保存了"南侨机工"战后复员南返的部分档案。为此，夏玉清下大力气查阅了云南省档案馆的国民政府西南运输处档案（1930—1948）、云南侨务处档案（1938—1947）、云南社会处档案（1942—1946）以及 2005 年台湾"国史馆"根据其馆藏档案编撰出版的三卷本《战后遣返华侨史料汇编》等涉及"南侨机工"最重要的档案记录。

报章是研究"南侨机工"的另一重要资料来源。夏玉清检索与收集了 20世纪三四十年代中国与南洋华文报章中对南洋华侨高涨的民族主义热潮与包括"南侨机工"在内的华侨热血青年积极回国参与抗战等的大量新闻报道。其中包括 1939—1946 年的《民国日报》《云南日报》等中国报刊、1938—1946 年的《总汇新报》《星洲日报》《南洋商报》《槟城日报》等南洋华文报刊。夏玉清收集的文献中，还包括各种与"南侨机工"相关的出版物，如《华侨机工通讯刊》《华侨先锋》《华侨生活》等。这些出版物具有重要的文献价值。例如，由西南运输处管理"南侨机工"的主要机构华侨机工互助会于 1940 年编撰出版的《华侨机工通讯刊》，其目的主要是沟通"南侨机工"与南洋华社及南洋家庭亲人之间的联系。该刊物虽然仅发行两年至 1942 年 1 月即停刊，目前存世的也仅有 21 期，但却是研究"南侨机工"个人生活、"南侨机工"与南洋家庭亲人以及那一时期的南洋华侨与中国关系等非常重要的资料。在收集文献资料的同时，夏玉清也在云南与新加坡两地进行实地田野考察，收集包括新加坡怡和轩俱乐部等在内的南洋华人社团特刊和访谈两地"南侨机工"后代的口述资料等。上述艰苦的文献收集工作不仅为"南侨机工"课题研究打下扎实的史料基础，亦使"以文献重构南侨机工的历史图像"成为夏玉清这部学术论著的一个重要特点。

在掌握大量资料的基础上，夏玉清将"南侨机工"研究置于 20 世纪30 年代末世界反法西斯战况、中国持续抗战、南洋华人社会支持祖国抗日的时空脉络下，通过对历史档案等各类文献的整理爬梳、细致分类与认真解读，并运用这些资料，从"南侨筹赈总会"的动员与组织、国民政府西南运输处对"南侨机工"的训练与管理、"南侨机工"在西南运输线上的奋战以及在祖国期间"南侨机工"与南洋的关系等方面，具体考察与讨论发生在 20 世纪 30 年代末 40 年代初那段惊心动魄、可歌可泣的以华侨子弟为主的南洋青年才俊以生命支持祖国抗日与世界反法西斯战争的历史事件与英雄壮举！这是到目前为止，学术界有关"南侨机工"最为全面、深入的研究！这项具有填补学术空白意义的成果，不仅有助于当代中国与世界深刻了解第二次世界大战期间的中国政府、中国军队如何与南洋华人并肩作战、为中国抗日与世界反法西斯战争所做出的重要贡献，亦有助于拓展中国抗战史、世界"第二次世界大战"史、20 世纪上半叶的国民政府侨务史以及现代中国与南洋华人关系史等诸多研究领域。

　　当然，有关"南侨机工"的研究，还有许多可待深入研究的课题。例如，陈嘉庚是"南侨机工"研究中一个重要与关键的人物。在"南侨机工"问题上，当时的中国国民政府如何通过陈嘉庚，处理与那一时期的南洋华侨社会、南洋殖民政府的关系以及从中所反映的近现代以来包括南洋在内的海外华人的民族、国家与在地认同、中国政府与海外华人关系之形态等，这些都是可以进一步深入讨论的课题。就文献资料而言，亦有很多可以深入解读与拓展研究领域的空间。例如，夏玉清的研究中收集了不少"南侨机工"与南洋亲人间的往来书信。对这些信件更细致的整理爬梳与解读，将有助于更具体、深入地了解与考察 20 世纪中叶的南洋华人。期待夏玉清在未来有关"南侨机工"的研究中，取得更丰硕的研究成果。

　　综上所述，夏玉清的《南洋华侨机工研究（1939—1946）》，是一部在国内学术界首次以历史档案与文献资料为基本资料、全面阐述与研究"南侨机工"在一定程度上具有填补研究空白意义的学术专著。作为他的博士导师，我为他的辛勤耕耘与取得的成果感到由衷的高兴，并愿意将此书推荐给关注"南侨机工"与海外华人社会研究的朋友们！是为序。

曾　玲

厦门大学历史系教授

新加坡南洋理工大学中华语言文化中心研究员

目 录

绪　论

第一节　选题主旨及意义

"南洋华侨机工"是由"南洋华侨机工回国服务团"而得来，简称"华侨机工"或"南侨机工"。其概念有狭义和广义之分。就狭义而言，南侨机工是指抗日战争时期应国民政府请求由"南洋华侨筹赈祖国难民总会"① 统一组织招募的司机、修机等华侨技术人员，"南侨总会"先后派遣 9 批共 3192 人；"南侨机工"的广义概念，指除了包括以上"南侨总会"统一派遣的机工外，南洋机工还包括以下三种方式抵达中国的华侨青年：一是南洋各地社团自发组织抵达中国，如来自槟城、柔佛士乃等地的华侨机工。二是"南侨总会"统一组织招募时期，未经新加坡统一出发而直接抵达中国的来自泰国、越南、菲律宾等地的机工。三是战前部分华侨青年已在中国服务，后经中国政府部门介绍直接进入"西南运输处"参加军事运输的华侨青年。

笔者对于南侨机工的最初认知始于 2009 年 8 月 20 日。当时笔者到昆明市西山国家森林公园游玩时，看见苍松翠柏间矗立着一座高大雄伟的纪念碑——"南洋华侨机工抗日纪念碑"。纪念碑由云南省人民政府于 1989 年 5 月设立。碑身由汉白玉砌成，碑前两层台阶均为七级，碑的上端雕有"南洋华侨机工回国服务团荣誉纪念章"，下面刻有"南洋华侨机工抗日纪念碑"11 个鎏金大字。碑身高 9 米，碑座高 3 米，碑座的正面刻有"赤

---

① 为行文方便，除特殊情况外，下文皆简称为"南侨总会"。

子功勋"四个大字。在碑座的侧面和背面刻有云南省政府褒扬南侨机工参加抗战运输的碑文。其碑文如下：

> 七七事变爆发，日寇猖狂入侵，神州大地，烽烟四起，国土沦丧，生灵涂炭，中华民族处于危机存亡的关头。全国同胞抗日怒潮汹涌澎湃，气壮山河。海外华侨同仇敌忾，义愤填膺，积极参加抗日，广泛开展义演、义卖、募捐、捐款等救亡活动，万众一心，共赴国难，波澜壮阔，四海翻腾。

> 一九三九年，在南洋华侨筹赈祖国难民总会主席陈嘉庚先生的号召下，三千多名热血沸腾的南洋华侨机工，满怀"国家兴亡、匹夫有责"的高度民族责任感，毅然离别父母亲人，远涉重洋，回到祖国，投身于神圣的抗日救国服务工作。

> 当时，沿海港口均已沦陷，滇缅公路成为唯一的国际通道，世界各国和海外华侨支援我国抗日的军需均赖此路输入。南侨机工不顾个人安危，冒着弥漫的战火，夜以继日地抢运军需辎重及兵员，组装、抢修车辆，培训驾驶、修机人员。滇缅公路沿途山高谷深，地势崎岖，设施简陋，加之敌机狂轰乱炸，路蹋桥断，险象环生。南侨机工栉风沐雨，披星戴月，历尽千难万险，确保了这条抗日生命线的畅通，被誉为"粉碎敌人封锁战略的急先锋"。在执行任务中，有一千多人因战火、车祸和疾病为国捐躯。在滇黔、滇川、广西、湖南公路以及印度阿萨姆邦丁江机场，南侨机工也担负抗日运输任务，勋劳卓著，也在中国人民抗日战争史和世界人民反法西斯战争史上建立了不可磨灭的功勋。

> 抗战胜利后，约有一千名南侨机工复员回到南洋；留在国内的同志，新中国成立后，在社会主义建设事业中，继续做出积极的贡献。

> 半个世纪过去了，南侨机工伟大奉献精神一直鼓励海内外的炎黄子孙高举爱国主义的旗帜，为振兴中华、实现四化、统一祖国而努力奋斗！

> 为了表彰南侨机工的光辉历史功绩，并激励来兹，特树丰碑，永志纪念。

> 云南省人民政府

一九八九年五月

　　碑文内容简要叙述了在日本侵略中国时期，南洋华侨在以陈嘉庚为首的"南侨总会"的组织下，组织三千多名南洋热血技术工人回国抗日，在西南国际运输线——滇缅公路运输战略物资的事迹，肯定了南侨机工为中国抗战做出的伟大贡献。

　　"南洋华侨机工抗日纪念碑"及其碑文给笔者留下深刻的印象，又因笔者作为研究东南亚华侨历史学者的身份促使我不断地思考并产生一些疑问。南侨机工是一个怎样的群体？3192人①为何、如何离开南洋家园来到中国抗战的大后方——云南昆明的？在招募及机工返国进程中，"南侨总会"扮演了怎样的角色？南侨机工在中国达八年之久，国民政府如何管理和组织这些心向中国而其家在南洋的"中国人"？抗战期间，他们在中国的军事运输中扮演的角色及贡献如何？"二战"胜利后，他们如何复员及返回南洋家园的？

　　以上疑问成为笔者开展南侨机工研究及问题意识思考的缘起。带着上述思考与疑问，在导师支持和指导下，笔者便以抗战时期的"南洋华侨机工"作为博士论文的研究对象，以展开东南亚华人历史研究。在收集资料的过程中，笔者发现关于南侨机工的大批档案主要保存在云南省档案馆，收集档案的便利使笔者增强了研究南侨机工课题的信心。于是，在查阅档案的过程中，笔者发现档案馆存有大批国民政府管理南侨机工、机工运输工作及其机工在中国生活等档案资料。同时，一方面，笔者在阅读前人研究成果时发现，截至目前，国内外学者还没有一部专门以此档案来研究南侨机工历史的专著。这更使我坚定了把南侨机工作为自己的博士论文研究对象，期望以第一手原始档案为主，还原并解读南侨机工在中国抗日的历史，以期丰富和推进华侨抗战历史的研究。

　　另一方面，南侨机工的历史研究具有重要的现实意义。南侨机工的历史是中国和东南亚各国华人共同的历史记忆，通过对该课题的研究，有利于深化对南侨机工群体的认知和推进南侨机工的纪念活动的开展，对扩大

---

　　①　大多研究者认为，3192名南侨机工在滇缅路牺牲1/3，滞留在中国1/3，返回南洋1/3。但此说缺乏事实依据。

中国和东南亚各国华人之间交流具有重要的意义。截至目前,关于南侨机工的纪念活动已经在"中国民间层面""中国政府层面""新加坡方面"等几个层面有了新的发展,深刻影响着中国和东南亚华人的交流和互动。

中国民间层面。1987年,一方面,由居住在昆明的南侨机工张智源等机工的倡议,云南昆明成立"南侨机工云南联谊会"。① 另一方面,南侨机工后代张田玉女士在昆明西山南侨华侨纪念碑附近建立"南侨机工英雄墙"。② 1997年,在南洋华侨机工后代云南商人林晓昌先生的资助下,在云南德宏市成立了"云南省南洋华侨机工历史研究会",该会常务负责人为南侨机工后代子女林晓昌先生,研究会主要职能是协助海内外机工后代查阅机工个人档案、收集国内外机工口述及实物资料等。在云南省侨联和昆明侨联的支持下,云南省机工后代联谊会先后多次到新、马等地开展寻亲活动。

中国政府层面。1978年改革开放以来,由于海外华人在大陆经济发展中日益重要的地位,中央和地方政府先后以南侨机工返国历史为主题举办了一系列的纪念活动。1995年,华侨博物院首次推出"南侨机工回国抗日战争展览——献给世界反法西斯胜利50周年"展览活动;1993年3月,为纪念南侨机工回国抗战60周年,华侨博物院、云南省南侨机工联谊会和云南省博物馆三方在云南昆明共同举办南侨机工专题图片展。其后,应马来西亚华人文化协会、马中友好协会、大马华社资料与研究中心的邀请,南侨机工回国抗日战争图片展活动又在吉隆坡、怡保、马六甲、新山等地展出,引起马来西亚华人极大反响。2009年8月14日,由中国国家档案馆、云南省档案馆和新加坡国家档案馆联合举办了"南侨机工回国抗战档案史料图片展"。总之,以南侨机工为主题的纪念和展览活动增进了中国和新、马各国华人之间的文化交流。

新加坡方面。20世纪80年代,新加坡经济步入发达国家行列,而在思想方面,由于偏重和强调英文,导致新加坡迅速西化,年轻一代淡化甚

---

① 联谊会宗旨主要是解决当时在昆明南侨机工及配偶生活困难问题。1990年后,南侨机工在世人数不多,该联谊会更名为"南侨机工云南联谊会",其人员主要由南侨机工后代组成以联谊为目的社会团体。

② 张田玉女士主要是收集历史上南侨机工个人信息的照片,并将其镌刻在纪念墙上,其"英雄墙"人员遍及东南亚各地,影响较大,现在英雄墙上的机工已达六百余人。

至抛弃中华文化，转而接受西方价值观的个人主义、自由主义和颓废文化。[①] 因此，新加坡政府鼓励并大力提倡"记载海外华族创业的历史及抵抗日本侵略的事迹"[②]。新加坡中华总商会会长陈共存认为，应重视"二战"时期南侨机工返国抗战的历史。1986 年 10 月，以陈共存先生为团长的新加坡学者访问团一行四人（魏维贤、崔贵强和林孝胜三位学者）决定组团到中国滇缅公路考察并收集资料，在全国侨联副主席庄明理先生等人的安排下，访问团抵达昆明。对于此行的目的，陈共存认为：华侨机工的历史至今"成为抗战史的空白"，南侨机工历史是一个宝贵的历史教材，"可以纠正年轻一辈的颓废的思想，教导海外的华族，各为其个别国家，为社会做贡献"。[③] 从 1986 年 11 月 4 日起，在中国华侨历史学会副秘书长郑民和云南侨联人员的陪同下，新加坡考察团沿原滇缅公路沿线进行为期十天的访问，并在昆明、楚雄、保山、瑞丽等与当地南侨机工进行了会谈，考察团收集了一批南侨机工的口述资料。但由于南侨机工特殊的历史及政治因素等复杂因素，考察团返回新加坡后，华侨机工的研究工作并没有得到重视。因此，虽然作为机工出发之地和南侨机工人数最多国家，但直到 2013 年 2 月之前，新加坡一直没有为南侨机工设立纪念碑。[④]

时隔多年，新加坡以南侨机工为主题的纪念活动日渐增多。2011 年 6 月 25 日，为重温南侨机工这段历史，由吉隆坡雪兰莪大会堂、马来西亚二战历史研究会、柔佛河婆同乡会青年团共同主办，新加坡怡和轩俱乐部及陈嘉庚基金协办，组织 83 名新、马华人青年举办"重走南侨机工抗日滇缅路"的活动。2011 年 6 月 25 日，从当年南侨机工出发地"怡和轩"出发，途经新加坡、吉隆坡、泰国、缅甸，沿"滇缅公路"抵达中国昆明，7 月 29 日，返回马来西亚，该活动历时 35 天。该活动的开展增强了新、马各地华人之间的交流。正如马来西亚二战历史研究会翁清玉所言，"从过去到现在，新马人民有深厚的友谊，这次两地的多个团体共同主办

---

① 曾玲：《调整与转型：当代新加坡华人宗乡社团变迁》，《暨南学报》（哲学社会科学版）2005 年第 1 期，第 108 页。

② 陈共存：《考察滇缅路报告书》，《云南文史资料选辑》第三十七辑，云南人民出版社1987 年版，第 442 页。

③ 同上书，第 443 页。

④ 2000 年之前，马来西亚槟城、雪兰莪，中国昆明、畹町等地先后设立南侨机工纪念碑。

和协办重走滇缅路,不但拉动新马两国的历史纽带,同时也强化两国人民在文教领域的跨国合作与互动"。①

除此之外,新加坡关于南侨机工最重要的活动是南侨机工纪念碑的设立。2012年2月12日,"新加坡南洋孔教会"会长郭文龙先生在新加坡成立"南侨机工历史研究会",其目的主要是推动南侨机工研究及建立南侨机工纪念碑工作。他认为,在新加坡设立南侨机工纪念碑能加深新加坡青年对这段历史及其对先辈的认识,发扬先辈崇高和勇敢的精神,同时,其还认为"南侨机工的历史是珍贵的历史教材"。2013年2月,新加坡中华总商会、怡和轩俱乐部、陈嘉庚基金及新加坡宗乡会馆联合总会共同发起成立"南侨机工纪念标志筹建小组",决定在新加坡晚晴园竖立南侨机工纪念雕塑,借以表彰南侨机工的奉献和牺牲精神。在新加坡华人社团的共同努力下,2013年3月4日,新加坡南侨机工纪念碑设立于晚晴园。新加坡南侨机工纪念碑的设立具有重要的意义,正如主持该计划的中华总商会会长张松声说,"晚晴园肩负历史传承的使命,南侨机工纪念雕塑的竣工无疑为晚晴园又增添了一笔新的宝贵财富。我希望晚晴园继续发挥国民教育的作用,让更多新加坡年轻一代了解历史,为世界和平与发展做出贡献"。②

由此可见,南侨机工的历史研究不仅对于中、新、马等地具有重要的现实意义,而且对于中国和东南亚各国之间,新、马华人之间的文化交流有重要的现实意义。南侨机工的历史是中国与海外新、马乃至东南亚华人社会文化的交流史,南侨机工的历史及其所体现的维护世界和平的精神史折射出近代乃至当代中国与东南亚文化互动轨迹以及东南亚华人的价值内涵。

笔者的选题理由及研究内容得到导师曾玲教授的肯定和支持。同时也得到了导师的好友厦门华侨博物院副院长陈毅明副教授的指导。在厦门期间,导师亲自开车带我到陈毅明副教授家请教。陈毅明副教授是国内较早关注和研究南侨机工的学者。经过陈毅明副教授的点拨和导师曾玲教授的

---

① 《重温历史,为和平起跑:新马人民重走南侨机工滇缅路》,《怡和世纪会刊》2011年第15期,第29页。

② 《南侨机工纪念碑,竖立晚晴园说历史》,《联合早报》2013年3月5日第3版。

指导，笔者对机工历史的研究有了进一步的思考和研究方向。随后，笔者根据导师的指点，把重点首先放在云南省档案馆南侨机工档案的查阅方面，其次对在云南在世老机工及机工后代进行调查访谈。

2010 年 3 月至 2013 年 4 月，笔者在云南省档案馆查阅和抄录了大批南侨机工的档案资料。关于南侨机工档案主要保存在三个卷宗：即西南运输处（54）、云南省社会处（92）以及云南省侨务处（2）三个卷宗。除此之外，笔者还到云南省图书馆，查阅《云南日报》《中央日报》等报刊，收集了有关南侨机工在昆明工作及生活的报道。在云南省图书馆，笔者收集到关于记录南侨机工在昆明生活的重要刊物《华侨机工通讯刊》。该刊物是管理南侨机工部门——西南运输处专门为南侨机工所创办，目前仅存 21 期。该刊物为笔者研究南侨机工与南洋关系及南侨机工在中国的生活状况提供了宝贵的资料。

与此同时，笔者通过机工后代汤耶碧女士的引荐参加"南侨机工云南联谊会"的活动，使笔者能够对在世的南侨机工及机工后代多次进行深度访谈，对南洋华侨机工有了深度了解和认知。

随着对南侨机工的深入研究，笔者感到国内收集的资料还有欠缺，尤其是关于南侨总会招募和组织动员南侨机工来中国方面的资料缺乏，而该方面资料主要保存在 20 世纪 30 年代发行于南洋《总汇新报》《南洋商报》《槟城日报》等华文报纸上。经过导师的联系和帮助，笔者得到了导师的好友"新加坡南侨机工历史研究会"会长郭文龙先生的帮助并收集到有关方面的资料。此外，笔者还有幸参加在新加坡举办的"南侨聚居·历史聚焦"南侨机工历史研讨会，笔者作为主讲人做了《南侨机工与抗日战争》的演讲。现场亲身感到新、马老一辈华人对当年南侨机工的敬佩之情，特别是他们对南侨机工历史的缺失和刻意遗忘而感到痛心，并希望历史学者能还原南侨机工的历史来教育青年一代，珍视和平，勿忘历史。这使笔者感到有责任和义务把南侨机工历史还原给世人。同时，在新加坡期间，笔者得到新加坡三江会馆副馆长李秉萱先生资助，在新加坡国家图书馆、新加坡国立大学、新加坡双林寺等地查阅和收集了关于南侨机工的珍贵资料。

对中国国内和新加坡收集资料后，笔者均做了大量的研读、归纳和分析。通过对资料的分类和梳理，笔者逐渐有了一些疑问和思考：在中日战

争的背景下南侨总会如何组织招募并将机工遣送至中国昆明？南侨机工在
中国抗战扮演了什么角色？国民政府如何管理这些生在南洋而从未抵达中
国的华侨青年？他们与南洋家属的关系如何？

基于以上思考，笔者尝试以南侨机工为考察对象，充分运用云南省档
案馆保留的大量原始档案、台湾"国史馆"出版的机工档案、华侨机工及
其后代的口述访谈资料以及民国时期的报刊、期刊等资料，在前人研究的
基础上，以历史档案为基础、辅以南洋报刊等资料，在对南侨机工历史档
案的梳理、分类及爬梳的基础上，试图重构南侨机工返国抗战的历史，并
在此基础上探讨南侨机工在中国抗日后勤补给中扮演的角色和对反法西斯
战争的贡献、国民政府与南洋华人的关系以及国民政府对抗日战争的贡献
等问题。

第二节　关于南侨机工研究的学术史回顾

1937 年 7 月 7 日，"七七事变"爆发，日本发动全面侵略中国的战
争，中国人民经过八年抗战，最后取得了胜利。中国抗日战争胜利的取
得，除了国民党、共产党统一战线的领导以及国内军民浴血奋战外，海外
华侨也在中国抗战中扮演了重要角色。海外华侨对中国抗战的支援是国民
政府持久抗战的重要力量之一。[①] 1939 年 6 月 5 日，中国国民党召开五届
五中全会，蒋介石发布通电，慰问并赞扬海外侨胞"笃爱祖国，踊跃捐
输；军事饷糈赖以无匮"。[②] 可见中国的抗日战争在经济上对海外华侨的
依赖以及华侨对抗日战争的贡献。

截至目前，对华侨和抗战关系的研究，学界已有丰厚的学术积累，研
究成果也不断发展和深入。研究的主题主要涉及华侨对中国抗战的经济支
援、华侨支援中国抗战的原因、华侨在居留地的抗日活动等。就笔者的研
究对象华侨机工而言，本文首先对前人研究成果做出简单的爬梳与归纳，
并在此基础上进一步阐明本文研究的学术意义。

---

① 华侨协会总会主编：《华侨与抗日战争论文集》（上册），正中海外分局 1999 年版，第 2
页。

② 《中国国民党五届五中全会致南洋电文》，《华侨先锋》1939 年第 1 卷第 6—7 期，第 36
页。

一　抗日战争背景下的华侨机工研究

南侨机工返回中国服务是南洋华侨在人力上支援中国抗战的重要历史事件。学界关于南侨机工的研究成果主要集中在两个方面：一是关于南侨机工的专门著作和单篇论文；二是对关于南侨机工资料的整理和出版。

（一）学界对南侨机工的研究

中国学者的研究。关于南侨机工的学术著作，首推 1989 年由云南社会科学院秦钦峙、汤加麟合著的《华侨机工回国抗日史》。[①] 作者以当时昆明部分南侨机工口述资料为主，论述了南侨机工回国参战的历史背景、南侨机工在中国的运输活动及其对中国抗战的贡献，该著作是中国国内第一部考察南桥机工的研究专著，作者肯定了南侨机工对中国抗日所做出的的贡献，认为，"3200 名南侨机工回国参加抗日战争的壮举，是南洋八百万南洋华侨高度爱国主义的产儿"。

南侨机工回国参战也是一些研究抗日史学者关注的主题。其研究成果主要体现在华侨与中国抗日战争专门著作中，代表学者如曾瑞炎的《华侨与抗日战争》，任贵祥的《华夏向心力：华侨对祖国抗战的支援》，黄慰兹、许肖生合著的《华侨对祖国抗战的贡献》，黄小坚、赵红英、丛月芬合著的《海外华侨与抗日战争》[②] 等。由于受到整体篇幅及资料所限，这些著作对于南洋华侨机工的论述是在对中国的人力支援主题下设立一小节，简单叙述南桥机工的由来和活动等内容。如在黄小坚等的著作《海外华侨与抗日战争》中，该书专设"华侨机工抢运军需"一节，简略概述南侨机工应募回国以及在滇缅公路的运输活动等内容，但并未能就南侨机工展开深入讨论。

单篇论文方面。中国华侨大学教师林少川发表的《南侨机工：中国抗

---

① 秦钦峙、汤加麟：《华侨机工回国抗日史》，云南人民出版社 1989 年版。

② 任贵祥：《华夏向心力：华侨对祖国抗战的支援》，广西师范大学出版社 1993 年版；曾瑞炎：《华侨与抗日战争》，四川大学出版社 1988 年版；黄小坚、赵红英、丛月芬：《海外华侨与抗日战争》，北京出版社 1995 年版。

战史上英勇悲壮的群体》① 和《回国抗战功昭日月：纪念南侨机工回国参战50周年（1939—1989）》②，两篇文章主要以作者在云南收集口述资料撰写而成，论述了南侨机工对中国抗日战争的贡献。此外，秦钦峙的论文《南侨机工与抗日战争》③ 论述了南侨机工回国原因及其贡献。姚锡琛的论文《抗日战争中国南侨机工对畅通国际通道滇缅公路的贡献》④ 则论述南侨机工在滇缅公路运输的贡献和南侨机工付出的巨大牺牲。

　　新加坡学界对南侨机工的研究。新加坡作为南侨机工的出发之地和派送机工最多的国家，因政治方面的原因，学界对南侨机工关注不多且研究成果相对较少。如出版于1985年的《艰难的行程》⑤ 是一部研究南侨机工复员南返的专著。该书作者邱新民曾是第五批返国的南侨机工，在中国期间曾任"云南省华侨互助理事会"干事，为救助南侨机工及战后机工复员做了大量的工作。因此，作者以其亲身经历翔实论述了抗战胜利后机工在昆明的生活、"华侨互助会"与国民政府就复员的交涉以及机工返回南洋的艰难过程，该书是研究南侨机工复员南返不可或缺的著作。

　　新加坡国立大学 Chan Chou Wah 所著 *Light on the Lotus Hill：Shuang Lin Monastery and Burma Road*⑥ 一书。作者是为专门纪念新加坡双林寺住持普亮法师而作。该书简要论述了抗日战争时期，新加坡双林寺住持普亮法师因向"南侨总会"提供南侨机工训练场地而被日军杀害的事迹。作者认为，作为佛教界代表的普亮法师为中国抗日做出了重要贡献，普亮法师的行为是为世界和平而反抗日本残暴统治的大爱行为。

　　① 林少川：《南侨机工：中国抗战史上英勇悲壮的群体》，《福建党史月刊》2005年第10期。

　　② 林少川：《回国抗战功昭日月：纪念南侨机工回国参战50周年（1939—1989）》，《南洋问题研究》1989年第4期。

　　③ 秦钦峙：《南侨机工与抗日战争》，华侨协会总会主编《华侨与抗战论文集》（上册），正中海外分局1999年版。

　　④ 姚锡琛：《抗日战争中国南侨机工对畅通国际通道滇缅公路的贡献》，华侨协会总会主编《华侨与抗战论文集》（上册），正中海外分局1999年版。

　　⑤ ［新］邱新民：《艰难的行程》，新加坡文学书屋1985年版。

　　⑥ Chan Chou Wah，*Light on the Lotus Hill：Shuang Lin Monastery and Burma Road*，2009.

单篇论文方面。1985 年，崔贵强在《南洋学报》发表论文《还乡心愿夜长梦多：战后初期新马复员机工》①，作者主要是以 20 世纪 30 年代《南洋商报》《星洲日报》《南侨日报》等报章资料，论述了南侨机工复员南返的艰难过程。

1986 年 11 月 6 日，以新加坡中华总商会会长陈共存先生及南洋学会崔贵强、魏维贤、林孝胜学者一行四人组成的访问团抵达云南昆明，在中国侨联副主席庄明理的陪同下，访问团先后对居住在滇缅公路沿线城镇的南侨机工进行为期 10 天走访座谈。返回新加坡后，林孝胜在《南洋学报》发表《华侨机工回国服务记史》。② 该文主要以在滇缅公路收集的机工口述资料和报章资料为主，详细论述和考察了南侨机工在中国西南的抗日运输活动及其贡献。

此外，新加坡学者叶钟玲对南侨机工有较多关注，主要体现在其发表的两篇论文。一篇是《南洋华侨筹赈总会遣送机工支援祖国抗日史》③，作者以 20 世纪 30 年代华文报章资料为主，详细论述了南侨机工回国抗战及在中国国内的运输活动，肯定了南侨机工对中国抗日的贡献。另一篇论文《槟城华侨机工回国服务纪实》④ 亦是以《南洋商报》《星洲日报》报刊资料，详细考察了 20 世纪 30 年代末槟城华侨社团招募机工回国的历史进程，是了解槟城地区机工返国的重要研究成果。

日本学者对南侨机工的研究。主要是日本学者明石阳至（Yoji Akashi）。1997 年，明石阳至出版了关于南洋华侨支援中国抗日的博士论文 *Nanyang Chinese National Salvation Movement 1937—1941*⑤ 在其著作中，作者专门列出一节，简要叙述了南侨机工的组织回国概况及人数，其所用资料主要以当时报刊所载南侨机工回国的资料，因缺乏南侨机工资

①　［新］崔贵强：《还乡心愿夜长梦多：战后初期新马复员机工》，《南洋学报》1985 年第 42 卷。

②　［新］林孝胜：《华侨机工回国服务记史》，《南洋学报》1989 年第 44 卷。

③　［新］叶钟玲：《南洋华侨筹赈总会遣送机工支援祖国抗日史》，《南洋学报》1989 年第 44 卷。

④　［新］叶钟玲：《槟城华侨机工回国服务纪实》，载陈剑虹、黄贤强编《斌榔屿华人研究》，韩江学院华人文化馆，新加坡国立大学中文系 2005 年版。

⑤　Akashi, Yoji, *Nanyang Chinese National Salvation Movement 1937—1941*，University of Kansas, Center for East Asian Studies, 1997.

料,作者在书中没有提及南侨机工在中国的运输工作,但作者推测,南侨机工对"中国抗日运输贡献巨大"。

(二) 相关机构及学者对南侨机工资料的整理和出版

截至目前,相关机构和学者整理出版的关于南侨机工的资料,主要包括两个方面:一是档案馆出版和整理的南侨机工档案;二是相关机构及学者出版的南侨机工的口述资料。

南侨机工的档案主要保存在两大机构——中国云南省档案馆和台湾"国史馆"。为便于学者研究南侨机工历史,两大机构均先后出版了关于南侨机工的档案资料汇编。2005 年 11 月,台湾"国史馆"出版了三卷本《战后遣返华侨史料汇编》①。其中第三卷专设一章"战后遣返南侨机工"部分,是研究南侨机工战后南返的重要档案史料。而作为存有南侨机工档案资料最为丰富馆藏地——云南省档案馆,在厦门华侨博物院和云南省档案馆的共同努力和推动下,于 2009 年 8 月共同整理出版了《南侨机工档案史料选编——云南省档案馆藏部分》②。与该馆存有数量庞大的南侨机工历史档案相比,该书仅选取了部分档案内容,不过,该档案汇编的出版为学者研究南侨机工提供了部分原始档案资料,也为学者提供了深入研究南侨机工的重要线索。

关于整理和出版的南侨机工的口述资料。主要是中国大陆和新加坡两地的相关机构和学者。中国方面,较早关注南侨机工事迹及其生活状况的是福建省汽车运输公司泉州分公司的蔡若水③先生。出于对南侨机工生活的关怀,蔡若水以对福建部分南侨机工多年调查访问基础上,于 1985 年写成《"南侨机工回国服务团"部分调查资料》一文。该文经泉州市政协文史办陈盛名的指导后,发表在《泉州华侨资料》第一辑,之后蔡若水又于 1986 年、1987 年在《泉州鲤城文史资料》的第一辑和第二辑发表《南

---

① 谢培屏编:《战后遣返华侨史料汇编》(三),台北,"国史馆"印行,2005 年 11 月。

② 吴强、陈毅明、汤晓梅编著:《南侨机工档案史料选编——云南省档案馆藏部分》,中国华侨出版社 2009 年 8 月版。

③ 蔡若水,1943 年担任福建华侨侨兴公司运输部经理。其公司曾做收留祖籍为福建的南侨机工的工作,1952 年将自己的 100 多部汽车并入国营企业。70 年代被下放到福建永春汽车公司,通过和司机接触他得知南侨机工在滇缅路上的事迹。后蔡若水 1979 年提前退休,专注于华侨机工资料的收集和整理。后旅居美国。

侨机工回国服务团纪要》的《补遗》之一、之二。不过，作者撰写文章的主要目的是"引起中央关注以促使解决大陆南侨机工的生活问题"。1988年该文修改后以《陈嘉庚与南侨机工回国服务团》① 为题刊登于学术刊物《历史教学》。

20 世纪 90 年代，华侨大学教师陈宪光发表《蔡若水先生对"南侨机工"的调查研究》② 和《"南侨机工服务团"的一段史实》③。这两篇文章皆以通过对居住在福建泉州的南侨机工蔡联壁、汪延生、蔡汉良、叶天来、陈武列、郑天赐等的口述访谈资料为基础，简要叙述了南侨机工回国参加抗战的经历、南侨机工回国服务团及南侨机工的贡献。

1994 年，中国华侨出版社出版林少川所著《陈嘉庚与南侨机工》④ 一书。该书内容共有四部分：包括南侨机工图片、档案摘录、口述资料、附录四部分。其中的"南侨机工采访录"，是作者亲自在云贵川实地调查的基础上，以对南侨机工采访⑤的基础上撰写而成。其中，第二部分"南侨机工采访录"收录了作者根据实地采访写成的 45 名南侨机工的个人口述经历，"南侨机工采访录"是研究南侨机工重要的口述资料，对研究南侨机工的学者具有较大的学术价值。

2010 年，南洋华侨机工云南联谊会编写出版了《赤子功勋：南侨机工抗日回国史料汇编》⑥，该书资料翔实，汇集了部分档案记载、机工家属回忆、机工名录等资料，该著作的出版是参考林少川所著的《陈嘉庚与南侨机工》的基础上编写而成，是研究南侨机工的重要资料。2009年，《海南日报》社组织部分记者两次重走滇缅路，通过实地走访南侨

①　蔡若水、陈自强：《陈嘉庚与南侨机工回国服务团》，《历史教学》1988 年第 2 期。

②　陈宪光：《蔡若水先生对"南侨机工"的调查研究》，《华侨华人历史研究》1996 年第 1 期。

③　陈宪光：《"南侨机工服务团"的一段史实》，《华侨大学学报》1996 年第 2 期。

④　林少川：《陈嘉庚与南侨机工》，中国华侨出版社 1994 年版。

⑤　在海外知名人士陈共存先生（陈嘉庚之侄、新加坡中华总商会前会长）和华侨大学校长陈觉万、庄善裕的支持下，林少川沿着滇缅公路考察南侨机工史迹，深入云南、四川、贵州、湖南、福建、广东、广西及海南岛 8 省 60 多个县市，寻踪觅迹，对当时国内幸存的 100 多位南侨机工及部分遗属做了比较详细的专题采访，收集、抢救和整理了大量第一手资料（包括口述资料、历史证件及现状实录）。

⑥　南洋华侨机工云南联谊会编：《赤子功勋：南侨机工抗日回国史料汇编》（非卖品），昆明康达印务 2010 年版。

机工,于 2010 年编辑出版《铁血滇缅路:重走滇缅寻访南侨机工事迹》①。该回忆录主要为滇缅路沿线的少数在世机工及机工后代的采访记录。

特别值得一提的是,出于缅怀父辈及个人爱好等原因,在中国的南洋华侨机工后人收集整理并出版一批口述资料。其中,昆明的陈达娅、北京的陈勇共同编著出版了《再会吧,南洋:海南南洋华侨机工回国抗战回忆》②和《南洋 1939》③。《再会吧,南洋》是一部海南华侨机工的口述资料汇编,分为上、下两篇。因其父辈皆为海南籍机工,上篇主要内容是在对海南机工家乡调研的基础上写成的纪念其父辈的回忆文章,下篇附有根据云南省档案馆档案整理的海南籍南侨机工名单。

此外,居住在昆明的南侨机工后代汤璐聪、华侨博物院陈毅明合作编辑出版的《南侨机工抗战纪实》④。该书是汤璐聪在实地采访云南南侨机工及其后代的口述资料基础上撰写的机工个人口述汇编,资料丰富,内容翔实,以个案形式论述了南侨机工在抗战的贡献及其在“文革”期间受到的政治冲击和不公待遇。

新加坡方面,首先是学者以机工口述编写口述资料汇编。一是新加坡刘伯奎编著的《抗战时期沙捞越华侨机工回国服务实录》⑤。该著作主要论述了沙捞越地区华侨机工返国服务历史。二是新加坡国家档案馆对南侨机工口述资料的出版,其成果主要是《新加坡的南侨机工:一批热血华侨回中国抗日的不平凡故事》⑥。该书主要内容是由复员南返后居住在新加坡的南侨机工口述资料汇编,是研究新加坡南侨机工不可多得的口述资料。此外,新加坡邹璐编《感动的旅程:重走南侨机工滇缅路》⑦,该书

①　钟业昌编:《铁血滇缅路:重走滇缅寻访南侨机工事迹》,辽宁教育出版社 2010 年版。

②　陈达娅、陈勇编:《再会吧,南洋——海南南洋华侨机工回国抗战回忆》,中国华侨出版社 2002 年版。

③　陈达娅编:《南洋 1939》,中国华侨出版社 2010 年版。

④　汤璐聪、陈毅明编:《南侨机工抗战纪实》,鹭江出版社 2005 年版。

⑤　[新]刘伯奎编:《抗战时期沙捞越华侨机工回国服务实录》,新加坡长夏出版社 1983 年版。

⑥　[新]新加坡国家档案馆:《新加坡的南侨机工:一批热血华侨回中国抗日的不平凡故事》,新加坡国家档案馆 2010 年版。

⑦　[新]邹璐编:《感动的旅程:重走南侨机工滇缅路》,新加坡玲子传媒有限公司 2011 年版。

以 2011 年新马两国组织重走"滇缅公路"缅怀南侨机工历史活动为主题，缅怀南侨机工为中国抗战的付出和贡献，并强调南侨机工的历史对于当代的重要价值和意义。其次，新加坡口述历史馆保存了以视频等方式收集和保存的部分南返机工口述记录。

二　现有研究成果的总结与思考

综观前述有关南洋华侨机工已有的研究成果，从中我们可以发现，学界对于南侨机工的研究具有以下特点：

就学者的研究内容而言，主要从三个方面进行研究：一是对南侨机工当代生活现状的研究；二是对"机工南返"问题的研究；三是对南侨机工在中国运输工作的研究。可见，学者的研究内容仅是涉及南侨机工的"南返复员""当地生活"等某个方面，而且偏重于概述性分析，相对简单，缺乏深入探讨和分析。因此，对南侨机工研究仍有拓展的空间，如"南侨总会"动员招募机工及机工南返的具体内容，国民政府对南侨机工的组织管理，南侨机工在中国的生活，南侨机工与南洋之间的关系等内容尚未有学者研究和探讨。迄今为止，学界尚未有一部以档案资料撰写的南侨机工的研究专著。①

从研究者所用资料来看，主要包括两个方面：一是来源于报刊资料，例如，新加坡、马来西亚学者对机工复员南返的研究；二是南侨机工口述资料，例如，云南社会科学院秦峙钦、汤加麟合著的《华侨机工回国抗日史》。而综合运用大陆和台湾两地的南侨机工原始档案的研究成果极为少见。从而在很大程度上限制了我们对南侨机工历史事件的全面客观的研究。因此，更充分地挖掘、使用档案文献与口述资料已经成为研究南侨机工下一步研究工作中的一项重要内容。

综上所述，学界有关南侨机工的研究工作取得了一定的学术成绩，产生了一批研究成果及资料汇编，并就某些问题进行了颇为深入的思考。这些学术积累为进一步深入开展南侨机工的研究工作奠定了良好的基础环

---

① 1989 年，云南省社会科学院秦钦峙、汤加麟合著《华侨机工回国抗日史》。该专著是根据侨办要求匆忙完成，其所用资料主要以当时在昆明南侨机工的口述资料撰写，而对于南侨机工的档案资料运用较少。

境。因此，在已有研究成果的基础上，笔者试图以云南省档案馆保存的南侨机工历史档案、台湾"国史馆""南侨机工复员"档案，辅以20世纪30年代中国和南洋报刊、南侨机工口述等资料，重构20世纪三四十年代"南侨机工"事件及该群体参加中国与世界反法西斯战争的历史画面，并就"南侨筹赈总会"招募组织机工回国、机工在中国的生活、南侨机工与南洋关系等问题给予分析和探讨。并在此基础上，就当前学界有关东南亚华人社会研究领域的若干问题提出一些相应的思考。

本书研究的学术意义主要反映在以下几个方面。

其一，本书主要运用保存在云南省档案馆和台湾"国史馆"保存的关于南侨机工的历史档案建构南侨机工返国抗战运输的历史，对我们深入认知和了解20世纪三四十年代南侨机工返国运输抗战的历史具有重要的学术意义。

其二，通过南侨机工的研究推进陈嘉庚研究的深入。对于陈嘉庚与抗战关系的研究，学界主要集中于陈嘉庚在经济上支持中国抗战等问题。而南侨机工作为人力支援中国抗战的群体，无论是在南侨机工的组织、招募返国，还是与国民政府交涉南侨机工在国内遇到的困难，陈嘉庚都扮演了重要角色。然而，国内外学界对此关注较少，因此，南侨机工的研究有助于深入了解陈嘉庚对中国抗战的贡献以及陈嘉庚与国民政府之间的复杂关系，从而推进学界对陈嘉庚研究。

其三，考察南侨社团对中国抗战的贡献。殖民地时期的新、马华人社会呈现稳定和成熟的特点，而作为华侨社会的三大支柱之一的华侨社团在支持中国抗日战争中扮演了极为重要的角色。本书将以"南洋华侨机工"为个案，考察"南侨筹赈总会"等扮演的角色和运作机制，进而探讨华商及侨众对抗战的贡献。

其四，中日战争期间，中日双方皆动员各自海外资源为各自国家服务。就中国而言，国民政府动员南洋华侨技术人员返国参加军事物质运输的补给工作，对决定中国正面战场持续抗战意义重大。本书将以"南洋华侨机工"为个案，对国民政府的机工招募、机工返国后的训练和培训、机工运输期间的军事运输管理等方面作出考察，进而讨论国民政府对抗日战争的贡献。

现实意义：本书的研究能够加深我国对海外华人社会历史及其现状的

了解，使人们以史为鉴，反对战争，维护世界和平。另一方面，南侨机工的历史是中国和东南亚华人共同的历史记忆，本书的研究不仅有助于世界了解二战期间，中国人民、中国军队如何与南洋华人并肩战斗，对世界反法西斯与中国抗战所做出的重要贡献，亦有利于促进当代中国与包括华人在内的东南亚社会之间的联系和交流。

第三节　研究方法、资料来源及基本思路

一　研究方法

云南省档案馆南侨机工档案是本书的基本核心资料。有鉴于此，本书主要以云南省档案馆查阅和收集的南侨机工档案记录（出版和未出版档案）为基础，对南侨机工的档案内容进行梳理和分类。因此，对档案的分类、整理、解读是本书的主要研究方法。

通过对档案资料的研读，并结合中国与东南亚的各类记录，重构发生于 20 世纪三四十年代的"南侨机工"的历史事件与该群体参加中国与世界反法西斯战争的历史画面。

此外，本书研究还结合文化人类学田野调查、访谈等方法，运用口述资料对南侨机工在中国的活动加以补充性解读。

二　资料来源

本书所使用的研究资料主要由笔者在云南省档案馆、云南省图书馆、新加坡国家图书馆、新加坡国立大学等单位收集到的各类档案文献资料，以及笔者在云南所收集到的南侨机工口述资料。具体而言，这些研究资料可以归纳以下两个方面。

（一）档案资料

1. 云南省档案馆关于南侨机工的档案

目前关于南侨机工的历史档案资料主要保存在云南省档案馆。笔者所使用的云南省档案馆档案资料主要有三个卷宗。

一是军事委员会西南进出口运输总经理处档案（卷宗号 1054）。时间为 1930—1948 年，共保存档案 41401 卷，上架排列长度 725 米。因南侨机工由西南运输处招募，因此南侨机工的组织管理、工作安排隶属于西南

运输处管理。但因西南运输处机构庞大，档案涵盖机构管理、滇缅公路、滇缅铁路与施工记录等，所以关于南侨机工的档案资料主要散见于上述档案之中。具体内容包括以下内容。

（1）国民政府招募机工时，国民政府西南运输处宋子良等给南洋筹赈总会、各筹赈分会以及陈嘉庚的电文，以及部分南侨机工的相关信息表、往来信函等。

（2）国民政府各机关如西南运输处、侨务委员会、海外部给南侨筹赈总会之间的信函、电文；西南运输处给新加坡分处、国民政府关于机工来到中国如何安置的电文；国民政府高层如蒋介石、宋子良管理南侨机工建议的电文；西南运输处会议记录等。

（3）西南运输处关于华侨机工互助社的筹备及工作报告；南侨机工生活问题、西南运输处对南侨机工的缩编等。

（4）南侨机工家属询问机工境况的书信以及国民政府出台的关于南侨机工汇钱养家的办法及实行情况等。

（5）陈嘉庚派刘牡丹考察滇缅路报告；南洋慰劳团在昆明活动；西南运输处出版的内部刊物《西南运输处通报》《华侨机工通讯刊》等原始档案资料，这些第一手档案资料成为本书最主要的研究资料来源。

二是云南侨务处档案（卷宗号1092）。该卷宗于1961年由云南省档案馆保存，共669卷，内容主要有：云南各界欢迎南洋慰劳团的会议记录及接待安排情况；南侨机工复员登记记录；云南省华侨互助理事会的成立及活动记录；南侨机工复员大会筹备及活动等档案资料。

三是云南省社会处（卷宗号1044），该卷宗档案共2045卷。上架排列长度54.5米，档案起止时间1942—1946年。1942年1月，国民政府行政院任命佩存藩为云南省社会处处长，负责筹建云南省社会处，1942年3月1日，云南省社会处成立，受国民政府和云南省政府双重领导。关于南侨机工的档案资料主要包括：战后南侨机工救济以及协助机工复员活动记录等。

2. 台湾"国史馆"关于南侨机工复员南返的档案

2005年由台湾"国史馆"编辑出版的《战后遣返华侨史料汇编》，该书分三卷，内容丰富，资料翔实。详细保存了遣返南侨机工的过程，包括陈嘉庚、南侨总会与国民政府及新加坡领事馆的交涉电文、报告；华侨互助理事会关于机工复员的活动及交涉记录；国民政府侨务委员会、行政院、云南省华侨理事会关于遣返机工的电文、申请、会议记录等，该档案资料是研究南侨机工复员南返的重要资料。

（二）辅助资料

除了档案资料外，涉及本书研究的还包括以下资料。

1.《华侨机工通讯刊》

该刊物由西南运输处管理机工的主要机构"华侨互助社"出版。该刊物于1940年开始出版，1942年1月停刊。其主要是为沟通南洋和机工的联系而创办。刊物栏目分为：南洋要闻、本处新闻、服务栏（主要刊登来自南洋家人的书信领取信息）、热流（登载南洋总会问候书信等、个人家书、荣誉奖励、机工个人诗歌、散文等）。就笔者所见，该刊物存世不多（有21期），是研究南侨机工个人生活、机工及其与南洋关系的重要资料。

此外，还有云南省华侨互助理事会出版的刊物《南风》和民国时期在云南昆明出版的刊物《华侨生活》。

2. 新马华人社团出版的特刊

特刊主要有新加坡怡和轩俱乐部出版的周年纪念特刊（例如，《新加坡怡和轩俱乐部90周年纪念特刊》《新加坡怡和轩俱乐部100周年纪念特刊》《峇株吧辖益群书报社90周年纪念特刊》等）。

3.20世纪30年代的报刊资料

本书使用的报刊资料主要包括中国和南洋两地的资料。中国方面，主要有《云南日报》（1939—1946）、《民国日报云南版》（1939—1945）、《侨光报》（该报由云南省主办，仅存有1940年4月），以上报纸刊登南侨机工在中国的活动；南洋方面，20世纪30年代南洋发行量较大的《南商报》和《总汇新报》两家华文报纸。

两地报刊刊登了关于南侨机工的资料，其中包括南侨筹赈总会招募动员机工、南洋各地响应报道、南侨总会遣送机工情况、南洋华侨机工在昆明生活及工作、南侨机工信函等内容，以上报刊资料有助于弥补本书研究中若干讨论问题资料不足的缺憾。

4. 南侨机工及后代的口述资料

除以上诸多文献资料外，本书在研究中还使用口述资料。具体包括两个方面，一是前人所作的口述资料。整理出版的口述资料具体包括：陈毅明编辑的《南侨机工抗战纪实》，林少川编辑出版的《陈嘉庚与南侨机工》，钟业昌编写的《铁血滇缅路：重走滇缅路寻访南侨机工事迹》，陈达娅编写的《再会吧，南洋——海南南洋华侨机工回国抗战回忆》和《南洋1939》等，此外，新加坡出版了由南侨机工的亲历者邱新民的个人口述著作《艰难的行程》，2010年新加坡国家档案馆出版了口述资料《新加坡的南侨机工：一批热血华侨回中国抗日的不平凡故事》。

二是笔者在昆明所作的口述资料。由于时代久远，因此本书所涉及的南侨机工的口述资料，主要是笔者对在昆明的南侨机工所做的访谈。此外，笔者在昆明多次参加"南侨机工云南省联谊会"举办的活动，收集了部分南侨机工后代的口述资料，为本书主题的研究论证提供了诸多必要的材料补充。

三　本书论文框架

本书主要综合运用云南省档案馆、台湾"国史馆"原始档案资料、民国时期报章和笔者所做的田野调查的口述资料，在已有学者研究成果的基础上，通过对档案资料的研读，并结合中国与东南亚的各类记录，重构发生于20世纪三四十年代的"南侨机工"事件以及该群体参与中国和世界反法西斯战争的历史画面。同时，通过对南侨筹赈总会招募和遣送机工返国、国民政府对南侨机工的管理以及南侨机工与南洋的关系等问题的考察和分析，探讨南侨机工对中国和世界反法西斯战争的贡献、国民政府扮演的角色以及南洋华侨社会对祖国抗战的贡献等问题。

本书的分析框架一共分为六个部分：

绪论部分阐明本文的问题缘起及学术史意义，并就本书的研究方法、材料来源以及分析框架逐一说明。

第一章主要从20世纪30年代世界反法西斯战争形势、南洋华侨对日本侵华的反应两个方面对南侨机工返国运输进行详细考察，并进一步探讨南侨机工返国的原因。

第二章具体分析和考察"南侨筹赈总会"动员、组织以及组织机工返回中国的历史进程，从中分析中国国民政府、南侨筹赈总会以及各地华侨社会在机工招募、回国中所扮演的角色。

第三章具体考察西南运输处对南侨机工的训练和管理。首先介绍西南运输处对南侨机工的训练内容、训练方式以及效果，其次从军事和生活方面论述西南运输处的管理，从中分析西南运输处的机工管理措施对军事物资运输的意义。

第四章以 1942 年 5 月滇缅公路中断为界分为两个时期，分析和考察南侨机工在中国抗战期间的运输工作，从中探讨南侨机工对中国抗日和在世界反法西斯战争中所做出的贡献。

第五章主要从南侨筹赈总会和南洋家属两个层面考察南侨机工与南洋的关系，从中分析南洋华侨社团和南侨机工家属对抗战的支持和贡献。

第六章分析和考察南侨机工复员南返的过程。重点考察南侨机工复员办法的形成以及云南华侨互助理事会、国民政府、南洋华侨为机工复员交涉所做出的努力，并在此基础上探讨上述各方在机工复员南返中所扮演的角色。

结论与讨论部分。就前文南侨机工的考察内容做出进一步的总结性分析，并在此基础上就当前学界有关华侨与中国抗战、东南亚华人社会研究领域的若干问题提出一些思考。

第 一 章

20世纪30年代世界反法西斯形势与南洋华社支持祖国抗战

第一节 20世纪30年代的世界反法西斯形势

一 20世纪30年代的欧洲战场和中国战场

20世纪30年代，中国和欧洲各国都面临法西斯战争的威胁。就整个世界反法西斯形势看，世界反法西斯同盟没有形成的迹象。就中国战场而言，1937年7月7日，日本发动"卢沟桥事变"，中日战争全面爆发，以此为起点，中国开辟了世界上第一个反法西斯战场。此后，中日双方经过"淞沪会战""徐州会战""台儿庄战役"等战场上的较量，日本没有使中国屈服，中国依然顽强作战，1938年8—10月，中日双方在武汉再次展开会战，经过会战，武汉、广州失守，但武汉会战大大消耗了日军的有生力量，打破了日本妄想迫使中国屈服、早日结束战争的计划，武汉会战使战争形势发生重大变化，中日战争进入相持阶段，成为中国抗日战争的转折点。武汉会战后，日本陆军主力不得不把大批兵力投入中国战场，1938年10月，日本陆军总兵力为34个师团，其中，朝鲜1个，中国东北8个，中国本部24个，日本本土1个，日本陆军总兵力的94%投入了中国战场。[①] 因此，中国抗日战场牵制了日军的大部分陆军主力。

20世纪30年代，在欧洲，法西斯势力相继在意大利和德国上台后，便发动侵略战争，1939年3月，德国占领奥地利，入侵捷克，企图建立

---

① ［日］服部卓四郎：《大东亚战争全史》（一），易显石、金明善等译，商务印书馆1984年版，第194页。

世界法西斯政权，此时英、法等西方大国，没有认识到法西斯的危险，大都独自备战以求自保，对于日本对中国的侵略，英、法等国不仅没有反对，甚至对日本侵略中国实施了妥协退让，乃至纵容的绥靖政策。而德、意法西斯在欧洲遥相呼应，支持日本对中国的侵略。1936年11月，德日签订了《关于反共产国家的协定》（1937年意大利也加入了该协定），在反共的旗号下，建立了国际法西斯政治同盟。1938年2月20日，希特勒正式承认伪满洲国，1938年4月，德国宣布对中国禁运军火，以实际行动支持和纵容日本扩大侵华战争。因英、法等国企图"祸水东引"使德国进攻苏联，面临德国法西斯的威胁，苏联也在积极备战。

　　20世纪30年代的世界反法西斯战争形势，欧洲战场和中国战场虽然没有联合起来反对法西斯的联盟，但中国战场和欧洲战场之间是相互支撑和牵制的。特别是中国战场对日军的顽强抵抗，牵制了日军大批兵力，有力地支持了欧洲战场。其中，中国战场对日军兵力的牵制使得日军不能对苏联作战。1932年8月，日本参谋本部制订了1933年度的对苏作战计划，企图将苏联远东与中国东北连成一片，作为称霸亚洲乃至全世界的基地。① 但日军一直未能实施北进苏联的计划，其原因除了苏联做好战争准备之外，另一重要原因是日本陆军主力受到了中国抗日战场的牵制。1938年3月，由于英法绥靖政策的纵容，德国法西斯吞并了奥地利，矛头指向捷克，大有东进之势，德国的侵略，吸引了苏联的注意力，日本立即遥相呼应，为配合德国的东进，1938年7月，日军准备集中陆军主力北进苏联。但此时中国战场正是武汉会战期间，由于中国国民政府的坚决抵抗，战争期间日本十个师团被武汉会战所牵制。因此，日本虽急欲发动对苏战争，但近百万大军被牵制在中国战场，可见，中国战场对日本主力牵制是日本未能实施北进苏联计划的关键因素之一。

　　欧美各国对日侵华态度虽不明确，但也开始在行动上支持中国。1938年12月5日，美国公开宣布给中国2500万美元的桐油贷款（在其合同中，中国订购载重2.5吨以上的卡车1000辆）。② 中美桐油借款是美国援助中国的第一步，虽然借款附有不得购买军事物资的条款，但在具体执行

---

① 韩永利：《第二次世界大战与中国抗战的地位研究》，商务印书馆2010年版，第121页。
② 陶文钊：《战时美国对华政策》，武汉大学出版社2010年版，第135页。

时较为宽松。中日战争爆发后,英国本来计划采取对日经济制裁,但担心与日军发生冲突而停止,不过张伯伦政府仍坚持制止日本扩大侵略中国的政策。1938年12月15日,当美国政府开始援助中国时,英国政府亦于1938年12月20日宣布向中国贷款50万英镑,用于为新开通的具有战略意义的滇缅公路的运输购买卡车,对此《泰晤士报》评论认为,"这些贷款是用合法的手段反对非法的歧视,保卫英美在华利益的共同行动的象征"。[①] 1939年12月18日,英国宣布向中国中央银行和交通银行提供500万英镑的平准基金贷款,以稳定中国的法币。[②] 由此可见,尽管英国政府对中日冲突问题上的态度左右摇摆,但总体上还是援华制日。

由此可见,20世纪30年代的东西方战场之间相互支撑,特别是中国反法西斯战场在东方对日军的牵制使得日本北进苏联的计划没能实现,并且中国战场将日军牵制在东方战场,阻止了德国和日本联合的计划。

二　中国抗日战场面临的问题与西南运输线的战略地位

(一) 中国抗日战场面临军事物资补给的问题

1. 日军对中国东南沿海的封锁

中日战争全面爆发后,中日之间的战争主要以陆军作战。但随着战争的进行,日本为迅速灭亡中国,在以陆军作战的同时,日本军部凭借海军优势实行封锁中国东南沿海的政策。日本之所以封锁中国东南沿海补给线,主要是因为中国抗战所需的国外军事物资严重依赖国外进口,1933年5月,俞大维接管兵工署后,开始兵工建设与弹药储备的五年计划。根据弹药基数统计计算,一个调整师一日消耗机枪弹药约为80万发,每月达400万发,而1935年库存机步枪子弹约7300万发,不足供应20个调整师一月所需。[③] 俞大维估计,对日开战每月步枪和机关枪子弹需要7万万发,有赖大陆向国外购买。[④] 因此,除此之外,一方面,中国抗战所需

---

①　李世安:《战时英国对华政策》,武汉大学出版社2010年版,第83页。

②　参见王建朗《抗战初期的远东国际关系》,台湾东大图书公司1996年版,第285页。

③　参见徐万民《战争生命线:国际交通与八年抗战》,广西师范大学出版社1995年版,第5—6页。

④　参见郭荣生编著《民国孔祥熙年谱》,台湾商务印书馆1981年版,第122页。

的重武器如飞机、坦克、大炮等大部分均由外国供应。因此，在中日战争初期，战争损耗补给及重型武器急需国外进口补充，而国外进口军用物资补给线主要依赖东南沿海运至中国。

另一方面，日本海军优势明显，具备封锁中国东南沿海的能力。据统计，1938年，日本舰艇200余艘，总吨位190万吨，其海军力量世界第三，相比之下，中国的海军新旧舰艇66艘，总吨位59034吨，比率为13比1。[①] 可见，中日两国海军力量的差距明显，因此，日本足以凭借海军优势封锁中国的东南沿海的重要军事补给线。

1936年5月，鉴于中国抗战对国外武器的依赖和中日海军力量的悬殊差距的客观事实，在筹备抗战报告中，国民政府的报告显示出开战后日本封锁中国沿海的担忧。"日本必以海军封锁中国海岸，使武器与各种需品不得输入，以断中国之外援，及海上交通。按中国海军，现有名无实，参照情况判断即可知矣…至封锁中国海岸，仅用其防御部队（即其第三舰队）之一部，即可达其目的。"[②]

日军的行动证实了中国政府的推测，中日战争爆发至武汉会战前后，日本海军在积极配合陆上的同时，利用海军优势逐渐封锁中国东南沿海。1937年8月25日，日本军部发表"遮断航行"的宣言，宣布封锁上海至华北沿海，9月5日，日本海军再次宣布封锁中国全部海岸线。战争初期，日本的封锁措施对中国影响不大，中国可以依靠在东南沿海港口设立补给点继续输入国外进口的军事物资。

武汉会战是决定中日战争走向和转折点的关键决战。武汉会战前夕，日本以其海军优势完成了对中国沿海具有战略意义的岛屿和港口控制。1938年1月10日，日本海军占领青岛，3月18日，占领长江口崇明岛，5月12日，日本海军陆战队占领厦门，5月13日，日本占领连云港，6月4日，日本军舰在海南岛活动。因此，在抗战的第一年，日本便以海军优势占领中国的沿海港口岛屿如下：

<hr />

① 刘庭华：《中国抗日战争第二次世界大战系年要录·统计荟萃》，海军出版社1988年5月版，第475页。

② 中国第二历史档案馆：《国民政府筹备抗战档案史料一组》，《民国档案》1997年第2期。

华北：烟台、威海卫、青岛外之灵山、大公诸岛，及连云港外之鹰鹫山岛。

华中：崇明岛、马鞍山岛、杭州湾附近各岛、温州口外之黄大屿。

华南：厦门、福州口外之妈祖岛，厦门附近之金门及小金门、汕头外之南澳岛、东沙群岛及其它岛屿。[①]

为配合武汉会战及切断经香港至广州、武汉的补给线，日军决定，占领中国的重要补给来源地——广州。

广州是中国的外来重要通道，地理位置极为重要，"海岸线漫长，除雷州半岛及沿岸平原外，港湾分布，岛屿分布，良港棋布，但我国海军力弱，此等海湾，利于敌之内侵，我则处处受敌，广州扼水路交通之总汇，大部分军火由此输入，为抗战初期之军略要地。而东路之潮惠，为闽赣之门户，南路之高、雷、廉则为广西之门户，此等要地，均位沿海，故攻守之计，莫切于海防。"[②] 而广州毗邻香港，抗战以来，香港一直是中国输入军火的重要港口。

1938年10月12日，在中日武汉会战的关键时刻，日军以一个半师团四万余人，向大亚湾和大鹏湾（大亚湾为趋惠州捷径，大鹏湾在九龙之东，南控广九路）进攻，以"切断蒋政权的主要补给线，并挫败第三国，特别是英国的援蒋意志"。[③] 在日本海军的配合下，日军于12月8日占领虎门要塞，10月12日，广州被日军占领。10月29日，广州附近战略要地全部沦于日本，中国最为重要的对外通道被切断。

广州失陷后，海南岛成为中国广州失陷后重要补给的中转来源。为切断国民政府的外援路线，1938年12月6日，日本政府陆军省拟定的《1938年秋季以后的对华处理方略》规定，"对战略尤其是其政略之要点，应坚持顽强的航空作战，以及海上封锁等，尽力切断其残存之对外联络

---

① 曹聚仁、舒宗侨编著：《中国抗战画史》（上），中国文史出版社2011年版，第342页。

② 同上。

③ ［日］日本防卫厅防卫研究所作战史室：《中国事变陆军作战》（2），田琪之译，中华书局1979年版，第106页。

线，特别是武器输入路线"①。1939年1月13日，日本大本营御前会议决定攻占海南岛，2月19日，日军在海口登陆，海南岛很快成为日军进攻我国华南的前沿基地。自此以后，中国东南沿海重要港口基本被日军占领，中国东南沿海的军事武器运输补给线完全中断。

中国东南沿海被日本封锁后，对中国持续抗战影响极大。首先东南沿海军事物资的补给线的中断致使中国抗战所需军事武器的补给面临困难。武汉会战后，中日战争进入相持阶段，而中日之间相持阶段的维持，除了军队英勇作战等因素外，战争武器损耗及时得到补充是决定中日战争的关键因素之一。1938年10月广州沦陷前，经广州至武汉的粤汉铁路共开过军车2000多列，运送部队200万人、军用品54万多吨。② 东南沿海完全中断后，为解决国外进口的军事物资补给来源，中国政府不得不寻求其他国际补给通道。

其次是中国外汇来源受到极大影响。东南沿海未被封锁前，中国农副产品主要通过海上出口以换取外汇，西南地区的锑、钨、桐油、茶叶等农、矿产品亦由东南沿海港口出口，以换取国外的军用品。③ 但以上港口被日本封锁后，中国外贸货物不能及时出口换取外汇，这给本已财政困难的中国政府带来更大的困难和挑战。

2. 国民政府的应对及面临的困难

日军封锁中国东南沿海后，中国的抗战面临着巨大的困难和挑战，其中，最大的困难是中国抗战所需国外军事物资的补给问题。为解决国外军事物资运输补给问题，国民政府主要采取以下措施。

首先是开辟陆路国际运输通道。东南沿海被日本封锁后，国民政府国际运输通道移入西北、西南。西北公路线是经兰州至新疆迪化进入苏联，是连接中国和苏联的国际通道，该线在中日战争爆发前基本修筑完成。西南方面，主要有两条路线。一是经广西南宁到越南，经云南至越南河口一线；另外一条被称为抗战输血管的"滇缅公路"（中国昆明至缅甸腊戌）。该线路由缅甸港口仰光经铁路运至缅甸北部的城市腊戌，然后沿"滇缅公

---

① ［日］日本防卫厅战史室编纂：《战史丛书·大本营陆军部》（一），天津市政协编译委员会译，四川人民出版社1987年版，第574页。

② 吴相湘：《第二次中日战争史》（上册），台北综合月刊社1973年版，第295页。

③ 郭汝瑰：《国民政府的抗战准备》，《抗日战争研究》2003年第5期，第23页。

路"运至中国昆明。

其次是加强运输管理，增设分支机构。一方面，为解决军事物资运输问题，1937年10月1日，国民政府在广州成立"军事委员会西南进出口物资运输总经理处"①，简称"西南运输处"，该机构是抗战时期我国最大的官方军事物资运输机构，成立之初，主任一职由广州市长曾养甫兼任，因涉及军事运输秘密，对外称"兴运公司"，在国外称为"西南运输公司"。② 1938年2月，宋子良任西南运输处主任，1938年广州陷落前，西南运输处西迁昆明。迁入昆明后的西南运输处，运输业务主要是统筹西南各进出口物资运输事宜，运输物资主要有运输兵工署进口军械、航空委员会油料及其他部门之军运品等。"举凡进口军品之供应，作战部队之输送及出口之接济，罔不在筹办之列。"③ 为提高运输效率，西南运输处配备精干人员充实运输管理机构，同时在国外订购新车以扩展军运。另一方面，西南运输处对国内外所属机构进行调整。国内部分，为运输和接转运输物资及方便沟通联系，西南运输处先后在国内"滇缅公路"沿线设立遮放分处、保山分处，在"川滇线"设立贵阳、重庆、泸州分处、沅陵支处。国外部分，将缅甸分处改为仰光分处，在缅甸北部增设腊戍、八莫两个支处。此外，为便于在国外重要港口接转军事物资，"西南运输处"在海外如新加坡、菲律宾等地设立分处。中日武汉会战时期，"西南运输处"就开始筹备成立新加坡分处，其原因主要是基于新加坡重要的地理位置，新加坡地处南洋交通要道，中国的军事物资"自缅甸、海防进出口物资悉须有新加坡接转"，1938年10月20日，为解决国外军事物资接转问题，西南运输处主任宋子良致电在武汉的蒋介石，建议在新加坡设立西南运输处新加坡分处并请求外交部与英国新加坡总督协商提供便利。④ 1938年10月22日，蒋介石同意设立新加坡分处。⑤ 在中国外交部协调及新加坡

---

① 为行文方面，下文皆简称"西南运输处"。

② 陶子厚：《抗战时期的西南运输处》，广东省政协编《广东文史资料》（第3辑），广东人民出版社1999年版，第45页。

③ 黄菊燕：《战时西南运输档案史料》，《广东文史资料》（第3辑），广东人民出版社1999年版，第21页。

④ 《宋子良致总裁函》（1938年10月20日），云南省档案馆藏，西南运输处档案，54/6/21。

⑤ 《蒋介石致宋子良电》（1938年10月22日），云南省档案馆藏，西南运输处档案，54/6/23。

当地华侨社团帮助下，1938 年 11 月 1 日，新加坡分处正式成立，陈质平任分处处长，唐云华为副处长。该机构的成立不仅在接转国外军事物资中起到了重要作用，而且在 1939 年国民政府招募及机工回国扮演了重要角色。

尽管西南运输处采取了开辟国外通道、加强管理、购买车辆等措施以解决中国抗日所需的军事物资补给问题，但西南运输处面临最大困难和挑战，是缺乏大批技术高超的驾驶人员和修理技术人员。

汽车技术人员的缺乏主要是因为中国交通事业发展相对滞后，民国二十五年，广东省有货车 864 辆，浙江省 264 辆，山东 224 辆，湖北 278 辆，其他省份更为落后，平均 90 多公里才有一辆，从中可以看出我国汽车落后的情况。[①] 而在西南边疆的云南，与英属缅甸汽车交通业相比，英国人的汽车早就到了边界的缅甸一侧，晚至 30 年代中期，中国汽车才开到距边界 500 多公里的下关。[②] 交通事业的落后导致从事与交通事业相关的司机、修理等人才严重不足。

为解决驾驶人员缺乏问题，西南运输处曾采取在中国国内设法解决的措施。如在广西、广东、湖南等省设立汽车机工训练所，湖南司机训练所则在南岳、湘乡、常德、攸县设立第一、第二、第三、第四等四个分所。[③] 但仅能勉强维持少数需求而已，因为"人力在抗战中的消耗是可惊的，而专门技术人才之训练和培植，又非短期奏效之事"[④]。

由此可见，西南运输处虽开办运输人员训练所来培训司机，但在短时间难以培养出运输所需的技术人才。我们从"西南运输处运输人员训练所"所长张炎元的谈话中，可以看出当时中国对运输人才缺乏的困惑和无奈：

自南京政府成立之后，才开始建设公路，在公路上大批汽车行

---

① 中国人民政治协商会议云南文史资料委员会编：《云南文史资料选辑第五十辑：抗战中的云南》，云南人民出版社 1987 年版，第 63 页。

② 杨友柏：《我在"西南运输处"时的片断回忆》，南涧文史资料委员会《南涧文史资料》（第 1 辑），大理一中印刷厂 1990 年，第 112 页。

③ 龚学遂：《中国战时交通史》，商务印书馆 1947 年版，第 56 页。

④ 林雪谷：《抗战与华侨》，独立出版社印行，1939 年，第 46 页。

驶，不过是数三年来的事情。中国公路交通的历史既然这样短，技术人才当然不会十分充裕，公司方面仍然在交通工具上没有充分的准备，但是在机工上难免发生困难，所以今年2月初，招收初中程度学生千余人，入所训练，青年潜心求学，但是因为技术的关系，至少亦须受训半年，然后才能分别录用，在这半年的时间之内，国内运输问题怎样解决。①

　　1938年底1939年初，西南运输处国际运输面临更为严峻的挑战。首先是苏联军事物资急需经"滇缅公路"内运中国。1938年10月11日，苏俄运输军用品的船只数艘运到香港时，广州已不守，粤汉铁路被切断，越南各埠又不允许中国卸下军运品，后来通知我国船只改在仰光卸货。② 其次，美国援华物资亟待运输。经过中国外交部门的努力争取，美国开始援助中国，1938年12月8日，中美签订《桐油借款合约》。③ 根据协定，美国政府向我国提供2500万美元借款，用以购买美国物资用于抗战，根据合约，中国政府须在5年内向美国出口22万吨桐油，以售得价款偿付借款本息。中美签订桐油借款合同后，但美方质疑中国政府能否按时履行运输桐油。④ 因此，增加运输运力成为国民政府面对的主要问题。

　　此外，开通后的"滇缅公路"也因汽车驾驶、修理人才的缺乏而导致效率低下，大批货物囤积在滇缅沿线急需内运。据统计，1938年12月底，中缅边境的遮放、芒市等地"积存货物，已逾6千吨"⑤。下面是1938年2月至5月西南运输处畹町分处运量情况（见表1—1）：

---

① 《西南运输处张炎元致南洋华侨的一封信》，《总汇新报》1939年5月17日第5版。
② 王正华：《抗战时期外国对华军事援助》，台湾环球书局1988年版，第664页。
③ 王铁崖：《中外旧约章汇编》（三），三联书店1962年版，第1128—1129页。
④ 吴相湘编著：《第二次中日战争史》，台北综合月刊社1973年版，第93页。
⑤ 龚学遂：《中国战时交通史》，商务印书馆1947年版，第88页。

表 1—1　　　　　　　　　　**1938 年 2 月至 5 月运量情况**

月份	昆明来车数	待修车辆数	%	腊戌来物资车辆数	运出物资车辆数
2	3	1	33	134	16
3	231	12	5	777	167
4	418	51	13	1528	369
5	605	91	15	2249	649

资料来源:《西南运输处畹町分处工作报告》(1938 年 10 月至 1939 年 5 月),云南省档案馆藏,西南运输处档案,54/30/1325。

由表 1—1 可以看出,西南运输处畹町分处 2 月至 5 月间车辆损坏严重,严重影响军事物资的运输,在这一时期,囤积货物较多。经仰光到腊戌物资达 2249 辆,而运出物资仅 649 辆,运输能力严重不足。

1939 年春天,西南运输处运输工作"重心偏在公路",而此时中国国内又严重缺乏司机、修机等专门人才。在此艰难处境下,为解决运输人员缺乏的问题,国民政府不得不请求"南侨总会"主席陈嘉庚在南洋招募汽车司机、修机人才来解决燃眉之急。

(二) 西南运输线与中国抗战

武汉会战后,中国东南沿海的国外物资补给通道被日军切断,中国持续抗战所需的军事物资补给面临极大挑战。中国国民政府也认识到军事物资补给在持续抗战中重要地位,蒋介石多次召开会议研究军事运输补给问题,认为军事物资运输"应视此为第一急务,不仅为抗战成败所关,实乃吾人能力优劣之试金石也"[1]。中日"战争之胜败不仅决于前方将士英勇精神,并须决于后方补给能否源源接济,须决于后方区域将制备之兵械弹药、服装、卫生器材运至前方战区"[2]。而且,相持阶段的中日战争,"双方都只有很少的地区易手。从这方面看,中国维持战争的能力完全变成了

---

① 《蒋委员长致俞飞鹏函》,秦孝仪编《中华民国重要史料初编:对日抗战时期》第四编,战时建设,中国国民党党史委员会民国七十七年版,第 933 页。
② 龚学遂:《中国战时交通史》,商务印书馆 1947 年版,第 4 页。

一个供应问题"。① 而中国"兵工建设，虽略具规模，但因工业落后，多数兵工原料及重型兵器，仍须友邦接济。该项兵工汽车，远涉重洋，几经接转，为战时运输之最繁重最艰巨之任务"②。由此可见，国外的军事物资补给对中国持续抗战的重要意义。

为解决军事运输的补给，中国抗战军事物资补给通道移入西北和西南线路，但西北线路即苏联—新疆迪化—兰州一线由于路途遥远和运量不足而停止，中国抗战所需西南国际运输线主要包括两条线路：一是经过越南海防至中国南宁和云南一线；另一条是经"滇缅公路"连接印度洋港口城市仰光线路。

"滇缅公路"修建于全面抗战爆发前，鉴于香港和越南海防易被敌人封锁，1937年2月5日，在中国国民党五届三中全会上，云南省政府主席龙云提议修筑滇缅公路并强调其重要的战略地位：

> 中日开战后，我与海外各邦交通口岸势必被其以兵力横加封锁，无论外来接济，抑或国货出口，自必完全断绝，届时束手坐困，险象何堪。……滇缅公路西通缅甸，南通广东、北海，东则可与长江各省联络，实为国防后方海陆交通之惟一出口，一旦有事，欲求对外，又一安全通路。③

1937年11月，国民政府同意并委托云南省政府修筑滇缅公路。④ 云南省政府动员云南的彝、白、傣、苗、傈僳、回、汉等10个民族15万民工，历经八个多月，克服缺少大型机械、雨季、瘴气等困难，1938年12月底"滇缅公路"竣工。该路全长1146.1公里，东起云南省会昆明，西行经下关到畹町出境，直通缅甸镜内腊戍的公路线。该路在缅甸北部的腊

---

① 转引自［美］威廉·凯宁《飞越驼峰》，戈叔亚译，辽宁教育出版社2005年版，第6页。

② 龚学遂：《中国战时交通史》，商务印书馆1947年版，第5页。

③ 云南省档案馆编：《云南档案资料汇编》，云南人民出版社2003年版，第36页。

④ 滇缅公路在中境内分两段，其中昆明至下关一段，全长411公里，已由云南省政府于1935年贯通；此时修筑的是由下关至中缅边境城市畹町段，全长548公里，工程量大且任务艰巨，跨越漾濞江、澜沧江、怒江三条大河，翻越横断山脉。

成与通仰光的铁路相连，成为一条直通印度洋的出海交通线。滇缅公路要跨越漾濞江、澜沧江、怒江三条大河，翻过横断山脉。江流湍急，江面宽阔，架桥十分困难。需要在崇山峻岭中劈山筑路，土石方工程数量巨大，而当时无现代化的施工器械，加之施工期间，当地雨季每年长达 6 个月，面临的困难极大。滇缅公路的修筑，不但是全国关注的大事，而且引起了世界各国的瞩目。英国《泰晤士报》1938 年 5 月 17 日、18 日、19 日连续发布文章和照片，报道滇缅工程，8 月上旬，英国外交部派驻华使节莫里斯徒步冒雨考察滇缅公路，赞扬工程的艰巨伟大。美国驻华大使詹森乘坐吉普车，沿路询问工程情况，并发表谈话，称赞中国政府和人民的精神。①

作为西南运输线的"滇缅公路"对于中国持续抗战具有重要的意义。

首先"滇缅公路"是中国持续抗战所需军事物资重要补给通道。从1938 年 12 月滇缅公路开通至 1942 年 5 月，滇缅公路共运营三年五个月，对转入战略防御阶段的抗战起了巨大的输血作用。1940 年初，日本占领南宁后，越南海防至中国军事物资运输线也被迫中断，"滇缅公路"成为中国外来军事物资的唯一运输通道。因此，滇缅公路对于中国抗战所需军事物资补给的重要意义不言而喻。② 1942 年 2 月，中美共同开辟"驼峰航线"之前，来自美、英等国的军事物资几乎全部由"滇缅公路"运入并源源不断地运至中国抗日前线。因此，"滇缅公路"是关系中国抗战全局和中华民族命运的重要运输线。

其次，"滇缅公路"是中国抗战时期联系外部世界的重要通道。1938 年10 月，武汉、广州陷落后，中日战争进入相持阶段，中国抗战进入最为艰难的阶段。"滇缅公路"的开通对于中国联系外部世界具有重要的意义。"滇缅公路"的开通使得西南交通连成一体，西南省区被称为"成为国防要塞和复兴民族的根据地"③。中国西南地区在抗日中的地位日益凸显，"四川、贵州和陕西三省组成核心地区，云南省是中国抗战大后方"。④ 1940

---

① 参见徐康明《中国远征军战史》，军事科学出版社 1995 年版，第 119 页。

② 为迫使中国屈服，1940 年 7 月至 10 月，在日本的威胁下，英国曾关闭滇缅公路 3 个月。

③ [美] P. Fitzgerald, Daviesh, R.：《滇缅路》，宋自节、张履鉴、黄种秀译，今日新闻社出版部 1945 年版，第 3 页。

④ 转引自《飞越驼峰》，第 6 页。

年4月初，南洋慰劳团经"滇缅公路"抵达昆明，云南省政府主席龙云的欢迎致辞中指出，云南因"滇缅公路"的开通而凸显其在中国抗战中的重要战略地位：

> 　　自"七七事变"以来，西南各省已成为抗战之根据地，云南一省更成为抗战最后支撑点，有人说滇川黔三省现已成为土耳其，当年复兴之安哥拉，就云南地理而言，中央政府在北方之时，云南为边远省份，自国府定都南京后，云南已非边缘之区了，不但不偏远，且适居亚洲之中心。又以交通而言，滇缅公路业已通车，中缅航线亦已开始飞行，将来滇缅铁路完成以后，欧亚之交通文化经济，必以云南为枢纽，此亦可以断言也。①

云南省省会昆明"形势天险，为西南边疆重镇，为云南省政治、交通、文化、商业、工业枢纽"②。云南省会昆明不仅是滇缅公路的终点，还是当时最大的运输机构西南运输总处的行政中心，是滇缅公路出口物资总站和国外物资到达的终点，亦是滇缅路业务、管理、工程的中心机构所在地。昆明的交通，除了滇缅公路之外，公路还有昆筑、昆泸公路分别连接中日对峙的前沿贵阳和首都重庆；滇缅公路是美英等人员往来的重要通道，因此，"滇缅公路"成为西南大后方的国际交通大动脉。

最后，"滇缅公路"是抗战时中、美、英反法西斯合作的交汇点。1940年10月，"滇缅公路"成为中国抗战唯一与海港连通的陆路交通线，其战略地位进一步提高。日本海洋政策使远东国际局势不断恶化，中国持续抗战的意义得到美、英有志之士的认可。1941年初，中、美、英三国采取重要措施，决定合作加强滇缅交通建设。③ 世界反法西斯同盟形成后，该路成为中国入缅作战的主要国际通道，1942年，应英国政府的请

---

① 《龙云欢迎南洋慰劳团侨胞词》(1940年4月12日)，云南省档案馆藏，云南省社会处档案，44/4/206。

② ［美］P. Fitzgerald，Daviesh，R.：《滇缅路》，宋自节、张履鉴、黄种秀译，今日新闻社出版部1945年版，第54页。

③ 具体措施包括：铺路和改建大桥，改进交通管理，美国派专家管理并提供交通器材等。具体参见徐万民《战争生命线》，广西师范大学出版社1995年版，第242—253页。

求，中国远征军沿"滇缅公路"进入缅甸，与英军联合共同对日作战。因此，"滇缅公路"是世界反法西斯国际合作的交汇点，对中国抗战和世界反法西斯战争具有重要的战略意义。

第二节　南洋华社支持祖国抗战

一　南洋华侨民族主义的高涨与华社支持祖国抗战的活动

1931年，"九一八事变"后，南洋华侨掀起华侨抗日高潮，1937年7月7日，"卢沟桥事变"后，日本大举侵华再次引起南洋华侨社会的强烈反响，南洋华侨社会掀起了支持祖国抗战的活动。此时，正值海外华侨民族主义高涨的时期。海外华侨民族主义是表达对祖国的生存和发展关切的一种意识形态和运动，他强烈反抗帝国主义对祖国的威胁和侵略，海外的民族主义是近代中国民族主义的旁支，而不是土著民族主义的一环。[①] 在英属马来亚，海峡侨生也投入到救助中国的行动中来。[②] 南洋华侨对祖国的抗日支援形式多样，主要包括以下活动。

1. 南洋华侨的捐献活动

中日战争的持续进行，国民政府需要海外华侨的源源不断的经济支持。"财力增厚，即战力增强"。[③] 因此，1937年8月15日，在新加坡成立星洲筹赈大会之时，陈嘉庚极力主张重在以捐款方式支援中国抗战，并提出"有钱出钱，有力出力"的口号。1938年10月10日，在南侨筹赈祖国难民大会上，陈嘉庚再次强调了捐款援助中国抗日的重要性。"南侨总会"成立后，该机构成为南洋华侨社团最高的联合机构，涵盖南洋45个筹赈会组织，代表东南亚所有的海外华人，可以调动区内华侨的经济资源并汇聚善款交由中央政府。[④] 南洋华侨捐款主要有购买公债、

---

① 颜清湟：《海外华人的传统与现代化》，南洋理工大学中华语言文化中心、八方文化创作室2010年版，第291页。

② 在陈嘉庚之子陈国庆的努力下，由林文庆及李俊源夫人成立新加坡海峡华人筹赈会。参见杨进发《陈嘉庚：华侨传奇人物》，八方文化企业公司1990年版。

③ 《国民政府海外侨胞函》，《总汇新报》1938年10月13日第6版。

④ 《海外华人民族主义：在传统与现代之间》，载颜清湟《海外华人的传统和现代化》，南洋理工大学中华语言文化中心、八方文化创作室2010年版，第302页。

特别捐、常月捐、售卖纸花和纪念品、支持武汉合唱团筹款演出活动等方式。

购买公债。中日战争期间，为确保战争的进行，国民政府发行大批公债以维持战争经费支出，其中大部分公债在南洋华侨中发行，南洋各地社团纷纷投入劝购工作，各地华侨购买公债极为踊跃，除了华侨富商购买外，普通华侨也按照月薪购买一定比例的中国公债，1938年10月12日，南洋筹赈大会召开期间，在陈嘉庚的号召下，大会决定取消公债劝售，采取无条件的捐款救济中国，华侨献出已购公债作为义金。[①]

南洋各地华侨最为普遍的捐款方式是特别捐和常月捐。所谓"特别捐"，即"纪念日劝捐"。根据《南侨筹赈总会拟定筹赈法》，各地筹赈会充分利用中国的重要节日来推动献金运动。包括："开国纪念日""总理忌辰""七月七日""黄花岗纪念日""卢沟桥纪念日""八一三抗战纪念"等。在南洋华侨社会，该捐款方式一直持续到1941年日本占领南洋。[②]"常月捐"，根据第一次南侨代表大会规定，常月捐分为四类，一是各行店公司应认捐者，二是各店伙伴应认捐者，三是自由职业者应认捐者，四是劳动界应认捐者。另外各筹赈会还以售卖鲜花、游艺演出剧、球赛等方式发动捐款。

特别值得一提的是，英属马来亚华侨为武汉合唱团的捐款。1938年秋天，武汉合唱团来马来亚做巡回演出，足迹遍及马来亚各州县和一些重要的市镇，巡回演出达480天，1940年4月该团返回中国。马来亚华侨为武汉合唱团筹款2300000元（叻币），按全马人口2114200计算，华人平均每人捐款1.09元。[③]

中国抗战期间，南洋华侨捐款的总数究竟有多少，目前的研究尚难确定。不过，一般认为，南洋华侨对中国的捐献几乎占全部抗战军饷的三分之一，若再加上侨汇，则战时维持中国财政经济的二分之一是由海外华侨负担。[④]据台湾出版的《华侨志》统计，在抗战时（1937年"七七事变"

---

①　陈嘉庚：《南侨回忆录》，岳麓书社1993年版，第73页。

②　黄枝连：《东南亚华族社会发展论》，上海社会科学出版社1992年版，第42页。

③　《华侨先锋》第1卷第21期，第23页，中华民国二十九年。

④　华侨志编撰委员会编：《华侨志总志》，海外出版社1956年版，民国五十三年七月版，第578页。

至1940年1月），南洋华侨每月捐款助军者，约达三千万元，有时每月捐赠军费约达七千万元，几占抗战军费的三分之一，[①] 日本学者的研究，也认为华侨捐款对中国抗战贡献较大，认为"四年间华侨献金累计约80亿元（国币）"[②]。

　　在捐款中，各地华侨根据帮权社会结构特点开展筹款活动，华侨社会因方言的隔阂而常引起冲突，各地筹赈分会的策略是缩小方言群分歧而扩大彼此间合作，如，南洋筹赈总会以方言群基础，成立了几个不同的方言筹款小组，由方言群领袖担任组长，每个小组由该方言群中有影响的侨领组成，此种方式能够针本帮群特点采取灵活方式为中国抗日筹款。[③]

　　新加坡共有福建帮、广帮、潮帮、客家帮、三江帮等帮派，各帮捐款活动也反映了华侨社会结构特点，为充分动员各方言会馆特点和积极性，各帮的一切援助中国活动则在各方言群会馆的基础上进行。[④] 在陈嘉庚的领导下，新加坡实力最强的福建帮以福建会馆为中心开展援助中国的活动，1937年8月16日，福建会馆召开专门会议，讨论援助中国筹赈的办法，在大会期间，闽帮各侨领富商响应陈嘉庚的呼吁踊跃捐款，其中，叶玉堆捐款10万元，李光前捐款10万元，其他：周献瑞、蔡汉亮、林文田各捐2万元，陈嘉庚和陈六使承诺每月捐款5000元，直到抗日战争结束为止。[⑤] 广帮则在广帮侨领曾纪辰领导下，动员广帮力量，采取灵活有效的方式捐款。例如，为表彰和激励侨众捐款，新加坡广帮办事处每天将各区捐款名单及数额刊登在华文报纸《总汇新报》上。

　　2. 抵制日货

　　为支持中国抗日，南洋华侨利用其经济势力发起了抵制日货的行动。"抵制"是一个强有力的经济武器，它可以有效地获得所要的经济和政治

---

①　华侨志编撰委员会编：《华侨志总志》，海外出版社1956年版，第473页。

②　李盈慧：《抗日与附日：华侨、国民政府、汪政权》，水牛出版社2003年3月版，第214页。

③　颜清湟：《海外华人与抗日战争》，第322页；《海外华人的传统与现代化》，南洋理工大学中华语言文化中心、八方文化创作室2010年版，第320页。

④　李恩涵：《东南亚华人史》，五南图书出版社1993年版，第485页。

⑤　同上书，第486页。

利益。① 就南洋华侨而言，其之所以能够发起抵制日货行动，主要是其具备抵制日货的条件。首先是南洋各地华侨不仅人数众多，而且控制该区域的零售贸易，其次是南洋华侨具有较强的经济实力，以上两点是早期抵制日货成功的保证。

华侨抵制日货的手段主要包括以下方式：拒绝购买日本的工业产品和食品、禁止华人批发或零售贸易、撤退日本矿务公司的华侨劳工、禁止给日本人提供任何方式的服务等。②

因南洋各地政权对中日战争的态度各异，抵制日货运动的主要是英属马来亚华侨，例如，新加坡华侨布商协会禁止日货进口，并以中国和欧美产品替代，违章者由同业委员会决定处分，新加坡 90 家钟表店代表宣誓不再输入日货，自行车行决定以欧洲货取代日货。③ 据估计，抵制日货日商每月损失至少在一千万元，使其贸易为之停滞。

除了在商业方面抵制日本之外，马来亚华侨还拒绝为日本矿石工厂工作。二战前，日本通过各种手段在南洋扩展，南洋成为日本出口及重要物资的来源地。其中，日本超过 70％的铁矿石从中国和东南亚进口，中日战争全面爆发后，日本严重依赖从南洋进口铁矿石等矿产资源。④ 为支援中国抗战，英属马来亚柔佛峇株巴辖 Batu Pahaty 一日人经营之大铁矿，也因华工辞职而停工。⑤ 在日本的工厂、矿场，一些华侨工人不顾自身失业，拒绝充当日本工人，例如，新加坡日本小学之校舍，即因华工罢工而中途停建。

总之，中日战争期间，南洋华侨对中国抗日给予了强有力的支援，正如日本研究中日战争学者菊池一隆所说，要分析中国最后取得胜利的原因，华侨的这种态度和行动是不可忽视的，华侨在全世界织成了一张对日

---

① 《海外华人与中国抗日战争（1937—1945）》，载《海外华人的传统与现代化》，第 320 页。

② 《南洋商报》1938 年 1 月 14 日第 4 版、3 月 6 日第 5 版。

③ 许秀聪：《星马华族对日本的制裁》，载柯木林编《新加坡华族史论集》，新加坡南洋大学毕业生协会，1972 年，第 144 页。

④ 同上书，第 133—158 页。

⑤ 郑良树：《华人文化史论丛》（卷一），新加坡南洋学会 1982 年版，第 17—18 页。

抵抗的包围网，其中，南洋华侨对日抵抗最激烈，直接打击了日本经济。[①]

二　殖民政府对华侨支持祖国抗战的态度与"南侨总会"的成立

（一）英殖民政府对新马华侨支持祖国抗战的态度

20世纪30年代，除了泰国是东南亚唯一独立国家之外，南洋各国分别由英国、法国、荷兰、美国等西方国家控制，南洋各政权基于各自利益而对华侨抗日援中态度各异。荷属、泰国最为严格，[②] 相比而言，英国殖民政权较为同情华侨的抗日援华活动，其对中日战争采取"中立政策"，但在具体执行中，英殖民政权对华侨的抗日援助给予默许和支持，但前提是必须维护英属马来亚的社会秩序和稳定，这也是南侨机工大多来自马来亚地区的重要因素之一。英殖民政权对华侨支持中国抗战的政策主要体现为两个方面，一是禁止国民党、共产党活动；二是支持"无党无派"的华侨领袖陈嘉庚领导的援助中国的活动。

1. 禁止国民党和共产党的政治活动

20世纪30年代的英属殖民地是中国各种政治力量活跃之地，来自中国的国民党、共产党等人员和组织皆在英属马来亚开展政治活动。对于国民党在马来亚的发展和政治活动，英国殖民政府采取高压手段予以禁止。1930年2月5日，海峡殖民地新任总督金文泰上任后，在得知国民党于1930年2月5日公开举行党要大会时，金文泰迅速采取措施。[③] 1930年3月1日，金文泰召开马来亚国民党行政和监委大会决定，严格禁止国民党从事宣传、募捐等活动。主要原因是英殖民政府担心国民党颠覆英国殖民政权，如果国民党得到承认而公开地活动，则国民党将会控制星马华人的政治效忠，从而利用这一政治力量推动排英或倒英的政治运动，这将造成

---

① ［日］菊池一隆：《中国抗日军事史》，袁广泉译，社会科学文献出版社2011年版，第248—250页。

② 由于泰国政权和荷属禁止公开招募华侨青年返回中国，因此，两地欲参加机工的华侨青年不得不到马来亚等地报名参加机工。

③ 具体措施包括：（1）召开专门会议讨论国民党问题；（2）举行行政会议讨论放逐国民党政要；（3）召集国民党全体行政及监察会议，训令国民党全部解散。参见杨进发《金文泰总督与国民党》一文，载杨进发《战前星华社会结构与领导人初探》，新加坡南洋学会1977年版。

长远的政治威胁。① 而对于马共的活动，英国殖民政府更不能容忍和接受，因为，英国殖民政府认为，在政治思想上，马共主张反帝国主义、企图推翻殖民地政权建立一个社会主义国家。

2. 支持陈嘉庚领导的援助中国抗日的活动

"七七事变"爆发后，南洋华侨社团、工会、学校以及下层华侨呼吁并采取行动支援中国抗日。其中，星洲华社反日情绪尤为高涨，社团成员、学生和工人等纷纷组织各类筹赈活动，当华侨社会的反日活动波及民间时，英国殖民政府深感忧虑并担心工人、学生的筹赈活动一经蔓延，将对星洲的和平、稳定带来一发不可收拾的后果。② 因此，1937 年 8 月 15 日，星华社会在新加坡召开全埠侨民大会，经慎重权衡后，英国殖民政权决定由陈嘉庚组织领导"星华筹赈会"。在开会前夕，华民政务司佐敦告知陈嘉庚由其负责组织，称"经与总督议定，此会当由你负责，因本坡华日侨民众多，政府甚为关怀，并附带四条件遵守。①不得表明筹款购买军火，此乃中立国应守规例。②不得提议抵制日货。③筹款必须统汇，不得别设机关。④汇款交国内何处，由总督制定"③。于是，在英国殖民政府默许下，陈嘉庚能够领导星华筹赈会开展援助中国的活动。此后，1938 年 10 月 10 日，南侨筹赈总会亦在陈嘉庚的领导下在新加坡成立并开展援助中国的活动。

英国殖民政府为何选择陈嘉庚领导援助中国抗日活动？据杨进发分析，主要有以下原因：第一，在英国人眼里，陈嘉庚是一位有效的"合作者"。第二，陈嘉庚是星岛近代史上有名的工业家和资本家。第三，陈嘉庚当时已是华族社会鼎鼎大名的慈善家和教育家。其慈悲为怀的牺牲精神为殖民地政府所重视。第四，陈嘉庚被认为是一位"社会秩序的维持者"。陈嘉庚领导的社会和政治运动都是和平而有秩序的。第五，陈嘉庚得官方之人缘。他和华民政务司佐敦和孙崇渝私人关系良好，深得他们的同情和支持。第六，陈嘉庚是一位以帮界为基础的社会与政治领袖，而非一位以

---

① 杨进发：《战前星华社会结构与领导层初探》，新加坡南洋学会 1977 年版，第 67 页。

② 杨进发：《陈嘉庚——华侨传奇人物》，李发沉译，新加坡八方文化企业公司 1997 年版，第 227 页。

③ 杨进发：《陈嘉庚与三十年代民族主义运动的领导层》，《战前星华社会结构与领导层初探》。

政党为基础的民族主义者。他是一位"无党无派"的纯民族主义者，符合英殖民政府反对"有党有派"的传统方针。①

事实上，对陈嘉庚领导的筹赈总会援助中国抗日的活动，英国殖民政府也在行动上予以认可和支持。首先是英殖民政府官员对"南侨总会"的支持。1939年3月24日，华民政务司佐敦曾捐款南侨筹赈总会助币百元。② 其次，参加机工的华侨在中国和英殖民地之间往返较为方便和自由，1939年3月，英国殖民政府基于对陈嘉庚的信任而默许其在英属马来亚征募机工。相比之下，泰国、荷属东印度等地政权禁止华侨参加机工队伍。③ 由此可见，英属马来亚殖民政府对陈嘉庚及其活动的支持。最后，居住在英属马来亚殖民地的英国普通民众对南侨机工返国给予支持。以下为《总汇新报》的报道，英属马来亚的一名伦敦女子义务为回国机工修颜，反映出英国普通民众对华侨回国的支持：

> 敬启者：吾国自抗战以来，全国上下，无不坚持抗战必胜建国必成之信念，伦敦理发女子于1939年3月18日至27日为参加回国机工回国机工义务修颜免费共9天。④

因此，英属马来亚殖民政府对华侨支援中国的态度主要体现在其对陈嘉庚的态度上。总体上，英属马来亚殖民政府不反对华侨社会支援中国的活动，但担心英国殖民秩序受到破坏，因此，英、殖民政府要求组织者必须是英国殖民政府信任的人来担任，而陈嘉庚因其对新加坡的贡献及社会地位深得英国政府信任，于是，英国官方默许陈嘉庚出面领导援助中国、支援中国的运动。

英殖民政府的支持和默许是"南侨总会"援助中国的活动能够成功开

---

① 杨进发：《战前星华社会结构与领导层初探》，新加坡南洋学会1977年版。

② 《华民政务司向南侨总会捐款叻币百元》，《总汇新报》1939年3月25日第6版。

③ 1939年3月18日，荷属东印度华侨社团领袖向中国驻荷属领馆致函询问为何不在荷属招募机工，陈嘉庚告知其原因，主要是殖民地的政策不同，在英殖民地，华侨参加机工后，其在中国和英殖民地之间往来自由，而且没有入口费用；相比之下，荷属政府禁止招募，而且参加者返回时，入口费用较高。参见《南洋商报》1939年4月1日。

④ 《伦敦女子理发店义务为回国机工修颜》，《总汇新报》1939年3月19日第7版。

展的重要因素之一。正如一位西方学者对南洋华侨能够援助成功之原因指出：

> 马来亚华侨援助中国的成功，部分归功于英国殖民政府的友好和对华侨救国运动的理解，尽管有时英国政府采取严厉措施对华侨运动进行调控，总体上，当地政府（英）对华侨的爱国运动的态度是真正的同情和容忍，这一点可以体现在允许来自东南亚各地的华侨领袖在新加坡集中成立南侨筹赈祖国难民总会，英国政府的容忍政策使得华侨能够全力地开展爱国运动。①

（二）陈嘉庚与"南洋华侨筹赈祖国难民总会"的成立

1938 年 10 月 10 日，"南侨筹赈祖国难民总会"在新加坡成立。该组织是一个跨越南洋、超越帮派的社团组织，其目的主要协调南洋各地华社与中国国民政府之间的关系，以便统一行动支持中国抗战。其中国民政府是招募"南侨机工"的委托机构，"南侨总会"的成立除了国民政府的推动和各地侨领的努力之外，陈嘉庚在其中扮演着极为关键的角色。

陈嘉庚，1874 年生，福建同安集美人。1890 年南渡新加坡，到其父陈杞柏经营的顺安号米店学商，到 1925 年前后，陈嘉庚成为当时南洋最大的实业家之一，经济事业的成功为陈嘉庚赢得在华侨社会的地位和影响力奠定了基础，并为其个人政治抱负的实现创造了必要的条件。

陈嘉庚之所以在"南侨总会"成立中扮演重要的角色。主要有以下原因：首先，陈嘉庚在华侨社会的影响力。1923 年陈嘉庚出任怡和轩俱乐部主席，1928 年陈嘉庚领导了 1928 年的山东筹赈会，自此以后，陈嘉庚已是星华社会的领袖。② 1929 年，陈嘉庚当选福建会馆主席，1936 年陈嘉庚领导"购机寿蒋"活动，通过领导以上活动，陈嘉庚已经成为一个深孚众望的领袖。

---

① Stephen Leong, The Malayan Overseas Chinese and Sino-Japanese War, 1937—1941, *in Journal of Southeast Asian Studies*, 10, pp. 293—320, Vol. 10/Issue22/September 1979.

② 杨进发：《陈嘉庚研究文集》，中国友谊出版公司 1998 年版，第 170 页。

其次，陈嘉庚的"无党无派"政治立场得到英国殖民政府的认可。1937年8月15日成立的"星洲筹赈祖国大会"，正是因为陈嘉庚"无党无派"的立场而被默许担任该组织的领导。此后，陈嘉庚以其在星华社会地位组织领导了援助中国抗日的活动。

1937年12月，菲律宾中国筹赈会主席李清泉向陈嘉庚提议成立一个包括南洋的组织以支持中国抗日，陈嘉庚起初以责任过重没有答应，1938年厦门沦陷后，李清泉再次向陈嘉庚提议在香港或新加坡成立该组织，与此同时，巴城庄西言来函建议陈嘉庚领导成立筹赈总机关，陈嘉庚以政治气氛不适应，建议在他处召开，庄西言向中国行政院孔祥熙求助，1938年7月30日，孔祥熙致函陈嘉庚，征询陈嘉庚成立该机关之必要、地点设在新加坡是否适宜以及如何有效推动等事宜，陈答复前两项没有问题，随后，孔祥熙告知新加坡总领事高凌百，由其通知各地侨领来星召开大会。[①] 可见，陈嘉庚筹划召开南侨大会期间的重要作用。

在陈嘉庚的努力及国民政府的协助下，1938年10月10日，各地代表齐聚新加坡华侨中学召开会议，南洋各地华侨社团积极响应，"各属代表梯山航海而来，虽荒洲孤岛，平日间鲜闻其他之地名，亦热烈参加，即或限于环境者，亦延头企踵，以未能参加大会为憾，而通电响应表示同意"[②]。参会者来自马来亚、荷印、泰国、菲律宾、香港、北婆罗洲、沙捞越、缅甸和越南等地，代表共计168名，其中，新马代表97人。[③] 大会的召开得到中国国民政府的支持，中国各地以电报、信函祝贺大会的召开，蒋介石贺电如下：

> 星家坡总领事馆转南洋各属华侨代表大会鉴，自抗战以来，海外侨胞输财助军，利赖至大，比闻复在星洲集会，共筹积极报国之大计，忠诚慷慨，前线将士及国内同胞，闻听风声，益深感奋，现抗战局势，持久克敌，愈有把握，尚望贵会诸君，本爱国毁家之凤忱，做

①　陈嘉庚：《南侨回忆录》，岳麓书社1998年版，第128页。
②　《昨南洋各属华侨代表大会开幕》，《总汇新报》1938年10月11日第2版。
③　傅无闷编：《南洋年鉴》（辰部），南洋商报社1939年版，第166页。

普遍广泛之推进，领导侨胞，多多接济，使捐输工作，益宏表现，财力增厚，即战力增强，最后胜利，为期不远，惟冀共同努力，以加速实现为率。

中正，咸，侍秘，鄂九月卅日。[①]

大会召开期间，陈嘉庚强调成立统一组织的必要性。陈嘉庚指出，首先是"成立组织领导机关，确属必要，有组织才能合作，当然有益无损，若无组织不能合作，则散沙之弊，实所难免"。[②] 陈嘉庚以领导马来亚"购机寿蒋"运动的经验，强调统一组织筹赈救国的必要性。如果在南洋缺乏统一的组织，"全马12区筹赈会籍领导者何人，国内政府亦不必能获悉，政府即不知若干区，及领袖为谁，则劝募公债事宜，亦无从托付，或委托不得其人"。[③] 其次是争取有利于援助中国抗战的政治环境。对于筹款援助中国抗日活动，陈嘉庚多次强调，"抵制之事，当守当地法律"，"勿过事激昂"，否则容易引起当地政府干涉。[④]

在陈嘉庚的组织领导下，来自南洋各地筹赈会的侨领达成共识，南侨大会取得了重要成果。首先是以南洋华侨名义发布支持中国国民政府抗日的宣言：

⋯⋯⋯⋯中国国民政府乃中国国内外四万万七千万共同信赖之唯一政府，中国最高领袖蒋委员长乃中国国内外四万万七千万同胞共同拥戴之唯一领袖，国民政府之主张，即中国全国国民之主张，蒋委员长之意志，即中国全国国民之意志，大会同人，集议伊始，用首次决议通电拥护国民政府及蒋委员长抗战到底。[⑤]

其次是成立了"南侨总会"组织机构。为"集中全南洋华侨的力量，

---

① 《蒋委员长训词》，《总汇新报》1938年10月11日第2版。
② 《陈嘉庚训词》，《总汇新报》1938年10月11日第2版。
③ 同上。
④ 杨进发：《战前的陈嘉庚言论史料与分析》，南洋学会1990年版，第100页。
⑤ 《总汇新报》1938年10月11日。

统一一起爱国运动的步调"①，根据陈嘉庚提议，南侨大会成立一个具有21名委员的南侨总会组织机构（见表1—2）：

表1—2　　　　　　　　　南侨筹赈总会第一次大会组织机构人员

职务	姓名	方言群	地区
主席	陈嘉庚	福建	新加坡
副主席	李清泉	福建	马尼拉
	庄西言	福建	巴达维亚
财政	林文田	广东	新加坡
查账	曾纪辰	广东	新加坡
常务委员	陈振贤	潮州	新加坡
	李光前	福建	新加坡
	李振殿	福建	新加坡
	陈延谦	福建	新加坡
	侯西反	福建	新加坡
	周献瑞	福建	新加坡
	柯保仁	福建	马六甲
	刘玉水	福建	槟城
	梁叶南	客家	怡保
	黄重吉	福建	吉隆坡
	李孝武	广东	吉隆坡
	陈占梅	广东	吉隆坡
	黄益堂	广东	芙蓉
	陈肇基	福建	越南
	王泉笙	福建	菲律宾
	陈三多	福建	菲律宾

资料来源：南侨筹赈总会编《大战与南侨》，新加坡南洋出版社1947年版。

在南侨总会的组织结构中，其人员由来自福建、广东、客家、潮州等

①　许云樵、蔡史君编：《新马华人抗日史料（1937—1945）》，文史出版私人公司1984年版，第51页。

帮群人员组成,其中,福建帮代表占有 14 名之多,反映出华侨社会帮群社会结构的特点;就来自地区看,在 21 名常务委员中,新加坡占 9 名,可见新加坡华侨在南洋华侨社会的影响力,陈嘉庚被选为南侨总会主席,成为南洋八百万华侨的代言人。①

"南侨总会"的成立对支援中国抗日具有重要的意义。首先,加强了南洋各地筹赈会侨领之间的联系。在此之前,"南洋各属侨胞,山海修阻,云天远隔,声气欠沟通,感情失联络,筹赈组织之设立,不特各属筹款机关,可密切联系,而冶于一炉"②。通过南侨筹赈大会的平台,来自各地的侨领"集思广益,大家欢聚一堂,发挥伟论,交换意见"。南洋各地的代表就国货推销、对外宣传、购买中国国债、人力支援等问题达成共识,因此,南侨大会的召开为南洋华侨社会统一支持中国抗日奠定了基础。

其次,大会制定了《南侨筹赈总会组织大纲》,该文件为南洋各地华社统一筹款提供了制度保障。《南侨筹赈总会组织大纲》规定:"凡遇重要事件,南侨总会计划决定后,即发通告劝请各属筹赈分会执行,以达目的为止。"③ 南洋各地筹赈分会根据"南侨总会"的安排,将各地援助中国的捐款、购买公债等情况,逐月上报给"南侨筹赈总会","南侨筹赈总会"汇总后转交给中国相关部门,并将各地捐赠情况刊登在当地报纸上,以互相激励。大纲确立的援助中国抗日的运作机制亦为此后南洋机工的招募和组织提供保障。

在南侨总会组织架构下,各地筹赈会充分发挥自身特点和优势,动员华侨力量,积极开展援助中国活动。正如南侨总会秘书李铁民总结南侨工作时所言:

> 总会凡有一个新的策动,便通令南洋各地,按照计划推行,各地每月汇交中国政府的捐款,也对总会作一个报告,总会依据各地的报告,统计起来有转行各地,而以互资激励,因此,各地华侨筹赈分

---

① 杨进发著:《陈嘉庚:华侨传奇人物》,李发辰译,新加坡八方文化企业公司 1990 年版,第 241 页。

② 《南洋商报》1938 年 10 月 17 日。

③ 《南侨各属华侨筹赈祖国难民代表大会宣言》,参见《南侨回忆录》,第 64—65 页。

会，务必热烈踊跃，推进其工作活动。[①]

因此，南侨筹赈总会组织机构及运作方式，不仅确保了在经济上动员整个南洋华侨社会援助中国抗日，而且其运作方式为国民政府招募机工提供了实践经验和制度化的保障。

第三节　小结

20世纪30年代，欧洲和远东都面临法西斯的威胁，作为世界反法西斯重要组成部分的中国战场首先开辟了反法西斯战线，中国的抗日战场牵制了大批日军主力，阻止了日军北进苏联的企图以及德、日法西斯的联合。20世纪30年代末，美、英则逐渐认识到法西斯的威胁，逐步开始援助中国抗战。欧洲战场和中国战场相互支撑之势，其中，中国战场对日本陆军主力的牵制对欧洲战场具有重要意义。

然而，20世纪30年代，中国战场面临巨大的挑战和困难。日本对东南沿海的封锁切断了中国军事物资补给通道，致使中国持续抗战所需武器的补给面临极大的困难，为解决军事物资补给问题，中国国民政府开辟西南运输线"滇缅公路"，该路成为中国外来军事物资的重要通道，对中国抗战具有重要的战略意义，而此时军事物资补给运输面临最大的困难是优秀司机人才的缺乏，进而导致国外军事物资不能及时运至抗日前线。因此，20世纪30年代末，优秀的司机人才对中国持续抗战乃至世界反法西斯战争具有重要的意义。

而在南洋华侨社会，日本对中国的侵略引起南洋华侨的强烈反响，南洋各地华侨援助中国抗日的活动愈演愈烈，在陈嘉庚的领导下，南洋各地筹赈分会在新加坡成立"南侨总会"，该组织的成立使得整个南洋华侨社会援助中国抗日行动更加协调和深入，并为招募机工提供了组织保障。因此，统一有效的组织机构、陈嘉庚的领导、英属马来亚相对宽松的政治环境为南洋华侨回国参加军事物资运输奠定了基础。

---

① 南洋华侨筹赈祖国难民总会，《大战与南侨》编撰委员会：《大战与南侨》，（马来西亚）纪念日据时期殉难同胞工委会2007年版，第47页。

综上所述，20 世纪 30 年代，作为世界反法西斯形势重要的中国战场面临着汽车人才缺乏问题，而南洋英属马来亚政府相对宽松的政治环境、众多的司机人员储备、"南侨总会"组织机构的成立以及南洋华侨青年回国参加的愿望成为南洋华侨回国服务的原因。因此，当中国国民政府向"南侨总会"提出招募机工的请求时，在陈嘉庚的领导下，"南侨总会"整合和动员南洋华社资源为中国招募抗日运输的技术人才。

第 二 章

"南侨总会"的动员组织与南侨机工的回国

本章主要以西南运输处档案和 20 世纪 30 年代南洋报章等资料,首先分析和考察西南运输处招募机工的请求和"南侨总会"动员组织招募机工及各地筹赈分会的响应情况,然后分析南侨机工的构成,最后考察"南侨总会"派送各批机工返国的历史进程,并在此基础上分析"南侨总会"在机工招募及回国中扮演的角色以及南侨机工顺利回国的原因。

第一节　南侨总会的动员组织

一　国民政府招募机工的请求与"南侨总会"的动员

"南侨总会"是 20 世纪 30 年代的南洋华侨支援中国抗战的总机构。该机构会员以社团为单位,会员是"南洋各属华侨筹赈会或与筹赈会同等性质之慈善团体"[①]。"南侨总会"成立后,南洋华侨的抗日救国行动"自此更加整齐,工作更有效率,更把全南洋一千多万华侨的救国运动连贯起来"[②]。1939 年 2 月 7 日,国民政府正式请求"南侨总会"主席陈嘉庚在南洋招募司机等技术人员到中国服务。于是,从 1939 年 2 月至 10 月间,"南侨总会"在为中国组织捐款的同时,开始动员南洋华侨社会力量为中国招募司机等人员。

（一）国民政府招募机工的请求

1939 年 2 月 7 日,南侨总会根据国民政府西南运输处请求,开始为

---

① 《南洋华侨筹赈祖国难民总会组织大纲》,《总汇新报》1938 年 10 月 15 日,第 5 版。

② 陈嘉庚编:《大战与南侨:马来亚之部》,南洋华侨筹赈祖国难民总会编印 1947 年版,第 47 页。

其招募汽车、修机等技术人才。档案资料显示，南侨总会除了主要为"西南运输处"招募司机、修机等技术人员外，还为后勤部、军政部、复兴公司等部门招募机工。

1. 西南运输处招募机工的请求

前文已对中国持续抗战急需军事补给的原因做了详细的介绍，面临人才缺乏的困难，1939 年 2 月 7 日，西南运输处正式向"南侨总会"主席陈嘉庚提出代为招募机工的请求。[①] 在此之前，国民政府已就在南洋招募机工事宜与陈嘉庚协商，1939 年 1 月初，重庆国民政府行政院致电"南侨总会"主席陈嘉庚，询问能否"代募华侨机工回国服务"事宜。随后，国民政府委派西南运输处主任宋子良专程前往新加坡，当面与陈嘉庚商讨在南洋招募机工的可行性。[②]

1939 年 2 月 8 日，根据西南运输处的要求，"南侨总会"发布《南侨筹赈总会通告（第六号）》告知各地筹赈分会中国请求招募机工事宜。该通告对参加机工的资格和要求做出了规定，包括技术要求、身体素质、年龄、语言文字要求、政治意识以及服务地点等内容。

第一，规定参加机工的基本条件：首先，在技术方面，要求参加者"熟悉驾驶技术，有当地政府准证"，即当地英国殖民政府的驾驶证书——礼申，该词是由英文"License"翻译而来。其次，规定参加者年龄"在四十以下二十以上者"，语言方面"识中国文字"，要求参加者"体魄健全"且"无不良嗜好（尤其不嗜酒）者"。最后，规定"凡应征者，须有该地妥人或商店介绍，知其确有爱国志愿方可"[③]。

第二，规定机工服务的地点。在中国国内"均在云南昆明，或广西龙州等处"。返国路线"概由安南入口"。

第三，机工回国后的待遇。"薪金每月国币三十元"，并且"均有下船

---

① 1939 年 2 月 8 日，南侨筹赈总会发布《南洋华侨筹赈祖国难民总会通告（第六号）》，呼吁华侨青年参加机工队伍。其中记载有"南洋筹赈总会昨接祖国来电，委托征募汽车司机及修机人员回国服务……南侨筹赈总会昨日发出通告。"可以推知国民政府要求南侨总会招募机工的时间应为 1939 年 2 月 7 日。参见《报国有道，请缨有路：国内迫切需要司机人才》，《总汇新报》1939 年 2 月 8 日第 2 版。

② 林少川：《陈嘉庚与南侨机工》，中国华侨出版社 1994 年版，第 291 页。

③ 《南侨筹赈总会通告（第六号）》，《总汇新报》1939 年 3 月 3 日第 5 版。

之日，并且审其技术而定"。对于"驾机及驶机兼长者"可以酌加。

关于国民政府招募机工的具体人数，有人认为，国民政府一次性要求招募三千名机工，刘牡丹在回忆招募机工时，也曾说"西南运输处一次要求招募三千人"[①]。事实上，此一说法与档案记载不符，档案记载，西南运输处要求南侨总会招募机工的总人数没有明确的规定，并非一次性要求招募三千人，而是根据中日战争的进程及军事物资运输对人才的需要随时做出调整。

第一次招募机工时，西南运输处没有规定具体招募人数，不过，陈嘉庚推测"中国抗战需要此种人才甚多"，于是，在《南侨筹赈总会通告（第六号）》中，南侨总会决定计划招募人数"汽车驾驶人员 500 名，修理人员 50 名"。[②] 1939 年 2 月 18 日，南侨总会组织第一批 80 名机工经新加坡出发返国。

1939 年 3 月 10 日，陈嘉庚收到西南运输处主任宋子良的电文，该电文由新加坡分处处长陈质平[③]转交，宋子良指出，西南运输处军事物资运输"交通端赖公路，汽车司机需用浩繁"，再次请求南侨筹赈总会"予以协助"。其电文反映出中国抗日对机工人才之急需及对南洋华侨之倚重：

> 新加坡分处转陈嘉庚先生赐鉴，第本委座命办理后方物资供应，一年以来稍具规模，值兹战区西移，交通端赖公路，汽车司机需用浩繁，国内罗致者尚不敷用，查英属侨胞逾二百万，驾驶人员愿返祖国效劳者定不乏其人，素仰先生领袖侨胞，关怀祖国，敢请予以协助，除饬星洲分处陈处长质平随时听候外，特电奉恳敬祈赐覆，毋任共□。

---

① 新加坡复员华侨机工复员互助会编：《南侨机工复员纪念刊》（非卖品），新加坡复员华侨机工复员互助会，1947 年。

② 《南洋华侨筹赈祖国难民总会通告（第六号）》，《总汇新报》1939 年 3 月 3 日第 5 版。

③ 陈质平，曾担任新加坡分处处长，1940 年初，新加坡分处解散后，担任仰光分处处长。西南运输处西迁昆明后，宋子良常驻香港协调军事运输等，对于在南洋招募机工事宜的协商，宋子良委托陈质平代为处置，陈质平根据其旨意以函电方式与陈嘉庚沟通和协调。当返国服务的机工在中国期间遇到问题时，陈嘉庚主要亦是与其联系以了解国民机工运输和生活状况。

弟宋子良滇梗。①

得知中国抗战对司机人才的需求，陈嘉庚于当日（1939 年 3 月 10 日）致电宋子良，告知宋子良回国服务批数及具体人数，"第二批机工 220 名于 3 月 13 日出发"，并答应宋子良，"余续募，共可一千名"。②

时隔 7 天，1939 年 3 月 17 日，西南运输处主任宋子良致电陈嘉庚，赞扬并感谢陈嘉庚"领导侨胞，热心救国，薄海同钦，此次协助本处，罗致驶、修驶员回国服务，充实抗战力量，尤深感佩"③。

在招募第三批机工的过程中，由于当时南洋（主要是英属马来亚）各地筹赈分会华侨"踊跃投效"，华侨青年要求参加机工者的人数突增，致使在短时间各地应募人数达"600 名之多"，机工人数远远超出第三批计划遣送的人数（220 名）。于是，1939 年 3 月 10 日，南侨总会向各筹赈分会发布函告，"第三批已募足数，请自行停止招募"，并告知各地筹赈分会"兹未接总会许可，万勿随意而来，一俟前方有消息，当再转告"④。最后，1939 年 3 月 27 日，南侨筹赈总会组织出发的第三批返国机工人数共 596 名（原计划 220 名）。⑤

1939 年 3 月 24 日，陈嘉庚致电宋子良，询问是否继续派遣第四批机工，1939 年 3 月 25 日，西南运输处告知"招募机工暂缓，等候需要时告知"⑥。于是，南侨总会宣布暂停招募机工。

1939 年 3 月 28 日，西南运输处宋子良再次致电陈嘉庚，请求南侨总会继续为其招募机工：

---

① 《宋子良给陈嘉庚电》（1939 年 3 月 10 日），云南省档案馆藏，西南运输处档案，54/10/546。

② 《陈嘉庚告第二、第三批华侨机工日期启程电》（1939 年 3 月 10 日），云南省档案馆藏，西南运输处档案，54/10/547。

③ 《西南运输处宋子良来电》，《总汇新报》1939 年 3 月 17 日第 3 版。

④ 《南侨总会致各地筹赈会函》（1939 年 3 月 10 日），《槟城日报》1939 年 3 月 24 日第 4 版。

⑤ 《陈嘉庚致宋子良函》（1939 年 3 月 27 日），云南省档案馆藏，西南运输处档案，54/10/546。

⑥ 《陈嘉庚致宋子良电》（1939 年 3 月 25 日），云南省档案馆藏，西南运输处档案，54/10/548。

新加坡陈嘉庚先生鉴跌电奉悉。查除第一二三批外，再添招 300
名，修机工 100 名，电工 30 名。宋子良。①

西南运输处之所以突然要求南侨筹赈总会招募第四批机工，主要是仰
光分处急需司机运输军事物资及组装新车。1939 年 3 月 29 日，西南运输
公司仰光分公司陈质平致电南侨总会主席陈嘉庚，缅甸仰光"第四批机工
奇缺，仍请照原定计划，克日募送"，并要求南侨筹赈总会"恳取仰入滇，
因缅北筹设机厂，在仰装新车，均候侨员相助进行"②。南侨筹赈总会迅
速发动和安排，委托槟城筹赈分会组织机工从仰光入滇。截至 1939 年 5
月 22 日，据南侨总会统计，南侨筹赈总会共招募机工 5 批，计马来亚
1881 名，荷属 27 名，沙捞越 13 名，共 1921 名。③ 西南运输处宋子良认
为西南运输处已经足额，不再需要机工，宣布停止在南洋招募机工。④

1939 年 6 月 6 日，西南运输处主任宋子良与副主任龚学遂抵达新加
坡。⑤ 6 月 7 日，二人拜见陈嘉庚，委托陈嘉庚继续招募机工，"总会继续
招募驶车员 500 名，以应所需，而利抗战"⑥。

透过西南运输处与南侨筹赈总会之间的电文可以看出，西南运输处在
南洋招募机工具有不确定性的特点，即根据中国运输物资的需要随时要求
南侨总会招募机工，且招募人数根据需要临时而定，而非一次性招募三
千人。

2. 国民政府其他机关招募的机工的请求

除了为"西南运输处"招募机工外，南侨总会还为后勤部、军政部、
贸易委员会等机构招募机工。

1939 年 5 月 22 日，南侨总会为西南运输处招募第五批机工后，西南
运输处宣布停止招募。鉴于南洋华侨社会"热诚赴义之人尚多"，1939 年

① 《西南运输处宋子良请再添招机工电》（1939 年 3 月 21 日），云南省档案馆藏，西南运输
处档案，54/10/537。
② 《宋子良致陈嘉庚电》，《总汇新报》1939 年 3 月 30 日第 5 版。
③ 《南侨筹赈总会通告第八号》，《总汇新报》1939 年 6 月 9 日第 4 版。
④ 《西南运输处停止机工招募》，《总汇新报》1939 年 6 月 7 日第 3 版。
⑤ 《宋子良抵达星洲》，《总汇新报》1939 年 6 月 7 日第 3 版。
⑥ 《南侨筹赈总会通告（第十八号）》，《总汇新报》1939 年 6 月 8 日第 4 版。

5月13日，陈嘉庚致电中国国民政府行政院，询问中国其他部门是否需要机工并表示南侨总会可代其在南洋华侨中招募：

> 西南运输处宋子良君托募驾汽车修机、修电计一千余人，资送到昆明。经募足数，而热诚赴义之人尚多，未悉军运处等有无需要否，倘待遇可如昆明，各需若干人，由何处入口，抑仍委宋君办理，乞电示，庚当鼓励应命。①

根据陈嘉庚的建议，行政院将此电告知国民政府各机关，因此，1939年5月至10月间，南洋总会在为西南运输处招募机工的同时，还接受其他部门的委托招募机工。其具体招募机关包括后勤部、军政部以及贸易委员会等。

(1) 为国民政府后勤部招募机工

首先委托西南运输处向陈嘉庚招募机工的是国民政府后勤部。1939年4月3日，国民政府后勤部部长俞飞鹏曾致电西南运输处宋子良，询问宋子良"陈嘉庚是否代募一部分汽车司机"，并询问机工待遇情况，②1939年4月15日，西南运输处人员向宋子良请示后，告知后勤部，招募机工薪金"国币36元"，但没有答应为其招募机工。

1939年4月28日，后勤部部长俞飞鹏再次致电西南运输处宋子良，"现拟招募归国华侨司机两百名，可否由兄代为办理"。③ 由于此时西南运输处已经暂时停止招募机工，并且陈嘉庚已致函国民政府行政院，有为其他部门招募机工的意愿。于是，1939年5月18日，新加坡分处陈质平处长致函陈嘉庚请求代为招募机工：

> 嘉庚先生道席，奉鄙总处宋主任东越代电，关准后方勤务部余部长飞鹏电转奉委座感侍参代代电拟请陈嘉庚先生代为招募华侨汽车司

① 《陈嘉庚致行政院电》(1939年5月13日)，云南省档案馆藏，西南运输处档案，54/10/52。

② 《贵阳俞飞鹏致西南运输总处电》(1939年4月28日)，云南省档案馆藏，西南运输处档案，54/10/541。

③ 同上。

机二百名，希转商代办，至该部司机待遇与本部略同等因，查后方勤务部担任战区械弹药给养补充运送事宜。任务至为重要，所请代募时间二百名务祈惠赐代办，以俾战局，至该项司机募足以后送何处集中，原电并未示明，已电请查示，一俟奉复当杨转报，特函奉达，敬烦查照办理并见复为感。

敬颂近祺。

弟陈　拜启①

经新加坡分处处长陈清文（1939 年 5 月底，陈质平调至仰光分处担任处长）和陈嘉庚多次协商，陈嘉庚同意代其招募机工。1939 年 6 月 5日，俞飞鹏得知陈嘉庚同意为后勤部招募机工后，中国后勤部部长俞飞鹏致函西南运输处，请求增加名额，"除前托招收司机二百名外，请转恳陈嘉庚先生代为招募修理工四十名，电工十名"。② 后勤部共要求南侨总会招募机工 250 名，最后，南侨总会共为后勤部招募机工 233 人，他们分别被编入南侨机工服务团第六、第七批队伍，经新加坡—越南抵达昆明，因后勤部没有训练场地，后勤部委托西南运输处运输人员训练所代为训练，经其短期训练后，1939 年 7 月 27 日，西南运输处派遣十辆卡车，在队长杨碧湘（南侨机工）的带领下，将 226 名司机送到贵阳。③ 俞飞鹏致谢宋子良的电文如下：

昆明宋主任子良（2814）电敬悉。密。承代招华侨司机 226 名已于东日到筑由本部管理段编队，谨电奉复并致谢枕。筑。余飞鹏，未元，转管甲印。④

① 《陈质平致陈嘉庚函请为后勤部代募机工》（1939 年 5 月 18 日），云南省档案馆藏，西南运输处档案，54/6/335。

② 《贵阳俞飞鹏给西南运输处托陈嘉庚代招修理工、电工电》（1939 年 6 月 14 日），云南省档案馆藏，西南运输处档案，54/10/541。

③ 《贵阳俞飞鹏给西南运输总处电》（1939 年 7 月 27 日），云南省档案馆藏，西南运输处档案，54/10/541。

④ 《贵阳俞飞鹏给西南运输总处电》（1939 年 7 月 28 日），云南省档案馆藏，西南运输处档案，54/10/541。

需要说明的是，后勤部招募的 233 名机工之中，其中"陈振华业于 1939 年 7 月 22 日病殁，梁安柏、林炳均、钟金华、黄一江、林亚九、王祝全因患病未能随团出发，计实送至贵阳机工 226 人"。而在被送至贵阳的 226 人之中，因水土不服，8 月 28 日，华侨机工"谢金咏、颜庚郎二人，非药石所能治疗之夭疾"[①]。

（2）为国民政府军政部招募机工

1939 年 6 月 27 日，军政部部长何应钦致电西南运输处宋子良，请求为军政部交通机修厂招募修车技术人员，服务地点主要是军政部交通运输机械厂（重庆）。[②] 宋子良致电陈嘉庚，告知军政部招募华侨技术人员的要求及条件。其对招募人员的具体要求如下（见表 2—1）：

表 2—1　　军政部交通机械修造厂需用各类技术工人待遇简明表

技术类别	人数	录用条件
修理工	40	在设备较为完善之修理工程担任机工三年以上者
钣金工	8	在设备较为完善之修理厂担任钣金工三年以上者
电工	7	在专门修理汽车电气工厂担任二、三年以上者
电焊工	4	在设备较为完善之修理厂或专门电焊厂三年以上者
补胎工	4	担任补胎匠二年以上者
喷漆工	4	曾在专门喷车厂二年
铣工	4	曾在装修制汽厂三年以上
车工	2	有二年以上技术经验
翻砂工	4	曾在铸造厂担任浇铸与翻砂工二年以上者
淬火工	2	曾在钢铁洋商淬火间二年以上者
模型工	2	曾在制造工厂任模型工二年以上者
	计 81 人	

资料来源：《军政部致西南运输处电》，云南省档案馆藏，西南运输处档案，54/10/541。

[①] 《运输人员训练所给总处报告送筑情形》（1939 年 7 月 28 日），云南省档案馆藏，西南运输处档案，54/10/541。

[②] 《军政部致西南运输处电》（1939 年 6 月 27 日），云南省档案馆藏，西南运输处档案，54/10/541。

从表 2—1 可以看出，一方面，军政部招募的机工人员几乎包括汽车修理所需的各种技术人员。具体包括修理工、钣金工、电工、补胎工、电焊工、喷漆工、铣工、车工、翻砂工、淬火工、模型工等专业技术人员。另一方面，其录用的条件也极为苛刻，例如，要求参加者工作经验在二年以上，并且须"设备较为完善之修理厂"或"专门电焊厂"等实践经验。除此之外，军政部还要求招募的机工须"持有各经服务厂商所发给服务或离厂证明书或证明"。更为严格的是，军政部对各工种的考核做出具体要求，其《各工别考工指摘要》对机工考核做出了详细的规定：

　　修理工必须精明汽车引擎及底盘之机构并能单独担任修车者为合格；
　　电工必须精明普通车辆之线路、充电方法与手续，并能修配汽车马达联电机、发电机、电瓶为合格。
　　钣金工能修理高等车辆之车身各部分水箱，配锁、匙等位合格。
　　补胎工娴熟练修补内外胎为合格。
　　电焊工娴熟氢气机马达焊接等为合格。
　　喷漆工能单独担任高等车辆之全部喷漆工作以上者为合格。
　　铣工能修理各式汽车各部之齿轮及熟悉万能铣车之工作方法者为合格。
　　车工能修配汽车各零件者为合格。
　　翻砂工能单独做各式砂模及铸造生铁或合金之零件为合格。
　　淬火工对油电淬火炉之使用及淬火技术娴熟有经验者为合格。
　　模型工能制造汽车零件之各种模型为合格。[1]

为便于对来自南洋的技术人员的管理，军政部还要求"侨居南洋一带技工多为闽粤籍，惟言语上恐发生困难，如粗通文字或国语者、英语者更佳"的条件。

经过严格的考核和遴选，南侨总会为中国军政部遴选技术人员 66 名，1939 年 8 月 14 日，该批人员被编入第九批南侨机工服务团，在新加坡乘

---

[1]　《军政部招募机工要求》，《总汇新报》1939 年 7 月 3 日第 5 版。

"丰庆轮"经越南返国,于 8 月 23 日到达昆明。[①] 为军政部招募的 66 名人员抵达昆明后,首先进入西南运输处运输人员训练所接受 2 个月的训练,但该批人员并没有及时派往重庆服务,该队队长翁辉春多次请求上岗服务,1939 年 11 月 3 日,队长翁辉春致函陈嘉庚要求"赴重庆服务,以遂回国服务之志",在陈嘉庚的过问下,该批机工被派往前线从事运输服务工作。[②]

(3) 为财政部贸易委员会"复兴公司"招募机工

财政部请求陈嘉庚招募机工主要是其为其下属公司——复兴公司[③]服务。其职责是运输中国换取外汇的出口商品,主要是往于昆明、仰光、腊戌之间。1939 年 6 月,"因驻缅运输工程处需要司机、机匠",复兴公司直接委托南侨筹赈总会陈嘉庚主席,请求"代为招募司机三百六十名、机匠四十名,共四百名"。[④] 由于复兴公司所需机工要求较高,抵达仰光后立即参加运输工作,因此,南洋总会派遣的机工技术水平较高,"皆为多年经验之工手"。1939 年 9 月底,据运输人员训练所统计,为"复兴公司"招募的机工,实际人数约 350 人。[⑤]

(二)"南侨总会"的动员

"总会系出我政府命令所组织,主席职权,外代表全南洋八百万华侨,主持筹赈救亡之工作,对内执行政府之命令,协助抗战需要之事务。"[⑥] 根据国民政府各部门的委托及招募机工的要求,南侨总会承担其为中国招募机工的工作。首先在怡和轩俱乐部成立"南洋机工招募办事处",作为招募机工的办公地点。同时,在新加坡"同济医院"成立招募机工办事分处,主要负责各地机工来新加坡后的体检、培训以及提供食宿等具体工作。由于招募机工是依靠各地筹赈分会的具体执行和操作,因此,在陈嘉

① 《运输人员训练所报第九批返国机工人员情形呈》(1939 年 8 月 24 日),云南省档案馆藏,西南运输处档案,54/10/223。

② 《陈嘉庚致宋子良函》,《民国档案》1999 年第 2 期,第 49 页。

③ 复兴公司是旨在运输中国桐油出口而成立的运输公司,成立于 1938 年 12 月。

④ 《财政部贸易委员会复西南运输处函》(1939 年 6 月 4 日),云南省档案馆藏,西南运输处档案,54/10/541。

⑤ 《运输人员训练所致总处函》(1939 年 9 月 15 日),云南省档案馆藏,西南运输处档案,54/10/28。

⑥ 《南侨筹赈总会通告(第七号)》,《总汇新报》1939 年 3 月 4 日第 3 版。

庚等侨领的领导下，南侨总会首先做好动员组织工作，其动员的方式和内容如下：

1. 发布《南侨筹赈总会通告》

根据《南侨筹赈祖国难民总会组织大纲》规定，遇有国民政府之要求不便协商时，以通告方式告知各地筹赈分会。因此，对于招募机工的具体安排，南侨总会首先是发布通告告知南洋各地分会。据笔者所见，为招募国民政府各部门所需要之技术人才，南侨筹赈总会共发布第六、第七、第八、第十四、第十六号通告。[①] 通告主要刊登在发行数量较多的《南洋商报》《总汇新报》《槟城日报》等华文报纸。通告内容首先是告知参加者的资格及条件外，其次是要求"各地侨领侨胞深切注意办理，最后是告知南洋华侨青年参加方式和途径，参加者向各属华侨筹赈会或分支各会接洽"[②]。

2. 以信函告知各地筹赈会

除在报纸上发表征募公告外，南侨总会还以信函方式告知各地筹赈总会办理招募机工工作。为便于说明，兹将南侨筹赈总会给蔴坡分会的信函如下：

　　迳启者，兹奉我国政府电令，在海外征募汽车驾驶人员五百名，修理人员五十名，以应需要，本会为此，不得不分函各地筹赈会，极力设法，多方罗致，除在报端发表通知外，谨附此通告一份，希按照内罗列各条，从速进行办理，并转知贵会八支分会，协同征募，或派人往贵处机器公会，汽车公众等，鼓励应征，但须注意有妥人介绍，勿令汉奸混入为要，至于各处应募人前往国内旅费，应请各地筹赈会分别担任，因本总会向来未有对我捐助及何项存款在也，大约每人由星启程60元（叻币）便是，又此项汽车夫在马来亚征募者，现第一批约60人，可于本月18日出发，并此告闻，尚希鼎力办理，顺盼见复。[③]

---

① 具体内容参见附录。

② 《南侨筹赈总会通告（第六号）》，《总汇新报》1939年3月4日第4版。

③ 《南侨总会致蔴坡分会函》，《总汇新报》1939年2月15日第3版。

该由信函内容告知蔴坡分会具体办法。首先告知蔴坡机工招募人数，其次向蔴坡分处建议机工招募办法，如动员下属分会，派人到机器公会动员等。最后，告知机工返国费的募款办法等。

3. 集会呼吁华侨青年参加机工队伍

陈嘉庚以南侨总会主席的身份，晓之以理，动之以情呼吁华侨青年参加机工为国效力。

首先，一方面，解释在马来亚招募机工之原因，"惟马来亚侨胞众多，环境交通，均极便利，念抗战后方之责任重大，当必有爱国健儿，愿为祖国效命，以成战时之英雄者"①。另一方面，马来亚具备征募机工的条件和优势。"除马来亚外，别处不宜应付，如暹罗，如荷属，侨胞虽多，或限于环境，或限于人才，独马来亚修机人才众多。"② 而马来亚"闽粤两省侨胞，对此项技术经验，已早在国内声誉噪驰，故函电频来，催促劝募，深望趁此良机，更以显出侨胞出力之令誉，则出钱出力，双力并进，侨胞之光荣，亦国家之光荣"③。

其次，强调滇缅路急需机工技术人才的紧迫性。滇缅路"关系国家需要，国际运输以西南最为重要，滇缅滇越两路，此期抗战，如人身之血脉，生死胜负所关匪轻，机工人才即血脉之输送者，其重要何如不难想见"。呼吁"凡侨众应宜全力赴之，尤望马来亚各筹赈会领导完成出钱出力之任务"。④

再次，动员华侨青年"有力出力"，支援祖国抗战。"华侨爱国救亡，只在出钱出力，是口号，难于人人能言，家家其喻，惟两者并行不悖，不能各执一端，钱已出或力可以免，藉可以置身事外，则一谬矣，值在抗战紧要关头，为国民者有钱出钱，有力可以投效，则竭诚奉献，以抢救祖国之危亡。"⑤

最后，劝说筹赈分会招募机工。在第五次机工回国欢送会上，因有的筹赈会以"不符合筹赈总会章程"而拒绝办理招募机工事宜，陈嘉庚在欢

---

① 《南侨筹赈总会通告（第九号）》，《总汇新报》1939年4月18日第4版。
② 《陈嘉庚为第二批机工致辞》，《总汇新报》1939年3月14日第4版。
③ 《南侨筹赈总会通告（第八号）》，《总汇新报》1939年4月29日第3版。
④ 同上。
⑤ 《南侨筹赈总会通告（第七号）》，《槟城日报》1939年3月4日第3版。

送大会上呼吁顾全大局,以尽国民天职:

在此国家危急存亡之秋,凡可利于抗战之为我海外华侨所能筹备者,不但应见义赴之,应负国民之天职,本总会主席,时时刻苦引此为己任,本总会自通过发表后,全马各区筹赈当局于机工人员,大都热烈接受,以此为报国良机,投袂而起,争先恐后,然其间亦有借此推诿,犹疑不决,转待中央命令者,人之识见,不能尽同,本主席仍希望其深识大体,不能忘却救国之机会,总会赋予之使命,内有相当技术,足以代表八百万华侨出力之任务,不特诸君即报此志愿,深望特以恒心,最大努力,化私为公,力引古圣昔贤之忠孝大义,精神团结,时时以任务救国为前提,他日抗战胜利之后,为以实际纯粹参加抗战斗士,诸君勉之。①

二 南侨总会的组织与各地筹赈会的响应

(一) 南侨总会对招募机工的组织安排

散布在南洋各地的筹赈分会则是机工招募的具体执行者。为确保各地招募机工有序组织和遴选出符合条件的华侨青年,设在"怡和轩"俱乐部的南侨总会招募机工办事处出台一系列的招募机工的制度,具体内容如下。

1. 机工招募规章制度的制定

根据西南运输处等部门的要求,为招募国民政府所需要的华侨青年,南侨总会创立了一系列规章制度。《司机回国服务之组织法及手续》《登记表及介绍证明书》等,以上制度对参加遴选机工的资格在技术、语言、年龄、爱国意识等方面做了具体明确的规定。

技术方面的要求。初期招募机工时,南侨总工会统一规定各地招募遴选必须"熟悉驾驶技术,有当地政府准证"②。除此之外,为确保技术水平,各地遴选机工在新加坡集中时,"须往本总会考验技术合格者,方能

---

① 《陈嘉庚为第五批机工致辞》,《总汇新报》1939 年 5 月 19 日第 3 版。
② 《南侨筹赈总会通告(第六号)》,《总汇新报》1939 年 3 月 4 日第 4 版。

接受"①。因此，在前五批招募的机工中，多数拥有当地驾驶资格证书。他们的技术经验，也得到国民政府西南运输处的肯定，"第一批至第五批，对于驾驶或修车技术，十之九有相当经验"②。

在第五批机工派送至中国昆明后，南侨总会继续为中国招募机工。③而此时各地筹赈会在招募机工面临着一些困难。因此前南侨总会已为中国各部门招募2000余人，但因陈嘉庚已承诺为中国政府继续在南洋招募机工，但事实上招募机工面临困难。1939年6月26日，陈嘉庚致函仰光分处陈质平，告知机工招募"已似强弩之末"，"总会发出十六、十七号通告，而报名者仍属寥寥，……能否于短期内募足，则尚未可知，然前途似非容易"④，至于其困难之原因，陈嘉庚认为，南洋"乏有失业者，又乏有勇气原因愿放弃其职业者，其他如家庭之拖累不能放下者及受不良分子而影响者"⑤。而事实上，抵达中国服务机工的生活情况对机工的招募产生一定的影响。主要是国民政府没能提供华侨机工在中国所需的基本生活保障。例如机工患病得不到及时救治，尤其是来自热带的机工缺少基本的御寒棉衣等，从而导致机工苦不堪言。在执行运输任务期间，因缺乏棉衣导致在南方深山中运输的华侨机工深受冻馁之苦。因此，华侨机工也多次向南洋各地筹赈会请求寄给棉衣。⑥此外，因薪水较低和物价上涨等，华侨机工甚至于基本的生活难以保证，因此，南侨机工在中国的状况传入南洋后对南侨总会继续招募机工产生一定的负面影响。

为确保国民政府的机工需求，南侨总会对招募机工的技术条件做出调整，即允许没有驾驶证书的华侨青年参加机工队伍，但要求参加者须经过两个星期的集中短期训练后才能批准。同时，为应对国民政府对机工技术

① 《南侨筹赈总会通告（第十八号）》，《总汇新报》1939年6月9日第5版。

② 《西南运输处之机工华侨及机工》(1941年6月23日)，云南省档案馆藏，西南运输处档案，54/2/223。

③ 因仰光存有大量战略物资，1939年5月4日，宋子良从越南海防乘船抵达新加坡，在与陈嘉庚面谈时，宋子良当面提出请求南侨筹赈总会为西南运输处增加招募机工500名。后勤部委托招募270名。参见《总汇新报》1939年6月9日。

④ 《陈嘉庚致陈质平电》(1939年6月26日)，云南省档案馆藏，西南运输处档案，54/6/335。

⑤ 同上。

⑥ 《丛山之中天气严寒，回国机工苦无寒衣》，《总汇新报》1939年3月13日第4版。

人才的需要，南侨总会告知各地筹赈分会提前训练和储备机工人才"以应国家所用"。

对参加者语言、年龄等方面的要求。20 世纪 30 年代，南洋各地华侨教育得到迅速发展，但仍有一部分华侨不懂国语，特别是回国机工中的侨生更因不懂国语而产生沟通上的困难①。因此，在招募机工中，南侨总会特别强调机工须"初懂中国文字"的要求。后来，由于服务部门和工作性质的不同，而又要求所招募机工须掌握英语。② 初期招募机工之时，少数非中国籍如王亚能等要求参加机工队伍而被拒绝，在其强烈要求下，陈嘉庚多次与宋子良协商后才同意其参加机工队伍。但自此以后，南侨总会规定，因语言沟通及手续办理烦琐等，"驾修机工如为外籍人切勿资送"③。而对于参加机工人员的年龄要求，南侨总会规定，参加机工的年龄在 20岁至 40 岁之间。此外，南侨总会还规定参加机工者"无不良嗜好"（尤其不嗜酒者）。

爱国意识方面的要求。30 年代末的南洋华侨社会掀起了援助中国抗战的活动，但此时的汪精卫已经倾向日本，并以其名义在南洋各地争取南洋华侨的认可和支持。④ 一方面，例如，日本占领广州后，因战争需要汽车司机运输军事物资，于是，汪精卫派人在南洋各地招募机工。⑤ 另一方面，在机工服务的滇缅公路的仰光与腊戍一带，日本间谍活动频繁。因此，运输军事物资的机工必须具有中国政治意识。在此情况下，南侨总会统一规定，除技术上确有纯熟经验外，"而尤其注意其意识方面，及需具有爱国观念，其动机果悉出于效忠祖国者"，另一方面，规定"须注意有妥人介绍，勿令汉奸混入为要"⑥。为保证各地招募的机工的爱国意识，南侨总会统一规定，"须有相当商店代为介绍"⑦。其介绍信如下：

---

① 笔者在西南运输处出版的《南侨机工刊》所见，每月均有 30—40 名机工因不懂国语要求他人代写家信。

② 如交通部机械厂要求"具备英语更好"。因车辆为国外进口，须熟知英文。

③ 《南侨总会通告》，《总汇新报》1939 年 3 月 17 日第 4 版。

④ 参见李盈慧《抗日与附日：华侨、国民政府、汪政权》，水牛出版社 2003 年版。

⑤ 《爱国机工注意：莫受敌人利诱》，《总汇新报》1939 年 10 月 26 日第 1 版。

⑥ 《招募返国机工爱国要求》，《总汇新报》1939 年 2 月 15 日第 2 版。

⑦ 《司机回国服务之组织法及其手续》，《总汇新报》1939 年 2 月 26 日第 3 版。

介绍信

兹介绍＿＿＿＿＿＿＿君回国服务，确能忠诚为国，倘回国后有不忠行动或不尽职处，同负责任。

此致

＿＿＿＿华侨筹赈会存照

担保人　盖印　签名
知见人
中华民国廿八年　月　日

1939年2月25日，南侨总会第二次征募机工的通告中，又规定担保机工者"须有注册之会馆印担保者"。笔者在查阅南侨机工档案时发现，在南侨机工个人信息表中，皆有当地具有声望的社团或学校担保一项内容，并有当地侨领签名盖章。② 此外，南侨总会还要求机工本人亲自填写《参加机工志愿书》。从峇株巴辖机工志愿书明显看出这一点：

　　余谨以至诚参加本队回国服务，愿献身以身许国，恪守团章，拥护国民政府抗战到底，服从蒋委员长之命，倘有违背斯旨及溺职等，情愿受最严厉之处分。

此致。

具书人　签名盖章
保证人　签名盖章③

还有，在各地欢送机工大会时，资送侨领及社团领袖反复强调服务国家观念，"务须拥护政府，抗战到底，莫负政府之期望"④。以上南侨

　　① 《1939年筹赈祖国难民大会委员会征募汽车驶机修机人员登记表》，云南省档案馆藏，西南运输处档案，54/30/946。

　　② 《南侨机工个人信息表》，参见附录。

　　③ 《柔佛峇株巴辖机工服务团简章》（1938年11月28日），云南省档案馆藏，西南运输处档案，54/10/546。

　　④ 《南侨机工回国服务公约》，《总汇新报》1939年5月18日第5版。

总会制定的多项措施，确保了参加机工的华侨青年对国民政府的认同意识。

　　2. 机工回国费用的安排

　　机工所需费用是机工招募和顺利回国的重要保障之一，虽然是国民政府"招募"机工，但没有向南侨总会提供任何经费。但南侨总会"向来未有对我捐助及何项存款"。因此，南侨总会统一规定"旅费有各埠机关负责供应"①。

　　从新加坡经越南到中国，每名机工所需费用叻币约 50 元。返国机工所需费用主要包括回国路费和途中购买生活必需品。这对于机工个人而言是一笔较大的开支。各项开支及花费大约如下：

> 叻往安南船费及安南境内火车费约廿余元，由安南之昆明火车费 10 余元，作居留证 5 元领馆护照费，一元四角九占，每人衣服两套鞋袜两双五元八角，又零用预备 5 元，又在叻用费 1 元，又买面巾牙刷口杯一角八占，合计约 48 元余。②

　　实际上，由星洲经越南抵达中国机工的所需路费约 30 元，具体如下：

> 由星岛安南火轮费 12.8 元，再至河内火车税 14 元，河内再至滇 5.5 元，共 32.3 元，其他零费越二三元，合计 35 元。③

　　除了旅途费用外，还包括机工训练培训花费和回国证件的费用等。国民政府不仅没有提供回国费用，甚至机工回国护照费用也未能减免，在招募机工的后期（1939 年 8 月）才免除部分费用：

> 查华侨机工回国护照，原收护照费国币 2 元，印花费国币四角，（国币一元折收叻币五角七占），应共收叻币一元三角七占，倾接新加

---

①　《南侨总会致各地筹赈分会函》，《总汇新报》1939 年 2 月 15 日第 6 版。

②　《机工回国费用安排》，《槟城日报》1939 年 3 月 13 日第 3 版。

③　《回国机工到仰光之办法》，《总汇新报》1939 年 4 月 5 日第 4 版。

坡总领事馆函知，先奉外交部核准，回国机工护照费免交，仅售印花费等由，嗣后该项护照每册仅交印花叻币二角三占可也，此致吡叻华侨筹赈会，驻吉隆坡领事馆。①

因此，机工回国费用的筹集由当地筹赈会向华侨社团领袖及社会各界人士募集。但由于华侨还要承担献金、购买公债等任务，以至于有的华侨青年因缺乏费用不能及时返国服务。为保证国民政府的需求，南侨总会规定，如有未能募足机工回国经费的筹赈会，机工回国费用先有南侨总会挪用其他费用代付，以后由各地筹赈会偿还。②

3. 机工回国手续的安排

机工返国须办理中国护照、华侨登记证以及居留证等证件，因新加坡设有中国总领馆，因此，办理相关证件较为便利，南侨总会对回国机工办理证件要求如下：

> 每名队员须拍造像八张，两张贴于入队登记表（一表存于当地机关），一表交新加坡西南运输公司，转交国内运输处）三张贴于护照，另三张用于华侨登记证（如有华侨登记证可免）。③

需要指出的是，机工回国护照须由南侨总会统一办理，其原因除了便于协调之外，还出于防止敌人的渗透的因素，因为当时国民政府驻新领馆称，"前据密报，有不良分子，领取护照返国作为护符，而行不轨者，当此抗战之时，为国家利益计，为防止奸徒计，不得不加慎重"④。

此外，南侨总会规定各地筹赈分会统一上交《南侨机工登记表》、办理护照照片等，以便办理回国证件：

> 各埠队来星之前，须先将名单登记表及护照应用之照片，先于五

---

① 《参加机工免费办理护照》，《总汇新报》1939 年 8 月 1 日第 7 版。

② 《南侨总会致各地筹赈会函》，《总汇新报》1939 年 7 月 26 日第 3 版。

③ 《组织法及手续》及《登记表及其手续》（1939 年 2 月 26 日），云南省档案馆藏，西南运输处档案，54/10/546。

④ 《中华民国驻新加坡总领馆通告》，《总汇新报》1939 年 4 月 19 日第 5 版。

日内来星办理，并于十日内通知总会，以便向中国旅行社接洽船期。①

4．对机工体质和技术水平的考核

除了政治上的要求外，参加机工的华侨青年身体和技术水平是遴选机工的关键因素。因此，各地筹赈会在选拔机工时，已组织专门人员对参加者进行严格考核，但根据南侨总会的规定，各地筹赈会遴选的机工抵达新加坡后，还须接受南侨总会专门人员的考核。首先是对参加者体质的考核，1939 年 3 月 14 日，南侨总会告知各地筹赈会选拔的机工在新加坡同济医院进行考核：

> 为通知事，现本会组织第三批回国机工人员，业经决定于本月廿七启行返国，所有报名机工人员务希于本月十七日上午 9 时集齐"同济医院"听候丈量身体以便领取护照，此布。
>
> 南洋华侨筹赈祖国难民总会
> 廿八年三月十三日②

对于技术考核的要求，南侨总会规定，"驶车员抵达星洲后，须往本总会考验技术合格者，方能接受"。另外，南侨总会还要求提供其工作经验和技术证明。下为怡保华侨青年罗华所服务公司提供的技术和经验证明：

CHOP WAH YWWN

No. 41LAHAT ROAD

IPOH，27th；APRIL，1939

DISCHARGE CERTIFICATE

TO WHOM IT MAY CONCERN

---

① 《华侨机工组织法及手续》及《机工登记表及其手续》（1939 年 2 月 26 日），云南省档案馆藏，西南运输处档案，54/10/546。

② 《南侨总会考核机工通知》，《总汇新报》1939 年 3 月 14 日第 3 版。

This is to certify that Mr. Low Wah，has working under me for a period of 4 years as a motor mechanic，during which time he has discharged hisduties most efficiently and diligently. he is a very hard-working person and can be depended upon to execute satisfactorily any work allotted to him. he is leaving my employ now on his accord better prospect in China.

那乞律　华炫号（签名模糊不清）

CHOP WAH YWWN①

5. 成立组织机构的安排

为便于各地招募的机工组织有序抵达统一出发地（新加坡、槟城）及便于统一管理，《机工组织法及手续》规定，各地招募的机工须成立相应的组织机构：

（一）每队以五十名为限（如不足队数可来星洲凑足之）。

（二）队内举正副领队各一人，文书一人，财政一人，宣传一人，负责管理全队事务。

（三）正副领队须具有相当学识及判断能力、服务精神，方可领导全队为国努力。②

6. 机工回国船期的安排

因各地招募的机工回国须集中新加坡后统一出发，在返国之前，南侨总会提前告知各地返国船期，并规定提前来新加坡办理相关手续。例如，第一批机工队出发后，南侨总会根据船期安排下批机工回国时间，"第二批3月13日出发，第三批将于3月27日出发"③。又如，第五批机工出发后，南侨总会发布通告提前告知各地筹赈会船期时间及安排：

---

① 《1939年机工回国服务人员登记表》，云南省档案馆藏，西南运输处档案，54/10/28。

② 《机工组织法及手续》及《机工登记表及其手续》（1939年2月26日），54/10/546。

③ 《槟城日报》1939年3月14日。

船期，定两星期一批，出发人数，无论多少，均可由本月（六月）19 日起，至 8 月 11 日，计有五期船，可以前往，凡荷，暹罗，婆罗洲等属，有志参加何期船者，须先期函告，并请提前五天到星，预备出口手续。[①]

7. 对各属征募机工名额的安排

在招募机工的过程中，马来亚各地筹赈分会都积极响应南侨总会的动员，不过，为确保完成国民政府机工需求的人数，南侨总会规定了各地筹赈分会招募机工的人数。例如，在招募第二批机工时，1939 年 3 月 11 日，陈嘉庚致函各地筹赈分会，按照各区筹赈分会华侨人数，规定各区应募人数，兹录如下（见表 2—2）：

表 2—2 各区应募人数一览

地区	应募人数（人）
新加坡	300
柔佛	200
马六甲	50
森美兰	100
霹雳	200
槟城	100
雪兰莪	150
其他	100
总计	1200

资料来源：笔者据 1939 年 3 月 13 日《槟城日报》整理。

在招募第四批机工时，由于机工出发地方直接从槟城经仰光经滇缅路至昆明，1939 年 3 月 27 日，陈嘉庚致函槟城、雪兰莪、怡保太平、新加坡等筹赈分会，要求上述四地完成应募的人数如表 2—3 所示：

---

① 《南侨筹赈总会通告（第十八号）》，《总汇新报》1939 年 6 月 9 日第 5 版。

表 2—3　　　　　　　　　　　　各埠应募机工之人数

地区	驶车	修车修电	合计
槟城	65	35	100
雪兰莪	35	25	60
怡保太平	30	30	60
新加坡	40	40	80
合计	170	130	300

资料来源：笔者据《第四批机工各埠配额经配定》，1939 年 3 月 27 日《总汇新报》整理。

此外，南侨总会还督促雪兰莪筹赈会招募机工。初期各地积极办理招募机工之时，雪兰莪筹赈会在接到南侨筹赈总会的信函后，认为"其宗旨在筹募义款救济祖国难民同胞，对征募驶修工作，认为宗旨不和，未便遵办"[①]。南侨总会先后两次致函，请求其招募机工，并认为"如无所在地主办之机关，将使请缨无路，独抱向隅，置人才于闲散，塞爱国之前途，咎将尸位素餐"[②]，与此同时，南侨总会致函雪兰莪，福建会馆、中华总商会、广肇会馆请求代为办理雪兰莪地区的机工招募工作，最终，经过南侨总会的多次督促，1939 年 3 月 3 日，雪兰莪筹赈分会同意与以上三个华侨社团共同办理机工招募工作。[③]

（二）各地筹赈分会的组织与响应

"南侨总会"招募机工的安排得到南洋各地华侨社会的积极响应。但因受各地的政治环境和司机、修机人才储备等因素的限制，南洋各地招募机工的行动不一。例如，作为东南亚独立的国家泰国，严格禁止华侨支持中国抗战，在此情况下，参加机工的华侨青年主要是由社团资助秘密直接返回中国昆明；荷属东印度殖民政府对参加华侨参加机工实行严格控制，该地参加机工的青年，不得不长途跋涉到英属马来亚报名参加机工，临近中国的法属越南的华侨青年则在社团的组织下直接进入昆明参加运输服务。相对于其他地区对招募机工的严格控制，英属马来亚政府对社团领导

① 《南侨总会致雪兰莪筹赈会函》，《总汇新报》1939 年 2 月 23 日第 3 版。

② 《雪兰莪筹赈会同意招募机工》，《总汇新报》1939 年 2 月 28 日第 4 版。

③ 《雪筹赈会决办理机工回国》，《总汇新报》1939 年 3 月 3 日第 4 版。

招募机工的控制相对宽松。因此，招募机工的地区主要以南洋英属马来亚各地筹赈分会为主。在南侨总会的统一安排下，英属马来亚各地筹赈会积极开展征募机工的工作。1939 年 2 月 7 日，南侨总会发表招募机工通告之后，英属马来亚各地报名参加者极为踊跃，在短短的十天内，来自八个地区的共 349 人报名参加机工队（见表 2—4）。

表 2—4　　　　　　　　英属马来亚参加机工统计

地区	人数
马六甲	10
怡保太平	30
彭亨劳勿	10
蔴坡	25
吉礁	24
森美兰	50
霹雳	100
新加坡	100
总计	349

资料来源：笔者据 1939 年 3 月 7 日《总汇新报》整理。

根据南侨总会的安排，第二批派送的机工人数 200 名，但在出发之前，英属马来亚各筹赈分会报名参加机工的华侨青年高达 589 人之多。[1]以至因名额限制未能参加而向"南侨总会"提出申诉[2]。由此可见，华侨青年参加机工之踊跃。

鉴于英属马来亚在招募机工中扮演重要角色，本书以新加坡、槟城、怡保太平三地筹赈会招募机工为个案论述英属马来亚各地筹赈会动员和组织招募机工的具体情况，并在此基础上分析招募机工之特点。

1. 新加坡招募机工的动员与组织

新加坡华侨众多，经济较为发达，华侨青年参加机工人数也居榜首，

---

[1]　《各属踊跃参加机工队》，《总汇新报》1939 年 3 月 23 日第 4 版。

[2]　初期招募时，永平所招募的机工因未能被安排回国队伍，曾向南侨总会申诉。参见《永平筹赈会决代机工团请愿》，《总汇新报》1939 年 3 月 7 日。

约 768 人，约占南侨机工总数的四分之一。现以新加坡招募第二批机工为例，具体阐述新加坡招募机工的情况。

（1）招募机工通告的发布。

1939 年 2 月 18 日，南侨总会派遣第一批机工共计 80 人，其中，来自新加坡的机工有 32 人。1939 年 2 月 24 日，根据南侨总会的安排，星华筹赈会发布第二批征募机工通告，呼吁星洲华侨报名参加机工，并告知报名时间及技术考核地点：

> 本会奉南洋筹赈总会令，兹本坡办理征募汽车司机及修机人员，回国服务事，兹决定 3 月 11 日为第二批遣送之期，爰通告两事如下：
>
> （一）凡自愿投效者，可以 3 月 5 日以前，到本会报名登记，及其他应办手续，以便决定人数，接洽船位。
>
> （二）已报名者，可于 3 月 7 日上午 11 时，齐聚本坡同济医院，办理护照检验技术，及其他应办事宜。愿我热心爱国服务之司机同胞，依据上述规定，照行办理。
>
> 此布。
>
> 中华民国廿八年二月廿四日[①]

通告内容包括两方面，一是告知参加者报名时间及地点，"凡自愿投效者，于 3 月 5 日以前，到本会报名登记，及其他应办手续，以便决定人数，接洽船位"。二是规定已报名者，"于 3 月 7 日上午 11 时，齐聚本坡同济医院，办理护照并检验技术"。

（2）星洲机器行的响应。

首先响应招募机工的社团是星洲机器行，该行是被称为新加坡"械业界之枢纽"[②] 南侨总会派遣的第一批机工 80 人中，其中，星洲机器行有

---

① 《星洲筹赈会通报，征募第二批司机人员》，《总汇新报（晚版）》1939 年 2 月 24 日第 1 张第 2 版。

② 在殖民地时代，新加坡有两种不同性质的行业组织。一种是工人的组织，称为"行"，又称"西家行"。另一种是由老板等组成的组织，通称"商行"。参见曾玲《新加坡华人的行业组织与机器行：访机器行前辈何文忠先生》，参见曾玲《绿野亭福德祠 175 周年纪念特刊》（非卖品）新加坡 1999 年出版，第 104—106 页。

19 名参加（新加坡参加者共 32 名）。① 接到招募机工通知后，星洲机器行常委会认为，"星岛械工不少忠诚爱国之士，具此两项技能者实繁有徒，际兹国族凌夷之日，正好男儿报国之时"。并于 1939 年 2 月 11 日向机器行各会员发出通告。呼吁"凡属机工同业，具有司机或修机之技术而愿为国家服务者"。迅速到星洲机器行报名：

> ……况吾侨平时每感向往之心，请缨无路者，对此国家需才孔亟，当可联袂而起，为国服务，共肩民族复兴之责，以尽国民之天职也，本行为此，特行通告，凡我机工同业，且有司机或修理之技能而愿为国家服务者，请来行报名，以便进行也，机工乎，良机勿失，盍早乎来。
>
> 此致各所机工同志钧鉴。
>
> 星洲机器行执行委员会常务委员会　黄宁　霍灿坤
>
> 中华民国廿八年二月十一日②

1939 年 3 月 13 日，星洲机器行执行委员会再次发布《征募通告》，呼吁星洲各厂机器人员参加机工回国效劳：

> ……窃思本行为星洲械业界之枢纽，责有应负，亟应投袂而起，为国效劳，共肩复兴民族之责，想我同业热诚爱国，定不乏人，盍早来报名，共劝救亡盛举，是所厚望也。
>
> 此致各厂机工同业均鉴。
>
> 星洲机器行执行委员会　常务委员　黄宁、霍灿坤
>
> 廿八年三月十三日③

在星洲机器行的动员下，星洲机器行各地会员积极响应，截至 1939 年 3 月 25 日，共有 35 人优秀华侨青年报名参加。④ 机器行 35 名华侨青

---

① 《总汇新报》1939 年 2 月 28 日。

② 《机器行常务通函，征募同业司机回国服务员》，《总汇新报》1939 年 2 月 12 日第 2 版。

③ 《星机行再发通告，代募驶修人员回国服务》，《总汇新报》1939 年 3 月 15 日第 7 版。

④ 《星洲机器行会员积极参加机工队》，《总汇新报》1939 年 3 月 26 日第 3 版。

年皆是"将在星优越薪俸之业辞去"参加机工队伍，而且其技术优良。特别需要指出的是，在机工队伍中，岑天佑和胡寿鸿为富家子弟。岑天佑是当地"富商岑天福之胞弟"，时年 20 岁，任职"本坡某西人机器厂为技师，每日薪金 2 元"。在南侨总会招募机工之前，岑天佑曾拜访新加坡中国领馆高凌白，请求介绍回国服务而被拒绝，当其看到机器行招募通告时，即向星洲机器行报名参加回国服务，在返国前，新加坡"有一般商女欲妻之，岑婉言谢绝，谓胜利之后归来，方谈婚事情"①。

因机器行本身即为技术考核机构，因此，对于本行参加机工者，星洲机器行根据南侨总会的规定，主要是确保参加者的爱国意识。1939 年 3 月 27 日晚，机器行常委会组织机工宣誓大会。在机器行常务委员监督下，星洲机器行全体参加机工者在机器行宣誓：

> 余谨以至诚宣誓，应征于南侨筹赈会回国服务为"修机驶机"之职，报牺牲不畏难不变节克始克终之精神，誓随蒋委员长领导之下而奋斗，坚定救亡任务，共与兴亡，如有中途退志，畏缩变节等，愿受同胞诛灭，耿耿此心，永矢不渝，立此为誓。
>
> 宣誓人：岑天佑，黄广源，何锦培，王金福，任青松，阮奕利，陈基，林汉初，李林，何锦铜，龚亚才，胡寿鸿等 35 人。②

星洲机器行招募机工回国服务的行为得到当地华侨社会各界的支持和鼓励。首先星洲机器行举行盛大的欢送大会。在大会召开之前，星洲机器行执行委员会常务委员会委员黄宁、霍灿坤发布通告，邀请"凡我执监区长，届时务请到会，资助一切，以策周全"③。1939 年 3 月 5 日，机器行组织行业会员为机工举行各种欢送大会。

因星洲机器行从业者"广府方言群"较多，1939 年 3 月 11 日下午 3 时，新加坡广帮 16 侨团在海天游艺会三楼举行欢送星洲机器行技师回国服务大会，大会由广帮募捐委员会组织。各广帮各行业社团踊跃参加，广

---

① 《星洲机器行富家子弟参加机工队》，《总汇新报》1939 年 2 月 18 日第 3 版。

② 《星洲机器行回国机工举行宣誓大会》，《总汇新报》1939 年 2 月 28 日第 4 版。

③ 《星洲机器行欢送机工回国大会邀请函》，《总汇新报》1939 年 3 月 3 日第 3 版。

帮 16 社团代表如下（见表 2—5）：

表 2—5 欢送机器行各行团及代表一览

行、团名称	代表
广帮募捐委员会	曾纪辰（该会主席）梅启康（该会总务主任）
姑苏行	黄信满 黄椿
八和会馆	黄秋镜
洋服同业行	曾仁亮 颜启鸿
敬时行	李锦泉 关金民
兴和行	梁金光 黎善祥
侨声俱乐部	吴国珍 黄绍光
同业革履	陈作名 李宁亭
什货行	谢平 李永醒
文华行	方仕俊 何觉洲
景源俱乐部	任超宝 李警公
同 行	赵德荣
机器商行	潘霖端 陈三
沙藤行	郑禾
猪肉行	许桂荣 卢鉴
星洲机器行筹赈委员会	李乐朋 黄德海
个人	邓枝 李金汉女士 卢忠 郭秀 黄锦 梁保 陈肇琪 李贵 苏永祥 及华字报记者

资料来源：笔者据 1939 年 3 月 13 日《总汇新报》整理。

由表 2—5 可以看出，参加欢送大会者来自新加坡各行业工会，共 16 个社团代表，反映星洲机器行的行为得到了不同行业公会的支持。

欢送仪式由广帮主席曾纪辰主持，欢送仪式隆重，大会欢送程序具体如下：

1. 肃立；2. 唱国歌；3. 全体向党旗、国旗及孙总理遗像行最高敬礼；4. 恭请孙总理遗像；5. 静默；6. 报告；7. 全体向司机回国服务员一鞠躬礼；8. 献旗；9. 演讲；11. 摄影；12. 茶会；13. 散会①。

一方面，星洲机器行的大会欢送程序可以看出欢送仪式的隆重和热烈，反映出当地华侨社会对机工的敬意和支持；另一方面，该仪式的举行，在一定程度上，使得参加机工的华侨青年树立为国家服务的坚定信念。

在欢送大会上，广帮筹赈募捐委员会主任曾纪辰致辞，各行业代表向机工表示敬意，16 侨团联合赠送旗帜"前进"。会后，为鼓励当地华侨支持祖国抗战，星洲机器行机工队，向全体侨胞发表了《新加坡机器工程回国服务团向全体侨胞告别书》，呼吁当地华侨"协助我国政府抗战到底"：

> 亲爱的侨胞们，我们知道，目前的南洋是安全的，在南洋的生活是安适的，可是我们是中国人，目前的中国正在危难中，需要我们去抢救！现在我们为了民主的自由平等，决心把我们的微力，献给国家，侨胞们，别了！
>
> 我们的知识是浅陋的，我们的技术是幼稚的，可是，我们的报国之心是热的，我们是三民主义的信徒，素来承受孙总理的遗教，蒋委员长的训示，明了我们所负的使命，应尽我们的义务，知道为国牺牲是光荣的，我们这次回去，是下了决心的，不灭倭寇，誓不回头！
>
> 亲爱的侨胞们，在这抗日建国的时期中，我们唯有一个共同的口号，"有钱出钱，有力出力"。假使有钱的不出钱，有力的不出力，或是出钱出力，出的不够，就是对不起先烈的抗敌将士和死难的同胞！对不起蒋委员长！对不起孙总理的在天之灵！我国自从发动全民抗战到现在，差不多20个月了，我们从20个月的血的教训中，坚信最后胜利一定属于我们的，可以最后胜利还是需要我们尽全力去争取的，争取最后的胜利是全国人民的责任，我们这次回国去，就是把我们的

---

① 《十六侨团欢送星械行械师回国服务赠旗礼》，《总汇新报》1939 年 3 月 10 日第 5 版。

微力，协助政府抗战到底的，我们希望南洋的侨胞们，有力的，赶快把力量集中起来，有钱的，赶快把钱捐出来。汇回国去，大家同心协力，建设三民主义的新中国！最后谨以至诚致谢星华筹赈会等团体，为我们办理回国手续，振群学校，华侨俱乐部，马华邮船华工筹赈会，张氏阅报社，林氏公会，培进公会等团体及许多知友开会或设宴欢送我们，尤其是几位先辈同志指导特多，非常感激！因为行期匆忙，不能一一登门告辞，抱歉得很！此后我们惟有以我们所学的技能，协助我国政府抗战到底，以答谢各团体各知友暨同志之热忱了，侨胞们，再会！再会！

新加坡机器工程回国服务团谨启。

廿八年三月十三日①

此外，新加坡培进公会、林氏公会、兴安会馆等社团先后组织大会欢送星洲机器行机工队。兴安会馆主动为参加机工者捐献回国费用。其中"甘榜峇汝巴士车工友 20 元，甘榜巴士车公司 40 元，兴安会馆捐款 180元"②。

在新加坡，除了星洲机器行等行业公会招募机工之外，新加坡的地缘会馆也办理机工招募工作，例如，新加坡兴安会馆侨领动员华侨青年参加机工队伍，截止到 1939 年 3 月 5 日，申请参加的华侨青年已有 19 人。③1939 年 3 月 6 日，兴安会馆专门召开招募机工会议，成立了由郭子惠、黄宗基、林亚梅、梁永铭、苏仪福、苏亚萱、陈古雨、张竹松、林维杨九人组成的招募机工委员会，专门为回国机工筹募费用。④ 会馆人员当场为回国机工募捐，其捐款情况如下（见表 2—6）：

---

① 《新加坡机器工程回国服务团向全体侨胞告别书》，《总汇新报》1939 年 2 月 27 日第 4版。

② 《兴安会馆为参加机工者捐款》，《总汇新报》1939 年 3 月 11 日第 3 版。

③ 其名单如下：周旺、王锦发、林汉兴、陈玉机、王福源、陈彭春、黄九清、张球、关曾三、方亚兴、王玉林、许文汉、郑亚清、王绵来、李珍荣、刘亚清、翁玉书、徐堤、吴玉清。

④ 《兴安会馆组织机工招募委员会》，《总汇新报》1939 年 3 月 6 日第 4 版。

表 2—6　　　　　　　　　兴安会馆捐赠费用一览

姓名	金额（叻币）
陈耀如	10
黄仙桃	10
苏亚宣	10
黄宗基　林古　许金凤　李九涛　林亚梅　张竹松　柯大星　陈岛九　林永铭	各5元，共45元
郑金迪　陈发春　陈古万　蔡玉　刘慎钟　蔡院里　余亚九　信发	各2元，共16元
总计	91元

资料来源：《总汇新报》1939 年 3 月 7 日。

新加坡华侨青年踊跃参加机工队伍返国运输，其中，抛弃优裕生活者比比皆是。例如，新加坡琼侨林家发、林家积兄弟二人"离家弃业，为国效力"，参加回国服务。新加坡和平饼干公司主任林谋盛，其"弟兄及亲属四人，计为林大琛、林飞鸿、林金针、戴查荣，一起向星华筹赈会报名，愿投效司机队归国服务"。新加坡悠扬音乐研究社社友林汉初，"辞家弃业，离开星岛，回国效命"[①]。

星洲机器行与各会馆招募机工的行为得到华侨社会的支持。社会各界踊跃为回国机工服务，如机工返国时，林盛发、永和安、连和号、马利、新泉星等汽车公司义务为报效机工往返领馆及检验技术提供啰哩车。[②] 华侨理发商店免费为回国机工修面，如伦敦、华光等理发商店。据统计，在星洲筹赈会组织动员和各行业公会、会馆的协助下，仅从第一批至第五批，共招募机工 613 名，共花费叻币 34497 元。[③]

① 《新加坡参加机工青年情况介绍》，《总汇新报》1939 年 3 月 5 日第 3 版。
② 《啰哩司机公司报效返国司机》，《总汇新报》1939 年 2 月 11 日第 4 版。
③ 《宋子文与陈嘉庚为在新、马募集救国捐款事往来电函》，《民国档案》2006 年第 3 期，第 36 页。

2. 槟城筹赈会招募机工的动员和组织

在南侨总会统一组织招募机工之前,"槟城机器行"于1938·年2月曾自行组织"槟城技艺工程队"回国服务,因此,在动员和组织招募机工方面,槟城招募机工具有丰富的实践经验。

(1)成立招募机工组织机构。

根据南侨总会的统一安排,槟城筹赈会积极响应南侨总会的动员,首先是专门成立"征募机工委员会"以负责办理招募机工事宜。由于"槟城机器行"具有遴选和招募机工的丰富经验,槟城筹赈会主动邀请"槟城机器行"选派5名经验丰富人员共同办理机工招募工作。1939年3月7日,槟城筹赈会致函槟城各侨领,商议成立机工征募委员会:

> 兹定于3月10日星期五下午二时在本会办事处召开第一次会议,讨论一切遣送事宜,届时务请拨冗参会。
>
> 此致。
>
> 征募汽车司机回国委员会主任 王景成
>
> 三月七日[①]

1939年3月10日,槟城征募机工委员会正式成立。委员会成员共11人,其中有来自"槟城机器行"的5名技术人员。槟城征募机工委员会设立三个部门,专门负责机工技术、品行、机工回国费用筹集等职责。其中,委员会主席及槟城机器行的5人负责技术审查和考核,庄明理等3人负责机工训练及回国费用的筹集。为确保机工招募的顺利开展,槟城征募机工委员会根据南侨总会的统一要求并结合槟城华侨社会实际情况,制定一系列招募机工的具体措施。

第一,制定照顾机工家庭的措施。为"推动及鼓励爱国机工踊跃参加",减少因参加机工而导致家庭缺乏经济保障的顾虑,"槟城征募机工委员会"采取以下四项措施:一是请"南侨总会"向西南运输处协商"机工有家庭及子女者,请于薪水中,自动拨出一部分,以10元8元及5元之定额,逐月寄于其家属做生活费";二是优待机工子女教育,"招募机工委

---

① 《槟城筹赈会召开会议函》,《槟城日报》1939年3月8日第4版。

员会介绍机工子女免费入学读书";三是槟城征募机工委员会附设"华侨回国机工通讯处,以便机工与其家属通讯";四是,"由筹赈会妇女部派遣慰问队,慰问各回国机工家庭"。①

第二,槟城征募机工委员会委派专人办理机工所需返国费用。因"机工办理需用浩繁",多由各地自筹,槟城征募机工委员会选派庄明理先生领导专人募集机工费用,从而确保了机工训练和回国所需费用。在庄明理的领导下,其主要采取以下办法。首先是售卖"资助机工回国服务证"。主要是"印制征募之纸张,分贴在汽车中,每张设银1元"。以劝募方式向社会各界征集机工费用。1939年3月22日,庄明理等人请求槟城华侨筹赈会协助售卖"资助机工回国服务证"②。其次是呼吁槟城华侨社团资助回国费用。在庄明理等侨领的动员下,槟城各华侨社团踊跃捐助,例如,1939年3月19日,槟城橡胶别墅同人捐赠叻币450元,作为机工之费用。③截止到1939年3月26日,庄明理劝募回国机工旅费叻币1700余元。据庄明理报告,槟城机工训练及回国费用"颇为浩繁","第一批及第二批训练和遣送机工,共需费用约达叻币1万3千元"④。庄明理等侨领筹集到了足够的机工训练和回国的经费,确保了槟城机工训练和回国所需费用。

第三,招募机工的训练和培训制度化。槟城机工在回国前,机工招募委员会聘请专人对机工进行封闭式训练。训练地点有两处:一处在惠安会馆,主要是对机工精神培训及中国情况的介绍;另一地点是在槟城商借港仔第五分校球场,主要是训练机工驾驶技术。训练时间长达30天,每天上午七时到九时、下午四时到六时为训练时间,晚上八时至十时为训话时间,教练请"钟乐中学管亮负责",机工住宿地点为东安公会提供。⑤训练所需汽车亦是由当地华侨商人提供。如槟城华商陈南山、苏苗辉,"鉴

---

① 《槟城征募机工委员会优待机工回国办法》,《总汇新报》1939年6月30日第4版。
② 《槟城征募机工委员会售卖"资助机工回国服务证"》,《槟城日报》1939年3月15日第3版。
③ 《槟城华商踊跃为机工返国捐款》,《槟城日报》1939年3月24日第3版。
④ 《槟城招募机工情况报告》,《槟城日报》1939年5月18日第5版。
⑤ 《槟城返国机工紧张训练》,《槟城日报》1939年6月30日第4版。

于司机训练班，缺乏啰哩车，将啰哩一辆，借予该会，作为训练班练习之用"①。

第四，储备司机人才以备中国需要。除了具体的机工训练和筹集回国费用之外，根据南侨总会的安排，槟城征募机工委员会根据当地实际，制定储备机工人才的措施。主要是成立槟城汽车工会，该会由槟城筹赈委员会庄明理发起组织，1939 年 6 月 21 日，槟城筹赈委员会在惠安会馆召开会议，参加者达 400 人，签名同意加入公会人员三四百余人，并谓该会组织之动机，"诚为联络同业司机之感情，使司机同业能同聚一堂"，以做将来司机回国服务之准备。②

第五，制定《槟城机工回国服务简则》。为使机工队员回国以后，有严格纪律，适应机工之生活，牺牲之精神，回国以后，"无条件效忠祖国，务使克敌训练"。槟城征募机工委员会制定了《槟城机工回国服务简则》。简章内容包括队员在中国的服务规范、队员值日要求、队员请假制度等具体规定。《槟城机工回国服务简则》不仅确保了机工在中国的服务观念，而且为提前适应中国环境奠定了基础。下为《槟城机工回国服务简则》③：

（一）、本队队员在抗战救亡原则下忠诚于祖国服务

（二）队员须遵守当地法律

（三）队员须绝对服从队长之领导和指挥

（四）队员有牺牲自己之精神

（五）队员行动应纪律化，整洁化，集体化

（六）队员应亲爱精诚，富有互助精神

（七）队员不出入于不正当场所

（八）队员外出应穿制服

（九）队员应向队长请假

（十）队员须准备时受训练

（十一）队员饮食睡眠且需遵守规定时间

---

① 《槟城华商支持返国机工训练》，《总汇新报》1939 年 7 月 22 日第 3 版。
② 《槟城成立司机公会》，《槟城日报》1939 年 6 月 23 日第 5 版。
③ 《槟城机工回国服务简则》，《槟城日报》1939 年 8 月 8 日第 3 版。

（十二）队员不得对外界宣布关于一切动态

值日勤务

1.值日队长之任务，为指挥所属之值日勤务人员，维持队律风纪，监视部下是否遵照各规定实施，并管理队内一切事物及火灾，盗窃等事。

2.值日勤务有每日是正午起至次日正午为止。

3.值日勤务分为值日中队长，值日小队长。

请假制度

1.请假者应先填写请假单。

2.凡属请假，有早饭至晚点名前，准其外出。

3.请假已准，而偶感疾病，虽以启程时，呈明候核。

（2）槟城征募机工委员会招募机工概况。

机工招募专门机构的设立保证了槟城机工招募的顺利进行。据统计，1939年间，槟城筹赈会先后共派出5批机工共326名队员回国参加运输抗战。具体内容见表2—7：

表2—7　　　　　　　　1939年槟城派遣返国服务机工一览

批次	人数（人）	离星日期	目的地
槟城技艺工程队	32	4月9日乘轮离星	由安南入滇
第一批	100	4月9日	由仰光入滇
第二批	100	5月17日乘轮离星	由安南入滇
第三批	94	7月13日乘轮离星	由安南入滇
第四批	20	9月8日乘轮离星	由仰光入滇
第五批	12	12月16日乘轮离星	由安南入滇
总计		358	

资料来源：叶钟玲：《槟城华侨机工回国服务纪实》，载陈剑虹《槟榔屿与华人研究》，韩江学院华人文化俗、新加坡国立大学中文系，2005年。

槟城第一批机工队。1939 年 2 月 18 日,南侨筹赈总会派出第一批机工队回国。当时槟城筹赈会已经组织 100 名机工并计划在新加坡集中后统一出发返国,但因各地参与者甚多而未能成行,[①] 因此,直到南侨总会派出第四批机工队时,槟城第一批机工队才得以参加。根据南侨总会对各埠人数的规定,槟城派机工 100 人,其中驶车人数 65 人,修车、修电人员 35 人。[②]

槟城第二批机工队。1939 年 4 月 24 日,槟城征募机工委员会通过决议,决定继续招募机工。1939 年 4 月 25 日,机工招募委员会颁布《机工报名须知》。报名须知规定严格的报名条件并呼吁华侨青年积极参加,槟城华侨青年报名极为踊跃,截止到 1939 年 5 月 4 日,仅在 10 天内就招募135 名机工,经过严格选拔仅录取 70 人。[③] 而在出发前又录取 30 人,因此,槟城征募机工委员会第二批派遣共 100 名机工。1939 年 5 月 17 日,由槟城机工队、怡保机工队以及吉打机工队等队组成第一批经仰光出发的"南侨机工服务团",在槟城集中后乘船出发。

槟城第三批机工队。1939 年 6 月 1 日,南侨总会发布《南侨筹赈总会通告(第十六号)》开始为中国后勤部招募机工,其职责主要是为中国战区运输弹药。[④] 1939 年 6 月 4 日,西南运输处主任宋子良抵达新加坡当面请求陈嘉庚"从速招募第六批机工华侨机工 500 名"[⑤]。接到南侨总会招募机工的信函后,1939 年 6 月 13 日,槟城征募机工委员会召开第六次会议,决定再次招募机工 100 名。[⑥] 1939 年 6 月 27 日,经过层层遴选,最终槟城征募机工委员会共录取机工 94 人。[⑦] 该批机工被编入第八批机工队回国队伍。

---

① 1939 年 3 月 23 日,南侨总会告知槟城征募机工委员会,"各地投效达 400 多名,机工已募足数,前方有消息,当在转告"。因此,槟城机工未能参加前三批回国队伍。参见《总汇新报》1939 年 3 月 24 日。

② 《各埠经仰光入滇机工人数》,《南洋商报》1939 年 3 月 2 日第 3 版。

③ 《槟城招募第二批机工情况》,《总汇新报》1939 年 5 月 5 日第 4 版。

④ 《南侨筹赈总会通告(第十六号)》,《南洋商报》1939 年 6 月 1 日第 6 版。

⑤ 《西南运输处要求续募机工》,《总汇新报》1939 年 6 月 5 日第 5 版。

⑥ 《槟城筹赈会续募机工》,《总汇新报》1939 年 6 月 15 日第 3 版。

⑦ 叶钟玲:《槟城华侨机工回国服务纪实》,载《陈嘉庚与南洋华人论文集》,马来亚陈嘉庚基金会委员会 2013 年版,第 318 页。

　　槟城第四、五批机工队。1939 年 7 月 26 日，槟城征募机工委员会继续招募第四批机工，经过严格考核，合格者共 91 人。但后来因南侨总会告知须有两年以上技术者才能参加。1939 年 9 月 6 日，槟城机器行再次对合格者进行筛选，选出符合条件司机计 20 名，该批机工于 1939 年 9 月 8 日乘"丰庆轮"经仰光入滇。① 后来又因需要，槟城征募机工委员会又派出第五批机工队，人数共计 12 名。②

　　(3) 槟城华侨社会各界的支持。

　　槟城招募机工能够顺利进行，除了槟城筹赈会、机器行等社团的有效组织和安排外，离不开槟城华侨社会各界的支持和帮助。首先，槟城华侨社会各界对机工训练和返国经费的捐赠。据庄明理统计，仅第一批和第二批机工共花费 13000 叻币，都是由华侨社会捐赠而来。③ 其次，为回国机工捐赠所需物资，槟城华侨社会各界踊跃捐助机工回国旅途所需物资，例如，第三批槟城机工返国时，当地华侨药店赠送的药品（见表 2—8 所示）：

表 2—8　　　　　　　　　　槟城华侨药店馈赠药品

单位或个人	物品
永安堂	万金油 10 打，八卦丹 1 打，同益白布条 500 条
联利公司，苏顺吉，庄上林	金鸡纳霜 12 罐（计 6000 粒）
怡和堂	乃裕肥皂 100 快，林德利普生油 154 盒

　　资料来源：笔者据 1939 年 7 月 15 日《总汇新报》整理。

　　最后，华侨社团举行欢送大会鼓励机工为国服务。1939 年 4 月 8 日，第一批槟城机工出发前，槟城 24 侨团在槟城春满园酒家举行盛大的欢送仪式，参会者约 500 人，其华侨社团及代表如下（见表 2—9）：

---

① 《槟城派送第四批机工》，《总汇新报》1939 年 9 月 11 日第 4 版。
② 《槟城招募第五批机工》，《槟城日报》1939 年 9 月 17 日第 5 版。
③ 《槟城华侨为机工返国捐赠》，《总汇新报》1939 年 5 月 18 日第 4 版。

表2—9　　　　　参加欢送槟城机工社团名称及到会代表一览

社团名称	代表人员
缝业联合会	欧球　卢根柱　洪日光
店员联合会	罗彬彬　陈若漫　林隆华　郭招光　何伟宣
矿业所	谭九
表行	黎裕昌
店员服务员	翁廷埔　王永　吴金成
人力车公会	林文远　骆锦玉　谢心顺
鲁城行	李兆坤　区焯尊　陈相举　陈强
益群俱乐部	郭怡鸿
兴和行	张广福　廖远方
鲁班行	叶炳坤
机器行	李北群
广存堂	梁业
印务联合会	陈铭　周文斌　杨景云　陈汉清
北马妇女互助会	朱秀莲　卢惠贞
杂货行	梁钦
药业研究会	钟华盛
石艺研究会	蔡理广
福庆堂	高惠群　曾波
理发行	陈铭藩
彩陶俱乐部	方锡洲
明新社	何如
槟华筹赈会	卢斯　庄明理　赖胜祥　卢双园　张调和
阅书报社	林华亮　黄金生　吴沛鸿　高鸿存
华字报记者	6人

资料来源：笔者据1939年4月9日《总汇新报》整理。

从表2—9可以看出，参加欢送者包括槟城各业缘社团，反映了华侨社会各界对机工返国抗战行为的大力支持。1939年7月14日的《总汇新报》记载了华侨社会各界欢送机工的盛况：

各界欢送侨工者，即集中于春满园场外，红男绿女，扶老携幼，观众拥挤，手中多持有欢送旗帜，2时5分，全体机工即于春满园场中，整队待发，即由丽泽社铜乐队引导，出春满园，由头条路，社尾路，假打申律，打路街，本头公巷仔，至新万山后，一路上各商店均插有欢送小旗，而欢送则尾随于机工队之后，人们愈来愈多，统计在万人以上，该机工之新万山后，即高唱义勇军进行曲，然后欢送者挥手作别，下舢板，登丰祥轮，于上午4时许，踏上征程。[①]

3. 太平筹赈分会招募机工的动员和组织

太平位于英属马来亚北部吡叻区，该地华侨人数6万余人，交通事业发达，"汽车出租者，达二百辆，私家者倍之，载货汽车达一百五十辆"。[②] 在太平筹赈总会的动员和组织下，各地华社领袖和侨众积极参与机工的招募工作。据统计，从1939年3月至1939年7月间，太平筹赈会共遣送招募226人（见表2—10）。

表2—10　　　　　　　太平筹赈会派遣回国机工一览

时间	批次	人数
1939年3月10日	1	18
1939年3月17日	2	46
1939年5月15日	3	59
1939年6月25日	4	29
1939年7月10日	5	74

资料来源：笔者据1939年3月17日、6月27日、7月14日、7月17日《总汇新报》整理。

从表2—10可以看出，太平筹赈会招募机工成效显著，其成功原因如下。

（1）组织机构的设立确保了机工招募的顺利开展。

机工招募涉及动员、选拔、派送到出发地等具体事宜，因此，根据南

---

① 《欢送返国机工观感》，《总汇新报》1939年7月14日第4版。

② 刘焕然编：《英属马来亚概况》，新加坡新国民日报1935年版，第2079页。

侨总会的安排，太平筹赈分会立即派人"广贴征募通告"，仅在3天时间，"应征报名之热血青年，达二十五名之多"。1939年3月3日晚上八点，太平筹赈会在福建会馆召开招募机工回国会议，参加会议人员60余人，其中，包括罗仕球、白仰峰、黄椿报、林夫生、黄广大等太平华侨社会领袖等30余人，机工及其家属、朋友等30余人。

为便于办理招募机工事宜，大会通过决议，第一，决定设立太平筹赈会设立机工办事处，专门办理该批机工组织工作；第二，决定于1939年3月4日在广东会馆检验参加者"介绍证书及律申"，并规定"家属不同意者，均不能参加"；第三，将遴选机工在"太平树胶公会集中，以便准备赴槟城，乘轮到星侯轮北返"；第四，推举"黄名学为领队，护送至星洲，并委托负责与南总会接洽办理返国证件"；第五，决定机工回国"应用之款项概由太平筹赈会负担"①。

太平筹赈会以决议通过以上运作方式，解决了机工选拔、经费来源及星洲集中等具体事宜，保证了机工招募工作的顺利开展。在以同样方式送走三批机工后，太平筹赈会因其"正加紧筹赈工作，故对于招募机工，无暇兼顾，故委托树胶公会代办"②。"太平树胶公会"招募机工委员会为太平办理机工的专门机构。1939年6月17日，为开展招募机工，"太平树胶公会"发布《招募机工启示》，告知华侨青年到树胶公会报名参加机工：

> 本会承筹赈委员会委托办理招募第四批机工事，经于即日起开始招募，凡吾侨有志回国服务身体强壮者，均可报名，兹定时间地点如下，每晚七时至九时，远道来者，不在此例。
>
> 太平树胶公会招募机工委员会
> 六月十七日③

太平筹赈筹赈会设立的专门招募机工机构，确保了机工招募时的组织

---

① 《太平筹赈会办理招募机工回国》，《总汇新报》1939年3月4日第3版。
② 《太平筹赈会制定招》募机工办法，《总汇新报》1939年6月19日。
③ 同上。

保障。

（2）"北吡叻机工训练所"的创办确保了机工的来源。

太平树胶公会为太平三大会馆之一。[1] 作为承担太平地区的机工招募机构，为确保机工招募的顺利进行，在太平华社各界的支持下，树胶公会创办"北吡叻机工训练所"。

1939年7月7日，"北吡叻机工训练所"在太平树胶公会成立。该训练所由北吡叻一带侨领发起组织，故称为"北吡叻机工训练所"。该所成立之缘起是"在全马各地，征募机工热烈进行中，发现存在一种极普通之缺陷，即有一批热心爱国青年，心怀满腔热望欲回国服务，惟苦不谙驾驶技能，徒作洋叹者，不知凡几"。因此，"本所同人，有鉴于此，爰集北吡叻一带侨领发起组织一专司训练驾驶及修理汽车人才之训练所"。因此，其宗旨主要是"专司义务训练机工人才回国服务，藉应持久抗战，加快后方运输之急需"[2]。除此之外，该训练所的成立也是对南侨总会提出的各地分会"提前储备机工人才，以便祖国之需"的响应。

在太平树胶公会及各地侨领组织下，"北吡叻机工训练所"设立四个下属机构，其机构及地点如下（见表2—11）：

表2—11　　　　　　"北吡叻机工训练所"组织机构

设立机构	地点
办事处	太平三姑猛（门牌号15号）
报名处	太平树胶公会办事室
体育处	太平古打律福建会馆
训育处	太平古打律福建会馆

资料来源：《北吡叻机工训练所招生简则》，《总汇新报》1939年7月27日。

1939年7月13日，"北吡叻机工训练所"发布《北吡叻机工训练所招生简则》[3]。其内容对机工报名条件、录取资格、训练费用等均做了详

---

[1]　关楚璞、郁达夫编：《星洲十年》，星洲日报社1940年版，第256页。

[2]　《北吡叻机工训练所招生简则》，《总汇新报》1939年7月27日。

[3]　《北吡叻机工训练所招生简则》，《北吡叻机工训练所成立宣言》，《总汇新报》1939年7月27日。

细规定：

录取条件的规定。具体包括：参加训练者首先是向太平筹赈会征募机工委员会"领取登记表三张，依照所列格式，填写清楚，并缴呈两寸半生照片十四张，然后由指定医生检验身体及格，才能录取"。其次是"本所招收机工不拘畛域，凡有志回国服务之青年，在 18 岁以上，40 岁以下，身高 5 尺以上，体格强壮，品行端正，而无不良嗜好者"。但必须经当地筹赈会或侨领之证明介绍者才能接受。最后是在训练期内，"膳宿概须自备，惟如属来自外坡者，本所可酌量代为提供宿所"。

受训纪律的规定。机工在受训期间内，"须决定遵守所规，服从本所之一切指挥"，对于中途退出者，"担保人须负责赔价 25 元之损失，自动将赔款缴交筹赈会抵偿"。

训练期限的规定。"每届暂定两星期，经考试机工，由本所发给毕业证书"，毕业后由太平筹赈会遣送回国。对于不及格者，"暂留所内，继续训练之"。招收人数"每批 60 名"。

训练内容的规定。包括了技术和精神训练两方面的内容。技术训练"由专门技师，义务教授司机及修械各项技能"，对政治意识的训练包括"精神训话，歌咏体育等"。

《机工招生简则》发布后，得到太平各地乃至马来亚北部华侨青年的积极响应，"报名受训之热心青年，异常踊跃，远自星洲，芙蓉，吉隆坡，槟城等地之筹赈会，均纷纷致函介绍热血青年前来受训，迄今（1939 年 7 月 26 日——笔者注）已达 150 余人"①。"机工训练所"的开办和组织不仅从太平输送了大批中国需要的机工，而且为太平附近地区培训了大批机工。

（3）太平华侨社会的支持。

首先，太平筹赈会招募机工的顺利开展，太平华侨社会扮演了重要角色。首先华侨社团及当地侨领对招募机工的物质上的支持。在"北吡叻机工训练所"的组织和培训司机人才过程中，华侨社团和侨领做出了重要贡献，在某种程度上，"北吡叻机工训练所"是华商和太平筹赈会共同合作的结果。当地华商和筹赈会不仅共同发起成立机工训练所，而且向"北吡

---

① 《太平北部地区华侨青年踊跃参加机工训练》，《总汇新报》1939 年 7 月 27 日第 4 版。

叻机工训练所"提供机工训练所需车辆、场地等。① 而对于参加机工的华侨青年体质和技术体检由太平的陈清龙、陈汉平医生义务提供体检。华侨社团还提供机工训练经费,如太平琼州会馆及群友轩俱乐部,曾联合捐资训练机工 20 名。②

其次,举办欢送机工返国大会。太平各批机工返国之时,太平筹赈会都举行欢送大会,例如,在第五批机工返国之前,1939 年 7 月 12 日,太平筹赈会在福建会馆召开欢送机工返国大会。太平各侨团代表、机工家属、各界侨众以及记者,约千人参加欢送大会。太平筹赈会主席白仰峰向机工训话鼓舞司机报国,努力服务,然后白仰峰向队长胡凯军授予"自力更生"旗帜。在欢送期间,华侨社会各界踊跃向机工捐赠物品,其中,各热心侨团,除了向机工提供回国服装外,还捐赠返国服务,其中,屠业公所 450 元,尚余俱乐部 50 元,杂货公所 20 元,群友轩俱乐部 50 元,增龙会馆 15 元,会宁会馆 22 元③。反映出华侨社会各界对机工返国的鼓励和支持。

三 招募机工的特点

从国民政府对招募机工的请求和"南侨总会"的招募机工的过程看,其招募机工具有以下特点。

一是中国政府请求招募机工等技术人员,具有分阶段、分批进行的特点,其对司机、修机等技术人员的需求是随着中国抗日运输需要告知陈嘉庚领导的"南侨总会",因此,中国对机工的招募非一次性告知/完成。中国请求招募机工等技术人员的部门包括"西南运输处""军政部""后勤部""财政部贸易委员会"等。其中,以"西南运输处"为主,其招募机工等技术人员最多。

二是在中国招募机工的进程中,陈嘉庚领导的"南侨总会"扮演了核心和关键角色。不仅与中国政府沟通和协调招募事宜,而且发挥其组织动员能力,安排各地筹赈会具体的招募工作,从而确保招募工作的井然

---

① 《太平华商向训练所捐赠》,《总汇新报》1939 年 7 月 29 日第 6 版。

② 《太平华社支持机工训练》,《总汇新报》1939 年 7 月 11 日第 3 版。

③ 《太平举行欢送机工返国大会》,《总汇新报》1939 年 7 月 13 日第 5 版。

有序。

三是南洋各地筹赈会是招募机工的具体执行者。由于各地的政治环境各异，招募机工主要以英属马来亚地区为主。英属马来亚各地社团根据各地特点，采取成立专门招募机工机构、机工训练所等方式开展招募工作，同时，招募机工得到当地华商、普通侨众的支持，从而确保了招募机工的顺利进行。

四是招募机工耗资巨大，具体包括：遴选机工的培训和训练、返国证件的办理、机工购置返国物品、机工返国途中费用及支出等。尽管国民政府称"招募"机工，但在招募机工所需经费全部由南洋社会捐赠。其中，仅在第一批至第五批招募及机工返国花费叻币 34497.7 元。[①]

第二节 南洋华侨机工的构成

一 南侨机工的来源及原因分析

1. 南侨机工的来源

根据南侨机工来自地区、族群、性别的不同，笔者就南侨机工的构成情况做以下分析。

首先就南侨机工的地区来源而言，南侨机工由英属马来亚、荷属东印度、法属越南、菲律宾、缅甸、泰国等地的华侨青年组成，几乎涵盖整个南洋地区。但就人数来说，英属马来亚人数最多，如 1939 年 6 月之前，南侨总会遣送的前 5 批机工人数共 1821 名，其中，英属马来亚 1781 名，荷属 27 名，沙捞越 13 名。[②] 此后，虽有越南、泰国、缅甸华侨参加机工，但与英属马来亚相比，上述地区机工人数比例较少。

因此，英属马来亚的华侨青年构成了南侨机工主体，其主要是因司机人员储备、各地政治环境、入境政策的不同等因素所致。就政治环境而言，英属马来亚殖民政府出于自身的利益及对中国抗日的同情，默许其管辖下殖民地华侨从事援助中国活动，[③] 相比之下，荷兰统治下的东印度，

① 《陈嘉庚致宋子良函》（1939 年 7 月 4 日），《民国档案》2006 年第 3 期，第 36 页。

② 《南侨筹赈总会通告》，《总汇新报》1939 年 6 月 9 日第 3 版。

③ 华民政务司佐敦曾向"南侨总会"捐助币 100 元，新加坡欧人理发店曾在机工回国前为机工免费修面（参见《总汇新报》1939 年 5 月 11 日）。

尽管华侨人数众多，但由于荷兰殖民政府严格控制援助中国活动，而且华侨返回中国后再次入境受到严格受到限制，如，当荷属华侨侨领询问为何仅在马来亚招募时，陈嘉庚称，"侨胞由国内来荷属居留者较英国为难，荷属入口费重，而英属则无"[①]。因此荷属华侨参加机工者不得不取道新加坡参加机工队伍。至于泰国政府，因中日战争时泰国与日本结盟，对其境内的华侨援助中国抗日的活动实行严格限制的政策，因此，泰国华侨参加机工的方式与荷属类似，主要由社团资助到新加坡或秘密回国参加机工队伍。[②]

就英属马来亚而言，参加机工来自英属马来亚各地，如第一批机工由柔佛峇株巴辖和新加坡华侨组成，第二批参加机工来源地区扩大至蔴坡、彭亨、马六甲、太平等地。第二批机工队所属机工人数见表2—12：

表 2—12   第二批返国机工队所属机工人数

南洋所属	人数（总计207）		备注
星洲队	205	领队：钟运熙　许志光　何纪良 财政：李光荣　张　球　温其芳 文书：甘锦绣　陈中印　谢耀南 宣传：沈代成　林茂盛　黄广源 总务：陈开德　王文松　江金福	修机人员共90人，内除修机人员王文松月支国币100元外，其余均规定月薪国币55元
蔴坡队	24		
柔佛队	21		
彭亨队	10		
马六甲队	10		
太平队	19（其中一名为巫人）		
邦加文岛	1		

资料来源：笔者据1939年3月28日《总汇新报》整理。

从南侨机工的族群构成看，参加机工者主要是由华侨青年组成，此外还有少数来自马来亚的印度人和马来人参加。其中，来自马来亚太平的印度人达拉星（中文名王亚能）和马来亚籍马亚生参加第二批机工队伍为中国运输服务。王亚能曾任职于亚三姑猛合昌修理汽车公司，出生于马来亚太平，父母双亡，年龄20岁，有当地政府司机证书，自幼曾入英校肄业，

①　《陈嘉庚致荷属泗水领事函》，《南洋商报》1939年4月3日第4版。

②　如1938年，泰国华侨社团资助两批华侨组成"战地暹罗华侨司机服务团"回国服务。参见《华侨先锋》1938年第2卷第1期。

英文第九号位,除能操英、印方言外,熟悉太平国语及闽粤方言。[①] 1939年2月,当太平贴出招募机工通告后,王亚能于2月8日致函太平招募机工负责人杜荣和,称其"在校求学时,曾担任学生军队长,且曾任马来联邦义勇军操练官,现尚独身,未有家室",相信如果能够参加,"必能帮助中国,打倒敌人"[②]。太平总务白仰峰征求陈嘉庚意见:外族人士能否加入机工。起初,王亚能参加机工的请求被拒绝,后经陈嘉庚多次与陈质平协商,称"如不许其前往,未免使其失望,况且其除同情中国抗战爱,并无其他企图"[③]。最后中国同意二人加入第二批机工队。不过,自印度人王亚能和马来人马亚生加入机工队后,因外族人"言语不通"难以适应中国环境,南侨总会规定,"驾修机工如为外籍人切勿资送,因办出口护照十分困难,而我国政府亦不接受"[④]。

就性别而言,南侨机工的组成主要以男性为主,但在招募期间,仍有四位华侨由女扮男装等方式参加机工队伍。她们是李月美、陈侨珍、白雪娇、朱雪珍。

2. 英属马来亚华侨参加机工人数较多的原因

除了英属马来亚政治环境允许之外,南侨机工之所以主要是英属马来亚的华侨组成,主要原因是英属马来亚华侨从事司机、修机行业的华侨人数较多。

"二战"之前,东南亚地区(除泰国独立外)大多处在西方殖民统治之下。英国统治下的马来亚现代化得到迅速发展,20世纪30年代,与中国相比,无论是在公路里程还是汽车数量方面,马来亚交通业远在中国之上。1936年,中国共有1630辆货车,而且各省数量极为不均,其中,广东省有864辆,浙江省有264辆,山东有224辆,湖北有278辆,其他省份更为落后。[⑤]

而同时期的英属马来亚,1936年12月31日,政府注册车辆共29273辆,表2—13为英属马来亚各地城市注册汽车统计表:

---

① 《太平白仰峰介绍王亚能参加机工函》,云南省档案馆藏,西南运输处档案,54/10/28。

② 《总汇新报》1939年3月2日。

③ 《陈嘉庚致西南运输处函》,云南省档案馆藏,西南运输处档案,54/04/23。

④ 《总汇新报》1939年3月17日。

⑤ [美] P. Fitzgerald, Daviesh, R.:《滇缅路》,宋自节、张履鉴等译,今日中国出版社1939年版,第63页。

表2—13　英属马来亚各地城市注册汽车统计（1936 年 12 月 31 日）

单位：辆

地名	私家车	出租车	总数
新加坡	7680	690	8370
斌榔（屿）	2219	107	2326
威利斯省	311	59	370
马六甲	873	180	1017
纳闽	31		31
霹雳	4297	756	5053
雪兰莪	4272	633	4905
森美兰	1408	324	1732
彭亨	433	120	553
柔佛	2073	977	3050
吉打	816	171	987
玻璃市	61	64	125
吉兰丹	161	234	395
丁加奴	169	137	306
不鲁尼	49	4	53
总计	24853	4456	29273

注：以上系截至 1936 年 12 月 31 日之注册车辆数目。

资料来源：潘醒农编著《南洋华侨便览》，南岛出版社 1939 年版，第 133 页。

1938 年，英属马来亚汽车数量达 49182 辆。表 2—14 为 1938 年英属马来亚各地车辆及种类统计表：

表2—14　　　　　　英属马来亚车辆统计（1938 年）　　　　单位：辆

类别	殖民地	联邦	属邦	马来亚
汽车	13507	14165	5370	33042
公共汽车	679	1210	851	2740
载货汽车	3854	2917	1920	8691
机器脚踏车	983	2619	608	4210
其他	197	179	141	499
总计	19220	21090	8890	49182

资料来源：张礼千：《马来亚历史概要》，商务印书馆 1939 年版，第 34—35 页。

从中国和英属马来亚的汽车数量比较，不难看出，20 世纪 30 年代，中国汽车数量远远落后于英属马来亚。因此，与中国相比，英属马来亚的司机人员数量远远大于中国。

就汽车从业人员而言，马来亚从事交通行业的人员多为华侨。"20 世纪 20 年代，南洋运输方面的新革命，就是公路和长距离运输的引入，华侨再度占有大部分的南洋的内陆交通事业。"[1] 根据 1939 年马来联邦交通局常年报告书统计，截至 1938 年末，获得汽车执照的驾驶员 3102 人，驾车员为 3004 人。其中 4031 人为华籍，1227 人为印度籍。[2] 1937 年，新加坡拥有私人汽车高达 8488 辆，而拥有私人车辆者多为华侨。[3] 早年从事出租业者，40％是印度人，60％是华侨。[4] 1939 年 2 月，当国民政府请求陈嘉庚在南洋招募机工时，陈嘉庚认为华侨汽车技术人员众多，"查马来亚一节，差不多有七万多辆汽车，而且华侨从事该行业者占多数，连修理车辆技术者，数目是不少的"[5]。

在英属马来亚机械行业，新加坡有礼德机器有限公司（United Engineers）是马来亚最大民营机械公司，该厂由华侨经营，其分行及分厂遍设马来亚各地。从业者以华侨居多。华侨所经营的机器厂，"全马来亚不下数百家，其中以金宝及怡保方面之冶金方面最为有名，已成为马来亚最重要工业之一，华侨工人数达 600 人之多"[6]。

新加坡有"南洋商业总汇之枢纽，欧亚轮船往来所必经之咽喉，其商业之繁盛，为南洋群岛之冠"[7]。时人对新加坡交通情况有以下描述：

> 星洲地处欧亚两洲之交，为商业重要之中心点，其交通之便利素
> 称发达：海上轮船且不言，仅言陆上，如火车也，电车也，运货汽车

① 王赓武：《南洋华人简史》，张亦善译注，水牛出版社民国六十八年版，第 131 页。
② 《总汇新报》1939 年 6 月 6 日。
③ 关楚璞、郁达夫编《星洲十年》，星洲日报社 1940 年版，第 248 页。
④ 《福清人与交通行业》，区如柏：《祖先的行业》，胜友书局 1991 年版，第 3 页。
⑤ 陈嘉庚：《南洋华侨救国运动与华侨机工》，《华侨生活月刊》第 1 卷第 5 期，昆明华侨生活出版社，第 11 页。
⑥ 关楚璞、郁达夫编《星洲十年》，星洲日报社 1940 年版，第 411 页。
⑦ 童子达：《新加坡各业调查》，新加坡南洋工商补习学校 1928 年版，第 23 页。

也，乘客汽车也，马车也，人力车也，无不种种具备，然考其与工商业最为密切关系者，当首推运货汽车，或称毛多啰哩（Mortor-Lorry）。[①]

　　由此可见，新加坡的交通事业之发达，随之而来的是促进机械修炼行业的发展，而新加坡华人机器行会员众多。"陈亚苏、顺兴、利兴、同顺、同和、协成、联华、连东等厂，均为华人机器商行之会员。"[②]

　　从以上分析可以看出，英属马来亚汽车技术人员、修理人员储备较多，而且从事该行业者以华侨居多，这也是南侨机工主要来自英属马来亚的重要原因之一。

二　南侨机工的人数探讨

　　关于南侨机工的具体人数，众说纷纭。根据《星洲十年》和出版于1947年由南侨总会编辑的《大战与南侨》的记载，南侨总会共遣送机工人数为3192人。这一数据与档案记载的机工人数吻合。中国华侨大学学者林少川以云南省档案馆档案为基础，整理出的南侨筹赈总会遣送中国的机工总数相一致（见表2—15与表2—16）。其中各批机工经越南、仰光回国机工情况见表2—15：

表2—15　　　　1939年由马来亚经越南、仰光回国机工情况　　　单位：人

类别	派回日期	人数
第一批	2月18日［按：档案记载，廖国雄、白清泉为"八十先锋"领队］	80
第二批	3月13日［按：档案记载，钟运熙为总领队］	207
第三批	3月27日［按：档案记载，刘贝锦为总领队］	594
第四批	4月10日［按：档案记载，连文瀍为总领队］	158
第五批	5月23日［按：档案记载日期为5月22日，钟春祥为总领队］	530
第六批	6月30日［按：档案记载日期为6月19日，叶子英为总领队］	124

　　①　童子达：《新加坡各业调查》，新加坡南洋工商补习学校1928年版，第23页。
　　②　关楚璞、郁达夫编《星洲十年》，星洲日报社1940年版，第411页。

续表

类别	派回日期	人数
第七批	7月19日〔按：档案记载日期为7月3日，廖萍为总领队〕	118
第八批	7月31日〔按：档案记载日期为7月17日，黄景镇为总领队〕	336
第九批	8月14日〔按：档案记载第九批机工为507人，但名单缺〕	507
小计		2654

资料来源：林少川：《陈嘉庚与南侨机工》，中国华侨出版社1994年版。

表2—16　　　　　1939年由英属马来亚经仰光回国机工汇总

类别	派回日期	人数
第一批	4月5日〔按：档案记载，黄锦坤为总领队〕	344
第二批	7月28日	87
第三批	8月9日	62
第四批	8月25日	34
第五批	9月22日	3
第六批	《星洲十年》原载日期不详〔按：档案记载日期为4月21日，曾火燊为领队〕	8
小计	538	
总计	3192	

资料来源：林少川：《陈嘉庚与南侨机工》，中国华侨出版社1994年版。

　　档案资料显示，中国西南运输处对南侨机工的具体人数没有做出具体统计。1940年6月，在陈嘉庚的强烈要求下，[1]"西南运输处运输人员训练所"工作人员才对华侨机工的人数进行了统计，估计机工人数约为3000人，其数据来源包括两部分，一部分是由南侨总会遣送的机工约2890人（具体参见表2—17），另一部分是抗战前自动回国的服务者，约计100人。因此，1940年6月，西南运输处统计机工人员告知宋子良，

---

　　[1]　机工抵达中国后，从1939年底至1940年初，服务在运输途中的机工伤亡较多，更有甚者，西南运输处未能将殉职机工信息告知南洋家属，在南洋各地筹赈分会的要求下，陈嘉庚致函宋子良要求登记机工具体人数。具体参见，云南省档案馆藏，西南运输处档案，54/04/223。

南侨机工人数约 3000 名，但仍感"亦不敢言确数也"。[①]

表 2—17　　　　　　　西南运输处机工人数（1940 年）

批次	人数
第一批	80
第二批	206
第三批	596
第四批	155
第五批	534
第六批	349
第七批	117
第八批	332
第九批	509
第十批	12
总计	2890

资料来源：笔者据郑琦《华侨机工状况函》整理，云南档案馆藏，西南运输处档案，54/4/223。

从比较中不难看出，南侨总会与西南运输处两者对统一组织遣送回国的机工人数统计有些出入，前者统计的人数为 3192 人，而后者统计为 2890 人。笔者认为，南侨总会选送的机工人数 3192 人较为可信，因为南侨总会毕竟是亲自统一招募并遣送机工的机构。但是，笔者认为南侨机工人数除了统一遣送回国的 3192 人外，还应该包括以下人员：

一是早期华侨社团自发组织的机工。如柔佛士乃的两批机工共 27 人，槟城机工机器行自发抵达昆明者 32 人。

二是战前已在中国政府机关服务的华侨参加机工队伍者。档案记载显示，这部分华侨参加运输工作的方式，多经中国政府机关介绍后，直接进入西南运输处从事运输工作。其进入西南运输处参加运输工作的途径

[①]　西南运输处统计人员称约 100 名机工，包括：暹罗华侨自动回国者；向本处投效者，海外各地帮会向西南运输处介绍来参加运输者。《华侨机工状况函》，云南省档案馆藏，西南运输处档案，54/4/223。

如下：

第一是经侨务部门介绍。1940 年 1 月 17 日，国民政府侨务委员会委员长陈树人受归侨杜汉昌委托并介绍其加入西南运输处，担任司机工作：

> 兹有旅越归侨华侨司机杜汉昌君，拟入贵处工作，以期增进服务效能，查杜君曾在军事委员会政治部第三厅工作年余，堪称努力，相应函介，即希酌予录用，俾遂志愿为荷。此致西南运输处重庆分处委员长陈树人。①

1938 年 8 月 30 日，广东省侨务处徐天琛受归侨之托并介绍参加抗战运输工作：

> 迳启者：兹有槟榔屿归国刘守才及暹罗区润之，罗齐顺，郑大运，痛暴敌侵凌，激于义愤，志切请缨，特远道而来参加抗战工作，贵公司需用汽车司机，拟入贵公司服务，来处请求介送，当以刘等四人热诚爱国，殊堪嘉尚，用特函达，至希查照，念其热烈情绪，以遂厥志未荷。
>
> 此致。
>
> 西南运输处
>
> 广东侨务处　徐天琛
>
> 38 年 8 月 30 日②

第二是中国海外领事馆介绍参加机工运输工作。1939 年 7 月 16 日，驻马尼拉总领馆致函西南运输处，介绍 13 名菲律宾华侨请求参加运输工作，13 人皆为菲律宾 ABC 技术学院学生，经过在昆明的严格考核，录取了 2 人（余汉濯、蔡联壁），此两人后被派往西南运输处第 31 大队服务。③

第三是法属越南的华侨直接抵达昆明参加机工队伍。由于毗邻中国，

---

① 《陈树人致西南运输处重庆分处函》，云南省档案馆藏，西南运输处档案，54/10/545。
② 《广东侨务处致西南运输处函》，云南省档案馆藏，西南运输处档案，54/10/545。
③ 《马尼拉领事馆致西南运输处函》，云南省档案馆藏，西南运输处档案，54/10/545。

越南华侨由社团资助直接参加运输工作。据档案记载，1939 年 8 月 25 日，越南西贡、南析两地有 23 名华侨抵达昆明参加机工队伍。[①] 此外，为了方便运输和管理，1939 年 4 月 3 日，西南运输处越南海防分处在海防招募 100 名华侨机工在海防服务。[②]

通过以上分析，笔者认为，南侨机工人数除了包括南侨总会统一选送的 3192 人外，还应包括其他以不同方式参加机工队伍的人员，但其人数尚难以确定。因此，笔者推测，南侨机工人数在 3300 人至 3500 人之间。

第三节　南侨机工的回国

一　南洋各地华社自发组织机工回国的时期（1937 年 7 月至 1939 年 2 月）

20 世纪 30 年代，随着日本侵华的步步深入，世界各地的华侨掀起了支援中国抗日的活动。在华侨人数较多的南洋地区，华侨支援中国的活动尤为积极和踊跃，1939 年之前，南洋华侨支援中国抗日的方式主要以捐款、物资援助为主。与此同时，一些华侨社团向国民政府提出组织华侨回国服务的要求，但被国民政府婉言拒绝，并告知"侨胞应继续就地努力发展原有业务，以物资贡献为主"[③]。尽管如此，在国民政府正式向南侨总会请求招募机工之前，"南洋同侨，一般有专门技术热血青年，纷纷组织队伍返国服务，如菲律宾司机队，缅甸技术队，荷兰救护队，雪兰莪精武队，槟城救护队，及最近组织之槟城技艺工程队，风起云涌，比诸民元前推到满清之华侨均，尤为踊跃"[④]。1938 年 12 月 9 日，根据国民政府行政院安排，侨务委员会颁布《非常时期专门人员服务条例》，并开展在海外

---

① 西贡华侨机工：徐润鸿、区荣、梁楷、叶锡、谭海、黄尧、杜根、杨华、蔡珠、曾昌、杨耀、徐平、张柏、麦伟、卢藤；越南南析机工：郑庆光、吴镇初、陈如陵、章文育、沈世成、文永丰、蔡光美，1939 年 8 月 15 到昆。具体参见《训练所告知致总处越南机工情况函》，云南省档案馆藏，西南运输处档案，54/31/1330。

② 《海防分处请求就地招募机工一百人函》，云南档案馆藏，西南运输处档案，54/30/787。

③ 《峇株巴辖益群书报社社长呈侨委会函》（1939 年 11 月 28 日），云南省档案馆藏，西南运输处档案，54/10/546。

④ 《怡保青年组织机工队》，《总汇新报》1939 年 1 月 24 日第 3 版。

华社专门人员调查，以将来"充实抗战力量"。1939年1月20日，侨务委员会告知驻南洋领事馆、新加坡中华总商会要求开展技术人员调查，条例规定专门人员包括以下人员：

　　1. 曾在国内外专科以上学校之理、工、医、农、法或其他专科毕业者；
　　2. 对于科学有专门著作或发明者；
　　3. 曾受机械、电器、土木、化学等工程、医药、救护、驾驶或其他特殊技术之训练者；
　　4. 曾任教练技术且有丰富经验者；
　　5. 修习第三款技术有丰富经验者。[①]

　　《非常时期专门人员服务条例》的目的主要是在海外开展人才调查，以备需要之时为中国政府抗战服务，国民政府并没有动员以上人员马上返国服务，但因《非常时期专门人员服务条例》第三款涉及机械技术人员的调查和征募，因此，该条例在南洋华侨社会产生强烈反响，在此前后，一些南洋华侨社团已经组织的机工队开始自发组织返国服务。其中，以英属马来亚柔佛士乃机工队、槟城机器行回国服务技艺工程队、柔佛峇株巴辖机工队极具代表性。

（一）柔佛士乃回国机工队

　　柔佛士乃属于马来属邦，是马来半岛南端一个小镇，在1938年至1939年初，柔佛士乃筹赈会自发组织两批华侨司机技术人员到中国服务。1938年9月10日，柔佛士乃华侨青年"鉴于祖国受害深入，抗战加剧，运输辎重之司机人才，当必极其需要，发起组织回国服务团"。士乃华侨青年的请求得到了士乃筹赈会的支持。1938年9月18日，在士乃筹赈会的支持下，经过充分准备，第一批士乃机工服务团正式成立。该团共有机工12名[②]。1938年9月26日，该团在彭世馨的带领下，前往新加坡搭乘"丰平轮"回国。抵达中国后，其初期服务于粤北地区，后又在冀鲁察绥

[①] 《我政府非常时期专门人员服务条例制定执行》，《总汇新报》1939年1月21日第3版。
[②] 《士乃组织返国机工队》，《总汇新报》1939年1月20日第5版。

各省做流动运输工作。① 士乃机工服务团是由南洋华侨社团组织较早的机工服务团之一。

时隔两月之后，士乃筹赈分会组织了第二批机工回国服务团。1938年11月5日，在中国服务的第一批士乃机工服务团团长致函士乃筹赈会，请求士乃筹赈会尽快组织海外司机人员回国服务。有鉴于此，士乃筹赈会认为，"此次对敌抗战，系属持久战，需才孔殷，敝会有见于此，爰有第二批归国之筹备"②。1938年12月8日，柔佛士乃筹赈会组成第二批机工回国服务团。该团共由16名技术优良的华侨青年组成。③ 在招募机工过程中，士乃华侨青年纷纷要求前往，出现了华侨青年踊跃参与的感人场景，如当时星洲《总汇新报》报道，士乃青年黄武哉因激于义愤，愤然前来参加该团回国服务，并且将其驾驶汽车拍卖，并把售车费用作为回国旅费。④

第二批士乃机工队共由15名华侨组成，其祖籍地皆来自广东，大多为"多数是未到过祖国的侨生子弟，有的连故乡及父辈生长地都不知道"。1939年2月11日，该批机工抵达星洲，2月13日，该团乘"丰庆轮"抵达香港后被安排到重庆服务。⑤

该批机工队成员皆抱有中国必胜的信念和为国牺牲的决心。士乃机工团抵达新加坡时，该团团长马连裕在接受记者采访时说，"我们机工暂将个人生命献于民族国家，不扫平寇敌，誓不生还"⑥。在香港短暂休整期间，士乃返国机工服务团发表告别宣言：

　　各界的同胞们及前线亲爱的战士们：
　　　　我们离祖国万里的马来亚回国，换了安全地方生活，而准备到枪林弹雨的前线服务，我们舍了自己的家庭及职业愿意到前方和亲爱的

---

① 《活跃在西北的机工服务团》，《华侨先锋》1938年第5卷。

② 《士乃司机回国服务团第二队16人昨抵星》，《总汇新报》1939年2月11日第3版。

③ 《总汇新报》1939年2月11日记载，士乃第二批机工队均为广东籍。其组成人员：指导员黄秀海，队长马谭添，文书李文观，财政陈定清，监察徐新准，队员蔡伟明、刘你、蔡明训、蔡三、陈荣翔、郭有楼、黄光准、王廷汉、孙水旺、余安、黄武哉。

④ 《华侨司机人员到场备受欢迎》，《总汇新报》1939年2月23日第3版。

⑤ 《士乃司机服务团昨抵星乘船轮踏上征程》，《总汇新报》1939年2月14日第3版。

⑥ 《士乃服务团接受采访》，《总汇新报》1939年2月13日第5版。

战士们同甘共苦同受艰险，我们已经到了祖国，已投入救国的怀抱，我们这群之中，多数未到祖国的侨生子弟，有的连故乡及生长地都不知道，我们大家只有热烈的心纯洁的愿望，不怕牺牲，我们面临救我们的国族，我们希望祖国从奴婢的地位解放而成为世界光荣的国家，我们坚决出自己的力，和祖国的兄弟合作起来驱逐民族的最大敌人日本帝国主义，因为我们不愿做亡国奴，不要为日寇所奴役，不愿意视祖国垂危而不救，于是我们不怕任何的险辛，任何的困难，我们坚决以鲜血为民族清除一切，所以我们坚决执行任务服务前方，舍家上前线，当民族的星光呈露之时，我们坚信最后胜利是必属我，我们坚信抗战必胜建国必成，我们希望大中华民族的好儿女出钱出力出智，团结一致，万众一心，以千万之心为一心，以千万之体为一体，提防托派汉奸之挑拨，消除和平妥协之思想，拥护最高领袖抗战到底，我们最后高呼，中华民族解放万岁！

东亚柔佛士乃司机服务团启[1]

柔佛士乃机工返国服务的爱国行为，得到当地华侨社会各界的鼓励和支持，当地华商和普通华侨纷纷举行欢送会或对机工给予经费和物资资助，在当地华侨社会掀起了一股支持机工返国服务的高潮。

首先是当地华侨社会团体举行欢送机工返国大会。1939年2月10日早上8时，士乃筹赈会在士乃同乐戏院召开侨众欢送大会。参加人员由来自中正学校教师和学生共260人，当地华侨约800人，欢送大会由主席蔡绍元致辞，并赠送"再接再厉"的锦旗。不仅如此，欢送机工回国活动超越了士乃当地范围，在士乃机工返国服务团从士乃到新加坡期间，一路受到沿途华侨社会各界的欢送。在经过水塘路筹赈会和十六半卑筹赈会之时，两地先后召开欢送大会，并赠送义勇军锦旗。1939年2月12日，该队在新加坡候轮期间，新加坡惠州会馆侨领举办欢送大会，广帮筹赈会主任曾纪辰、梁元浩分别派代表参加欢送大会，并赠送锦旗。在新加坡，华社各团体纷纷赠送锦旗，其中，士姑来筹赈会赠送锦旗"勇往直前"，司

---

[1] 《士乃机工返国服务队告别宣言》，《总汇新报》1939年2月23日第4版。

机工会赠送"为国效力"锦旗。①

其次是华商及侨众对机工回国经费的资助。机工回国面临最大的困难是缺乏经费。因此，士乃机工队的回国费用主要由士乃筹赈会募集所得。如吉隆坡侨领黄伯才路过士乃时，鉴于"当地华侨爱国之忧不落人后"，1939 年 2 月 7 日，黄伯才在同乐戏院设宴开欢送机工茶会，并赠给士乃机工每人茶仪叻币 5 元，总计 75 元。②

最后，华侨社会商家及个人对机工回国也给予了很大的支持，主要体现在对机工回国经费和物资的援助方面，当地华侨社会各界对机工的经费及物资捐赠如下（见表 2—18）：

表 2—18　　　　士乃社会各界对士乃机工回国的经费及物资援助

商号及个人	金额（叻币元）	捐助物质
吉隆坡侨领黄伯才	75	
黄国岐、黄仕公	30	
黄大事	15	
侨众	20	
南益梨厂	30	梨膏 1 箱
马来亚梨厂	30	
谦兴梨厂	20	
南益第三厂	30	
新山司机公会	30	制服 2 套，皮鞋 1 双，军帽 1 顶
泉成厂	50	梨膏 3 箱
南梨厂	50	梨膏 1 箱
王源成号	30	
星洲林和泰店东亲送		极品名茶 2 罐

资料来源：根据《总汇新报》1939 年 2 月 13 日、2 月 14 日整理。

此外，华侨私人交通公司义务为回国机工提供服务。回国机工从士乃到星洲都是由新加坡华侨汽车公司免费接送，其中，新加坡电船公司如荣

---

① 《各界欢送士乃返国机工》，《总汇新报》1939 年 2 月 14 日第 5 版。
② 《吉隆坡华商黄伯才欢送士乃司机团》，《总汇新报》1939 年 2 月 8 日第 4 版。

昌、新叶成、加东、合德、和隆等电船公司义务把士乃机工送到丰平轮上。①

（二）槟城机器行技艺工程队

槟城机器行是槟城地区业缘社团，该社团司机、修理等技术人才众多。中日战争全面爆发后，槟城机器行执委会认为，"大陆危沉，版图变色，国内需用技艺人才方殷，故不揣浅陋，在能力范围之内，从事救亡之工作，应有组织回国服务技艺工程队之必要"②。1938 年 10 月 30 日，槟城机器行执行委员会在槟城机器行召开会员大会，决定组织"槟城机器行回国服务技艺工程队"返回中国服务。为开展招募及组织工作，大会决定成立"槟城机器行回国服务技艺工程队筹备委员会"，该委员会由机器行李元久、李焕文、梁稳等 15 人组成，同时聘请林清渊律师为义务顾问，聘请王宗镜先生为义务医生以便为参加者检查体格。③

为招募优良的汽车司机及修理等技术人员，1938 年 11 月 23 日，筹备委员会向槟城各界发表《庇能机器行组织回国服务技艺工程队筹办委员会宣言》（以下简称《宣言》）。《宣言》强调槟城成立回国服务技艺工程队之必要性，同时，呼吁槟城华侨具有机器技能者，"际斯民族临最后关头，出钱出力"，因机工训练及回国需要经费资助，《宣言》恳请槟城华侨社会各界"热烈赞助，尽量输将，俾竟其志，敝得身抵国门，为国服务"，以无负我国父所誉"华侨为革命之母"：

> 大陆危沉，版图变色，抗战四期开始，民族最后关头，我数万万同胞，若不以战抗敌之清醒头脑而作痛定思痛之救亡大计，仍持赵宋之偏安，则难免有犹太之同样遭遇，蒋委员长说"救国地无分东西南北，人无分男女老幼"。如执干戈玉帛运筹帷幄广宣传等，在救亡中为吾人所负之天职，国人等因乞鉴国内需用技艺人才方殷，顾各思议，故不揣浅陋，认为在能力范围之内从事救亡工作，应有组织回国

① 《各界欢送士乃返国机工》，《总汇新报》1939 年 2 月 14 日第 5 版。

② 《槟城机器行组织回国服务技艺队筹办委员会宣言》，云南省档案馆藏，西南运输处档案，54/20/63。

③ 叶钟玲：《槟城华侨机工回国服务纪实》，陈剑虹、黄贤强主编《槟榔屿华人研究》，韩江文化学院、新加坡国立大学中文系联合出版，2005 年。

服务技艺工程队之必要。于本年十月三十日召开全体大会，经过成立筹委会负责进行在案，我侨爱国素不后人，际斯民族临最后关头，出钱出力，亦为我爱国同胞共守之原则，用是陈词乞予热烈赞助，尽量输将，俾竟其志，敝队得身抵国门，为国服务。庶几无负我国父所誉"华侨为革命之母"。区区微诚，请予见谅，谨此宣言。[①]

为招募驾驶技术精湛和忠于中国国民政府的机工人才，槟城招募机工委员会制定了严格的制度。

1. 制定《槟城机器行组织回国服务技艺工程队队章程》

为确保能够征募技术优良、自愿为国献身的华侨青年参加，槟城征募机工委员会制定了《槟城机器行组织回国服务机工队章程》。章程内容翔实，包括名称、宗旨、资格条件及要求、回国组织方式、申请回国办法及途径等。章程阐述了机工队的宗旨，参加人员的要求、回国训练规定，特别是规定了遵守本地法律的内容和参加人员须商号保证等。该章程是目前所见较早的由华侨社团制定的机工返国组织章程和重要的文本资料。

《章程》开宗明义，规定"以招募华侨机工技术人才，志愿回国服务为宗旨"。为确保招募优秀技术人才，对参加者技术条件、年龄、体格、品行以及保人等具体要求做出详细规定。首先是参加者技术要求为"凡属华侨，具有驾驶车技能及精修理件及电汽学，并有证书或执照者，如有一技之能为合格"。其次要求参加机工的年龄"在二十岁以上至四十岁以下者，品行端正，体格健全"。再次是要求参加者必须由保人担保，华侨申请参加者须有"商号或社团保证"。最后是要求参加者"凡加入本队者，在未回国之时期，对于当地法律及本队之简章须遵守"。

上述四项条件为参加者基本资格要求，但符合以上要求并不能保证其能够参加机工队伍。章程还规定，参加者除了符合以上述基本条件之外，还须填写参加《志愿书》，其《志愿书》内容如下：

---

① 《庇能机器行组织回国服务技艺工程队筹办委员会宣言》，《总汇新报》1938 年 11 月 25 日第 4 版。

槟城机器行工程队总务先生大鉴：

迳启者，弟志愿遵守贵队章程加入贵队为队员回国服务，谨将履历详列，仰希查照，倘蒙允准，恳在赐复为盼。

申请人×××

参加者在递交参加机工《志愿书》之时，同时须将个人履历上交给筹委会审核。《志愿书》及个人履历经"机器行筹委会"审核批准后，申请参加者须"领取检验体格书，往本队义务医生处查体"。体检合格后，申请参加者正式被批准为机工队队员。

根据章程规定，参加槟城机工队华侨还必须接受回国前的训练和培训，以适应在中国服务之需要。在训练期间，"本队队员在当地训练期内宿食费用，概由本人自备，惟制服及回国时费用概由本会筹备"。不仅如此，队员如在训练期间，违反当地法律和《章程》规定，或中途退出机工队者，"有保证人负责，赔偿相当之损失（约五十元）"[1]。

由上述分析可以看出，槟城机器行在招募遴选机工条件要求之高，程序之复杂。《槟城机器行组织回国服务机工队章程》确保了槟城机器行遴选的机工，不但技术高超，还具有较强的政治意识和较好的身体素质。

槟城机器行严格的遴选条件并没有使当地华侨青年畏惧和退却，恰恰相反，当地华侨青年踊跃申请，而且外埠报名参加者为数甚多。但由于缺少足够的经费，槟城回国服务技艺工程队原定计划人数遴选60名，但经过严格的技术及体格检验后，最后确定录取32名参加返国服务团。32名槟城机工中，除司机外，尚有司机兼能修机者，少数为无线电技术人才；其年龄结构为18—38岁；其中，中国出生者12名，其他20名系马来亚出生。[2]

2.《槟城队员守则十七条》的制定

为使机工能够适应中国国内的管理制度及国内生活环境，槟城机器行征募委员会制定了《槟城队员守则十七条》。《槟城队员守则十七条》内容包括机工与上级长官的关系、个人及人际生活规范、着装要求、待人接

---

[1] 《国民政府交通部给行政院秘书处电》（1938年12月7日），云南省档案馆藏，西南运输处档案，54/20/63。

[2] 《槟城机工抵达星洲》，《星洲日报》1939年2月5日第4版。

物、工作训练要求及违反章程的处罚等内容。

一是规定队员与上级管理者的关系。要求队员在行为上，"遇见委员长及长官，须要行礼"，而且，须"绝对服从委派及长官命令及指挥"。

二是正确处理队员与当地人员之间的关系。规定队员在中国期间"须恪守社会文明及当地法律，待人接物，务须诚恳"。此外，要求"队员之间须互相亲爱，情同手足"。当队员"如被人无故侮辱和诋毁，须向长官报告，不得擅自与人生气"。

三是对个人生活作风的要求。规定要求队员"不得入烟窟、妓院、赌场，以侮辱队员人格"。

四是队员在中国工作时的基本要求。首先是在着装方面的要求，外出时，要求"不得穿着制服站在街边咀嚼食物，队员出街，衣服须整洁，戴帽要端正"。其次是队员上操时的要求，"不得迟到早退，不得自由行动谈笑，不得缺席，如有事故，须向长官或教练官请假，但不得连续请假三次"。此外保守秘密的规定，"关于部队一切事宜，队员不得对外宣传"。最后是对于违反纪律者的处罚。"队员如违犯章程及守则，即分别轻重，予以处分。轻则受精神上或物资上之处分，重则开除队员资格，及赔偿物资上损失，另登报宣布其罪状，与呈报政府按规定处办之。"[①]

《槟城队员守则十七条》内容全面且具有操作性，对返国机工从工作到生活均提出具体而明确的要求。从其内容可看出槟城机器行的工作之细致，《槟城队员守则十七条》不仅能够保证机工具有较强的纪律观念，而且为槟城机工提前适应中国的工作环境做了心理上的准备。正因其有效和实用性，该文件对于后来槟城招募机工乃至南侨总会招募机工极具借鉴意义。[②]

3. 槟城技艺工程队的返国

1939年2月13日，槟城机器行征募委员会在机器行召开欢送大会，为"槟城机工技艺工程队"举行授旗典礼。槟城华侨社会各界约300人参加了大会，首先由大会主席龙肇华致辞，随后，中国驻槟城领事黄延凯，

———————————

① 《槟城队员守则十七条》，《槟城日报》1939年2月6日第4版。

② "南侨筹赈总会"制定的文件《南侨机工服务公约》，其内容基本是以《槟城队员守则十七条》为基础拟订而成。

槟城筹赈会、槟城二十华侨社团、香港青年生活社、南梅剧团等团体分别向机工队赠送旗帜。最后,由该机工队全体队员集体宣誓,其誓言如下:

> 余等以最诚信忠勇之心,接受今日开会及侨团所赠之旗帜,愿竭所能,携之回国,飘扬于大中华民国之党国旗下,不负本会及各侨团所期望,如有背盟,甘受公罚。
> 此誓。[①]

对于海外社团组织专门人员回国服务,当时中国政府没有明确的态度和政策,因此,在返回中国之前,槟城机器行机工队前往中国何处服务不甚明确,于是,1939年1月30日,槟城机器行致函在香港的国民政府军事委员会委员蒋国光,询问回国服务路线及地点。蒋国光在征得行政院的同意后,初步决定该机工队由交通部部长张家傲安排在滇缅公路运输局服务。[②]

1939年2月20日下午5时,在队长梁煜棠率领下,槟城技艺工程队一行32人乘"吉礁号"抵达新加坡。在新加坡登船前,该队发表临别赠言:

> 北王幽燕,胡骑之奔驰扰扰;南瞻湘粤,妇孺之逃难纷纷,而且滔滔长江变□□之险,悠悠珠海南膺锁轮之寄。同人等睹国难之方殷,凛陆沉之可惧,爰即纠合同志,组织技艺队,回国服务,蒙各界鉴其热忱,或则捐助款项,以资旅费;或则输送物资,以壮形色;或则盛设践宴,勉励有加,凭藉各界之助力,今日方得成行。同人等感激之余,唯有竭尽所长,供之与国,以付各界之期望而已。犹望我海外同胞,本以往之精神,输财救国,有加无已,从此中外协力,上下一心,行见扫荡妖气,还我河山,与诸君痛饮黄龙之酒,指顾间事耳。临别赠言,前线后方,各自努力。[③]

---

① 《社会各界为槟城机工送行》,《总汇新报》1939年2月15日第3版。
② 《交通部给行政院秘书处电》(1939年1月16日),云南省档案馆藏,西南运输处档案,54/20/63。
③ 《槟城技艺工程队宣言》,《南洋商报》1939年2月22日第6版。

　　1939 年 3 月 7 日，槟城技艺工程队在新加坡乘"安徽号"赴香港，3 月 12 日，该队抵达香港后，因中国没有明确告知服务地点，该队暂时住在香港华人机器公会等候。① 由于此时"南侨总会"已向西南运输处选送了第一批机工，因此，槟城机器行委托香港机器行致函西南运输处主任宋子良，请求到西南运输处从事服务。② 宋子良答应到西南运输处服务，1939 年 3 月 26 日，该队乘法油轮"利奥士"号到越南海防，后换乘火车到昆明。1939 年 4 月 7 日，历经 5 个多月的筹备和努力，槟城机器行机工队终于抵达昆明西南运输处。③

　　（三）柔佛峇株巴辖机工队

　　柔佛属于马来属邦，位于马来半岛南部，新加坡西北部，而峇株巴辖为柔佛一小镇，华侨人口 4 万左右，在当地筹赈会侨领赵龙生等侨领的领导下，峇株巴辖华侨支援中国抗日甚为积极踊跃，1938 年 1 月至 8 月，该地每月认购月捐达 5 万元，华侨平均每人每月捐 1 元之多。④

　　除了在经济上支援中国之外，当地华侨社团积极筹备组织华侨返回祖国服务。1938 年 9 月 12 日，峇株巴辖机器同业公会"痛国事凋零，凛匹夫有责之义，特发起组织机械回国服务队"，其目的"志在发动机械人才献本身之技能回国效命，以尽国民天职"⑤。在峇株巴辖侨领袁德、程沛光、张启初、赵丽生（当地中华总商会会长）支持下，1939 年 9 月 19 日，"峇株巴辖资助机工回国服务团"正式成立，当地华侨青年踊跃参加，经过严格考核，该团共遴选出 48 名华侨青年。⑥

　　一方面，在当地华商资助下，资助委员会聘请人员对其进行全面训

---

① 《香港华人机器公会给星洲机器行函》，《星洲日报》1939 年 3 月 13 日。

② 《香港华人机器行致宋子良函：转槟城机器行函请将所遣机工编一队在同一地方服务》（1939 年 3 月 22 日），云南省档案馆藏，西南运输处档案，54/10/546。

③ 《宋子良快邮代电：为槟城三十一人事》（1939 年 3 月 23 日），云南省档案馆藏，西南运输处档案，54/10/546。

④ 《陈嘉庚对第一批机工回国训话》，《总汇新报》1939 年 2 月 19 日第 4 版。

⑤ 《峇株巴辖益群书报社陈子和呈侨务委员会函》（1938 年 11 月 28 日），云南省档案馆藏，西南运输处档案，54/10/546。

⑥ 廖国雄：《机工回国服务团述略及感想》，《南侨机工复员互助会第 12 周年纪念特刊》，1959 年，新加坡出版（非卖品），第 40 页。该团根据要求组织 50 人，但因罗瑞明、李火腾两君远居士乃埠，未能及时报到。参见《总汇新报》1939 年 2 月 11 日。

练。训练的内容，除了技术之外，还有培训机工的中国政治意识，即树立认同和效忠中国的观念。其中，参加者必须填写《志愿书》：

> 余谨以至诚参加本队回国服务，愿献身以身许国，恪守团章，拥护国民政府抗战到底，服从蒋委员长之命，倘有遗背斯旨及溺职等，情愿受最严厉之处分。
>
> 此致。
>
> 具书人
> 签名盖章
> 保证人签名盖章①

从《志愿书》内容可以看出，参加者须以誓言方式效忠国民党及领袖蒋介石，并对违背者给予严厉的惩罚，反映了当地社团对机工政治要求之严格。

另一方面，"峇株巴辖资助机工委员会"制定《柔佛峇株巴辖机工服务团简章》。该简章共6章，包括服务团名称、成立宗旨、参加资格、组织机构及其职责等内容，全面阐述了机工团的宗旨、参加机工的要求、返国时组织机构等。首先，章程对成立返国组织机构的规定，为确保有序回国，规定组织机构"设团长一人，秘书一人，助理员一人，由团员大会选定"。服务团"以全体团员大会为最高权力机构"，其次，规定了各职位的具体职责，团长负责指挥全团工作，执行大会一切决议以及对于交际事宜；秘书协助团务，办理一切函犊及保管一切文件，团长外出时，由彼代替执行。助理员负责管理公务，办理一切琐事②。《柔佛峇株巴辖机工服务团简章》的制定不仅为回国服务团顺利返回中国服务提供了保障，而且为"南侨总会"的机工招募回国制度的制定提供了参考和借鉴。

峇株巴辖机工服务团成立后，仍不知前往中国何地服务，于是，1938年11月10日，柔佛峇株巴辖资助委员会致函新加坡中国领馆总领事高凌百，请求其介绍到中国服务，但高凌百告知华侨"继续就地努力发展原有

---

①　《峇株巴辖益群书报社陈子和呈侨务委员会函（附件）》（1938年1月18日），云南省档案馆藏，西南运输处档案，54/10/546。

②　同上。

业务，竭力以物资贡献国家"拒绝其返国要求，1938 年 11 月 28 日，"峇株机器公会"委托益群书报社[①]社长陈子和致函国民政府侨务委员会，询问是否需要司机人才以及机工返国所需费用、手续等事宜。[②] 但一直没有得到明确回复。1939 年 2 月 7 日，中国西南运输处开始正式请求南侨总会招募机工返国服务，"峇株巴辖资助机工委员会"迅速为 48 名机工办理回国手续，等待"南侨总会"的安排，在离开峇株巴辖前，该团发表《告峇株巴辖侨胞书》：

> 此次敝团归国服务，蒙社会人士热烈赞助其行，在抗敌建国中，敝团同人誓以服务及大无畏精神，为中华民族争取自由平等，此行 48 人，存悉中华民族的好男儿，只知抗战，只知尽国民天职，消除一切派别和意见，在我们的热血沸腾中，我们一心一德，拼以一死，争取最后胜利，以维持全人类的自由平等，峇株巴辖的侨胞，在抗战期中，出钱出力，赖诸侨领的领导，成绩极佳，惟是最近敌人利用汉奸，用种种挑拨离间的手段，如鼓励自筹自汇等，敝团同人行期在即，不能负锄奸的责任，希望诸位同侨继续过去的精神，对汉奸的言论加以纠正和制裁，我们知道，中华民族当前的危机，并不在抗战力量的厚薄，而是在乎全民族意志，能否统一，在前线上，我们可以把血肉之躯牺牲，在后方，我们不能牺牲于汉奸言论之下，而使海外统一战线动摇，对于汉奸理论，或作破坏统一之行为者，其罪真同于秦桧，将千百年而不能消灭其臭名，寇敌未靖，身家何惜，国土未复，义不回顾。临行留言，诸位自爱以爱国，更恭祝各位侨胞精诚团结，牺牲一切，在当地法律及诸侨领指导下努力筹赈！
>
> 峇华机工回国服务团团长廖国雄，刘谭福暨四十六兄弟同启[③]

---

① "书报社"这一名称源于孙中山辛亥革命期间，其目的是通过海外从事各种宣传工作，以开启民智从而实现政治教育之目的。1908 年，峇株巴辖一批热爱祖国的华侨北上吉隆坡听讲，为在本地推广革命思想，宣传三民主义，1910 年，当地具有革命倾向的华侨如雷绵超、甄宝臣、黄怡全、刘章壁等 16 人发起成立"峇株巴辖益群书报社"。参见《峇株巴辖益群书报社九十年社庆特刊（1910—2000）》（非卖品）。

② 《峇株巴辖益群书报社陈子和呈侨务委员会函》（1938 年 1 月 18 日），云南省档案馆藏，西南运输处档案，54/10/546。

③ 《峇株机工回国服务团昨四十八同志昨抵星》，《总汇新报》1939 年 2 月 16 日第 2 版。

1939 年 2 月 18 日，峇株巴辖返国机工队和来自新加坡的华侨青年共同组成的被称为"八十先锋"的第一批南侨机工返国服务团，该批队伍由新加坡乘船出发，踏上返国的征程。

二 南侨总会统一组织机工回国时期（1939 年 2—10 月）

根据国民政府的要求，南侨各地社团招募的机工由"南侨总会"统一组织机工返回中国。在当时中日交战的背景下，如何将各地招募的机工队伍安全地派送至中国是"南侨总会"的巨大挑战。因此，"南侨总会"不仅要做出周密妥当的返国前安排，而且必须与南洋各地招募机构和中国方面的协调配合，才能将机工顺利送达国内需要的地方。从 1939 年 2 月至 1939 年 10 月之间，在各地社团协调配合下，"南侨总会"动员整个南洋华侨社会力量，共遣送①9 批南侨机工共 3192 人，顺利将司机、修机等技术人员送到中国昆明等运输急需之地。可以说，遣送机工回国抗战是近代以来南洋华侨社会组织的一次"空前绝后"的行动，是人类历史的壮举。

（一）"南侨总会"对返国机工队伍的安排

各地招募的机工集中到新加坡后，由"南侨总会"统一组织回国。因回国路途遥远且人数众多，为确保机工顺利抵达中国，"南侨总会"统一做出以下安排。

第一，各地选派的机工队抵达新加坡后的安排。"南侨总会"规定，因办理回国手续等事宜，各地招募的机工须提前抵达新加坡，在新加坡期间，各队机工被安排在同济医院居住。与此同时，新加坡"同济医院"安排专门人员考核技术、检查身体以及向机工介绍中国情况和回国后的注意事项等。

第二，成立返国机工的组织机构。根据《机工组织法及其手续》，出发前，"南侨总会"召集各地机工队代表大会，主要是成立返国机工组织领导机构。该组织机构设立队长、财政、文书、宣传、总务等职务，具体

---

① 在国民政府与陈嘉庚来往电文以及当时华文报纸《南洋商报》《总汇新报》中，对于派遣中国的机工队伍均使用"遣送"一词。本书亦使用"遣送"。

负责机工返国时的工作。同时，总队还设立小分队，分队数视返国人数而定。

第三，组织召开"欢送机工返国大会"。抵达新加坡后，为使返国机工为国服务，南侨总会统一召开返国机工欢送大会。会议由新加坡华侨社会各界侨领及中国领馆人员参加，其内容主要是机工宣誓、公布《南侨机工服务公约》以及侨领或中国政府人员训话等。

此外，"南侨总会"主席陈嘉庚以电文和函件方式与中国西南运输处、外交部、驻星领馆以及机工返国经过地越南和仰光的华侨社团沟通和联系，以确保对返国机工予以协助和及时接洽，以便确保返国机工顺利安全地抵达中国。

（二）南侨机工的回国进程

从1939年2月至1939年9月，"南侨总会"统一组织遣送九批机工总计3192人回国参加军事运输工作。根据为中国招募机工部门的不同，可以把"南侨总会"组织机工返国的进程分为两个阶段。第一阶段从1939年2月7日至1939年5月22日，为第一批至第五批返国机工，此五批派送机工专门为西南运输处所招募；第二阶段为第六批至第九批，时间为1939年6月30日至1939年9月25日。此四批返国机工队伍，除了为"西南运输处"招募外，还包括中国军政部、后勤部、财政部贸易委员会等部门需要的司机、修机等技术人员。

南侨机工回国路线分为两条路线：一是由新加坡出发，乘轮船抵达安南，然后经滇越铁路抵达昆明；二是由槟城出发，集中乘船至缅甸仰光，然后乘火车抵达腊戌后，最后沿滇缅公路抵达中国昆明。

1. 第一阶段

第一批机工队的回国。1939年2月7日，中国西南运输处请求"南侨总会"主席陈嘉庚在南洋华侨社会招募驾驶、修理汽车人员到中国西南地区服务。"南侨总会"的发布通告后，为应中国政府急需，来自柔佛峇株巴辖筹赈会的48名机工和新加坡32名机工组成第一批南侨机工回国服务团，其中司机68名，修机人员12名。

1939年2月15日，来自峇株巴辖筹赈会招募的48名机工抵达新加坡，下榻在新加坡同济医院。1939年2月17日下午3时，"南侨总会"领导在怡和轩俱乐部三楼举行第一批机工欢送大会，参加人员除了陈嘉庚、侯西反等侨领外，还包括 80 名华侨机工。大会首先选送返国机工组织机构，第一批返国机工队由廖国雄和白清泉分别任正、副队长。陈嘉庚在大会上致辞，颂扬机工华侨青年"多能放弃在海外之职业，不但利益减少，而工作也较劳苦"，"此青年具此牺牲精神足为马来亚之模范"[1]。

1939 年 2 月 18 日下午 3 时，被称为"八十先锋"的第一批南侨机工服务团，乘法轮"安达控文"号由新加坡出发，在中国重要的传统节日——春节这天告别家人踏上返国的征程。值得一提的是，机工陈天赐在上船时，毅然将其佩戴的金戒指交给"南侨总会"，请其转售现金后捐赠给祖国。[2] 1939 年 3 月 6 日，第一批机工顺利抵达昆明西南运输处。

第二批机工队的回国。第一批机工出发后，南洋各地华侨青年参加机工的热情极为高涨。据统计，截至 1939 年 3 月 7 日，南洋各地致函"南侨总会"计划参加第二批回国机工队人数已达 394 人。报名参加机工的华侨青年来自英属马来亚各地，包括蔴坡、新山、太平、森美兰、马六甲等地。[3] 1939 年 3 月 10 日，宋子良致电陈嘉庚，因中国"战区西移，交通端赖公路"，请予以协助招募机工。[4] 1939 年 3 月 14 日，宋子良请求陈嘉庚告知续募机工启程时间。[5]

鉴于"各地爱国机工，踊跃报效"，而"滇缅路线悠长，车辆众多，货物运输，云屯山积……西南国际公路，最近两月之间，输入车辆达三千余架，需用司机人才，不言而喻"。特别是中国西南运输处对司机人才的急需，陈嘉庚主动增加招募机工人数，计划第二批组织 400 名机工返国。[6]

根据"南侨总会"出发前的安排，第二批机工队在新加坡的出发时间定于 1939 年 3 月 13 日。但由于机工回国费用筹集不足、返国证件办理等原因，从而导致部分已报名参加者未能按时抵达新加坡。因此，"南侨总会"第二批遣送 400 名机工返国的计划未能实现，1939 年 3 月 13 日，仅

---

① 《星马司机回国服务队　陈嘉庚对全体队员训话》，《总汇新报》1939 年 2 月 18 日第 2 版。

② 同上。

③ 《南洋各地踊跃参加机工队》，《总汇新报》1939 年 3 月 8 日第 2 版。

④ 《宋子良致陈嘉庚电》（1939 年 3 月 10 日），云南省档案馆藏，西南运输处档案，54/10/546。

⑤ 《宋子良致陈嘉庚电》（1939 年 3 月 14 日），云南省档案馆藏，西南运输处档案，54/10/546。

⑥ 《南侨筹赈总会第二期续募驶修机四百名》，《总汇新报》1939 年 3 月 7 日第 2 版。

有230名机工抵达新加坡参加第二批返国机工队。[①]

　　各地机工抵达星洲后,被安排居住在"南侨总会"招募机工分办事处——同济医院接受技术及体格检查。为便于返国路途的管理,"南侨总会"召开机工返国大会,大会民主选举成立第二批南侨机工服务团组织机构,机构设领队3人、财政3人、文书3人、宣传3人、总务3人。其机构名单如下。

表2—19　　　　　南洋华侨第二批返国机工队组织机构成员名单

职务	正	副
领队	钟运熙	许志光　何纪良
财政	李光荣	张球　温其芳
文书	甘锦秀	陈中印　谢耀南
宣传	沈代成	林茂盛　黄广泉
总务	陈开德	王文松　江金福

资料来源:笔者据1939年3月13日《总汇新报》整理。

　　1939年3月12日下午两点,主席陈嘉庚召集"南侨总会"常务委员会及全体机工在怡和轩三楼举行欢送大会。首先恭读总理遗嘱,然后陈嘉庚致训词,南侨筹赈总会曾纪辰、侯西反、王得义、刘牡丹、机器行代表等分别致辞。鼓励返国机工为国服务。[②] 230名机工主要来自星洲、太平、蔴坡、马六甲、彭亨、新山等地,1939年3月13日,第二批南侨机工服务团由新加坡乘船出发。

　　第三批返国机工队的回国。根据"南侨总会"对出发船期的安排,"南侨总会"规定第三批机队的出发时间是1939年3月27日。在南侨总会的组织下,英属马来亚各地筹赈分会积极响应,决定报名参加第三批返国机工的人数达500余人。除了马来亚华侨青年之外,还包括少数远道而来的荷属华侨青年27名。1939年3月22日,太平、怡保两地机工队抵达新加坡,1939年3月下旬,各地机工队陆续抵达新加坡。1939年3月

　　　①　《为国效力去　二百余机工踏上征途》,《总汇新报》1939年3月14日第4版。
　　　②　同上。

23 日，各地集中到新加坡办理回国手续者已达 587 人。[①] 来自各地筹赈会组织的机工队抵达新加坡后，被安排在新加坡同济医院居住。第三批返国机工服团的地区所属及机工人数如下（见表 2—20）：

表 2—20　　　　　各埠参加第三批机工人数一览

地区所属	人数
新加坡	170
怡保	120
森美兰	50
太平	41
马六甲	25
和丰	25
巴生	24
蔴坡	17
居銮	23
昔加末	11
山口洋	10
来里	7
立卑	5
荷属	5
加影	2
兰丹	2
丁加奴	1
新山	49
总计	587

资料来源：笔者根据 1939 年 3 月 24 日《总汇日报》整理，第 14 页。

截止到 1939 年 3 月 26 日，抵达新加坡参加第三批机工服务团的人数共有 597 名。包括来自荷属的参加者有 27 人。[②] 在该批机工队伍中，其

---

① 《第三批五百余回国机工　连日纷纷来星候轮》，《总汇新报》1939 年 3 月 25 日第 3 版。
② 《总汇新报》1939 年 3 月 27 日。

中，一位来自雪兰莪华侨青年陈承奇，自筹费用来到新加坡参加机工，在出发前，将自己所购买汽车拍卖所得国币300元，捐赠给星洲筹赈会。[①]

　　和前两批返国机工相同，在出发之前，"南侨总会"首先是安排专人在同济医院为各地机工考核技术、检查身体、办理护照等手续。[②]

　　其次是成立第三批返国机工组织机构。为便于统一管理和指挥，根据《返国机工组织法及其手续》的规定，1939年3月25日晚8时，"南侨总会"常务委员会召集全体机工在同济医院召开会议，选举第三批南侨机工回国服务团组织机构。机工组织机构选举程序，"先由各地机工队队长自行介绍，然后再由筹赈总会分配之，为慎重起见，由筹赈总会于26日当场宣布组成名单，经全体举手赞成，始逐一正式通过之"。经过民主选举，第三批机工队组织机构正式组成。该机构由领队、财政、文书、总务、宣传等组成，每个职位设正主任一人，副主任二人，另外设立干事17人，共32人。[③] 总领队队长由来自蔴坡的"富有之殷商"刘贝锦担任。第三批机工返国服务团组织机构具体人员如下（见表2—21）：

表2—21　　南侨总会遣送第三批机工回国服务团组织机构成员

职务	正	副	
总领队	刘贝锦（蔴坡）	许成瑞（星洲）	袁颂明（怡保）
财政	林清炎（怡保）	徐顺浩（柔佛）	翁诗贵（居銮）
文书	林上梯（怡保）	林顺安（巴生）	钟伟兰（柔佛）
总务	王成沧（星洲）	黄直飞（森美兰）	叶新彩（太平）
宣传	姚桢全（怡保）	陈素磺（星洲）	洪华民（马六甲）
干事	黄抱德　钟贵禄　张天赐　龙历文　严宗钦　陈剑如　黄金宽　林经光　张　副　李为龙　谢梅　王细九　杜思作　李运晓　章士基　颜金推　郑　声		

资料来源：笔者据1939年3月27日《总汇新报》整理。

①　《总汇新报》1939年3月26日。

②　《派遣第三批机工返国订本月十七日集合验体格领取护照》，《总汇新报》1939年3月14日第2版。

③　《第三批机工一行五百九十七人今日乘"丰平轮"回国》，《总汇新报》1939年3月27日第2版。

1939 年 3 月 26 日下午两点，"南侨总会"借养正学校大礼堂举行欢送机工返国大会。参加会议者有"南侨总会"领导机构陈嘉庚、曾纪辰、侯西反、李铁民、周献瑞、陈开国、刘牡丹等及全体机工 597 人，共 600 余人参加欢送大会。会议程序如下：

1. 奏乐开会；2. 唱国歌；3. 全体向国民党旗及总理遗像致最高礼；4. 恭读总理遗嘱；5. 静默并向前线阵亡将士致哀；6. 主席致辞；7. 宣读回国机工服务公约；8. 宣读职员名单；9. 机工队职员宣誓就职；10. 演说；11. 唱歌；12. 礼成散会。

"南侨总会"主席陈嘉庚以及广帮曾纪辰、侯西反等先后演说鼓励机工为国服务。在致辞中，陈嘉庚称"司机回国服务，是海外华侨以人力赞助国家，为第一次之表现"。并要求机工遵守中国法律，维护华侨声誉。① 随后致辞者，有曾纪辰太平领队黄名誉、侯西反、周献瑞以及总队长刘贝锦。

刘牡丹和李铁民分别以闽粤方言宣读《南侨机工服务公约》。最后由全体机工宣誓：

余谨以至诚服从本团纪律，捍卫民族利益，遵守上峰命令，恪尽其职，奋斗到底，始终不渝，如有违背意愿，愿受严厉处分。

此誓民国廿八年三月廿六日②

1939 年 3 月 27 日，第三批返国机工队从新加坡同济医院出发，分别乘坐社会各界义务提供的汽车，奔赴乘船的码头，乘"丰祥轮"出发。星洲华侨社会各界热烈欢送。《总汇新报》记者记录了新加坡华侨社会各界的欢送盛况。兹列如下：

---

① 《陈嘉庚为第三批机工欢送词》，《总汇新报》1939 年 3 月 27 日。
② 《第三批机工一行五百九十七人今日乘"丰祥轮"回国》，《总汇新报》1939 年 3 月 27 日第 2 版。

　　九时甫届,男女侨胞,大家一条心,纷纷到同济医院去,争送好
男儿回国效劳,收复锦绣河山,该院门前,观众盈途,黑压压人头挤
动,为数逾千,情况至为热烈,热心侨胞所报效之啰哩车十余辆,则
分停路旁,壮士们如生龙活虎般,一队队从医院内迈步出来,整齐严
肃,精神奕奕,十分威武,此时,欢呼声,歌唱声,混成一片,挥手
揭帽交织空中,啰哩车于此开动,沿途各街道,万人空巷,瞻仰英雄
之仪表,争送将士上战场,为国效劳,尤以丹戎百葛码头,十五、十
六至十七号货仓前一带,人山人海,拥挤异常,水泄不通,各队分别
排列于上述三货仓前,静候队长之点名聆听队长之训话,各队长以牺
牲个人之一切,为国尽忠为勉,迨十一时许,开始下船,直至下午四
时,船始拨锭启行,欢送者直望至船离开星港,方分散而归云。①

　　该批返国的怡保机工记载了回国的路线,1939 年 3 月 27 日出发后,
先后抵达越南西贡,后继乘火车达河内,4 月 3 日抵达中国河口,在车站
歇宿一日,4 日晨,由河内赴启元,5 日凌晨乃抵达昆明。②

　　第四批机工队的返国。"南侨总会"遣送的第四批机工分为两条路线,
一是经槟城—仰光进入中国昆明;二是经新加坡—海防进入中国昆明。

　　由槟城—仰光返国机工队。1939 年 3 月 23 日,"南侨总会"致函各
地筹赈会,"第三批报名人数过多,其中一部分留待第四批出发亦未可
知",因此,请各地筹赈会"自即日截止征募,非经本总会许可,万勿随
意遣来,一俟有所征募,当再奉告暂停招募机工回国服务"③。但 1939 年
3 月 24 日,西南运输处仰光分处陈质平处长致电陈嘉庚,要求"南侨总
会"继续招募机工,"第四批机工奇缺,仍请照原订计划,克日募送",并
要求部分返国机工"取仰入滇",其原因主要是由于西南运输处在仰光设
机厂,仰光装车均候"侨员相助进行"。西南运输处仰光分处需要机工人
数 100 人,其中,修车机工 70 人,修电池机工 30 人。④

　　为确保仰光分处所需机工人数,1939 年 3 月 25 日,"南侨总会"迅

①《特写:机工归国盛况》,《总汇日报》1939 年 3 月 27 日第 4 版。

②《怡保机工给致怡保筹赈会函》,新《总汇新报》1939 年 5 月 2 日第 3 版。

③《南侨筹赈总会致各地筹赈分会函》,《总汇新报》1939 年 3 月 24 日第 3 版。

④《陈质平致陈嘉庚电》,《总汇新报》1939 年 3 月 25 日第 3 版。

速组织安排。首先告知怡保、太平、雪兰莪筹赈会仰光分处需要机工数额，其招募机工集中至槟城处以及与槟城筹赈会联系等事宜：

> 迳启者，本会倾接西南运输处来电，急需修机七十名，修电工三十名，共一百名，由仰光入口，旅费可包到仰为足，贵处对机工征募中，关于上述两项人才有几名，请加甄别，将名数函知槟城筹赈会，因本总会已决定此项机工由槟城出口，再托该会办理出口手续，至往仰光日期亦经于槟会恰定便可，谨此函达，即希查照速办是荷。
>
> 此致，某某筹赈会
> 主席陈嘉庚廿八年三月廿五日①

同一天，"南侨总会"致函槟城筹赈会，委托其组织安排由槟城—仰光返国的机工队伍，并告知西南运输处仰光分处所需机工人数、机工返国费用、仰光分处联系方式等事宜：

> 迳启者，本晨曾用电话托南益公司，代转告贵会云，仰光西南运输公司，来电嘱募修车七十人，修电池工卅人，共一百人（设多少一二十人无妨），由仰光进口，我方可包费至仰使便，又仰光入滇系该处担任，此讯计达，兹恐贵处未有许多人，故并函告怡保，太平，雪兰莪各筹赈会，帮募若干人，直接与贵会商妥。盖应有贵埠下船也，各地人数如何不敷，此间则可添至足数，顺检付仰光西南运输处主任住址并挂号电话号码等随函奉达，统希速办专覆为荷。
>
> 此致，槟华筹赈会
> 主席陈嘉庚
> 廿八年三月廿五日②

为确保仰光分处所需机工，1939 年 3 月 26 日，"南侨总会"决定，派往仰光分处的机工人数增加至 300 人，并规定槟城、雪兰莪、怡保、新

---

① 《南侨筹赈总会致各地函》，《总汇新报》1939 年 3 月 26 日第 3 版。
② 《南侨筹赈总会致槟城筹赈分会函》，《总汇新报》1939 年 3 月 26 日第 3 版。

加坡等地赴仰光机工队应派送的名额（见表2—22）：

表2—22　　　南侨总汇规定第四批（赴仰光）各地招募机工人数

地区	驶车的人数	修车修电的人数	合计
槟城	65	35	100
雪兰莪	35	25	60
怡保、太平	30	30	60
新加坡	40	40	80
合计	170	130	300

　　资料来源：笔者据1939年3月27日《总汇日报》整理。

　　由于前三批返国机工回国费用皆由南洋招募机关负责，仰光分处陈质平请求提供由仰光入滇机工回国经费，要求返国机工"每人要30盾，其中，仰光至腊戍火车费用15盾，再至滇以及途中零费等亦按照15盾"[1]，陈嘉庚答应每人补助20盾，该费用先由槟城、吡叻、吉打、雪兰莪各区筹赈会汇交筹赈总会仰光西南运输公司，"南侨总会"将返国机工旅费汇给仰光中国银行分处，共6860盾。[2]

　　因上述各地筹赈会积极组织，最后，由槟城经仰光入滇机工人数远超原来的100人，经仰光入滇人数共计344名。各地筹赈会经仰光入滇机工人数如下（见表2—23）：

表2—23　　　　　　　由仰光入滇机工人数汇总

新加坡	槟城	吡叻	雪兰莪	吉打（怡保）	总数（人）
142	100	30	40	32	344

　　资料来源：笔者据1939年4月7日《总汇新报》整理。

　　1939年4月8日，新加坡、吡叻、雪兰莪、吉打各地筹赈分会组织

　　① 《陈嘉庚致仰光分处函》（1939年3月29日），云南省档案馆藏，西南运输处档案，54/6/335。

　　② 《陈嘉庚关于第四批机工（赴仰第一批）由仰入滇事宜致宋子良电》（1939年4月13日），云南省档案馆藏，西南运输处档案，54/6/335。

的派遣机工队按时抵达槟城，根据"南洋总会"制定的《回国机工之仰光组织办法》，1939 年 4 月 9 日，来自星洲、雪兰莪、霹雳、吉打及槟城等 5 队机工队长在槟城"春满园酒家"举行联席会议，组建赴仰光机工队组织机构。会议推举来自星洲队黄锦坤队长为总领队，吉打的李卫民为副领队，槟城的苏泽时为文书，雪兰莪的何运荣为宣传，吡叻的张华为交际。①

在启程前，槟城筹赈会以长途电话告知"南侨总会"出发时间，同时致电中国仰光领事馆、仰光中华总商会及西南运输公司仰光分处陈质平，报告"丰祥轮"由槟城起航时间，并请求仰光领事馆办理全队人员入口手续。同时通知仰光缅华救国总会予以协助等事宜。②

在出发前，槟城华侨社会 28 侨团在春满园举行盛大的欢送大会。参加欢送包括槟城华侨各行业社团（见表 2—24）：

表 2—24　　　　　　　　槟城参加欢送机工社团名称及到会代表

社团名称	代表人员
缝业联合会	欧球　卢根柱　洪日光
店员联合会	罗彬彬　陈若漫　林隆华　郭招光　何伟宣
矿业所	谭九
表行	黎裕昌
店员服务员	翁廷墉　王永　吴金成
人力车公会	林文远　骆锦玉　谢心顺
鲁城行	李兆坤　区焯尊　陈相举　陈强
益群俱乐部	郭怡鸿
兴和行	张广福　廖远方
鲁班行	叶炳坤
机器行	李北群
广存堂	梁业

① 《各地机工在"丰祥轮"开联席会议　组马华机工总队》，《槟城日报》1939 年 4 月 10 日第 6 版。

② 《槟华筹赈会昨电仰领事馆等报告机工队启程时间》，《槟城日报》1939 年 4 月 11 日第 6 版。

续表

社团名称	代表人员
印务联合会	陈铭　周文斌　杨景云　陈汉清
北马妇女互助会	朱秀莲　卢惠贞
杂货行	梁钦
药业研究会	钟华盛
石艺研究会	蔡理广
福庆堂	高惠群　曾波
理发行	陈铭藩
彩陶俱乐部	方锡洲
明新社	何如
槟华筹赈会	卢斯　庄明理　赖胜祥　卢双园　张调和
阅书报社	林华亮　黄金生　吴沛鸿　高鸿存
华字报记者	

资料来源:《槟城廿八侨团欢送返国机工》,《总汇新报》1939 年 4 月 9 日第 5 版。

　　该队出发时间原定于 1939 年 4 月 10 日,乘"丰祥轮"经仰入滇,但由于该轮未能如期到达,直到 4 月 11 日早晨 5 时该轮才抵达槟城,因此,该返国机工队于 1939 年 4 月 11 日下午 2 时启程赴仰。[①]

　　由仰光入滇的机工队出发后,陈嘉庚致电宋子良,告知机工出发时间、返国机工人数以及汇寄仰光中国银行机工 6888 盾路费。[②]

　　该队于 1939 年 4 月 12 日到达缅甸仰光,全部机工被安排在仰光华侨中学居住,食宿由当地华商提供。[③] 适值西南运输处副主任吴琢之在仰光考察,1939 年 4 月 14 日上午 10 时,吴琢之在仰光中学向全体南侨机工

　　① 《槟华筹赈会昨电仰领事馆等报告机工队启程时间》,《槟城日报》1939 年 4 月 11 日第 6 版。

　　② 《陈嘉庚致宋子良函》(1939 年 4 月 12 日)云南省档案馆藏,西南运输处档案,54/6/335。

　　③ 1939 年 4 月 17 日,仰光中华总商会招待马来亚回国机工午餐晚餐。商会给陈嘉庚的函,"弟等定本月 17 日谨备午、晚两餐便饭招待马来语各属之机工全体人员,除通知饭店将是日之伙食暂停送外用,特函达。商会人员吴文举,李文珍,曾红奎 1939 年 4 月 16 日"。参见云南省档案馆藏,西南运输处档案,54/6/335。

致辞，向机工介绍运输的严峻形势及军事物质运输的主要事项。[1]

机工抵达仰光后，因当时"腊戍、仰光两地两装车厂亟待开设，须工殷急"，仰光分处陈质平征得西南运输处同意后，"150名机工留缅甸工作"[2]。其余机工驾驶新车到腊戍后，在中国军队护送下沿滇缅公路赴昆明。赴昆明的机工于1939年5月12日由腊戍分批出发，途经遮放、芒市、龙陵、澜沧江、保山、永平、下关、楚雄，沿途备受当地政府同胞严密保护。该批机工于1939年5月23日抵达昆明。[3]

1939年4月20日，来自荷属的八名机工抵达星洲，而此时第一批经仰入滇的返国机工队已经出发，于是，陈嘉庚认为，"该批机工爱国情殷，毅然放弃优越生活来星投效，听闻筹赈会截止招募，故乃自费抵达国，彼等经验及学识均甚丰富，中英文亦甚好"，建议其返国参加运输工作，得到西南运输处的同意[4]。1939年4月21日，荷属8名华侨青年（南巴及山口洋各四名，由曾火清带队）乘"丰庆轮"抵达仰光。[5]

由新加坡经安南入滇之华侨机工。1939年3月27日，"南侨总会"致函各地筹赈会，告知第四批经安南入滇机工的具体安排，规定出发时间定为3月10日，计划派出人数约150名。[6] 1939年4月8日，来自各地招募的机工集结在星洲共163人，他们被安置在新加坡同济医院。该批机工主要由新加坡、马六甲、兰丹、文冬、金马仕、永平、劳勿等筹赈会派送的机工组成。[7]

在机工队出发之前，"南侨总会"发布通告，告知机工出发前具体时间及行程。通告具体内容如下：

---

① 《西南运输处吴琢之对南洋机工训词》（1939年4月15日），云南省档案馆藏，西南运输处档案，54/6/335。

② 《仰光分处关于第四批机工留用及除了回滇旅费呈致总处电》（1939年4月14日），云南省档案馆藏，西南运输处档案，54/6/335。

③ 《槟城机工队队长致槟城筹赈会函》，《总汇新报》1939年6月26日第3版。

④ 《陈质平致总处函：请准八名荷属侨工免费服腊戍》（1939年4月27日），云南省档案馆藏，西南运输处档案，54/6/335。

⑤ 《新加坡分处报仰光第二批机工八名出发赴昆呈》（1939年4月19日），云南省档案馆藏，西南运输处档案，54/6/335。其名单：蓝亚光、吴耀辉、黄长南、黄锦元、曾火舜、黄涛荣、詹贾珍、罗荣清，队长为曾火舜。

⑥ 《安南入口机工办法》，《总汇新报》1939年3月38日第6版。

⑦ 《第四批司机定明晨启程回国》，《总汇新报》1939年4月9日第4版。

1. 9 日晨十时半请全体到同济医院以便划一点名。

2. 9 日请各行李运来本院集中放在属队处。

3. 9 日晚六时在本院开会并请名流演讲。

4. 10 日晨在南天楼聚餐。

5. 同日八时搬运行李。

6. 十日晨请全体队员齐聚点名由本院光荣出发。①

在检验技术和身体时，四名机工被淘汰，因此，该批返国合格机工人数为 159 名。1939 年 4 月 9 日下午，"南侨总会"常委会在同济医院召开欢送机工返国大会。1939 年 4 月 10 日上午 10 时，第四批机工队由同济医院启程，分乘啰哩车多辆，经新加坡二马路四排坡一带赴丹戎百葛四五号货仓前集中，沿途受到侨胞热烈欢送，前往码头送行者达二三千人之多，其中"父勉子者有之，妻嘱夫有之"。极具特色及吸引注目者，为群芳团姊妹，她们一律身着色衣，一一与机工握手道别，并燃放鞭炮，以壮行程，歌声及欢呼声，达成一片，响彻云霄，机工挥帽至空中，情况至为热烈。迫于下午 4 时，该轮开始启程。② 该批机工抵达进入"西南运输处运输人员训练所"，其中，"除 5 名点编未到场，迄今不见来所，实到 153 名"③。

在各地筹赈会努力下，"南侨总会"在短短的时间内输送机工 1400 多人，为抗日运输提供了急需的运输及修理人才。在第四次的欢送会上，陈嘉庚亦宣布机工招募已暂告停止。并称中国抗日需要机工时，将继续为国家招募。陈嘉庚虽然宣布暂时停止招募，但各地筹赈会及慈善会并没有停止选拔机工的工作，而是积极组织和训练机工，以待国家需要。

第五批返国机工队。1939 年 4 月 18 日，中国西南运输处宋子良致电"南侨总会"主席陈嘉庚，再次请求陈嘉庚继续招募 500 名机工。其电文如下：

---

①《第四批司机定明晨启程回国》，《总汇新报》1939 年 4 月 9 日第 4 版。

②《第四批机工服务团昨乘"丰庆轮"回国》，《总汇新报》1939 年 4 月 11 日第 6 版。

③《运输人员训练所送第四批华侨编队情形及花名册呈》(1939 年 5 月 6 日)，云南省档案馆藏，西南运输处档案，54/22/134。

陈嘉庚先生，承代招司机，爱国热忱，至足钦佩，现在司机仍感不敷，请招五百名，费神至诚，弟宋子良，滇路，巧，（十八日）①

陈嘉庚于1939年4月20日复电宋子良，"四星期内两批前往中国，修机是否兼征若干"②。在回复宋子良电文的同时，"南侨总会"致函各地筹赈会对招募机工做出安排。

首先致函各地筹赈会，告知各地筹赈分会已报名参加机工人数、出发时间以及机工返国路线：

迳启者，兹接昆明西南运输处主任宋子良先生再来电征募驶车员五百名，而无提修机员应否兼募，本会已去电查询，待覆再告，兹就驶车员五百名先为预备，谨列数事如下：

一、前日已来函报名候往者，巴生2名，彭亨文冬数名，荷属数埠100名，共170余名，阅报载未有报名者，槟城90名，雪兰莪数名；

二、兹限至本月廿六日止，各区会有若干名愿往者，请于限日内函告本总会，如不足者，方好续募，若过数者，则照数减之；

三、船期由叻往安南，再往昆明，分作两期，首期五月八日，次期五月廿二日，均在叻起行，每期按250名，各区会所募之司机，将由何期起程，须并函知本总会，以上所有此次办理情形，相应函达，即希查照办理见覆为荷。

此致，×××筹赈会。

主席陈嘉庚
二十八年四月二十日③

其次发布通告告知华侨社会。1939年4月22日，南侨筹赈总会发表

---

① 《宋子良致陈嘉庚电》，《总汇新报》1939年4月21日第1版。
② 《陈嘉庚致宋子良电》，《总汇新报》1939年4月21日第1版。
③ 《陈嘉庚致各地筹赈会招募机工函》，《总汇新报》1939年4月21日第1版。

《南侨筹赈总会通告（第十四号）》①。与以往通告不同的是，除了号召各地积极招募外，通告内容强调参加机工的资格条件，主要体现在《机工回国报名须知》。首先，规定参加者的语言要求，"机工报名，须详查其人是否合格，若语言但知番话，华语完全不通，且不可接受"。其次，规定各地报名参加机工者，"原有职业，不可辞去，待本总会转知后回国日期，然后辞谢未迟"。再次，要求报名者，须具备正式执照，最后，须征得家属同意②。此外，南侨筹赈总会第十四号通告强调"南侨总会"招募机工的正当性，"祖国被敌寇侵略，吾侨出钱出力，乃是天职"，"去年国庆日，南侨代表大会，议决案第九次第五决议，各筹赈会有遣送技术人才回国之责任。"③ 其之所以通告告知各地筹赈会，主要是因为在初期招募机工时，雪兰莪曾质疑招募机工的合法性。此以通告的形式发出，显示出"南侨总会"是在执行中国国民政府及南侨大会决议。

"南侨总会"招募机工的安排得到各地的踊跃支持。报名参加第五批返国机工队者甚为踊跃。当时的《总汇新报》驻南洋各地的记者报道了各地积极的招募情况：

> 新加坡计划招收 50 名，但通知刚发出 6 天，星洲报名者就达 60 余人，超过了预定的人数。
>
> 北部槟城，在招募第一批由仰光出发 104 人后，槟城征募机工委员会决定招募 100 名。
>
> 雪兰莪筹赈会，第一批遣送 60 名经仰光回国服务，接到征募的通知后，告知将征募机工 100 人，但不到 5 天，机工志愿来雪报名者已超过 100 多人。
>
> 太平树胶公会，先后回国两批共 60 人，在接到报名通知后，连日到树胶公会报名者已 50 名之多，现在正在太平树胶公会球场，早晚训练步伐。以待检验合格后到星。
>
> 北部怡保筹赈会，在接到南总会通告后，发布通告开始登记，举

---

① 《南侨筹赈总会通告（第十四号）》，《槟城日报》1939 年 4 月 25 日第 4 版。

② 《各地筹赈会招募机工应准备之事项》，《总汇新报》1939 年 4 月 23 日第 3 版。

③ 《南侨筹赈总会通告（第十四号）》，《总汇新报》1939 年 4 月 23 日第 3 版。

行招募机工返国服务,"此次更见踊跃,计报名者……多为此间热血青年,富有司机经验者。不到四天,报名者已达 30 名"①。

1939 年 4 月 28 日,因机工报名人数过多,以及节省费用等考虑,"南侨总会"决定对机工返国做出调整。将原来计划输送两批改为输送一批,规定各地星洲集结和出发时间以及返国路线等具体事宜:

> 迳启者,此次征募回国服务机工五百名,向本会决定将原定五月八日出发一批取消,该由五月廿二日全数作一批,(作一批往每名可省火车税二元),由叻启程,所有各地机工,如制服已备,华领事护照做好,只尚待法国领事签字,则可于五月十八、十九两日到叻听候返国,除分函外,相应函达,即希查照办理为荷。
>
> 此致,×××筹赈会
>
> 主席陈嘉庚 廿八年四月廿八日②

根据"南侨总会"的组织安排,英属马来亚各地机工队陆续抵达新加坡。各地机工队抵达新加坡时间如下(见表5—25):

表 2—25 各地筹赈会机工队出发(抵达)星洲

地区所属	出发(抵达)星洲时间
巴生筹赈分会	5 月 18 日乘轮船至新加坡
安顺分会	5 月 15 日乘轮船至新加坡
雪兰莪分会	5 月 17 日出发
吉打、吡叻、槟城三地机工	5 月 19 日乘车出发抵达星洲
新山筹赈会 47 人	5 月 16 日抵达新加坡

资料来源:笔者据 1939 年 5 月 20 日《总汇新报》整理。

---

① 笔者据《总汇新报》1939 年 5 月 7 日、8 日、13 日整理。
② 《南侨总会致各分会函》,《总汇新报》1939 年 4 月 29 日第 4 版。

　　抵达新加坡的机工居住在新加坡同济医院，1939 年 5 月 21 日，第五批参加者全部抵达星洲，该批机工共 539 人，"南侨总会"在同济医院以投票方式选举第五批机工组织机构。因此次返国机工人数较多，为便于回国途中的组织和管理，南侨筹赈总会除了成立第五批机工的组织机构之外，在总队之下设立 11 个小分队。其组织机构及分队情况如下（见表 2—26、表 2—27）：

表 2—26　　　　　　　　　南侨机工第五批机队组织结构

职别	姓名
正总队长	钟椿祥
副总队长	陈树森　姚向葵
总务主任	陈登秀（正）　林燕怡（副）　王宗汉（副）
宣传主任	陈文峯（正）　谢楚云（副）　邱武伟（副）

资料来源：笔者据 1939 年 5 月 22 日《总汇新报》整理。

表 2—27　　　　　　　　　第五批南侨机工服务团分队

队别	正副队长	来自地区	人数
第一队	叶世□　谢楚云	太平	62
第二队	钟椿祥　赖其端	新山、士乃、古来、宋加阑	50
第三队	罗礼塘　刘亚学	星洲	50
第四队	吴秀峰　曾腾光	星洲	50
第五队	陈登寿　王宗汉	星洲、沙劳越、马六甲、安顺、吉兰丹	50
第六队	陈武烈　姚向葵	先达口吃	50
第七队	陈伟雄　郑逢时	吉打、吧双	27
第八队	林燕怡　郑始万	怡保	50
第九队	邱武烈　王伦光	雪兰莪	50
第十队	陈树森　谢清九	槟城	50
第十一队	林水咸　郑镇水	槟城	50

资料来源：笔者据 1939 年 5 月 22 日《总汇新报》整理。

　　由表 2—27 可以看出，全团共分为 11 队，其中星洲 2 队，太平 1 队，吉打、吧双 1 队，怡保 1 队，雪兰莪 1 队，槟城 2 队，新山、士乃、古来、宋加兰合 1 队，先达口吃 1 队，每小队设正、副队长，各分队由总组织机构领导。设立正总领队 1 人,副总领队 2 人,总务主任正 1 人,副 2 人,宣传主任正、副各 1 人,该组织机构的设立为顺利抵达中国提供了组织上的保障。[①]

1939 年 5 月 21 日 7 时,"南侨总会"在同济医院集合举行宣誓典礼。5 月 22 日,第五批返国服务机工一行 535 人由同济医院统一出发返国。[②] 第五批返国机工于 1939 年 5 月 30 日顺利抵达昆明。[③] 1939 年 5 月底,"南侨总会"共向中国派遣五批机工队,共 1921 名机工,其中英属马来亚共 1881 人,荷属 27 人,沙捞越 13 名。

2. 第二阶段"南侨总会"遣送的返国机工

1939 年 6 月至 1939 年 9 月为第二阶段。此一时期,南侨筹赈总会不仅为西南运输处招募机工,而且还为中国后勤部、军政部等部门招募机工。下为各部门机工的具体要求(见表 2—28):

表 2—28　　　　　　第二阶段中国国民政府各部门机工需求

时间	中国机构	人数	工作及任务	备注
1939 年 6 月 9 日	西南运输处	500 人	滇缅路运输军用物资	西南运输处主任宋子良到新加坡当面告知陈嘉庚
1939 年 5 月 24 日致电;1939 年 6 月 20 日致电	国民政府后方勤务部	第一次致电要求司机 200 人,第二次致电增加修理机工 40 人,电工 10 人。	输送战区弹药补给及机械修理	蒋介石命何应钦委托宋子良招募

---

① 该批机工抵达越南后,因车辆不足,总队和分队召开会议做出安排,决定以小队为单位入中越边境,以上安排确保了机工的安全有序返国。参见《总汇新报》1939 年 5 月 24 日。

② 《第五批机工返国服务团　昨举行宣誓今日首途》,《总汇新报》1939 年 5 月 22 日第 5 版。

③ 《运输人员训练所报第五批返国华侨机工编队情形呈》(1939 年 6 月 12 日),云南省档案馆藏,西南运输处档案,54/10/246。

续表

时间	中国机构	人数	工作及任务	备注
1939 年 7 月 14 日	国民政府军政部交通修车厂	87 人	军政部修车机工：修理工，电工，五金工，补胎工，电焊工，喷漆模型工等	部长何应钦致电
1939 年 6 月 20 日致电南侨筹赈总会	财政部贸易委员会复兴商业公司	司机 400 人，修机 100 人	在滇缅路运输中国进出口物资	

资料来源：《陈嘉庚致陈质平电》，笔者据云南省档案馆藏，西南运输处档案，54/6/335 整理。

此一时期，"南侨总会"共派出四批返国机工，即第六至九批。现就各批组织及遣送情况论述如下。

第六批和第七批机工回国。面对来自中国国民政府多个部门的机工技术人才需求，"南侨总会"发布通告，呼吁各地积极参加返国队伍。1939 年 5 月 25 日，"南侨总会"发布《南侨筹赈总会通告（第十六号）》为后勤部招募返国机工，1939 年 6 月 7 日，"南侨总会"发布招募通告《南侨筹赈总会通告（第十八号）》规定了机工回国的具体办法：

第一，规定出发船期及来前要求。"计划定两星期一批，出发人数，无论多少，均可由 1939 年 6 月 19 日启程，至 8 月 11 日，计有五期船，可以前往。凡荷，暹罗，婆罗洲等属，有志参加何期船者，须先期函告，并请提前五天到星，预备出口手续。"[1]

第二，对回国机工所需费用的安排。有些地区招募的机工因缺乏返国费用而未能参加返国行程，"南侨总会"规定解决办法，机工费用"各地社会应负责捐助，如有特别困难，要求本总会代垫，所欠若干，可于介绍函中叙明，但该驶车员到星时，须往本总会考验技术合格者，方能接受，

① 《南侨筹赈总会通告（第十八号）》，《总汇新报》1939 年 6 月 14 日。

若用费各处自备者,除当地考验外,则免专考"①。

第三,要求英属马来亚 12 区筹赈分会,按照"南侨总会"各区应募返国人数的配额完成任务。"各筹赈会对于出钱出力,应负全责,故征募机工一事,各区应按人口比例,计其当募人数,务期以加进与鼓励,不可以缩退位敷衍,川资筹备,如由公团负责,必无困难,取法何区,均可听便。"②

第四,对参加机工中的没有执照者,采取灵活处理的办法。"司机之考验手续,凡考验及格而无执照者,宜尽力取录,由各区给一及格证书便是,新加坡及太平两地,早经用此办法,有如技术未十分纯熟,但程度相差无几,再经两三星期训练,便可及格者,各区会亦宜设法训练,助成其志。"③

虽然"南侨总会"积极动员,但第六批返国机工的参加人员没有达到陈嘉庚预期,其实际人数仅为 115 人,主要由来英属马来亚和荷属两地的机工,该批机工主要是为后方勤务部招募。而其他报名参加返国机工因"行程迫促,将编入第七批"④。第六批机工组成人员如下(见表 2—29):

表 2—29　　　南侨筹赈总会机工队第六批机工地区来源

地区	人数
荷属泗水	4
亚比	10
亚沙漠	7
英属沙捞越、古晋	3
诗巫	28
峇株巴辖	4
淡边	9
星洲	50
总计	115

资料来源:笔者据 1939 年 6 月 17 日《总汇新报》整理。

---

① 《南侨筹赈总会通告(第十八号)》,《总汇新报》1939 年 6 月 14 日。

② 《南侨筹赈总会发表函告为后勤部及西南运输处招募机工》,《总汇新报》1939 年 6 月 14 日第 3 版。

③ 同上。

④ 《第六批机工今在同济医院选举职员》,《总汇新报》1939 年 6 月 17 日第 3 版。

1939 年 6 月 17 日，第六批南侨机工服务团在同济医院选举组织机构人员。其组织机构成员如下（见表 2—30）：

表 2—30 南侨筹赈总会第六批机工职员

职务	正	副
总领队	叶子英	蔡石生
第一队长	温贵华	徐念汉
第二队长	黄运廷	雷永成
总务主任	吴青年	刘森庆
文书主任	邱耀明	林育才
宣传主任	陈谭发	蔡明士
干事	马祖庆	马如力

资料来源：笔者据 1939 年 6 月 18 日《总汇新报》整理。

1939 年 6 月 18 日下午，在总领队叶子英率领下，第六批返国机工队在新加坡乘"丰祥轮"经越南赴昆明。[1] 据档案记载，该批机工于 1939 年 6 月 28 日抵达昆明"运输人员训练所"，实到人数共 116 人，该批返国人员主要是为后勤部招募。[2]

三天后，即 6 月 20 日，一些地区筹赈会组织的机工队抵达星洲后，"南侨总会"组成第七批南侨机工服务团，该团返国人数为 117 人，其中一部分为后方勤务部招募，另一部分为西南运输处招募。

1939 年 6 月 21 日，第七批返国机工队由总领队廖萍率领，第七批返国机工队乘"丰祥轮"经越南赴昆，1939 年 7 月 11 日，该队抵达昆明西南运输处"运输人员训练所"接受训练。1939 年 7 月 8 日第七批机工队总领队廖萍致函南侨总会主席陈嘉庚，告知经安南返国途中的情况：

敬启者，属队同人抵西贡后，于七月六日下午搭滇越铁路火车往河内，前曾有卓副领事及其他侨团亲自送别，盛况为前所未有，八日

---

[1] 《第六批机工回国服务团今乘"丰祥轮"回国》，《总汇新报》1939 年 6 月 18 日第 3 版。

[2] 《新加坡分处处长陈清文关于第六批机工回国呈》（1939 年 6 月 19 日），云南省档案馆藏，西南运输处档案，54/2/28。

抵河内，暂宿粤东回国对面之中华中学，翌日即转车直往昆明，因河内至昆明之火车，按例夜间停行，未曾下车，今全队一百一十七人已于本月十一日安抵昆明，候休息数日后，即行编队受训。但少数之同志，因平日对驾驶及修理颇无认识，故除受短期之军训外，仍须受相当时期之驾驶训练，方准出发服务，为便利期间，盼贵处能多考技师高超体格强壮之士，特此奉知，务希查照。

此致，南侨总会陈主席台鉴。

第七批机工回国服务队总领队，·廖萍谨启

七月十二日①

第八批机工回国。经过多次动员和呼吁，"南侨总会"于1939年6月共输送两批返国机工队，共计200多人，但陈嘉庚认为，返国机工人数远没有达到中国方面的抗日运输需求，特别是，1939年7月6日，中央财政部贸易委员会致函主席陈嘉庚，请求征募修机100名，司机400名，主要在"复兴公司"服务。②

有鉴于此，"南侨总会"认为，"国际货物之转运，需用南侨机工，万分迫切，西南运输处，前所征募尚未满额，后方勤务部，初募一批，财政部贸易委员会，来电，兹又来托募，以此源源需求，可知事关抗战前途，至为重大"。因此，1939年7月7日，"南侨总会"致函各地筹赈总会，对招募机工做出具体安排：

第一，强调运输人员对中国抗战的迫切需求和重要。"举凡前方机械化部队之配合，及后方弹药运输，国际货物之转运，急需南侨机工。"③

第二，动员雪兰莪筹赈会招募机工。"各区中似仅雪兰莪尚多此项人才，其余或已稀少，惟念国家急用，不能置之不闻，百苦千难，亦应另筹办法。"④

第三，对参加机工技术要求做出调整。告知各地借鉴新加坡训练机工

---

① 《第七批南侨机工队队长廖萍致"南侨总会"函》，《总汇新报》1939年7月30日第4版。

② 《财政部来函：速募司修机五百名》，《总汇新报》1939年7月6日第3版。

③ 《第二期抗战方殷 需用机工甚迫切》，《总汇新报》1939年7月8日第4版。

④ 《南侨筹赈总会致各区招募机工函》，《总汇新报》1939年7月8日。

办法,"新加坡一地,现亦募得半熟机手 200 余名,以专车专人,逐日在崎岖偏僻之路,加紧训练,程度优秀,按以三星期,稍次者,或个半月,考察及格,便可遣送,此项征募,乃选其驾驶技术,略知门径者为合格"[1]。

经过"南侨总会"的组织安排,特别是对参加机工技术要求的调整,各地华侨青年踊跃参加机工队,因此,来自各地筹赈会选送机工人员先后抵达星洲,共计 335 人,"南侨总会"在同济医院召集各地机工队,选举回国组织机构人员,其组织机构人员如下(见表 2—31、表 2—32):

表 2—31　　　　南侨机工第八批南侨机工服务团总领队职员

职别	正队长	副队长
总领队	黄景镇	曹岳生
总务长	庞国器	黄玉　谭志强
文书长	符和亲	罗德祥　沈茂山
宣传	黄峰	周崇廷　曾应梨
干事	李孝为	张同辉　叶玉彭　蔡福

资料来源:笔者据 1939 年 7 月 17 日《总汇新报》整理。

表 2—32　　　　　　　第八批各分队机工地区来源及人数

队别	队长	副队长	南洋地区所属	人数
第一队	章永平	李棋万	星洲,槟城	56
第二队	刘善哉	周应石	马六甲,立卑,林明,劳勿,昔加末,巴城	48
第三队	林广怀	符国连	新山,居銮	57
第四队	胡凯军	李锦荣	太平	40
第五队	罗豫川	洪国树	太平,巴生	42
第六队	洪金山	邓作宁	槟城	46
第七队	蔡元兴	田穗九	槟城	46
总计				335

资料来源:笔者据 1939 年 7 月 17 日《总汇新报》整理。

---

[1] 《南侨筹赈总会致各区招募机工函》,《总汇新报》1939 年 7 月 8 日。

1939 年 7 月 16 日下午 2 时，"南侨总会"在中华总商会召开欢送机工返国大会，陈嘉庚致欢送词，鼓励返国机工为国家服务。[①] 1939 年 7 月 17 日下午，第八批返国机工服务团乘"丰祥轮"出发，经安南入滇。该批机工出发后，陈嘉庚与当日致函告知西南运输处主任宋子良，请求予以接待。[②]

第九批返国机工队。1939 年 7 月 30 日，"南侨总会"致函各地筹赈会，对组织第九批南侨机工服务团出发时间及人数、机工技术要求等做出具体安排。

第一，规定出发时间，第九批南侨机工服务团，"预定 8 月 14 日丰庆轮往昆明一批，现缺 100 余名，各地按此有几名可参加，悉速函报，以便准备"。

第二，对返国机工技术要求的规定。在征募第六、第七批返国机工时，"南侨总会"曾告知各地筹赈会可以招募"半熟机手"，但有的筹赈会派遣机工中"亦有平昔全未学习者"。因此，"南侨总会"统一规定，"热情可嘉而全未学习驾驶者"禁止参加机工队。主要是因"全无经验之人，从头学习，耗时费事，为免太不经济"。规定"半熟技术"是指"最低应有五成以上之程度方合，此种人才，平时多为司机助手，只差未能自由驾驶而已，今如略加训练，必然可用，故可收容，若完全未谙者，则万万不可"。

第三，对于赴仰光、广西机工的规定。要求各地选拔"经验老练者方可"，主要是因为"到仰后，不加训练，即欲立时驾车出发昆明，凡有新训练成就之机工，不可遣派"。而"要赴广西一批之 500 名，亦须择技术精熟者，否则宁缺勿滥"[③]。

第九批回国机工服务团共 509 名，其人数大大超过原来的 100 名的计

① 《陈嘉庚昨在中华总商会向第八批返国机工致辞》，《总汇新报》1939 年 7 月 17 日第 2 版。

② 《陈嘉庚请接待第八批华侨机工回国服务函》(1939 年 7 月 17 日)，云南省档案馆藏，西南运输处档案，54/6/335。函件中记载，其告知西南运输处第八批返国机工人数为 340 名。

③ 《南侨总会致各地招募机工函》，《总汇新报》1939 年 7 月 31 日第 4 版。

划，主要因"各处筹赈会事前多未来报，迨至近日始行参加，故其名额突涨"①。另外，由于该批返国机工，"平昔系司机助手再加训练者，经验不甚丰富，论理不便前往。但多位外埠集合而来，且爱国热情可嘉"。陈嘉庚向西南运输处建议，须对该批返国机工多加训练②。第九批返国机工主要是为西南运输处、财政部贸易委员会、军政部所等单位招募。

1939 年 8 月 8 日下午 3 时，"南侨总会"假借中华总商会组织欢送第三批赴仰光③机工及赴越第 9 批机工，除了返国机工及家属和侨众外，参加欢送大会者有"南侨总会"全体职员。欢送大会先后由南侨总会主席陈嘉庚，广帮筹赈会主任曾纪辰、潘国渠等侨领支持，最后由机工代表魏振国致答谢词。④ 1939 年 8 月 14 日，第九批南侨机工服务团由新加坡出发搭乘"丰祥轮"经安南入滇。1939 年 8 月 23 日，第九批返国机工顺利抵达昆明被安排到西南运输处"运输人员训练所"接受训练。⑤

1939 年 8 月 11 日，"南侨总会"致函各地筹赈会，宣布停止招募机工。"若无在接前途来函征募，则从此停止，贵处如有在训练中者，务希训练合格后，令其暂辞职业，俾免赋闲，待后前途告需。"⑥ "南侨总会"宣布停止招募返国机工后，仍有各地筹赈会询问是否续募，1939 年 8 月 29 日，陈嘉庚致函西南运输处，"如须征募，每月或一百名至二百名，大约必无难事，至少可至三百名，未悉贵处是否需要"。⑦ 1939 年 9 月 21 日，西南运输处告知陈嘉庚，"现在各修车厂及运输车队机工均已满额，

---

① 《陈嘉庚告征募（九批）华侨机工经过情形函》（1939 年 8 月 14 日），云南省档案馆藏，西南运输处档案，54/2/23。

② 同上。

③ 经仰光致昆明机工第一批于 1939 年 4 月 10 日输送为 344 人，第二批派出时间是 1939 年 7 月 30 日，机工人数共 87 人（星洲 39 人，雪兰莪 24 人，吡叻 24 人），第三批于 1939 年 8 月 9 日派出，机工人数共 34 人。参见《总汇新报》1939 年 7 月 31 日、8 月 9 日。

④ 《星华筹赈会昨欢送返国机工》，《总汇新报》1939 年 8 月 9 日第 1 版。

⑤ 《运输人员训练所报第九批返国机工入所情形》（1939 年 8 月 14 日），云南省档案馆藏，西南运输处档案，54/2/23。

⑥ 《南侨总会告知各地停止招募返国机工》，《总汇新报》1939 年 8 月 12 日第 3 版。

⑦ 《陈嘉庚询问是否尚需华侨机工函》（1939 年 8 月 29 日），云南省档案馆藏，西南运输处档案，54/10/546。

目前暂不需要补正，应请停止征募"①。至此，中国对南侨机工的征募正式结束。

第四节　小结

1939 年 2—9 月间，根据中国国民政府招募技术人员的请求，作为 20 世纪 30 年代支持祖国抗日战争总机构的"南侨总会"动员和整合南洋华侨社会力量，顺利招募并安全有序地将九批 3192 名司机、修机等优秀华侨技术人才派送到中国。通过以上分析，可以看出，司机人才的顺利招募及成功地派送到中国，主要得益于以下因素。

第一，"南侨总会"扮演了核心和关键的角色。一方面，就组织招募机工而言，"南侨总会"的精心动员和组织是顺利招募机工的保证。作为国民政府机工招募的委托机构，在陈嘉庚、侯西反、刘牡丹、庄明理等侨领的组织领导之下，"南侨总会"招募机工的动员卓有成效，"南侨总会"以信函、通告、集会呼吁等动员方式使得各地筹赈会和华侨青年迅速行动；另一方面，建章立制使各地筹赈分会有章可依。其中，"南侨总会"制定的《司机返国组织法及手续》《回国机工到仰光之办法》《南侨机工服务公约》等制度对各地筹赈会参加机工的资格、返国费用的安排、回国手续的办理、回国路线以及各地名额的分配等做了具体明确的规定。以上制度不仅确保了机工招募的具体执行机关——各地筹赈分会有章可循，而且使得各地所招募人才符合中国各部门的要求。因此，可以说，"南侨总会"有效的动员和确立的招募制度是各地筹赈会能够在短时间内顺利招募大批机工的重要保证和前提。

一方面，就机工返国而言，"南侨总会"是派送机工回国的具体执行者。"南侨总会"对每批机工回国做了充分的安排，如统一出发的时间、护照证件的办理、回国的组织安排等事宜，从而确保各地返国行动步调一致。另一方面，返国组织机构的成立保证了队伍有序和安全。为便于管理、协调以及处理回国路途中遇到的突发问题，在机工返国前，"南侨总

---

① 《西南运输处复陈嘉庚函》（1939 年 9 月 23 日），云南省档案馆藏，西南运输处档案，54/10/546。

会"召开专门会议，成立机工回国的组织领导机构，设有总队长、总务、宣传、文书、干事等职务，各批返国组织机构的人选皆由技术高超、具有领导能力的机工组成。机工返国组织机构的设立确保了各批返国机工组织有序、平安地抵达中国。此外，"南侨总会"的欢送大会的召开强化并确保了返国机工为国服务的信念和决心。

第二，国民政府各机构协调配合。国民政府驻新总领馆和西南运输处新加坡分处的协调配合为机工顺利返国提供了便利条件。其中，驻星领馆不仅为机工办理证件等提供便利，而且及时把机工返国信息告知中国外交部以便协调和安排；此外，当返国机工队伍抵达越南时，国民政府外交部提前告知海防领馆准备接待及办理签证等事宜；与此同时，西南运输处新加坡分处提前将"南侨总会"上交的《机工返国信息表》寄至中国并告知西南运输处昆明总处做好接待工作。因此，国民政府各机构与"南侨总会"的协调配合亦是机工顺利返国的重要因素。

第三，南洋各地华侨社会的支持是重要的社会基础。作为招募机工的具体执行者——各地筹赈会扮演了重要的角色。首先，各地筹赈会采取各种方式动员组织华侨青年参加机工队伍。如"星洲机器行"积极响应招募机工，槟城成立"机工征募委员会"，为确保培训和储备中国所需要的司机人才，太平委托树胶公会成立"机工训练所"，槟城成立汽车公会。其次，英属马来亚各地华侨社会各界人士的经费资助。机工训练和返国所需费用，因机工返国经费全部由各地自筹，各地华商踊跃资助机工返国，例如，柔佛士乃华商黄子松个人斥资组织机工队，共捐赠叻币3000余元，几乎耗费一半家产。柔佛筹赈会华商朱良，为当地19名机工每人赠送皮箱一只。[①] 最后，华侨社会普通侨众的支持。在机工返国前，各地华侨踊跃为返国机工捐赠物品。1939年3月9日，马六甲筹赈会召开欢送大会，马六甲华侨社团及个人向返国机工捐物捐款情况见表2—33、表2—34：

---

① 《柔佛华商资助机工回国》，《总汇新报》1939年8月12日。

表 2—33 马六甲为返国机工捐款（物）一览

社团及个人	捐款或物质
极乐园游艺场报效一晚收入	697 元
佳士多报效收入十五巴仙	约 50 元
曾有美 曾江水	负担资送一名费用
侨生陈思义	10 元
轩辕洋衣行行友十家	外套十件
培德女校教师义务做羊毛背心	8 件
叶华芬夫人，柳其杰夫人义务做羊毛背心	2 件
明星慈善社捐返国费	30 元
啰哩车同业	30 元
校联部	10 元
妇女部	10 元

资料来源：笔者据 1939 年 3 月 10 日《总汇新报》整理。

表 2—34 为返国机工提供服务的汽车公司及车辆

公司名册	辆数
新的汽车公司	3
嘉东汽车公司	21
林曾陈汽车公司	18
新新车厂	1
星洲车厂	1
共计	44

资料来源：笔者据 1939 年 3 月 10 日《总汇新报》整理。

在返国前后，当地华侨尽其能力义务为机工服务。例如，新加坡华侨理发店义务为机工理发修面，华侨经营的汽车公司免费接送返国机工。各地机工抵达新加坡后，华侨经营汽车公司义务为返国机工提供服务。1939年 3 月 9 日，为返国机工提供服务的司机公司及数量如下：

此外，沿途各地华侨的支持和协助。因返国机工须经越南或缅甸仰光等地，机工返国途中受到当地华侨的协助和招待。上述两地华侨社团及侨胞提供食宿、赠送物品、协助解决困难等，确保了机工顺利返国。例如，机工返国队伍每次抵达越南时，皆受到当地华侨社团和华侨的招待和协助。下面为第五批返国机工队总领队致函"南侨总会"主席陈嘉庚，告知该队返国机工得到越南各界的协助和招待，并要求登报表示感谢：

> 迳启者，倾因属对人员全体于本月31日晚八时抵埠，道经西贡，顺化，河内，安沛四地，皆有同侨欢送，因此特来函上告，信到之日，希代登报鸣谢，而将各侨胞所报效物品，请一概照登致谢。专此敬呈南侨筹赈祖国难民总会，马华五批回国司机服务团总领队同全体鞠躬。廿八年五月三一日。
>
> 附录鸣谢欢送者列左：（一）星洲各界。（二）西贡华侨各团体，饼干，干粮水果等，并有中国旅行社万少斌君护送至河口中途备足茶水。（三）顺化：华侨救国会立成小学各赠纪念旗帜一面，并有干粮水果等，另有男女学生整洁队伍欢迎。（四）河内：华侨各团体，由河内欢送至嘉林，并备干粮水果。（五）安沛：华侨全体总代表蔡梁晓君暨各男女侨胞备有雪水凉茶等。①

最后，南洋华侨青年的牺牲和奉献是机工成功招募和顺利返国的保证。20世纪30年代，是海外华侨民族主义的高涨时期，在政治上，南洋华侨强烈的认同祖国，正如王赓武所言："从1920年开始，成千成百的教师由中国入口，南洋华侨的年轻一代在新学堂受教育，常常思考自己作为中国人，和牢记对中国的责任。青年的华侨学生则被告诉说，如果在南洋华侨本质上是一种爱国的行为，则唯有能够利用居留当地物质支援中国始足称道。"② 因此，日本对中国的侵略在南洋华侨青年中产生强烈反响，南洋华侨积极向中国抗战提供经济支持。当1939年，中国抗战需要运输人才之时，参加机工队的华侨青年"舍身而不顾，毁家而不怨"，"他们有的是抛妻别子，有的是抛弃历年积累的财产"③，志愿响应祖国的招募并参加返国机工队伍。因此，华侨青年的牺牲和奉献是此次运输技术人才招

---

① 《第五批总领队致陈嘉庚函》，《总汇新报》1939年6月14日第4版。

② ［新］王赓武：《南洋华人简史》，张奕善译，水牛出版社2001年版，第165页。

③ 社论：《华侨与抗战》，《云南日报》1939年5月8日第3版。南侨或南洋华侨青年舍弃家庭和事业参加机工者比比皆是，但返国后，其在南洋家庭遇到各种困难。具体参见第五章。

募成功的保证。

综上所述，1939 年 2—9 月，"南侨总会"在陈嘉庚等侨领的领导下，根据国民政府各部门的要求，动员和整合南洋华侨社会力量，精心组织安排机工招募，克服返国途中的困难①，为祖国抗战招募和派遣 3192 名优秀的司机人才，解决了西南运输处运输人员短缺的问题。可以说，正是由于"南侨总会"的组织和努力，才使得司机能够招募并顺利返回中国，由此可见，"南侨总会"对中国抗战的贡献和意义尤为重大。

---

① 机工返国进程中，机工乘坐的轮船有时遭到日本舰船的干扰。例如，1939 年 5 月 15 日，机工队回国时，"因英船在中国海面，频遭日寇干涉"，"南侨总会"告知第六批机工队队长，"在船上勿穿制服，致遭意外之祸"。具体参见 1939 年 8 月 12 日《总汇新报》。

第 三 章

国民政府西南运输处对南侨机工的训练和管理

在第二章中，笔者重点分析和考察了"南侨总会"招募和遣送机工回国及其扮演的重要角色。本章主要考察"西南运输处"对南侨机工的训练和管理。首先考察中国政府对南侨机工的欢迎情况，然后重点考察"西南运输处"对南侨机工的训练，最后从军事和生活两个层面考察国民政府对南侨机工的管理，并在此基础上评价其成效。

第一节　中国国民政府及社会各界对华侨机工的欢迎

南侨机工返国抗日运输在中国西南引起强烈反响，中国国民政府和社会各界人士纷纷表示欢迎和敬意。

首先是中国国民政府举办欢迎机工返国大会。1939 年 5 月 5 日，由海外部、侨务委员会、西南运输处三机关共同在"昆华师范学校"举行返国机工欢迎大会。参加欢迎大会的有云南省主席代表裴存藩、侨务委员会代表陈棠、中央宣传部代表蒋子孝、中央社会处代表袁野秋、中央训练委员会代表马毅、外交部特派公署王禹枚以及海外部代表，数千人华侨机工也参加欢迎大会。

欢迎大会由西南运输处副主任龚学遂主持并致辞，赞扬"华侨机工对于革命事业发挥了一个'慈'字，对于保卫祖国，发挥了一个'勇'字，感动了无数将士和民众，向抗战建国大道上跑"。在欢迎大会上，由侨委会代表宣读蒋介石发来的训词，其电文赞扬返国机工对中国抗战之重要并鼓励其努力为国家服务，其电文如下：

　　昆明各海外回国机工同志！抗敌战争中，后方交通运输与前线之冲锋陷阵，实为同等之重要，以吾国今日之所处之处境，欲求运用人力物质二者之臻于合理化，即极要提高人力之效用，减少人力之消耗，以讯赴当前之事机，此皆有赖于各部门工作技艺之训练，与服务精神之发扬，时会既迫，需要孔殷，此种人才之训练，决不在于旦夕，诸君侨居海外，萦心祖国，忠义所激，相与联袂来归，志期效命，此不独大有助于我神圣之民族抗战，抑且昭示全世界以我黄帝子孙，人人同具此一幅爱国家，爱民族之血忱，譬鸿鹄之在原，如兄弟之赴难，此种精神之感召，将更博取广大人类之高尚同情，而凛然示人以不可侮辱。溯自总理首倡革命以迄，侨胞与革命之关系，久已成为之可分，今之民族抗战，实为完成民族革命最后之一举，深信诸君必能本既往之光荣，创造未来之历史。一面在技术上精益求精，惠实为民族服务，一面更以气谊为广大之呼召，使多数海外侨胞，咸得以及时竭诚献力，共同达成此空前伟大之任务，推精神为战胜物质，惟意志能战胜困难，原以此二语，与诸君勉之，而致其无限殷励之助免焉！

中正俭侍秘渝①

昆明市长裴存藩宣读了龙云主席训词，其内容如下：

　　海外归国各机工同志：诸君侨寓殊方，远隔重洋，慨日寇之猖獗，惧华夏之沦胥，组团归来，编队训练，献身祖国，效命邦家，精神伟大，举世崇钦云：以为现代国际战争，交通运输直如命脉，成败利钝，几制乎此，是以吾人处进入板荡之局势，救国惟恃抗战，抗战复恃交通，惟抗战不足以言救国，微交通不足以言抗战，运输敏捷，乃克讯赴戎机，运输灵活，方能利济事功，在昔汉高，删刘暴秦，端赖萧何，关中之转运，古今势殊，厥理一也，顷诸君已有技术上之陶冶，与夫精神上发扬，行将出发，服务疆场，其贡献国家之价值，与荷戈临阵之勇士，无异与此灭敌，何敌不摧，以此厥功，何功不克，

---

① 《中央举办欢迎返国机工大会，总裁训词》，《云南日报》1939 年 5 月 6 日第 4 版。

耀民族之光，熄敌寇之气焰，最后胜利试日可期，并期遵循总裁之训词，精益求精，忠实为国，坚定意志，克服困难是则云，所深盼诸君者也。[①]

其次是昆明社会团体组织的欢迎大会。1939 年 5 月 14 日晚，昆明市党部组织的 114 个团体联合慰劳华侨返国服务机工团大会在新滇戏院举行，市党部书记张汝平主席向返国机工致敬并要求坚定抗战胜利信念，昆明市市长裴存藩代表昆明市民众致敬并赠旗"气撼东瀛"，华侨代表赖玉光答词。[②]

此外，驻昆明高校学生看望并对南侨机工表示敬意。1939 年 4 月 16 日上午 9 时，国立同济大学战地服务慰劳队学生 60 余人到"西南运输处运输人员训练所"慰劳回国华侨机工。首先由队员谢女士向华侨机工赠送国旗，以示敬意，然后共同唱救国之歌曲，合奏口琴，最后由慰劳队学生表演话剧《放下你的鞭子》。[③]

第二节　西南运输处对南侨机工的训练

南侨机工是在中国抗日军事运输困难之时，应国民政府"军事委员会西南运输处"等部门之急需由南侨筹赈总会统一招募而来。因此，大部分南侨机工主要由负责军事运输的机构——"西南运输处"管理和安排。各批南侨机工抵达昆明后，并没有马上参加军事物资运输工作，而是被送入设在昆华师范学校的"西南运输处运输人员训练所"[④] 接受训练。

---

① 《中央举办欢迎返国机工大会，龙云训词》，《云南日报》1939 年 5 月 6 日第 4 版。

② 《本市一百余团体昨热烈慰劳华侨机工》，《云南日报》1939 年 5 月 15 日第 5 版。

③ 《发刊词》，《西南运输处公报》1940 年第 2 期。

④ "运输人员训练所"是西南运输处为培养训练司机、修机、通信而设立。所长由西南运输处主任宋子良兼任，副所长由龚学遂、吴琢之、刘吉生兼任，教育长为张炎元。下设教务科、训练科、会计科和总务科。另有管理受训人员的总队部，总队长为张炎元，但由总队副薛文蔚负责其事。

一　接受训练的必要性

虽然南侨机工大多拥有驾驶证书或具有多年的技术经验，但"西南运输处"首先对抵达机工分批进行技术训练。其原因主要是由南侨机工所承担工作的性质、南侨机工的特殊身份等因素所决定的。

首先是因运输军事物资的性质所决定的。西南运输处作为中国抗日时期最大的运输机关，该机构属于半军事性质，该机构"是抗战时期应运而生的机关，自负国际运输的重要责任，其所负的使命何等艰巨，担负抗战建国的军事运输的任务"①。因此，军事物资运输的性质决定了运输人员必须掌握基本的军事知识和技能，"为抗战需要起见，故于交通技术以外，兼及军事知识之灌输，寓军人精神之培养，使其具备完全之人格，堪能担负重大之任务"②。此外，运输人员工作区域"临近前线战区"。因此，运输人员必须掌握必要的军事知识及技能，以便应对遇到敌人等意外情况。

国民政府军政部认为，南侨机工必须施以军事训练。南侨机工"均非受有严格军训，于军队服务，殊不相宜"③。华侨机工担负的工作是运输抗战前线的军事物资，以及担负运输钞票、为前线运输武器乃至运兵的重任。可见，担任此项重任，除了技术水平之外，军事训练实属必要。正如西南运输处副主任吴琢之在对南侨机工训词曾说，"机工技术优良，本无需要训练，惟抗战必须统一步骤，始能有效一致，吾人必须养成遵守纪律服从命令服从长官指挥，养成集团生活的习惯，然后分配各位到前线"④。由此可见，军事训练实属必要。

其次是由华侨机工的特殊身份所决定的。"西南运输处"管理人员认为南侨机工"言其性情，则爽直而热烈，言其举动，则活跃而放浪，且久居热带海岛之地，又因殖民政府但求其劳作，此外不加苛求，平日故与放

---

①　《告本处全体同仁书》，《军事委员会西南运输处公档案报》第 5 期，民国二十八年八月。

②　《训练所给总处函》，云南省档案馆藏，西南运输处档案，54/10/549。

③　《军委会复办公厅函：为侨务委员会关于昝株巴辖回国服务团事》(1939 年 2 月 7 日）云南省档案馆藏，西南运输处档案，54/6/546。

④　《西南运输处吴琢之副主任对南洋回国机工训词》(1939 年 4 月 25 日），云南省档案馆藏，西南运输处档案，54/6/335。

纵，不加管教"①。有鉴于此，华侨机工参加抗日运输必须接受集体化生活和军事化管理，才能符合运输军事物资的要求，1939年4月22日，经仰光入滇的第四批华侨机工抵达仰光时，西南运输处副主任吴琢之向全体机工训词，强调集体化生活、军事化管理的必要性。"我国所处地位，乃在战期，一切生活环境须在于战时状态乃当然之事，故吾人之生活必须简单化、军事化，能吃苦耐劳，努力负责，实干苦干，决不能再如南洋海外之舒适，诸均须应明了。"② 因此，为使华侨机工熟悉国内生活以适应中国战时运输机关组织化、纪律化，必须对华侨机工施以必要的培训和军事训练。

此外是效忠国民政府的需要。1939年，在日本的支持下，汪精卫在南洋地区活动以收买部分华侨与日本合作。因此，在意识形态方面，国民政府要求运输人员，必须"严守秘密，切实注意保守国家秘密，言论行动切须小心谨慎，时刻提防汉奸，台奸敌人的间谍活动"③。正因如此，1939年5月6日，西南运输处副主任龚学遂在机工训练开学典礼中，强调机工爱国教育的必要性：

> 我们迎来了1500名朝气蓬勃的富于知识的华侨青年学生，无论是为着逾千的青年学生着想，抑或为求本处训练这批青年得受完美的成果，都需要充实他们关心德育、智育、体育的学识和技能，使他们可以成为一个爱国的国民、模范的运输员、尽职的优良员工。④

二 华侨机工训练的方式与内容

(一) 返国华侨机工的编队

为训练及培训军事运输人员，西南运输处专门成立"运输人员训练

---

① 《郑琦拟华侨机工状况函（附件）》(1941年6月23日)，云南省档案馆藏，西南运输处档案，54/10/463。

② 《西南运输处吴琢之对南洋回国机工训词》(1939年4月25日)，云南省档案馆藏，西南运输处档案，54/6/335。

③ 《西南运输处吴琢之副主任对南洋回国机工训词》(1939年4月25日)，云南省档案馆藏，西南运输处档案，54/6/335。

④ 《发刊词》，《西南运输处公报》第1期，西南运输公报编辑委员会编印，民国廿八年四月一日。

所"。南侨机工抵达昆明后，直接被安排进入"运输人员训练所"，被编入不同队别接受训练。例如，第四批返国机工抵达训练后，其编队及安排情况如下：

> 第三批回国服务机工五百九十六名，实到五百九十二名，该队于四月五日连同庇能机工三十一人合编为临时大队，第一队二百一十名，第二队二百零五名，第三队二百零六名，编调六大队一名。旋以临时大队各队人事过众，乃于四月十五日改编为第七八大队，计七大队二百二十一名，第八大队二百一十名。[①]

临时大队队长由温天一担任，下设 6 个中队，其队长分别为古国元、李金长、刘航导、姜自璋、陈自才、黄兴存担任。为管理方便，每个中队根据人数不同设班，如第一中队设立 15 个班，每班人数在 12—30 人。[②]1939 年 6 月 1 日后，抵达昆明的华侨机工采取新的编队方式，"先考验技术，据成绩分别编队"[③]。

（二）训练的方式

返国机工训练时间一般为 1—3 个月。训练期间，南侨机工身着统一制服进行训练。

训练方式之一是生活集体化。主要体现"运输人员训练所"对华侨机工训练时间的严格安排。

> 每早五点半起床点名，六时半起升旗，八点时早操及早餐，九点休息上课司机修械课程，十一点下课回宿舍，十二时午餐，十二点半午睡，一时半起床，一时五十分出发，二点二十分上课课程同上，三时二十分出操，五时收操，五时半降旗，六点半晚餐，七时游戏，八

---

① 《运输人员训练所第三批回国华侨编调情形呈》（1939 年 5 月 17 日），云南省档案馆藏，西南运输处档案，54/6/546。

② 《昆明机工训练所分队训练名册（一）》（1939 年），云南省档案馆藏，西南运输处档案，54/6/546。

③ 《西南运输处陈质平致陈嘉庚函：机工在昆明训练情形》（1939 年 6 月 10 日），云南省档案馆藏，西南运输处档案，54/6/335。

点自习，九点熄灯，睡眠。①

以上时间安排可以看出，华侨机工从早上六点半到晚上九点，时间安排极为紧凑，华侨机工在整个训练期间全部被封闭在"训练所"内接受训练，他们基本上没有个人外出和活动时间。

二是管理军事化。军事化管理可以从《军事委员会西南进出口公司总经理处运输人员训练所学员保证章程》的内容体现出来。南侨机工进入"运输人员训练所"后须签订《军事委员会西南进出口公司总经理处运输人员训练所学员保证章程》。该章程规定，参加训练人员"四人连环互保"，以"确保之四人应各负连带保证责任，不得相互推诿"②。而对于"在训练期间无故中辍者"，不仅本人受到经济上重罚（"赔偿训练费"熟练司机及机工 100 元，练习司机及机工 200 元）。而且规定，"如被保人不得履行时，应归联保人共同负责代为赔偿数目"。在抵达中国之前，南侨机工已经做好思想准备接受艰苦的磨炼，因此，在训练所期间，南侨机工都能接受严格的管理和训练。"连环互保"制度的实施，一方面，反映出西南运输处对机工训练之严格；另一方面，该项制度也使得南侨机工在训练所互相监督，在一定程度上确保南侨机工逐渐适应军事化、集体化的管理方式，从而为军事物资的运输奠定了坚实的基础。

（三）训练内容

南侨机工训练内容主要包括军事、技术、政治等方面。

军事培训。主要是向南侨机工讲授必要军事常识及部分实践知识：

> 就是要懂得如何对敌人放枪，因为这一次的战争是我们中华民族争取自由独立的神圣抗战，凡属国民都有拿起去杀死敌人日本强盗的义务，何况我们担负运输的人员，更有拿枪杀敌的机会呢，将来我们必来一次大规模的总反攻，我们的汽车运输队要跟随大军追上前线去，我们一定有一天能够夺取敌人的很多枪炮，我们如不懂得放枪，

---

① 《槟城机工领队致筹赈会函》，《总汇新报》1939 年 6 月 5 日第 3 版。

② 《军事委员会云南进出口公司总经理处运输人员训练所学员保证章程》（1939 年 5 月 3 日），云南省档案馆藏，西南运输处档案，54/10/22。

不是失去杀敌的机会了吗，因此所有的华侨同学，我们教他上操，教他放枪，教他们打仗的方法，是准备将来他们能利用所学去杀敌人的。①

技术培训。南侨机工抵达训练所后，按照"运输人员训练所"的规定，首先考核南侨机工技术水平，"优良者偏重军事政治训练，低劣者照熟练司机课程训练一月，再行考核"②。大部分南侨机工对平坦易行的南洋路况早已适应，而对中国西南滇缅公路恶劣的路况较为陌生，因"滇缅公路之险，为世界闻名，驾驶机工，非体魄健全，技术纯熟者，恐难措置裕"③。因此，"运输人员训练所"根据机工技术水平的不同分别编队训练，训练地点主要是在昆明市周边山路，以练习山地驾驶为主。

政治培训。目的是培养和增强机工忠于国民政府、拥护三民主义的政治意识。培训途径有"除定期召集华侨机工开展精神训话外，并开设识字班，分为高初二级，每晚上课二小时，由教务科职员担任讲授"。此外，西南运输处"运输人员训练所"专门为华侨机工编写政治常识讲义④。其次是借助升降旗仪式等培养机工政治意识。"运输人员训练所"利用每天早晚的升降中华民国国旗仪式对机工训话，训话由西南运输处主任等官员轮流主讲，时间约半小时，随后全体华侨机工合唱《中华民国国歌》及《领袖歌》。其中，《领袖歌》歌词如下：

> 大哉中华，代出贵龙，历经变乱，终能复兴，今日救星，我们跟他前进，前途复兴，复兴。⑤

为确保机工的效忠国民政府政治意识，西南运输处还设有国民党党

---

① 《张炎元给南洋侨胞的一封信》，《总汇新报》1939 年 6 月 3 日第 3 版。

② 《西南运输处陈质平致陈嘉庚函：机工在昆明训练情形》（1939 年 6 月 10 日），云南省档案馆藏，西南运输处档案，54/6/335。

③ 《复兴公司驻缅运输工程处有关侨工管理函》（1940 年 1 月 29 日），云南省档案馆藏，西南运输处档案，54/6/335。

④ 《西南运输处陈质平致陈嘉庚函：机工在昆明训练情形》（1939 年 6 月 10 日），云南省档案馆藏，西南运输处档案，54/6/335。

⑤ 《总汇新报》1939 年 5 月 16 日。

部，党部根据国民党中央的安排定期举行如纪念"总理纪念日"活动、"新生活运动"等政治活动，根据规定所有南侨机工必须参加上述活动。①

当然，对于习惯于南洋舒适生活的华侨机工而言，"运输人员训练所"提供的物质条件不足，生活较为清苦。首先是训练所设备简陋。抵达昆明的学生全部集中到"昆华师范学校"训练，但"课室工程，惟以云南工人工作迟钝，不能如期完成，其中桌椅，全付阙如，包工定造，为时竟需两月，先拟以大油桶作架，上铺木条，以为书桌暂渡"。而所建厨房"业经大部完工，已饬各队伙夫迁入应用，惟新增华侨八百余人，所需房屋，又感不敷亦"②。

其次是物质缺乏，生活清苦。"昆明地方，气候无常，加之一切需用物品不易办到，所以关于侨胞遽然回到国内，无论对于习惯，对于起居，及一切生活上的需要不能十分的充足来供应。"因此，华侨在训练期间，生活极为清苦，下面为华侨机工早上和中午吃饭的情况：

> 早粥时间，没有旁的菜，只有腌菜，白萝卜之类，大家胃口都不坏，起码三大碗稀饭是到肚的。吃快些的，有吃上五六碗的，菜完了只好不用菜，只好和啜白粥。
>
> 12点是吃中午饭的时候，昆明在特殊的情形之下，粮食很贵，米要20多元才能购到一袋，整天忙碌的人吃量大点，所以每当八月的伙食，除饭可饱食外，连蔬菜也不够，肉的分量当然更少，但是人的肚子是善于适应环境的，当没有充分的蔬菜和肉类饱腹的时候，就可以拿米饭填空隙的，所以他们的饭量格外惊人。③

此外，机工患病后难以及时医治。"学生大多来自远方，以不服水土，颇多患病。本处诊疗所又以房屋过狭，不能如数收容。而转到昆明各医院，又往往以客满见拒，近在本所左邻租到昆华实小校舍十四间，拟藉辟

---

①　《西南运输处党部对南侨机工的管理函》(1939年12月7日)，云南省档案馆藏，西南运输处档案，54/12/335。

②　《西南运输处陈质平致陈嘉庚函：机工在昆明训练情形》(1939年6月10日)，云南省档案馆藏，西南运输处档案，54/6/335。

③　《张炎元给南洋侨胞的一封信》，《总汇新报》1939年6月3日第3版。

为本所疗养院，作为收容本所病生之用。以本所每月医疗费三千元拨作该院经费，现正积极筹备中。"①

　　总之，通过运输人员训练所的短期严格训练，华侨机工基本上掌握了运输军事物资所需要的军事知识和军事技能，逐渐适应了中国运输军事化、集体化的管理方式。有的华侨机工因其技艺高超而被"运输人员训练"聘任为助教等职务。② 当然，对于突然接受严格训练及清苦的生活，少数华侨机工难以忍受，但绝大多数华侨机工抱着为国运输的信念和决心，抱有前来吃苦的思想准备，正如当时参加训练的呲叻机工队队长给呲叻筹赈会信函中所言，"不苦胡为是，然固知而来，且极愿为"③。因此，大部分华侨机工克服困难，完成了训练所军事训练并顺利通过毕业考核。

第三节　西南运输处对南侨机工的管理

　　"西南运输处运输人员训练所"对华侨机工进行必要的培训和训练后，南侨机工被编入"西南运输处"下属运输大队、修理站以及装车厂工作。本节主要就军事运输和生活两个层面考察西南运输处对南侨机工的管理及安排。

一　西南运输处对南侨机工军事运输的管理和安排

（一）西南运输处机构的演变

　　中日战争时期，因中日战局进程以及对军事运输之需要，国民政府多次调整和改组军事运输机构。因此，作为中国抗日国际、国内物资运输的主要承担者——南侨机工也因军事管理机构的改变而分属不同的机构管理，具体来说，南侨机工在中国期间，先后隶属三个运输机构的管理和安排。

---

　　① 《西南运输处陈质平致陈嘉庚函：机工在昆明训练情形》（1939年6月10日），云南省档案馆藏，西南运输处档案，54/6/335。

　　② 据统计，当时华侨机工在训练所任助教者27人。参见《昆明机工训练所分队训练名册（一）》（1939年），云南省档案馆藏，西南运输处档案，54/10/537。

　　③ 《呲叻队队长致呲叻筹赈会函》，《总汇新报》1939年5月18日第3版。

西南运输处时期。1937 年 10 月，西南运输处正式在广州成立。该机构直接隶属于军事委员会，是抗日战争时期我国规模最大的官方军事运输机构，也是当时中国最大的国际运输机构。初期，西南运输处主任由广州市长曾养甫兼任。1938 年 2 月，主任一职由宋子文的胞弟宋子良①担任，1938 年 9 月，西南运输处迁入昆明，主要是为兵工署运输军事物资，其任务是承担将由海防、仰光两港进口的军事物资运入国内，以及将军事物资运至兵工厂及战场前线的任务。

中缅运输局时期。1941 年初，美国政府派运输管理专家实地考察"滇缅公路"并向国民政府提出改善滇缅路管理建议。1941 年 11 月 3 日，蒋介石接受美国建议，决定撤销"西南运输处"，成立"军事委员会战时运输统制局中缅运输总局"，简称"中缅运输局"。其管辖范围包括昆明以西、滇缅路及缅甸境内仰光、腊戍等运输机构。② "中缅运输局"由军事委员会后方勤务部部长俞飞鹏兼任局长，陈体诚任副局长，"中缅运输处局"是在西南运输处的基础上成立，主要是接办中缅国际运输业务，将国外机构改为"中缅运输公司"，原仰光分处改为仰光分公司，俞飞鹏兼总经理，另派外交部驻缅、印代表沈士华、陈湘涛为副总经理，国内部分也进行改组，在滇缅沿线撤销了原西南运输处的保山、下关分处和遮放支处，采纳美国人的建议，在昆明、楚雄、下关、保山及遮放设立五个运输总站，总站的负责人称为总管，各战总管人员由俞飞鹏从军队中抽调人员担任。③

滇缅运输局时期。1942 年 5 月，日本占领缅甸，随后，日军沿滇缅公路东进，中国被迫炸毁怒江上的惠通桥，滇缅公路中断。因美国援助中

　　①　成立之初，广州市长曾养甫兼任西南运输处主任，后由宋子良担任，1940 年 10 月宋赴美就医，由陈体诚任代理主任。

　　②　冯君锐：《西南运输处始末》，载西南地区文史资料协助会议编《抗战时期的西南交通》，云南人民出版社 1992 年版，第 41 页。

　　③　昆明总站总管是后方勤务部调来的原汽车兵团团长任润田，楚雄总管是西南运输处沅陵分处副处长余啸南，下关总站总管是原西南运输处第十大队队长薛文蔚，保山总站总管是后方勤务调来的原汽车团团长李承恩，遮放总站总管是原后方勤务部调来的原汽车团团长陈安润。西南运输处在西南其他各省的分支处也全部撤销。参见宗之琥《抗战时期的西南运输处和滇缅公路》，中国人民政治协商会议昆明市委会文史资料委员会编《昆明文史资料（第 23 辑）》，云南人民出版社 1994 年版。

国物质不能从陆路，大批物质改从印度加尔各答和卡拉奇机场经空运运到昆明。因此，中国公路运输业务日趋减少，国民政府撤销"中缅运输局"，成立滇缅公路运输局。① 该机构局长由葛沣担任，其任务主要是接收和转运经"驼峰航线"运入昆明的国外军事物资。

（二）西南运输处对南侨机工的军事管理②

1. 对南侨机工的编队和管理

根据国内外军事物资运输的需要，西南运输处首先把"运输人员训练所"通过考核并获得毕业证书的南侨机工再次编队，然后将其派往滇缅公路沿线各队、站。例如，1939 年 5 月 8 日，西南运输处对训练毕业的南侨机工做出以下安排：

> 熟练司机及第一批华侨学生经于 4 月初训练期满举行毕业考试，及格学生已编为特别大队及华侨义勇第一队，旋改为本处运输第三大队，出发南宁服务。第二批华侨机工编为华侨第二、三大队，此外第二、三批华侨学生中机工 115 名，在所短期训练后，先后派腊戌工作，现除练习司机五大队继续训练外，尚有训练司机五大队司机编为第六大队，第四批华侨学生编为第七、第八大队，另外华侨机工编为机工队分别训练。③

南侨机工被集中编入第 5、11、12、13、14、15 六个大队，其余机工混编于第 1、3、4、9、16 等大队，至于汽车修理技术人员，除少数被安排在上述各队随队任修理工外，大部分被分配到芒市、下关、保山、昆明、贵阳、重庆等地分设的汽车修理厂担任修理机工。截止到 1940 年 8 月，西南运输处先后设立了 21 个运输大队。④

西南运输处运输大队的编队原则。每个大队下辖三个中队，每个中队

---

① 章伯峰、庄建平编：《国民政府与大后方经济》，四川大学出版社 1997 年版，第 487 页。

② 笔者之所以考察西南运输时期的机工安排及分布，一是因为此一时期机工分布相对稳定，二是关于此一时期的档案等资料相对丰富。

③ 《西南运输处第二期公报》1940 年 5 月出版，第 42 页，云南省档案馆藏，西南运输处档案，54/30/985。

④ 龚学遂：《中国战时交通史》，商务印书馆 1947 年版，第 39 页。

下辖三个分队，每个分队下辖三个班，每班管理汽车五辆，大队另设一个补充大队，作为后备力量，每大队设大队长一人（中校或上校），大队长以下共设官佐四十至五十人，驾驶兵一百八十至二百五十人，学兵五十至七十人，机械士二十至三十五人，差役三十至五十人，每大队有官兵三百二十至四百五十人左右。一般是按车辆多少和行驶路线而决定人数。① 每一个大队有汽车180—102辆，总人员在200名以上，全部是南侨机工的六个大队共有车1152辆，混编如其他五个大队的不在此数。②

2. 华侨先锋大队的成立

一方面，1940年2月，在"南侨总会"的推动下，西南运输处专门成立两个华侨先锋大队和一个抢运队，其主要任务是将存放在缅北腊戍的军事物资运入国内。

华侨先锋大队的成立。早在1939年3月21日，马来亚槟城31位机工抵达昆明后，马来亚槟城机器行委托香港华人机器会致函宋子良，"俾该队有团结努力之精神，而免语言障碍"，请求西南运输处将槟城机工"编为一队，集合在一地方服务"③。但由于运输和管理的需要，西南运输处开始采取以华侨机工为主的混编方法。1940年初，为提供运输效率，南侨机工多次要求抽调华侨机工组队，另一方面，国内管理者和华侨机工之间的摩擦对运力产生一定影响。如国内管理者和南侨机工因语言障碍产生矛盾的问题。"华侨机工因言语隔膜，而时受长官诬告而遭受无辜科罚，一些有志机工请求上峰准重组南侨机工运输先锋大队。"④ 据南侨机工第一先锋大队中队长张智源回忆，"南侨总会"主席陈嘉庚多次要求将华侨机工集中编队：

　　　　陈嘉庚先生得悉后，除直接向重庆当局提出意见和建议外，先后派刘牡丹（南侨总会交际委员）、林斌华等到昆明和各公路线探望侨

---

　　① 杨友柏：《我在"西南运输处"时的片断记忆》，中国人民政治协商会议南涧彝族自治县委员会文史资料委员会编《南涧文史资料（第1辑）》，大理一中出版社1993年版，第73页。

　　② 秦钦峙、汤家麟：《南侨机工回国抗日史》，云南人民出版社1989年版，第132页。

　　③ 《香港华人机器会致宋子良函》，云南省档案馆藏，西南运输处档案，54/10/546。

　　④ 黄文关：《壮志已酬凯歌高唱》，《新加坡华侨机工复员互助会十二年纪念特刊》（非卖品）新加坡1959年12月，第39页。

工了解情况。林斌华先生来昆的任务，除了代表陈嘉庚先生看望侨工和了解情况外，更主要是筹组华侨运输先锋第一大队的工作。他代表南侨总会与中侨委员会和西南运输处协商（当时中侨委派驻昆明的是侨务委员会委员方之桢），经过多次协商和斗争，三方同意以归国侨工为主成立华侨先锋第一大队。[①]

除了华侨机工及陈嘉庚的要求之外，抢运囤积在缅甸腊戍的军事物资是成立华侨先锋大队的重要因素。1940 年春，日本威胁法属越南，要求越方阻止中国军事物资由海防港运入中国，因此，经越南补给线面临极大挑战，1940 年 2 月，海防港积存的中国货物已达 220 万吨[②]。同时，从海南岛、广州、南宁起飞的日本轰炸机频繁轰炸中国境内的河口等地。"影响越境物资运输颇巨，国际运输出口途径，势必偏重缅线。"[③] 在此情况下，中国大批国外军事物资必须经仰光沿滇缅公路运至中国境内，从国外输入仰光港口的军事物资逐渐增加，进而使得缅北腊戍库房的军事物资越积越多而不能及时运至中国国内，由缅甸腊戍运到中国境内遮放的任务多由"靠雇佣商车运输，实不足以应付"[④]。于是，为解决缅北腊戍囤积的军事物资运入国境的问题，西南运输处决定成立两个华侨先锋大队。

华侨先锋大队所需车辆是由"南侨总会"发动南洋华侨社会购买。1940 年 3 月 10 日，西南运输处仰光分处主任陈质平致函陈嘉庚，"恳南侨集资购买优质二顿半卡车一百辆，编组成队，行驶腊戍遮放间一段，担任运输，即命南侨义勇运输队，选拔侨员，担任驾驶，俾人力物力悉出侨胞厚赐"[⑤]。接到信函后，陈嘉庚迅速安排购买事宜。首先致电婆罗洲筹赈会筹集资金，与此同时，陈嘉庚迅速和新加坡温兄弟公司协商购买车辆，最后决定购买美国福特"二吨型六轮式卡车，由星购买入仰交货，每

① 张智源：《抗倭寇侨工洒热血，报中华赤子表丹心》，秦钦峙、汤加麟编：《南侨机工回国抗日史》，云南人民出版社 1989 年版，第 201 页。

② 徐万民：《战争生命线》，广西师范大学出版社 1995 年版，第 207 页。

③ 《滇缅路亟需货车望侨社急速购买总会公函》，［缅］《觉民日报》1939 年 3 月 23 日第 2版。

④ 《滇缅路亟需货车望侨社急速购买总会通告》，［缅］《觉民日报》1939 年 3 月 23 日第 2版。

⑤ 《滇缅路亟需货车望侨社急速购买总会通告》，［缅］《觉民日报》1939 年 3 月 23 日第 2版。

车星币 1950 元，由南总会向温兄弟公司购买 100 辆，共 195000 元，另加造车斗费每车 100 元，共 22 万元，车费由星洲筹赈总会及婆罗侨胞共同担任"。1940 年 5 月 16 日，第一批 16 辆车在缅甸装配好后，于 5 月 22 日正式使用；华侨先锋大队人员，西南运输处"遴派娴熟驾驶之华侨机工专门驾驶该项车辆"①，西南运输处主任宋子良为该车队命名为"华侨先锋大队"。

华侨运输先锋第一大队由南侨机工刘贝锦担任大队长，后调连文瀛为大队副；吴福华任第一中队长，蔡秀全任中队副，第二中队长黄守琛、中队副林熙庚；第三中队长陈福生。大队部设车务三人，总务组五人，技佐二人，出纳一人，此外有会计员二人，政训员二人。整个大队，从大队长到各中队长、分队长和大队部的干部，都是由运输人员训练所集训军官队学员担任的，而三个中队的 180 名驾驶员，是从各个运输大队的侨工中选拔调来。全大队 200 余人，除了大队部的会计、政训员和各队的炊事员外全部都是华侨侨工，主要驻扎在缅甸北部滇缅公路终点腊戍。

1940 年 7 月，得知英国将要封锁滇缅公路 3 个月，为抢运在腊戍物资的需要，1940 年 7 月 16 日，西南运输处成立华侨第二先锋大队，大队长由华侨机工连文瀛担任：

> 本处华侨先锋第二大队，最近奉令积极组织，将原运输第十大队全部及其他一部分之华侨机工收编完竣，经于七月十六日正式成立，担任运输工作，内辖中队三，补充队一，大队长一职由总处遴选中，在大队长未委任之前，该大队一切事物，交由大队副连文瀛全权负责指挥。②

3. 南侨机工的地区分布

受制于战时环境、运输工作流动性、管理机构的变迁等因素，南侨机工的地区分布及人数难以做出具体的统计。就地区而言，南侨机工主要分

---

① 《南侨筹赈总会代理主席陈延谦致陈质平函》(1940 年 3 月 28 日)，云南省档案馆藏，西南运输处档案，54/31/954。

② 《华侨先锋大队奉命组织成立》，《华侨机工通讯刊》第 32 期，华侨机工互助社编印，1940 年 8 月 4 日。

布在昆明、重庆、贵阳等地，就部门而言，西南运输处华侨机工人数最多，中国后勤部（贵阳）担任辎重兵的南侨机工 226 名[1]，军政部修车厂有南侨机工 85 名，中国复兴公司南侨机工有 203 人。[2] 有鉴于此，仅对西南运输处时期的南侨机工分布情况做一考察。

需要指出的是，少数南侨机工抵达中国后，他们通过考试进入"中央军校昆明特训班"。1939 年 9 月 16 日，为适应海外华侨学生在中国学习的强烈要求，中国国民政府黄埔军校决定在昆明招收华侨学生，并派专人来昆明进行招考工作，于是，在昆明"侨生迅速要求前往"。正在"运输人员训练所"参加训练的少数华侨机工得知消息后，纷纷向西南运输处运输人员训练所提出申请，要求参加军校考试。1939 年 12 月 23 日，经过层层筛选，"运输人员训练所"派 40 名华侨机工参加由"中央军校昆明特训班"组织的考试，其中，38 名华侨机工被"中央军校昆明特训班"录取，该批学生被安排到重庆附近的叙永集中训练学习。[3] 1941 年 12 月底，滇缅公路面临军品抢运，12 月 12 日，"中央军校特训班"致电西南运输处，告知"贵处报送一批较优华侨青年 38 名至中央军校特训班受训，现在已毕业，正值滇缅路抢运，不知是否需要"，1939 年 12 月 3 日，西南运输处回复，"抢运需员甚急，讯饬来昆报到"[4]，于是，该批人员被调往西南运输处参加军事物资的抢运工作。

除了参加军校的华侨机工之外，南侨机工在国外主要分布在越南和缅甸两地，在中国境内，华侨机工则分布在整个西南地区。

越南的华侨机工。1940 年 6 月，南宁失陷前，西南运输处在海防设有海防分处，专门办理经越南抢运物资到中国，西南运输处招募 100 名越

---

① 《总汇新报》1939 年 10 月 25 日。该批被安排在贵阳唐家山汽车辎重兵二团八连，1942 年，为了协同盟军反攻缅甸，八连被调入汽车六团入驻印度。

② 《复兴公司驻缅甸运输工程处有关侨工管理情形》（1940 年 1 月 29 日），云南省档案馆藏，西南运输处档案，54/6/335。

③ 《呈报本所报送军校受训学生名册》（1940 年 1 月 9 日），云南省档案馆藏，西南运输处档案，54/1/115。

④ 《中央特训班致函西南运输处》（1941 年 12 月 21 日），云南省档案馆藏，西南运输处档案，54/1/115，

南机工直接在当地服务。[①]

在缅甸的华侨机工主要集中在仰光和缅北的腊戍。就机工在仰光分布而言，仰光是西南运输处仰光分处驻地，是国外军事物质抵达的重要港口，举凡车辆装配、物质装运以及北运腊戍，皆离不得具备语言和技术优势的华侨机工。例如，第一批经槟城抵达仰光的华侨机工被安排装配车辆。[②]

经安南抵达昆明后的华侨机工也曾被派至仰光装配车辆，据复员南返的南侨机工叶湛恩回忆，由于仰光急需装车，没来得及在西南运输处接受培训，就被安排在仰光装修车辆。其工作效率极高，深受美国人的好评：

> 我们从星洲出发，经过安南，到昆明后，因军事当局急需车辆应用，我们来不及接受军事训练，便被派往缅甸，修理装置军用车辆，在短短的三个月内，将三千多辆兵车，装置修理完成，在我们未被派之时，原是由当地缅甸土人负责，当时土人的工作，每组是四人至五人，每日顶多能装一辆，而我们亦是每组是四人至五人，但是我们每日能装置四至五辆之多，工作效率之速，惊动了美军掌管人员，他们认为这是一种奇迹，而我们感到，并不是奇迹，这是我们有了经验和责任心的表现。[③]

另外，在滇缅公路的终点缅北的腊戍地区也驻扎大批华侨机工，主要是华侨第二先锋大队和华侨机工抢运队，其负责将腊戍的物资运至中国境内。

中国国内南侨机工遍布整个西南地区，如昆明、贵阳、重庆、南宁等地。下为档案记载 1940 年 4 月国内各地华侨机工分布情况：

---

① 《海防分处请求就地招募机工一百人函》(1940 年 10 月)，云南省档案馆藏，西南运输处档案，54/30/787。

② 《仰光分处陈质平代电总经理处》(1938 年 4 月 14 日)，云南省档案馆藏，西南运输处档案，54/6/335。

③ 叶湛思：《炮火留下的记忆》，《南侨复员机工互助会第十二周年纪念特刊》，新加坡南侨复员机工互助会出版（非卖品），1959 年，第 58 页。

表 3—1　　　　1940 年 4 月西南运输处车队华侨司机人数一览

队别	人数（人）	驻地	备注
第一大队	50	芒市	50 人
第二大队	29	昆明	共 96 人
第五大队	67	昆明	
第四大队	51	贵阳	共 72 人
第七大队	20	贵阳	
第十八大队	1	贵阳	
第六大队	72	关领场	72 人
第十一大队	203	保山	203 人
第十二大队	209	龙陵	209 人
第十三大队	180	遮放	180 人
第十四大队	209	下关	共 243 人
第十六大队	34	下关	
第十五大队	138	镇南关	138 人
第十七大队	30	重庆	30 人
第八大队	8	沅陵	8 人
总计		1301 人	

资料来源：据《西南运输处机工分布》整理，云南省档案馆藏，西南运输处档案，54/ 31/6490。

表 3—1 为我们了解南侨机工的国内分布情况提供了重要的资料。可以看出，1940 年 4 月，西南运输处的国内华侨机工司机 1301 人（不包括华侨修机人员），主要分布在昆明、贵阳、重庆、广西、湖南等地。其中滇缅沿线的滇西地区最多，保山（203 名）、龙陵（209 名）、遮放（180 名）、下关（243），共计 835 人。

1940 年 7 月 15 日，为在滇缅公路沿线筹备设立华侨机工互助社分社，"华侨机工互助社"助理干事陈素磺（南侨机工）和曾达（华侨）到滇缅公路沿线调查华侨机工情况，其调查报告显示，除第一大队侨工较少外，其余五大队均系侨工。其中，仅下关 700 余名。[①]

　　1941 年初，西南运输处代理主任陈体诚，亲自考察川滇线及滇缅路运输情况，其考察报告显示，西南运输处共有"司机约 4000 人，华侨机工占 60％，约 2400 人。其他省籍机工约 1600 人"[②]。1941 年 10 月，因车辆减少，陈体诚决定，将西南运输处服务的机工进行缩编，将国内招募的机工全部辞退。这样，除了各队后勤主要管理人员外，1941 年 10 月之后，西南运输处担任运输军事物资任务主要是南侨机工。[③]

二　西南运输处对南侨机工生活的管理

　　南侨机工抵达中国后，除了军事运输工作之外，南侨机工还面临着一些生活方面的问题。笔者以滇缅公路中断前后分为两个阶段分别论述国民政府对南侨机工的管理。第一阶段即 1939 年 3 月至 1942 年 5 月，此一时期主要是西南运输处成立"华侨机工互助社"管理机工生活；1942 年 5 月至 1946 年 10 月为第二阶段，此一阶段，"华侨机工互助社"解散，1944 年 1 月，侯西反等在昆明成立"云南华侨互助理事会"对南侨机工进行救助和管理。

　　（一）华侨机工互助社与对机工生活的管理（1939 年 3 月至 1942 年 5 月）

　　1．"华侨机工互助社"的设立。

　　1939 年 9 月 16 日，为管理华侨机工在中国的生活和解决机工遇到的困难，西南运输处在昆明正式成立"华侨机工互助社"。初期，华侨机工互助社隶属于"运输人员训练所"管理，1940 年 2 月 1 日，随着华侨机工互助社规模的扩大，为"增进所属华侨机工福利"，"华侨机工互助社"由西南运输处直接管理，其社址由"运输人员训练所"迁至昆明市小西门

　　①　《为呈报互助社陪同华侨代表卢斯等前往滇缅路视察情形报告》（1940 年 10 月 3 日），云南省档案馆藏，西南运输处档案，54/31/6520。
　　②　《西南运输处之缺点及整理意见》（1941 年 1 月 23 日），云南省档案馆藏，西南运输处档案，54/10/544。
　　③　《西南运输处机工整顿意见》（1941 年 3 月 7 日），云南省档案馆藏，西南运输处档案，54/10/544。

外新住宅丁字三号。①

(1)"华侨机工互助社"设立的缘由

第一，南侨机工的主动要求。南侨机工的家庭和亲属多在南洋，根据"南侨总会"制定的《机工服务公约》的规定，在中国服务的南侨机工须定期向南洋家庭及筹赈会汇报在中国工作的情况。因此，一方面，抵达昆明后，来自南洋各地筹赈会机工队开始筹备成立组织机构，以便与南洋社会和家庭联系。例如，1939 年 6 月 26 日，根据"槟城筹赈会"的要求，槟城第一批机工队队长苏泽时和该队机工谢侠逊、曾达等积极筹备设立机构，决定在昆明成立"槟城机工办事处"。但此后，由于他们忙于训练和运输等事宜，槟城机工队虽"极力设法筹办，无奈时间束缚，致使无力应付"，因此，成立槟城机工办事处的计划未能实现②。另一方面，除了缺少时间外，1939 年 7 月初，西南运输处也开始筹备成立"华侨机工互助社"，于是，各地南侨机工成立组织的事宜自行中止。

第二，南侨机工与南洋家庭联系需要专门机构办理。在中国期间，南侨机工与南洋家属及亲人联系的主要方式是信函来往，具体包括书信、邮寄物品，以及汇款等，因此，需要设立专门的机构来解决以上事宜。

第三，"南侨总会"的督促和推动。1939 年 8 月 3 日，受"南侨总会"的委托，刘牡丹沿滇缅公路考察运输管理及南侨机工情况，在《南侨总会关于改进滇缅公路设备及机工待遇的建议书》中，"南侨总会"除了建议西南运输处改善滇缅路运输管理外，刘牡丹指出，"机工之家属戚友多在南洋，其回国后情形为何，当为彼等家属戚友所关切，查有许多机工对南洋家属未能通讯，恒四、五个月"。特别是大部分在中国服务机工没有收到南洋家属寄往昆明的"银信"，甚至，有的南洋机工家属"连寄几次挂号信，始终未接到"，因此，刘牡丹建议在滇缅路沿线设立信箱，分

① 《华侨机工互助社办公训令》(1940 年 2 月 9 日)，第 20940 号，云南省档案馆藏，西南运输处档案，54/10/550。

② 《槟城机工队队长苏泽时给槟城筹赈委员会函》，《总汇新报》1939 年 6 月 26 日第 2版。

别由昆明与仰光腊成两地转寄机工信函①。

1939年12月7日,"南侨总会"主席陈嘉庚致函仰光分处处长陈质平,指出南侨机工未能收到南洋家属的信函和汇款,同时,要求西南运输处解决南洋家属向南洋机工的汇款问题:

> 近月以来,迭据回国华侨机工函称彼等家属居在南洋群岛,多数须待其寄款维持家费,奈彼等所住地方,交通多不便利,寄付殊感困难,恳求为其设法,俾令各该家属可以接信款,不至窘迫……贵处在所属机关附设汇兑处所,派人专司其事,以便侨工汇寄款项。②

第四,西南运输处军事运输服务的需要。一方面,西南运输处管理人员认为,除了对南侨机工进行军事训练外,还要做好生活方面的服务工作,以便发挥南侨机工在抗日运输中的重要作用。这主要是基于南侨机工身份的特殊性。南侨机工"言语习惯等困难,难以在短时间所能克服"③。另一方面,"侨工生长南邦,从来未履国门一步,或久居海外,长沐异地风光,对于祖国情形,不免生疏隔阂。而生活习惯以不无特殊之处,今虽返来祖国,实不啻于进入一陌生环境,而生活习惯以不无特殊之处"。有鉴于此,西南运输处管理人员认为,南侨机工"今虽返来祖国,实不啻于进入一陌生环境,在生活上、工作上发生种种困难,在所难免"。因此,为"指导其生活,协助解决其困难,使能振奋精神,安心服务"④,西南运输处需要成立专门机构办理。

此外,"华侨机工互助社"的成立也是出于西南运输处塑造华侨机工中国认同的考量。《华侨机工互助社章程》规定,"华侨机工互助社"的宗

---

① 《南侨总会关于改进滇缅公路设备及机工待遇的建议书》(1939年9月24日),云南省档案馆藏,西南运输处档案,54/30/465。

② 《陈嘉庚请附设汇兑处以方便侨工致陈质平函》(1939年12月7日),云南省档案馆藏,西南运输处档案,54/6/335。

③ 《国民政府军事委员会办公厅呈军政部函》(1939年2月7日),云南省档案馆藏,西南运输处档案,54/10/546。

④ 《华侨机工互助会工作计划》(1940年6月7日),云南省档案馆藏,西南运输处档案,54/30/1403,。

旨为"以坚强华侨机工正确意志,促进对华侨机工对祖国之深刻认识,鼓励华侨回国服务,增加华侨之福利,暨砥砺华侨机工之学生行为"①。不仅如此,西南运输处期望通过"华侨机工互助社"对南侨机工的管理,使华侨机工互助社"发挥轴心作用,引起华侨之向心力"②。

(2)社员的权利义务和组织机构。

为规范管理,西南运输处制定《军事委员会西南运输处华侨机工互助社章程》(以下简称《章程》),《章程》对入社资格、社员的权利和义务以及组织机构做了明确的规定。

参加"华侨机工互助社"成员的要求。根据《章程》规定,华侨机工互助社服务对象为西南运输处全体华侨机工,"凡本处华侨员生机工填具志愿书,经本社认可皆得为本社社员",《章程》同时又对参加者的政治意识、遵守法律、日常行为做出严格规定,申请参加者违背以下任何一条皆不能参加互助社:"违背三民主义之言论及行动者""经开革或开除党籍者""患精神病者或有赌博及吸食鸦片或其他不正常行为者""受刑事处分或剥夺公权者"③。

《章程》规定了参加人员权利义务。就权利而言,入社社员"享受本社请求救济及委托办理各项事务之权利"。对于参加人员的义务,规定"社员有互助合作、互相亲勉、遵守社章、服从决议、担任本社指定职务及出席会议之义务"④。

"华侨机工互助社"管理人员的安排。根据《章程》规定,"华侨机工互助社"设立"社长一人,由本处主任兼任",即社长由西南运输处主任宋子良兼任,社长职责主要是"综理全社事宜"。同时,为便于管理机工,《章程》规定:"聘请华侨领袖暨侨务机关长官为名誉社长。而副社长由主

---

① 《军事委员会西南运输处华侨机工互助社章程》(1940年11月28日),云南省档案馆藏,西南运输处档案,54/6/93。

② 《华侨机工互助会工作计划》(1941年3月6日),云南省档案馆藏,西南运输处档案,54/30/1403。

③ 《军事委员会西南运输处华侨机工互助社章程》(1939年8月16日),云南省档案馆藏,西南运输处档案。54/6/93。

④ 《军事委员会西南运输处华侨机工互助社章程》(1939年8月16日),云南省档案馆藏,西南运输处档案,54/6/93。

任指定本处副主任兼任，助社长处理社务。"① 即副社长由西南运输处吴琢之和教育长张炎元兼任。

"华侨机工互助社"实行"总干事"制度。其职责主要是"承正、副社长之命办理本社一切事宜"②。"华侨机工互助社"组织机构及人员的设立情况如下（见表3—2）：

表3—2　　　　　　　"华侨机工互助社"机构设立一览

职务	姓名	职能
总务干事	唐宝方	
助理干事	何锡华	掌管华侨信件及汇款、文件收发
俱乐部干事	庞国器	管理阅览室、游艺室及运动器具
服务部干事	曾亨瑞	办理华侨机工请求之各项事项，
助理干事	张琼林	如护照及待侨胞缮写家书等
指导部干事	李耐青	指导机工生活及对同学精神谈话， 并于十一月廿八日增设编辑部
编辑部兼干事	冯承典	主编华侨通讯周刊及负责一切通讯事宜
助理干事	陈继修	计划完成海外侨胞于本处侨胞机工之通讯网

资料来源：《华侨机工互助社成立经过及目前工作情况》，《华侨机工通讯刊》创刊号，民国廿八年十二月三日。

由表3—2可以看出，"华侨机工互助社"设立总务部、俱乐部、服务部、指导部、编辑部等机构，各部设干事、助理干事均一人，主要负责华侨机工的信函及汇款收转、机工娱乐、办理刊物、解决机工在中国困难等。

鉴于南侨机工祖籍地多为闽、粤等地，为更好地服务机工，华侨机工互助社人员由南侨机工、熟知闽粤语言文化闽粤籍人士及云南当地的人员组成。下为1941年10月的"华侨机工互助社"人员构成表（见表3—3）：

---

① 《军事委员会西南运输处华侨机工互助社章程》（1939年8月16日），云南省档案馆藏，西南运输处档案，54/6/93。

② 同上。

表3—3　　　　华侨机工互助社在职人员一览（1941年10月）

职务	姓名	籍贯/原工作单位
总干	李颂儒	梅县
代干	杜濂	梅县
总务干事	钟清芳	梅县
总务助干	朱祖荣	云南剑川
总务助干	梅之花	南京
福利助干	倪鸿声（机工）	南洋马来亚吡叻实兆达交通汽车有限公司
福利助干	林幼雨（机工）	南洋英属新加坡海山街62号思明西药房
会计干事	罗鉴熙	广东番禺
学术干事	杜有宣	梅县
训育干事	陈学卿	福州
训育干事	吴秀峰（机工）	南洋新加坡卫律九通脚车店
体育干事	陈素磺（机工）	南洋新加坡绿街158号
雇员	蒋根盛	云南剑川
雇员	傅尧民（机工）	南洋新加坡小坡大马路连城街口东成泰号
雇员	潘为题（机工）	南洋马来亚霹雳宝竹林公司

资料来源：《华侨机工互助社1941年10月在职人员通讯录》，云南省档案馆藏，西南运输处档案，54/10/544。

由表3—3可以看出，华侨机工的15名工作人员来自广东梅县、番禺、福建福州、云南剑川以及南洋①。其中，有6名南侨机工参与"华侨机工互助社"的管理工作，其中，"华侨及互助社"涉及南侨机工的福利、训育、体育干事等职务皆由华侨机工担任，反映出南侨机工自我管理的特点，正如西南运输处副主任龚学遂所言：

　　　　关于本社组织，本人以为应当是完全民主的，由三千多位运输线上的机工同志，选举代表筹办，这样可以依自身的需要与利害来计划

① 为便于管理机工，西南运输处曾派人去福建专门招募闽人员来管理机工。参见《西南运输处招募福建保育员报告》（1940年3月9日），云南省档案馆藏，西南运输处档案，54/22/31。

社务推进的方针，毫无隔阂的爱护它，扶植它，使它成为我们自己的园地[①]。

华侨机工互助社总机构设在昆明，1940年3月，受华侨机工互助社委托，体育干事陈素磺（南侨机工）沿滇缅路考察后，建议华侨机工互助社在大理、保山、腊成等南侨机工人数较多的地区设立分社，当由于战事及抢运军事物资等，在滇缅沿线成立互助社分社之事被迫停止。

2."华侨机工互助社"对机工生活的管理

华侨机工互助社在解决机工生活困难、沟通南洋家属中扮演着重要的角色。举凡书信收转、出示证明解决困难、消遣娱乐、牺牲机工丧葬等事宜，都由华侨机工互助社管理和解决。

（1）收转南侨机工信函。

南侨机工"家属亲友多在南洋，其回国后情形如何，当为彼等家属亲友所关注"[②]。因此，在军事运输之余，南侨机工生活之中最为关注之事是收到南洋家庭和朋友的信函。由于滇缅公路沿线没有设立邮局，南侨机工家属的信函必须寄至昆明华侨机工互助社，但因南侨机工大多在滇缅沿线工作以及军事运输具有流动性的特点，华侨机工互助社在收到其南洋的信函后，须及时告知机工来昆明互助社领取。因此，"华侨机工互助社"承担接收并为机工转发信函（口信）的职能。

来自南洋机工家属的信函主要包括信件和汇款凭证。初期，华侨机工互助社收到机工信函后，由工作人员将信函的收信时间、收信人姓名、信函来源等信息统计后刊登于《华侨机工通讯刊》"启示"栏目，以便告知在各地服务的华侨机工直接或委托他人来领取。后因书信太多，《华侨机工通讯刊》中的"启示"栏目难以将全部信函信息刊登，于是，华侨机工互助社每月印刷《南侨机工信件待领表》，并将其与《华侨机工通讯刊》一同寄至华侨机工所在大队。1940年3月10日，华侨机工互助社在《华

---

① 龚学遂：《本社成立的意义和希望》，《华侨机工通讯刊》1940年第11期。

② 《南侨总会关于改进滇缅公路设备及机工待遇建议书》（1939年9月24日），云南省档案馆藏，西南运输处档案，54/30465。

侨机工通讯刊》刊登"启示",告知滇缅沿线各地的华侨机工关注来自南
洋书信的信息:

> 本刊启示,本刊每周接到代转侨工同志信件约二三百封,服务刊
> 地方狭小,未能一一刊出招领,至引为憾,兹自本期起按期将每周所
> 收到信件编制《信件待领表》另纸油印,附本刊寄发,本处所属各地
> 机关,粘贴通知,希望侨工同志注意。
> 　此启。①

除此之外,华侨机工互助社还根据机工工作地点的变动及时了解南侨
机工信息,以便告知机工信函情况。1941 年 6 月 18 日,华侨机工互助社
因"积存侨工信函甚多,亟待整理"。但因信函收信人"车队驻地及侨工
隶属队别均未详明"②。为迅速转寄华侨机工信件,华侨机工互助社特派
互助社干事倪鸿声(南洋机工)到西南运输处核对华侨机工服务地点及人
数名册,以便告知机工及时领取信件。

(2) 解决华侨机工在中国遇到的困难。

在中国服务的南侨机工面临的是一个与完全不同于南洋社会的人文环
境,除了气候、饮食不适等问题外,其中,因语言交流的不便而产生的困
难是南侨机工面对的主要问题。③ 20 世纪 30 年代,国民政府曾大力推行
国语运动,但其效果并不理想,云南省会昆明的通行语言仍以方言为主,
而来自南洋的华侨机工,多以闽粤等方言为主。虽然南洋华侨教育得到迅
速发展,但仍有一些机工不能书写中文和用国语交流。因此,在中国服务
期间,南侨机工因语言交流障碍而导致的困难日渐增多。1940 年 8 月 4
日、8 月 12 日和 9 月 8 日《华侨机工通讯刊》为机工解决的困难如下
(见表3—4):

---

① 《华侨机工领取信函启示》,《华侨机工通讯刊》第 14 期,1940 年 3 月,华侨及互助社编
印。

② 《华侨机工互助社致公路组函》(1941 年 6 月 20 日),云南省档案馆藏,西南运输处档
案,55/10/550。

③ 南侨机工抵达昆明后,在训练所期间,因部分华侨机工中文水平的不同,训练所专门设
立班对其进行基本的中文识字教学。

表3—4　　华侨机工互助社工作统计（1940年8月4日至9月8日）

代写报告	代写书信	发出或交涉汇款	代交涉困难者	缴送遗款者	时间
44人	蔡高秋　李创赠　岑金福	王修甫　王侃　李创赠　蔡高秋　李家锦　赖邦耀	刘伙　易生成　陈亚德　冯耀枝	陈春香　容裕	1940年8月4日
0	赖询和　李林　吴明波　刘开　蔡慧华　黄轩　罗华　黄金干　陈亚珠　刘亚兴　曾金河　钟永安　杨星　陆泽　李德文　陈木轮　戴葵生　郑国全　邱瑞先	蔡慧华　李林　赖询和　黄轩　李家敦　刘开　吴明波　林星泉　罗华冯耀枝	杨妈富　蔡志华　林文光　曾应黎　张亚美　李世　陈亚久　曹岳生　卢松贵　白涧　叶玉彭　余享　孙相成　陈昌殷　许其章		1940年8月12日
2人	郑心燮　甄顺有	黄奕发　林书华　黄昌文　吴世光　郭伟泉	侯炳新　卢荣新　李九　陈庆余　李金　梁瑞春　杨炳茂		1940年9月8日

资料来源：笔者据《华侨机工通讯刊》第32、第35、第37期整理。

由表3—4可以看出，华侨机工互助社为南侨机工解决的困难主要与其南洋家庭密切相关，具体包括为南侨机工代写家书或报告，协助机工交涉汇款问题等。

为南侨机工代写书信和报告。由于许多南侨机工不会书写中国文字，于是，华侨机工互助社定期派人到南侨机工工作地点或机工诊疗所代写家书或报告。华侨机工互助社工作人员王冠时（南侨机工）记载了其到疗养所看望并为机工代写报告的情形：

　　1940年21日，拿了许多稿纸，到小西门诊疗所，目的看看留医在那里的同志，是否有困难的事情，如写家书或报告。我和三个人，跑了几间房子，一共有八个病人患病，大部分是运输积劳而起的内伤或驾驶失事的跌伤。[①]

1940 年 4 月 14 日，一名工作人员记载了华侨机工互助会工作人员何希文（南侨机工）到诊疗所为机工写信的情况：

> 4 月 6 日，我陪着何希文到诊疗所观光，老何引导着我从甬道里进入去，他一星期要到这里两次，为患病的华侨机工写家信及报告。[②]

交涉和处理机工领取南洋家属汇款产生的问题。由于西南运输处提供给南侨机工的薪水过低，难以维持在中国的生活。因此，在太平洋战争爆发前，部分南洋机工在中国的生活由南洋家庭接济。有人认为"南侨机工曾接受南洋家庭汇款者达三分之一"，此说法虽难以证实，但档案资料显示，南侨机工接受南洋家庭的汇款确实是普遍存在之现象。因语言沟通不便，在领取汇款时，部分南侨机工与工作人员交流困难，因此，华侨机工互助社负责为交流困难的机工办理取款交涉。

首先是为南侨机工提供取款身份证明。1940 年 9 月 23 日，南侨机工林炳南遗失取款证明，因而不能到云南邮局领取来自南洋家属的汇款，华侨机工互助社为其提供身份证明并为其担保，其证明如下：

> 谨查社员林炳南系职所侨工。据称失武成路邮局存表手札一节，实属实情并无假冒欺骗情事。
>
> 特为证明，愿负其责。
>
> 　　　　　　　　　　华侨机工互助社　朱侨然
> 　　　　　　　　　　1940 年 9 月 24 日[③]

---

① 王冠时：《服务小记》，《华侨机工通讯刊》第 40 期，1940 年 3 月，华侨机工互助社编印。

② 《华侨机工通讯刊》第 19 期，1940 年 4 月，华侨机工互助社编印。

③ 《华侨机工互助社证明》（1940 年 9 月 24 日），云南省档案馆藏，西南运输处档案，54/31/6520。

其次是代南侨机工交涉领取汇款事宜。南侨机工的工作地点在滇缅路沿线且有的不谙中文，因此，在领取南洋的汇款时，出现误领、冒领等现象。在此情况下，华侨机工互助社工作人员为机工处理南洋汇款问题，其中，华侨机工互助社为南侨机工林天生夫人的汇款交涉即为一典型个案。林天生是第三批南侨机工，1940年2月20日，林天生在保山东四十公里因运输途中翻车殉职。而在此之前，其南洋家属苏方氏由 Kuala Lumhm 华侨银行汇给林天生两张汇票，共计50叻币，汇票号码如下：

G42－KL6690－N 30.00

G18－KL/G15－30.1.40－N 20.00[①]

林天生殉职后，其妻询问曾汇款一事，发现其寄给林天生的汇票在其牺牲之后已被他人持华侨机工互助社证明取走。于是，林天生南洋家属苏方氏请求华侨机工互助社查明原因，后经华侨机工互助社工作人员详加查明，林天生汇款被其好友代为从云南邮政局取走。[②] 后经协商后，该款归还林天生夫人。

（3）设立图书室，创办《华侨机工通讯刊》。

在南洋期间，南侨机工大多养成了阅读书报的习惯。抵达中国后，南侨机工亟须获得有关南洋的信息和南侨机工在国内各地工作的消息。因此，为满足南侨机工阅读书刊的需求，华侨机工互助社首先在昆明开办图书室，其次是专门为华侨机工创办刊物《华侨机工通讯刊》。

1940年3月1日，华侨互助社在昆明设立图书室和康乐室，并发布告示，呼吁南侨机工阅览：

> 本社康乐室及图书馆于3月1日开放。侨工同志为国奔驰于万山丛岭间，备极辛劳。这是人所共表崇高的，同志们于辛劳之余，需要种种慰藉，来恢复身心的疲劳，这是本社成立以来，现本社就时间的允许，先将康乐室及图书室举办，虽目前在设备上也许不能做到满

---

① 《关于机工林天生汇款交涉案》（1940年4月20日），云南省档案馆藏，西南运输处档案，54/31/6520。

② 同上。

足同志们的需求，可是我们却热望同志们不要放弃这小小的享受，现在这两个小小的场所，确能给予同志们真正有益身心的安慰，希望同志们不要放弃他。

本社新设立茶社，并办已达数月，颇见成绩，仅又增加咖啡、可可等饮料出售，价廉物美，侨工同志口福非浅。①

华侨机工互助社图书室的书籍主要由社会各界人士捐赠。包括中国书店、南洋报馆及个人捐赠。1940 年 4 月 8 日，昆明"正中书局云南分局赠书 57 册"②；有来自南洋邮寄至昆明的报纸。1940 年 4 月 14 日，华侨机工互助社告知各地机工南洋各地捐赠的报纸信息并欢迎阅览：

本社图书馆新进增至图书、杂志甚多，连上已达 130 余册，至于报纸，承寄捐来社者有新加坡、斌榔榆、曼谷、香港、海防等地及本市各报，欢迎侨工同志们到室阅览。③

此外，还有南侨机工个人捐赠的刊物。1940 年 8 月 1 日，华侨互助社社员徐顺浩"将所有《西风》副刊二册，《西南边疆》二册，《天下事》一册，《宇宙》一册，全数惠赠"④。

除了开办阅览室，华侨机工互助社还为华侨机工创办了《华侨机工通讯刊》。1939 年 12 月 3 日，《华侨机工通讯刊》在昆明创办。其创办原因，首先是"侨工分散各线服务，互相通讯，至感困难，本刊为便利沟通消息而创刊"，其次是"将返国侨胞之动态以及工作情况，介绍于南洋各地，使海外父老与我国机工，如获晤于一堂"⑤。在《华侨机工通讯刊》

---

①　《康乐图书两室开放》，《华侨机工通讯刊》第 30 期，1940 年 3 月 4 日，华侨机工互助社编辑出版。

②　《华侨机工通讯刊》第 19 期，1940 年 4 月 14 日，华侨机工互助社编辑出版。

③　《鸣谢启示》，《华侨机工通讯刊》第 19 期，1940 年 4 月 14 日，华侨机工互助社编辑出版。

④　《鸣谢启示》，《华侨机工通讯刊》第 22 期，1940 年 8 月 4 日，华侨机工互助社编辑出版。

⑤　龚学遂：《发刊词》，《华侨机工通讯刊》（创刊号）1939 年 12 月 3 日，华侨机工互助社编辑出版。

发刊词中，西南运输处副主任龚学遂对创办目的及意义做了详细阐述：

> 　　我们相信，华侨机工抛弃了在南洋舒适的生活，参加到烽火的斗争的现实环境里，生活一定变成严肃和更有意义了，在奋斗中锻炼起来的华侨们，是需要在南洋的亲友不时给予鼓励和安慰的。同时，我们更相信，南洋的侨胞都怀着极大的热诚，关心着祖国的消息，与返国侨胞的生活。所以，我们应当一方面将国内军事胜利政治改进的简略消息，与返国侨胞的生活情形传达到南洋，另一方面将南洋侨胞对祖国的热诚与希望送回国内。这样，我们不但使彼此间联系更加密切，同时，更可以鼓励南洋踊跃地回国参加这一神圣的伟大民族战争！[①]

《华侨机工通讯刊》设有"本处要闻""南洋要闻""热流""侨光""小论坛"等五个栏目。其中专门设立"侨光"栏目，作为"侨胞寄思表意之园地"。该栏目文章皆为华侨机工撰写，内容包括"学识之研究，诗歌、文艺之书写，小品，特写，以及生活状况之报道"，"信箱及编后栏"则专门告知各机工邮件情况，此外，该栏目还专门为华侨机工刊登新的变动地址以便好友与其联系。

《华侨机工通讯刊》的发行方式及范围。因《华侨机工通讯刊》主要是为南侨机工创办，因此，其发行范围主要是西南运输处服务于各地的南侨机工。鉴于南侨机工分布在滇缅路各华侨机工工作队站，而且华侨机工"驻在地与临时调动"，华侨互助社初期发行方式"暂由各队站厂及训政员转发"，并告知各地"若侨胞能指定地点以后当直接邮寄"。1940 年 12 月 10 日，华侨机工互助社寄给仰光分处《华侨机工通讯刊》并要求采取"分发"和张贴方式以便机工阅览：

> 　　迳启者，自抗战军兴，我华侨机工回国服务者，逾三千人，西南公路上皆有我华侨机工之足踪，如此绵长路线，通讯联络殊感困难，本社为沟通消息，联络感情，奉谕创办华侨通讯刊，现第一期经于本

---

① 龚学遂：《发刊词》，《华侨机工通讯刊》（创刊号）1939 年 12 月 3 日。

月三日出版，兹寄送三十份，即请查收代为分发各华侨机工及广为张贴以供观览，并请台端时将当地华侨机工服务情形翔实见告。

此致　仰光分处　十二月十日①

该刊除了发行于南侨机工外，在南洋未被日本占领之前，华侨机工互助社定期将出版的《华侨机工通讯刊》300份寄至"南洋总会"②。其后，又陆续寄给南洋各华文报馆，其目的在于让南洋各地筹赈会及机工家属及时了解国内机工的工作状况等信息。

《华侨机工通讯刊》的稿件来源，除刊登中国国内各报纸的信息外，华侨机工是主要的撰稿者。为鼓励服务各地华侨机工投稿，1940年4月31日，西南运输处专门发布训令，告知滇缅路各站华侨机工积极为《华侨机工通讯刊》撰写稿件：

总经理处训令　滇秘字第35776号

查本处所属各厂队所之华侨机工为数不少，为利便消息，沟通感情，统一意志，砥砺行为起见，爰有华侨通讯刊之刊行，凡关于机工之生活行动及其重要事务与意见或文艺新闻稿件，除有机密者外，均应尽量刊载，广为宣传，以昭激励动劝，除分令外，合行令仰遵照。嗣后对于上项有关事项，务须切实注意并广为收集，迳寄本处华侨互助社，华侨机工通讯刊编辑室，以备采编为要。

此令。

廿九年七月三十一日③

《华侨机工通讯刊》刊登来自南洋各地的消息。因为南侨机工在工作之外，机工"未尝不意念我父老兄弟姊妹之近况"，因此，华侨机工互助社呼吁南洋报馆、各地筹赈会、南侨机工家属将"海外情形，家庭现状"

---

① 《华侨机工互助社致函仰光分处》（1940年12月10日），云南省档案馆藏，西南运输处档案，54/10/550。

② 《发刊词》，《华侨机工通讯刊》（创刊号）1939年12月3日。

③ 《西南运输处总经理处训令》（1940年4月31日），云南省档案馆藏，西南运输处档案，54/10/550。

等消息直接寄给《华侨机工通讯刊》。① 因此，关于南洋消息稿件是"南洋要闻"栏目的重要组成部分。《华侨机工通讯刊》的创办不仅为南侨机工提供了中国国内南侨机工的工作信息，满足机工阅读报刊的需要，而且沟通满足了南侨机工精神方面对南洋信息的需求。

（4）保存机工证件、行李等物品，代发南洋捐赠物品。

保存机工返国证件。华侨机工互助社管理人员的人事变动交接材料等档案，为我们了解华侨互助社的职能提供了详细的记录。1940 年 6 月 13日，华侨机工互助社管理人员交接《华侨机工护照移交清册》，该名册详细记录了互助社保存的 1551 名华侨机工护照的信息。其中存有《西南运输处华侨机工互助社现存华侨护照清册目录》，该目录以南侨机工姓氏列出华侨机工人数，该姓氏机工箱数、页码等信息。② 反映出华侨机工互助社具有保存机工护照等证件的职能。

除了代机工保存护照，华侨机工互助社还代南侨机工保存物品。在中国工作期间，南侨机工分散各地且随时调动，有的物品不得不寄存在华侨机工互助社。1943 年初，华侨机工互助社解散，因机工地址多有变动，华侨机工互助社不便发放，在侯西反的请求下，互助社将该物品转交给侯西反发放。以下为互助社移交给侯西反的南侨机工部分物品（见表 3—5）：

表 3—5　　缅云南省总局移交华侨互助社寄存滇缅局庶务科物品清册

姓名	物品
郭坚忍	藤萝
温存文	大皮箱
黄玉田	大箱
吴辉耀	箱子
黎琼尹	藤箱、包裹
何满祥	大、小藤箱

---

① 《华侨机工通讯刊》（创刊号）1939 年 12 月 3 日，华侨机工互助社编辑出版。
② 《西南运输处华侨互助社现存华侨护照清册》（1940 年 9 月 6 日），云南省档案馆藏，西南运输处档案，54/31/6520。

续表

姓名	物品
吴钱民	小皮箱
李家春	藤箱、包裹
陈家庆	皮箱
谢如川	大皮箱
陈培	大皮箱
曾益生	大皮箱
黄天赐	大皮箱
温焕南	大皮箱
符气郁	皮箱、包裹
庞祥光	皮箱
蔡忠经	大皮箱
吴奋前	大皮箱
童祖辉	大皮箱
林成勇	大皮箱
龙慰文	大皮箱
符家祥	大皮箱
陈士光	大皮箱
颜金炉	大皮箱
太平机工物品	皮箱（316 个）

资料来源：《缅云南省总局移交华侨互助社寄存滇缅局庶务科物品清册》，云南省档案馆藏，西南运输处档案，54/21/248。

　　向南侨机工发放物品。华侨互助社作为专门为南侨机工服务的机构，随时接受西南运输处的命令和安排执行任务。其中，发放"南洋总会"捐赠给机工的物品是其重要职责之一。在机工返国之前，根据"南侨总会"和西南运输处的商定，南侨机工在中国所需的如蚊帐、棉衣物品，西南运输处答应由中国政府负责置办，但南侨机工抵达中国后，棉衣、蚊帐等必需品仅提供少数华侨机工，大部分华侨机工缺乏棉衣等生活必需品。于是，"南侨总会"迅速发动南洋华社置办，南洋各地捐赠的物品运输到中国后皆由华侨机工互助社代为发放。1941 年 8 月 20 日，西南运输处发布训令，命令华侨机工互助社发放来自南洋制备的棉衣、蚊帐等物品：

> 查现值严暑时期，各地虐蚊为患，本处在仰定制蚊帐制就三千
> 顶，除分发沿滇缅线各分支处队厂所站库公役机工运工外，至于汽车
> 运输大队未领蚊帐之华侨司机机工一时无法配发，兹查华侨慰劳品
> 中，存有蚊帐 443 顶，合亟令仰遵照，讯予悉数提发各运输大队未领
> 蚊帐之华侨机工，以御虐蚊而报健康，并照办理情形具报，是项蚊帐
> 系属华侨慰劳品，非华侨不得冒领并仰知照。
>
> 此令。
>
> 中华民国卅年八月二十日①

以上可以看出，华侨机工互助社具有为机工代为发放物品的职能。除棉衣、蚊帐外，互助社还代为发放来自南洋的其他物品，包括中山服、布帽卫生衣、棉背心、胶鞋灰袜、金鸡纳霜等。②

（5）护送华侨机工返回南洋。

华侨机工在中国服务期间，华侨机工互助社负责华侨机工南返事宜。具体包括为南返机工办理证件和护送机工南返。南侨机工返回南洋原因各异，具体包括：水土不服患病、运输途中受伤而国内不能医治者，南洋家中变故如父母去世等请假者，此外，还有少数被国民政府称为"行为不端不可造就"而被开除者。1941 年 2 月 2 日，南侨机工曾伟南之父在返国途中"遭敌毒手"，而其家中"只剩内子及小儿两人"，须其回家料理家事，1941 年 2 月 15 日，华侨机工曾伟南致函西南运输处华侨机工互助社，提出返回南洋处理家庭变故的申请：

> 窃工家在南洋高渊埠，民廿八年返国参加工作后，遗有父弟妻
> 子，自共服务至今，与家内时有通讯，历安无异。不意近接，内子来
> 函云，自工返国后，家父即携幼弟返港转惠阳原籍，惟经沙鱼时遭敌

---

① 《西南运输处令华侨互助社向机工拨付蚊帐训练》（1941 年 8 月 20 日），云南省档案馆藏，西南运输处档案，54/31/6540。

② 《西南运输处第十八大队领取物品情况》（1940 年 5 月 6 日），云南省档案馆藏，西南运输处档案，54/10/550。

毒手,刻只剩内子及小儿两人,既不善经营生意,复以无以维持生计。乞假南返,携伊等归国等语,理合连同家信一封呈请鉴核,伏恳转呈,准予断绝三月,俾得南返安置家小,实为德便。

谨呈。互助社
第 12 大队机工
曾伟南(附有妻子及两幼儿照片)
四十一年二月十五日①

在机工南返之前,华侨机工互助社须为其办理南返手续、筹备费用等事宜。1941 年 4 月 11 日,华侨机工互助社致函外交部昆明办事处,询问办理护照手续及费用:

查本社社员多名系英属马来亚华侨,前有南洋华侨筹赈会送回本处服务,先因患病,请准长假南返休养特此函请,贵处查照代办有昆明经缅甸直达新加坡之签照手续,该项手续费每名应缴若干,并希见复以凭办理。

此致。

外交部驻昆明办事处
三十年四月十一日②

根据外交部的规定,机工的南返程序,首先是南返者须提供中国护照和英属马来亚居留证,其次是华侨机工互助社到外交部驻昆明办事处集体办理签字,最后转英国领事馆签字后才可南返。而机工南返所需费用均由西南运输处提供,南返路线为由昆明经缅甸仰光抵达新加坡。

机工南返之时,华侨机工互助社派专门人员护送至新加坡。据档案记载,华侨机工互助社共护送三批机工南返,第一批为互助社工作人员马牛(南侨机工)护送,1939 年至 1940 年 1 月南返机工共 68 名,其中,包括因"水土不宜,沾染重病"而中国医院不能治疗者 36 名,南返处理家庭

---

① 《机工曾伟南因遭遇家变请假报告》(1941 年 2 月 25 日),云南省档案馆藏,西南运输处档案,54/31/6507。

② 《机工互助社致外交部驻昆办事处询出国手续函》(1941 年 4 月 11 日),云南省档案馆藏,西南运输处档案,54/31/6521。

事务者（父母病故等）24名，"品行不良者"8名。[①]

1940年4月1日，华侨机工互助社派助理干事李卫民护送第二批南返机工，其中，共有机工32名，该批机工大多是"积劳成病，或因水土不服而罹疾者，而且经已前数月请准长假南返疗养"。下为第二批患病机工南返者情况（见表3—6）：

表3—6　　　　　　　　　第二批抱病南返机工一览

姓名	服务机关
刘亚龙	第5大队司机
郭成珠	修造厂机工
符万	第5大队司机
符廷海	第1大队机工
林启良	第8大队第13中队司机
林青金	第14大队12队司机
陈致训	第11大队司机
洪源贵	第5大队司机
罗铭伟	第13大队18中队司机
王典	第13大队13补充中队司机
朱远祥	第2修造厂机工
许志光	第1大队补充队司机
方是雄	第6大队补充队司机
林茂盛	第3大队司机
刘亚双	第11大队司机
叶支来	第11大队机工
施君辉	第13大队司机
陈福生	第13大队司机
梅丽明	总电台技术
林孝凑	第1修造厂机工
张亚明	第13大队司机

---

① 《西南总处给陈嘉庚和侨委会遣回学生性别表》（1940年2月3日），云南省档案馆藏，西南运输处档案，54/30/386。

续表

姓名	服务机关
朱章万	第 12 大队司机
黄叶转	第 13 大队司机
杨锐廷	第 13 大队机工
黄志壮	第 13 大队机工
符晟	第 11 大队司机（该司机虽申请，但仍继续运输，后在保山医院病逝）
洪金发	第 13 大队机工
陈彩	第 14 大队机工

资料来源：笔者据 1929 年 4 月 14 日《华侨机工通讯刊》整理，华侨机工互助社编印。

第三批获准的南返机工共 48 名，由互助社助理干事陈文峰护送，在办理南返手续后，1940 年 6 月 28 日，该批机工在华侨机工互助社集中动身，循"滇缅路至仰光"。[①]

此外，华侨机工互助社定期派人看望"自新社"的华侨机工。[②] 下为互助社管理人员看望并赠给"自新社"华侨机工书籍的报道：

> 查本社社员，因犯律被送训练所自新感化者，为数迫多，本社为使各兄能悔过自新，渐纳正轨起见，除经常派员逐赴该社开导外，近更收集励志图书 30 册供其阅览，藉以启发。[③]

（6）收容、介绍失业华侨机工重新上岗。

华侨机工互助社具有收容失业机工并为其介绍工作的职能。申请收容和重新就业者多为后勤部、复兴公司、交通部等地服务机工失业者。1939年 12 月 1 日，华侨机工互助社告知收容失业华侨机工的要求和条件，"请

---

① 《第三批请假侨工同志即将南返》，《华侨机工通讯刊》第 22 期，1940 年 6 月，华侨机工互助社编印。

② 因少数华侨机工"不服管教违抗上级者"，经南侨总会同意，西南运输处成立"自新社"专门管理。

③ 《互助社人员看望"自新社"机工》，《华侨机工通讯刊》第 41 期，1940 年 10 月，华侨机工互助社编印。

求介绍工作之华侨机工，倘原曾在本处受训或服务，现在失业者，华侨机工互助社可收容介绍"[1]。

1940年3月，华侨机工互助社收容并为其介绍工作情况如下（见表3—7）：

表3—7　　　　　　　　互助社收容介绍机工运输工作情况

收容机工姓名	原来服务机关	申请参加运输原因
琼籍华侨机工杨俊广、孙家泰、王雄、彭真楚	新加坡筹赈会派往仰光复兴公司，旋被解雇，令南归	热心报国，非达目的不可，乃辗转来昆，请求参加训练，尽匹夫之责
第九批机工陈玉初	交通部修造厂，患病请长假来昆治疗	已痊愈，返国志在服务
侨生刘德庆	军政部后方勤务部贵阳汽车八连，患病在贵阳留医，后返昆，后在复兴公司服务	请假南返，由于欧洲战事爆发，水路不通，请求重新工作
侨生许嘉情（荷属棉兰华侨）	服务中国红十字会	服务期满，道经昆明，侨务局介绍，激于爱国热忱
李（流）水	第一大队腊成工作，误交匪友，吸食鸦片被开除，被禁锢在昆明，后被释放	误入歧途，先每日三思深自愧，望体念，以后当痛改前非，绝不再犯
谢志恩	第六大队，后在贵阳后勤部	来贵阳未派工作，认为尸位素餐，有负国家，请长假来昆，要求工作
符信初　李庭燕　冯亚书　王　雄　杨俊广　林鸿陆	复兴公司	陈嘉庚回国时给予介绍来昆服务

---

① 《收容在其他机关服务之华侨及办法》（1939年12月1日），云南省档案馆藏，西南运输处档案，54/10/551。

续表

收容机工姓名	原来服务机关	申请参加运输原因
蒋伟泉　林猷伟 林运江　莫泽林 吴正秋　周云锦 何启卿　冯汉深 汤振番	服务交通部机械修造厂第二修理工厂	水土不服请长假来昆，拟回本处继续工作（有请假批准证明）
姚文贵	后方勤务部（贵阳）陆军辎重兵汽车第三团八连三排	在贵阳车辆缺乏，罕有工作，终日无聊，志在运输不愿虚度光阴

资料来源：笔者据档案（云南省档案馆藏，西南运输处档案，54/10/551）整理。

（7）协助处理殉职华侨机工事宜。

根据西南运输处的安排，华侨机工互助社协助西南运输处营葬委员会处理殉职机工事宜。首先是发放抚恤金。1940 年 7 月 2 日，机工潘元英因病殉职，西南运输处给华侨互助社的"训令"，告知殉职机工抚恤要求及标准：

> 据第一大队报告，以归国华侨司机潘元英积劳病故，请饬该社查明该死者家属，应准依本处员工抚恤暂行办法第五条第三级之规定，给予一次性抚恤之费 156 元以资抚恤，兹附抚恤申请书一份，即查明该死者家属并予以抚恤。
>
> 1940 年 7 月 2 日①

在接到总处训令后，1940 年 7 月 7 日，华侨机工互助社通过笺函告知南洋筹赈总会该机工家属须办手续。

其次是为殉职的华侨机工处理后事。档案显示，华侨机工互助社与西南运输处员工公墓管理委员会共同处理殉职机工埋葬事宜。1940 年 9 月 20 日，4 名南侨机工病逝后，由西南运输处员工公墓委员会"葬入公墓"，公墓管理委员会"代为树立碑志以垂永久"，同时将殉职机工埋葬信息寄

---

① 《西南运输处训令》（1940 年 7 月 2 日），云南省档案馆藏，西南运输处档案，54/11/223。

给华侨机工互助社。① 华侨机工互助社将南侨机工葬地等信息及时告知"南侨总会"。

(二) 在中国建立家庭的华侨机工

1. 西南运输处对南侨机工婚姻的态度

在中国服务期间,除了已在南洋成立家庭的机工外,未婚的南侨机工正值结婚建立家庭的年龄。因此,部分南侨机工通过"聘媒说和"与当地百姓喜结连理。

初期,在举行结婚仪式之前,南侨机工通常向其所在管理机关提出申请并要求备案。1940 年 7 月 27 日,在楚雄修车厂工作的机工洪朴玉向楚雄站长报告,并请求同意其结婚:

> 窃机工在楚雄曾聘媒说和,得车门街雷姓之女雷玉珍为妻,当经于 5 月 12 日在楚雄四海春举行结婚典礼,实行同居,事关婚姻,未便缄默,理合具文。呈请站长批准。
>
> 机工洪朴玉
> 1940 年 7 月 27 日②

1940 年 8 月 10 日,在重庆分处服务机工王汉文向重庆分处提出结婚申请,并请给予备案:

> 窃兵系第八批华侨机工回国服务,未几二月编入运输第十五大队43 中队,奉调赶赴边境服务,时在万岗县与卫佩声女士结婚,由该县李乡长证婚在案,惟前因抢运繁忙,未有呈报在案,恳请准予转呈总处备案。③

西南运输处各大队、站等基层管理机构屡次向昆明总处报告机工的结

---

① 四名机工为黄九水、陈玉湖、张修轮、施进宝。参见《公墓委员会致西南运输处函》(1940 年 7 月 2 日),云南省档案馆藏,西南运输处档案,54/10/28。
② 《机工结婚申请函》(1940 年 7 月 27 日),云南省档案馆藏,西南运输处档案,54/30/450。
③ 《机工申请结婚备案函》(1940 年 8 月 10 日),云南省档案馆藏,西南运输处档案,54/30/450。

婚申请，致使西南运输处不堪其扰，最后，西南运输处告知各地，"本处既非法院，亦非警局，私人结婚，何用呈报，均自由之，此类事件，勿庸饬报，以省繁牍"。[①]

2. 南侨机工在中国的婚姻情况

因资料缺乏，南侨机工在中国结婚成家难以统计出具体数字。1946年6月，为准备复员工作，"云南省华侨互助理事会"对昆明地区的返国机工进行登记，其中，该批返国机工的婚姻及子女状况如下（见表3—8）：

表3—8　　互助会昆明地区登记复员机工情况（1946 年 6 月）

地区	机工人数	妻和子的人数
新加坡	333（内广 226 人，闽 107 人）	176
柔佛	97（内广 66 人，闽 31 人）	67
马六甲	29（内广 22 人，闽 7 人）	26
森美兰	34（内广 24 人，闽 10 人）	12
雪兰莪	107（内广 77 人，闽 30 人）	68
霹雳	233（内广 173 人，闽 60 人）	149
彭亨	24（内广 20 人，闽 4 人）	16
吉兰丹	1（广）	
槟城	121（内广 65 人，闽 56 人）	52
吉打	51（内广 36 人，闽 15 人）	31
暹罗	23	12
苏门答腊	29	16
婆罗洲	38	10
总计	1120	635

资料来源：《南总会通告（第十九号）》，《战后遣返华侨史料汇编》（3），台湾"国史馆"印行 2005 年版，第 321 页。

由表3—8可以看出，1946 年 6 月，在昆明地区登记的 1120 名南侨

[①] 《西南运输处致各分处机工结婚事宜函》（1940 年 8 月 12 日），云南省档案馆藏，西南运输处档案，54/30/450。

机工中，复员南返时准备一同南返妻子和子女人数共 635 人。但我们仍不能明确以上返国机工建立家庭的具体数目，不过，可以推测，在 1120 名南侨机工之中，在中国人结婚建立家庭的应不在少数。

华侨机工在中国建立的家庭，往往既有媒人证婚，又有结婚证书，下面为服务于华侨先锋大队的南侨机工李飒与傣族姑娘刘学义在芒市结婚时的结婚证书，其内容如下：

结婚证书

民国　年十二月初二生，福建安溪人

民国　年四月初四生，云南龙陵县人

今由

刘攸齐　陈东山先生介绍　谨于中华民国三十年二月　日上午十二时，在芒市华侨先锋大队部举行婚礼，恭请

连文瀛先生证婚　阑此日桃花灼灼，宜室宜家；卜他年瓜　绵绵，尔昌尔炽，将红叶之盟载明鸳鸯。

此证。

结婚人　李飒　刘学义

证婚人　连文瀛

介绍人　刘攸齐　陈东山

主婚人　李清倩　刘仕书

中华民国三十年二月十五日订①

由其结婚证书可以看出，结婚证书内容包括结婚人出生年月，介绍人、证婚人及主婚人。据在昆明的当事人回忆，当时华侨先锋大队为其举行了隆重的婚礼。

3. 南侨机工在中国建立家庭的个案

南侨机工与当地姑娘成家有三种方式：一是因被"岳母"相中，二是华侨机工主动追求，三是经他人介绍而成家。

昆明机工翁家贵成家是被其"岳母"看中。当时翁家贵驻扎在保山，

---

① 转引自林少川《陈嘉庚与南侨机工》，中国华侨出版社 1994 年版，第 90—91 页。

其岳母认为他年轻、有一技之长，而且性格温和，认为在战争年代把女儿许配给这样的人放心。据机工翁家贵回忆，"到昆明训练后被编入十四大队补充队，驻扎在保山市小庙旁的旅店里。那时她还小，才 16 岁，扎着小辫，是个害羞的小姑娘，是她妈托人给我说的媒"。经岳母同意，26 岁的翁家贵和罗春芳订婚，1940 年 10 月，因战事紧迫，二人在保山结婚。①

华侨机工黎家明也是被"岳母"看中的。由于南侨机工在运输时经常租住当地民房，当时租住在"岳母"家的南侨机工黎家明因"言语不多，做事勤快"而被"岳母"相中，经过其"岳母"认真"考察"，决定将就读昆明女子中学的女儿周琼英嫁给机工黎家明。②

除了被"岳母相中"与当地姑娘结婚之外，有的南侨机工成家是经他人介绍。例如，1941 年初，日军经常轰炸昆明，经华侨机工黎家明的岳母介绍，机工李大勋与 16 岁的昆明姑娘沈桂英相识，后来二人在昆明结婚。

在滇西芒市等少数民族居住地区，傣族姑娘性格热情奔放。华侨机工英俊潇洒且为人坦诚、乐于助人的性格，深得当地傣族姑娘的喜欢，驻扎在芒市的南侨机工汤仁文则是主动追求芒市大家闺秀方香玉而喜结连理：

> 他（汤仁文）经常和一位姓赖的朋友到芒市银器店找我妈方香玉聊天，我妈对汤有好感，但我外婆不喜欢汉族，常恶言为难汤和赖。为借机会接近我妈，他就找我妈外出下坡挑水的时间会面。相互爱慕后，汤就向我外婆提亲，起初外婆反对，后来看到两人相爱，就答应婚事。他们于 1942 年 2 月 6 日结婚，据我妈说，当时场面壮观，有几十辆卡车迎亲，热闹非凡，芒市姑娘非常羡慕他们。③

（三）"云南华侨互助会"对南侨机工的救助（1944 年 1 月至 1946 年 10 月）

1943 年 12 月底，"华侨机工互助社"宣布解散。在此之前，少数南

---

① 范南虹：《有一种温柔拂去战火硝烟》，钟业昌编：《铁血滇缅路》，辽宁教育出版社 2010 年版，第 104 页。

② 同上书，第 105 页。

③ 笔者于 2012 年 8 月 7 日上午 8 点，与机工后代汤耶碧女士访谈。汤女士为云南民族大学舞蹈系教授，现已退休。

侨机工因运输机构的改组而多次被裁员失业,他们主要集中在昆明,但因其人地生疏而处于失业状态,而国民政府对南侨机工的生活也难以顾及,在此情况下,1944 年 1 月 20 日,为解决南侨机工生活困难和联系分散各地的"南侨机工",侯西反等在昆明发起创建云南省华侨互助理事会,主动承担起救助机工和战后复员前期准备的工作。

1. 云南省华侨互助理事会的创建

云南省华侨互助理事会的成立始于侯西反在昆明救济侨胞。1943 年 9 月底,侯西反从重庆抵达昆明,在与南洋侨胞的谈话中得知,"自南洋沦陷以后,侨胞返国,流离失所,衣食不周,儿童失教"。于是,侯西反立刻召集华侨热心人士在昆明的福建会馆举行座谈会,决定在福建会馆成立临时收容所,收容贫困难侨,侯西反安排曾济仁先生聘请义务医师陈永祥等为生病侨胞诊疗,施惠医药。其经费主要是向社会募集,但由于"知者无多,规模较小,仅募得五万余元及少量药品"①,因此,救济效果不甚理想。

与此同时,"在昆明的南侨机工多数无所依寄,浪迹街头,露宿荒郊破庙,衣不蔽体,皮肤枯瘦"。② 1943 年底,第一批"南侨机工"领队白清泉、胡凯军等 40 余名主动联系侯西反并与之协商解决机工面临的困难问题。于是,侯西反与白清泉等在黄土坡安乐室召集部分侨工召开座谈会,协商如何救济华侨机工。会议决定首先在"滇缅公路"沿线调查和登记失业侨工,派白清泉、胡凯军、杨瑞文在昆明、下关、曲靖等地登记失业流浪侨工并分别施予救济。其次是募集救济经费 25 万元,其中,侯西反卖私物捐助 15 万元外,各侨工代表亦竭尽所能,分担 5 万元。③

在侯西反的领导和在昆南侨机工的共同努力下,设在福建会馆的"华侨收容所"规模扩大,收容 120 名难侨和南侨机工,其中,南侨华侨机工成为被救助的主体,收容所的管理和培训任务主要由第一批南侨机工领队白清泉负责。

但随着要求救助的"南侨机工"日渐增多,侯西反认为,"救济事业

---

① 侯西反:《滇省华侨互助理事会报告书》,《华侨先锋》第 11—12 期,1944 年。
② 同上。
③ 同上。

必须政府之资助及社会之扩大之人力财力为之扶持"。于是，侯西反返回重庆，向国民政府请求 20 万元以救济南侨机工。1943 年 12 月 30 日，侯西反再次返回昆明，决定发动昆明社会力量救助南侨机工，特别是邀请到在昆明的缅甸华侨胡春玉先生共同筹组云南省华侨互助理事会。

在侯西反的努力下，经过一个多月的筹备工作，1943 年 12 月 7 日，包括"旅滇福建同学会""旅滇南洋华侨互助会"等社团及驻昆的社会各界热心人士 30 余人，在昆明"福建会馆"发起成立"云南省华侨互助理事会"，发起函中强调加强侨胞之间联络和动员社会资源协助救济侨胞：

> 谨呈者，同人鉴于留昆侨胞大多数散居各处，平常缺少联络，对于侨胞工作无法进行，日下胜利在望，各地华侨尤须集中筹备道声通气，以便各返本地，后仍能精诚团结，通力合作，为祖国服务，本中枢积极救侨，竟纠集在滇省同志发起筹备组织云南省华侨互助会，以便协助政府救侨工作。①

云南省华侨理事会发起人名单如下：

龙纯曾　陈洪业　王毓敏　侯西反　胡凯军　黄诚彬　刘家驹　麦浪　郑亦庚　薛嘉膺　蓝宝良　赵子霖　陈仲山　连文瀛　苏响钟　林冠军　黄铁耕　郑开易　冼德芬　林一峯　李孝旺　陈实甫　白清泉　曾济仁　余亚水。②

在侯西反的努力下，1944 年 1 月 20 日，云南省华侨互助理事会在昆明"福建会馆"正式成立，理事会大会选举产生组织机构，大会推举侯西反为第一任理事长，理事会成员宣誓就职，全体理事会成员名单如下（见表 3—9）：

---

① 《滇省华侨互助理事会发起函》(1943 年 12 月 1 日)，云南省档案馆藏，云南省侨务处档案，92/1/1。

② 《省华侨理事发起函》(1943 年 12 月 1 日)，云南省档案馆藏，云南省侨务处档案，92/1/1。

表 3—9　　　　　　　　云南省华侨互助理事会成员名单

职务	姓名	备注
理事长	侯西反	国民政府军委会咨议,南侨总会副主席
常务理事	刘绍虞　薛嘉膺	薛嘉膺系福州英华书院毕业,福建旅滇同乡会理事长
理事	胡春玉　白清泉　杨问农 王文良　倪觉悟　詹先铣	
候补理事	曾济仁　叶　猛 连文瀛　吴冠中	连文瀛系机工第四批总领队,交通部滇缅公路局视察,福建旅滇同乡会监事
监事	叶振中　陈仲山　黄铁耕	
候补监事	胡凯军　苏景明	

资料来源:《滇省华侨互助理事会发起函》(1943 年 12 月 1 日),云南省档案馆藏,云南省侨务处档案,92/1/1。

　　从表 3—9 可以看出,云南省华侨互助理事会成员的身份来源有四种情况:一是来自南洋且与机工本身有密切关系的人员,如华侨理事会理事长侯西反;二是有的本身为南侨机工且曾担任一定的职务。如白清泉为南侨第一批机工队队长,连文瀛曾任"华侨先锋大队"队长;三是活跃在昆明的华侨领袖,如当时来自缅甸的华侨胡春玉;四是由昆明福建会馆的商人组成,昆明福建会馆为闽商集中之地,与来自其祖籍为闽粤的南侨机工地缘上有纽带联系。此外,还有当时在昆明的社会各界热心人士。云南省华侨互助理事会参加人员的身份构成为侨胞和南侨机工服务提供了保障。因此,尽管该团体名称是云南省华侨互助理事会,但在侯西反的主持下,云南省华侨互助理事会主要的服务和救济对象主要是南侨机工。

　　2. 云南省华侨互助理事会经费来源

　　"云南省华侨互助理事会"作为一个社会民间团体,其运行的关键是经费来源得到保障。虽然国民政府有责任和义务救助为抗日做出贡献的南侨机工,但由于临近抗日胜利、财政困难等原因,难以顾及南侨机工的生活,因此,在侯西反的领导下,云南省华侨互助理事会救济机工所需经费大多是向社会募捐而来。表 3—10 为侯西反担任理事长期间(1944 年 1—

9 月）的经费来源情况：

表 3—10　　云南省华侨互助理事会经费来源（1944 年 1—9 月）

捐款者	金额（国币元）
龙纯曾	1500000
黄克荣	200000
侯西反	1000000
叶振中	100000
胡春玉	800000
钟述静	60000
赈济委员会	750000
林育才	60000
交通部	25000
张茂才	60000
会费收入	64000
梁　耘	60000
救济金	220000
张西林	60000
个别会员捐款	740000
白清泉	60000
刘绍虞	生米 20 公担，款 200000
陈其仁	60000
罗镜波	60000
曾复重	60000
总计	6940000

资料来源：侯西反：《滇省华侨理事会报告书》，《华侨先锋》1944 年第 11—12 期。

　　从表 3—10 可以看出，1944 年 1 月至 9 月间，云南省华侨互助理事会向社会各界募集经费共计 6940000 国币元及部分物品。其经费来自三个方面：一是华侨互助理事会的理事、会员费及个别会员捐款。如理事长侯西反个人捐款高达 100 万元；二是国民政府相关部门提供的经费，如国民政府交通部捐赠 75 万元，赈济委员会捐赠 2.5 万元；三是昆明社会各界热心人士的捐款，如龙纯曾、叶振中等。云南省华侨互助理事会的活动经费，除了捐赠外，其他经费主要是由侯西反募集而来。

1940 年 11 月 10 日，侯西反由重庆乘机返回昆明途中飞机坠毁，侯西反殉职，缅甸华侨胡春玉继任云南省华侨互助理事会理事长。胡春玉担任理事长期间，云南省华侨理事会活动经费主要有两个来源。一是举办活动募捐捐款。1945 年 4 月 5 日，互助会邀请留昆剧人公演"斋文草"等剧目，共得门票 80 万元，经第十次理事会决议，该款存入银行作为互助会经费。① 二是由组成理事会的南侨机工成员个人负担部分经费。限于资料原因，难以得知南侨机工个人的捐赠数目，但我们从 1946 年 10 月 9 日互助会理事长胡春玉给云南侨务处的信函中，可知华侨互助会工作人员在经济上的付出和奉献。胡春玉告知云南侨务处，互助会运行"概由私人负担，及多数工作人员捐赠，惟年来以协助侨工工作耗费浩繁，不但私人破产，互助会亦负债累累，实无法继续维持"②。

3. 云南省华侨互助理事会救助机工之活动

云南省华侨互助理事会被称为当时昆明最为活跃、最有影响力的民间团体。据统计，1944 年 12 月 31 日，其会员达 1202 人，③ 1946 年 1 月底，会员人数达 1973 人。④

云南省华侨互助理事会成立之后，无论在侯西反领导期间还是胡春玉领导时期，互助会为"南侨机工奔走，无不不尽力为之"。为南侨机工做了大量的工作。

（1）救济失业南侨机工。

在侯西反的组织下，云南省华侨互助理事会主动承担起在昆明南侨机工的管理和组织工作。第一，加强机工之间的沟通和联系。互助理事会把在昆明的 1200 名南侨机工，划分为"七个区域组织联络，各区侨工聘区

① 《云南省华侨互助会三十四年度上半年报告书》（1945 年 4 月 5 日），云南省档案馆藏，云南省侨务处档案，92/2/167。

② 《为经费无着呈请直属上司办理恳请派员接受有关侨工复员未了事项》（1946 年 10 月 9 日），云南省档案馆藏，云南省侨务处档案，92/3/54。

③ 《云南省华侨互助会会员名册》（1946 年 1 月 30 日），云南省档案馆藏，云南省侨务处档案，92/2/167。

④ 《云南省华侨互助会三十四年度上半年报告书》（1945 年 4 月 5 日），云南省档案馆藏，云南省侨务处档案，92/2/167。

长 1 人，区下分为若干队及组，各区侨工婚丧及贫困失业等，互相扶持"①。第二，救治患病机工。鉴于机工患病者较多，华侨互助理事会聘请昆明名医"陈永祥、黄有鸾两大医师为患病侨工诊疗，并发放药品"②。第三，设立娱乐设施。云南省华侨互助理事会内设康乐室，提倡康乐活动。室内设有图书、弹子球等，并组建华侨机工排球队、洋拳组、粤剧团等。第四，保护南侨合法权益。鉴于机工"侨胞多不谙祖国情形，往往为歹人暗算或利用"，侯西反专门聘请马达夫律师为顾问，保障机工合法权益。③

需要特别指出的是，因工作需要，侯西反需要赴重庆处理事务，但仍时刻牵挂在昆明的南侨机工的生活，下面为其在重庆期间致函白清泉等请求照顾机工：

> 清泉、凯军诸同志公鉴：
>
> ……际兹严冬已届，寒风飒飒，大有岁近天寒之意，使余万分惦念失业之机工，此次赴昆办理救济事宜，幸多方相助，不辱使命，然因时间之关系，余又返渝，未知最近该批机工之生活状况如何，有否苦衷及困难，对于救济办法如何订定，请即一一详示为要，并望就近多多照料，因此种专门人才乃系国家命脉之血，宜培养之以壮我国元气，未悉君等意外然否？④

（2）收容并培训机工继续从事运输工作。

云南省华侨互助理事会成立后，侯西反"着重收容失业侨工，救济难侨"⑤。据侯西反遗著《滇省华侨互助会报告书》，截止到 1944 年 9 月 30 日，以侯西方为首的云南省华侨理事会共收容和训练南侨机工 207 人。训练后滇缅运输局、川滇东路、昆明及下关等地承担运输工作。具体情况如下（见表 3—11）：

---

① 《云南省华侨互助会三十四年度上半年报告书》（1945 年 4 月 5 日），云南省档案馆藏，云南省侨务处档案，92/2/167。

② 同上。

③ 侯西反：《滇省华侨互助理事会报告书》，《华侨先锋》第六卷第 11—12 期，1944 年。

④ 该信函由马来西亚侯西反外孙女 Lim Siok Pok 提供。

⑤ ［新］邱新民：《艰难的行程》，新加坡文学书屋 1985 年版，第 14 页。

表 3—11　　　云南省华侨互助理事会收容失业侨工训练情形

期别	收容训练人数（人）	训练后去向
第一期	107	训练后送 20 名入滇缅局服务，除 87 名送交通部黔西训练所受训 2 个月，再分发川滇东路及西南公路局等机队服务
第二期	50	训练 1 个月分送滇缅局昆明段及下关段服务
第三期	50	训练 1 个半月送滇缅局，再训练 2 个月组织华侨运输中队，留滇缅局服务

资料来源：侯西反：《滇省华侨理事会报告书》，《华侨先锋》1944 年第 11—12 期。

值得一提的是，为确保训练后的华侨机工重新上岗，侯西反多次与国民政府滇缅运输局交涉和协商。笔者从有关侯西反的档案资料中，发现云南省华侨互助理事会收容、训练第二期机工以及侯西反与政府协商机工重新上岗的资料，从中反映出侯西反为南侨机工重新上岗所付出的艰辛努力。

在第一期收容的南侨机工训练结束后，华侨互助理事会迅速训练第二期，1944 年 3 月 29 日，侯西反飞往重庆之前，致函滇缅公路局局长葛沨请求优先录用南侨机工：

　　西公局长勋鉴，日前晋谒原荷，关心侨工疾苦，俯允分别录用，本会所收容机工至深铭感，现第因事匆匆飞渝，诚想渎扰，未趋辞别，敬请恕谅怠慢。并请于该批侨工结业时，优容录用为祷，谨侯，勋绥。
　　　　　　　　　　　　　　　　　　　　　　弟侯西反谨启[①]

1939 年 4 月 5 日，侯西反再次致函滇缅公路局局长葛沨，告知滇缅运输局华侨互助理事会第二期训练的机工人数，并请求滇缅局派人到互助理事会考核及接领合格人员：

　　敬启者，本会于 3 月 15 日收容整训侨工 32 名，其中司机 24 名

①　《侯西反致滇缅公路局函》（1944 年 3 月 29 日），云南省档案馆藏，西南运输处档案，54/21/247。

（内有大拖车司机8名），机工8名，均经请准均处收容录用，兹随函送上各侨工履历一册，敬请誊收。又该批收容整训之侨工定于4月10日结业，届时请派员莅临本会接领并派工作为祷。

　　此致

　　交通部总局滇缅公路运输局　云南华侨互助理事会长　侯西反

谨启

附件：

云南省华侨互助理事会第二期培训机工个人信息

批次	姓名	在中国运输经历
3	郑多光	西运处12大队，腊戍西运处钞票队
2	吴新雷	西运处11大队及华侨先锋队
3	李亚珠	西运处12大队及中缅局
4	张盛顺	西运处华侨第1队第2中队
3	陈介夫	西运处12大队补充队，华侨第1大队
1	叶运清	西运处修车队及12大队抢运队，滇缅铁路
4	吴恒堂	西运处12大队，中缅局1大队补充大队，滇缅局稽查大队
3	彭家庆	西运处12大队，中缅局1大队补充大队
4	汪亚权	西运处总厂机工先锋2大队
3	林长寿	西运处11大队
3	丁进荷	西运处第5大队第5补充队
8	吴亚临	西运处第5大队第5补充队
4	许来水	西运处第5大队，中缅局钞票队
9	林国民	西运处华侨先锋第1大队，中缅局钞票队
5	郑世泉	西运处第9大队，华侨先锋第2大队
3	方业松	西运处第1大队，美国陆军供应处
5	陈明发	西运处14大队及钞票队
6	马祖庆	西运处14大队抢运队及资源委员会
5	陈容	西运处14大队
3	何有	西运处第5大队
2	汪天成	西运处第7大队及华侨先锋第2大队
4	张观生	复兴公司及交通银行

续表

批次	姓名	在中国运输经历
10	王声桐	西运处 12 大队，后方勤务部八连
4	林森裕	华侨先锋第 1 大队
8	谢来发	华侨先锋第 1 大队
3	杨全	西运处 12 大队，中印队，中缅局第 2 大队
1	蔡亚昌	西运处第 2 大队，中缅局八莫队，滇缅局第 10 大队
9	邱树华	西运处芒市车厂及昆明总站
4	包亚细	西运处技术科
缅归侨	梁祺玉	军委会通知局，汽车配件委员会，整车厂
缅归侨	林润德	八募修车厂
缅归侨	杨威	西南修车厂

资料来源：《第二期培训机工个人信息表》，云南省档案馆藏，西南运输处档案，54/21/247。

经过华侨互助理事会特别是理事长侯西反的多次努力争取，滇缅公路局派员接收互助理事会收容的南侨机工，经过滇缅局严格考核，最后"滇缅运输局"录用 43 名，其中修理工 8 名，司机 35 名，主要在昆明（修车厂）和下关两地工作。但因当时昆明黄土坡修车厂"工作较忙，机工不敷分配，除录用 8 名南侨机工外，后又增加 10 名机工"①。华侨互助理事会输送第二期华侨机工分配工作地点及机工姓名如下：

留昆机工名单：(17 名)

吴新雷　李玉锡　郑多光　李亚珠　张盛顺　陈介支　叶运清
吴坦堂　彭家庆　丁进发　陈亚临　杨全　蔡德富　许来水　刘仕祥
胡牛　陈来顺

派赴下关名单（17 名）

谢来发　陈逸　汪亚权　林长寿　谭长和　林国民　方亚松　陈
明业　马祖庆　陈荣　何有　王声桐　蔡亚昌　陈亚九　钟丽才　张
观生　林森裕

---

① 《侯西反致滇缅运输局》(1944 年 5 月 15 日)，云南省档案馆藏，西南运输处档案，54/21/247。

派往昆明修车厂机工（7 名）

林闻德　邱树华　包亚细　梁祺玉　杨威　马如利　吕寿①

　　云南省华侨互助理事会培训的第二期南侨机工被滇缅运输局接收后，1944 年 5 月 15 日，侯西反再次致函滇缅公路局局长，告知"本会调查失业之侨工为数尚多，已到本会登记者六、七十人，倘能分别录用，本会当循序按照报名先后顺序审查之"，侯西反认为"现军运方面，料必需要大批司机、机工，贵局能调用若干，本会随时可以遵命收容训练，分配送上"②。滇缅局收到信函后，滇缅局命令各段处上报各地需求机工数量，互助会培训第三期机工 50 人，训练被派往滇缅公路运输局服务。

　　收容和培训机工的费用和训练物品是由侯西反向国民政府和社会各界募集而来。其中中央赈济委员会拨款三次，共 75 万元，交通部援助 20 万元。训练地点由"福建会馆"借给的房屋作训练所地点；训练所需物品的募集，其中黄克荣先生捐内衣 100 件，军政部昆明军需局发旧棉衣 500 套，红会及云南省卫生处捐赠药品；由互助会机工白清泉、胡凯军、邢明、包崇章、郑开益、陈洪业、黎继信义务担任训练工作。③

　　（3）接收和保管"南侨机工"物品。

　　滇缅公路畅通时期，南侨机工随身携带的护照和行李主要由西南运输处创办的"华侨机工互助社"保管。1943 年 5 月 11 日，"中缅运输局"取消，国民政府成立"滇缅运输局"，"华侨机工互助社"随之结束。南侨机工的物品也被移交至滇缅运输局，因此，滇缅运输局决定不再继续保存华侨机工物品而让机工自己保存。但因其"不悉各侨工地址，一时难于发还"。侯西反得知这一消息后，1944 年 2 月 19 日，致函滇缅运输局请求代管：

　　　　顷闻中缅局运输局华侨机工互助社结束，各侨工存之护照行李娱

---

　　①　《侯西反致滇缅运输局函》（1944 年 5 月 15 日），云南省档案馆藏，西南运输处档案，54/21/247。

　　②　同上。

　　③　侯西反：《滇省华侨互助理事会报告书》，《华侨先锋》第 6 卷第 11—12 期。

乐器具及慰劳品等物品均移至贵局存储……原在本会与侨工向有联系，敬请转收以上各项物品移交本会，具条代领，再由本会分别通知各侨工前来具领为祷。[①]

1944 年 3 月 4 日，滇缅运输局同意侯西反保存和代发机工物品的请求。1944 年 3 月 15 日，原"华侨机工互助社"理事会杨励吾与侯西反办理物品移交手续，移交给侯西反的南侨机工物品包括：证件、信函以及部分南侨机工的个人生活用品。

证件和信函：其中护照 391 人，荣誉章 24 人；无法投递信件 152 封；此外，还包括"南侨总会"寄给机工生活用品如下（见表 3—12）：

表 3—12　　　　　　滇缅运输局保存的南洋慰劳品移交数目表

种类	数目
卫生衣	167 件
袜子	780 双
中山装衣	39 件
中山装裤	23 条
蚊帐	70 顶
蓝秋衣	32 件
棉背心	144 件

资料来源：《滇缅公路运输局移交云南华侨互助会华侨机工寄存物品清册》，云南省档案馆藏，西南运输处档案，54/21/248。

经侯西反与滇缅运输局协商，1944 年 4 月 8 日，滇缅运输局庶务科再次移交给云南省互助理事侯西反部分南侨机工物品，共有 416 名机工寄存的物品，主要是南侨机工来中国时所携带皮箱等物品。[②] 而这些物品包括南侨机工复员和南返的重要证件等。

---

①　《侯西反请求接受机工物品函》（1944 年 2 月 19 日），云南省档案馆藏，西南运输处档案，54/21/248。

②　《中缅云南省总局移交华侨互助社寄存滇缅局庶务科物品清册》（1944 年 4 月 8 日），云南省档案馆藏，西南运输处档案，54/21/248。

（4）创办"昆明侨光小学"，教育机工子女。

在中国服务期间，部分南侨机工在中国建立家庭并育有子女。据华侨互助理事会统计，仅在第二期登记的 251 名南侨机工中，就有 104 名机工在中国结婚并育有子女，其中子女 86 人。① 因此，华侨互助理事会认为"教育贫童之工作刻不容缓"，1944 年 1 月 20 日，华侨互助理事会在昆明创办侨光小学。

侨光小学创办之初，校址暂借在昆明福建会馆内，后由昆明社会人士龙存会先生捐国币 150 万元，修建全部校舍。聘请西南联合大学毕业的梁佑贤（泰国华侨）女士为校长，有教职员 6 人。设立初小一至四年级及预备班共 5 个班，120 名学生中，十分之六为侨童；第二学期，随着学生的增加，开始办完全小学，学生人数突增，全校共 254 人。② 1945 年上半年，学生人数达 312 人，班级有 8 个，教职人员 14 人。③ 开办学校的经费，主要由华侨互助理事会向社会募捐，第一学期开支 150 万元；第二学期学校建筑费及日常开支共 420 万元。④

（5）主持"南侨机工招待所"，解决机工生活问题。

抗战胜利后，四川、云南、贵州等地"失业侨工甚多，流离失所，亟待救济"。1946 年 1 月 9 日，为使机工"俾免冻馁之苦"，云南省华侨互助理事会将 300 名失业南侨机工名单及救济申请分呈善后救济总署、侨务委员会、海外部等政府部门呼吁救济机工。1946 年 1 月 15 日，根据善后救济总署安排，云南社会处发放大米救济南侨机工，还是解决不了南侨机工基本的生活保障问题。于是，云南省华侨互助理事会决定"设立招待所，让救济的人有地方住，有饭吃，有事做，把他们聚集在一起"⑤。为办理机工招待所，云南省华侨互助理事会首先在昆明社会处和侨务处协商，决定派人到重庆请愿解决机工生活问题，经过协商，国民政府同意设

---

① 《侨务委员会函送外交部华侨机工第二期复员登记名册》，《战后遣返华侨史料汇编》(3)，台北"国史馆"印行 2005 年版，第 394 页。

② 侯西反：《滇省华侨互助理事会报告书》，《华侨先锋》第 6 卷第 11—12 期。

③ 《云南省华侨互助会三十四年度上半年报告书》（1945 年），云南省档案案馆藏，云南省侨务处档案，92/2/167。

④ 侯西反：《滇省华侨互助理事会报告书》，《华侨先锋》第 6 卷第 11—12 期。

⑤ 邱新民：《艰难的行程》，新加坡文学书屋 1985 年版，第 37—39 页，

立机工招待所。南侨机工招待所由昆明社会处、昆明市政府、昆明警务处、华侨互助会来负责管理机工生活。

1946年5月10日，南侨机工招待所在昆明昆沙公路观音寺成立，临时以该寺庙作为南侨机工居住的地方。虽然南侨机工招待所由昆明失业侨工招待委员会管理，但实际上的管理和救济机工工作由云南省华侨互助理事会负责。在机工招待所，失业侨工人员过着集体生活，机工每日定时起居，上午补习华文、英文和巫文，下午制作藤品竹器，实行"以工代赈"[①]。

云南省华侨互助理事会除了让失业侨工人员自己动手以换取少量费用外，其经费来源主要呼吁社会各界捐赠。1946年5月至1946年10月，机工招待所经费来源如下（见表3—13）：

表3—13　　　　　　　　机工招待所经费来源

部门	金额（元）
侨务委员会	2000000
战时运输局	2000000
云南社会处	750000
国民政府社会部	8000000
外交部拨南侨总会捐款	14794500
柔佛、峇株巴辖	1515150
总计	29059650

资料来源：邱新民：《艰难的行程》，新加坡文学书屋1985年10月版，第39页。

由表3—13可以看出，1946年5—10月，机工招待所共募集经费29059650元。其中，除了国民政府如侨务委员会、战时运输局、社会部拨款外，来自南洋的捐款也是重要的组成部分，如经外交部转交的南侨总会捐款为14794500元，是最大的一笔捐款，此外，来自南洋柔佛、峇株巴辖华侨社会的捐款高达1515150元之巨。

[①]《艰难的行程》，第38页。

此外，云南省华侨互助理事会在战后复员①中承担着大量的工作，如复员登记、向国民政府交涉复员、代发证书和奖金等事宜，在机工复员南返中扮演了不可替代的角色。

总之，通过云南省华侨互助理事会的成立及其活动可以看出，在抗战胜利前后，华侨互助会在服务和救助南侨机工中扮演了重要角色。可以说，云南省华侨互助会是南侨机工抗战胜利前后的集结中心和在中国维护南侨机工利益的代言人。诚如侯西反先生所言"凡有利于机工者，无不竭力以赴"。

第四节　小结

因为南侨机工所承担的军事物资的补给重任和南侨机工身份的特殊性，为使其掌握和适应中国军事运输任务所必备的技能和要求，西南运输处对其实施严格的培训。训练内容包括军事训练、技术训练、政治训练，在培训中，习惯于南洋舒适生活的华侨青年克服物资生活等方面的困难，抱着祖国抗战必胜的坚定信念顺利完成培训任务。西南运输处对南侨机工的训练对军事物资运输具有重要的意义。首先，通过集中训练，南侨机工初步了解和掌握了在中国承担军事运输的必要技能和政治素质，例如，尽管大多数南侨机工适应南洋平坦的路况，但极为缺乏山地驾驶的经验和技能，因此，对其山地驾驶的培训显得尤为必要。其次，通过培训和训练，南侨机工初步适应了集体化生活和军事化的管理方式，为华侨机工执行军事物资运输重任奠定了坚实的基础和保障。

一方面，为充分利用南侨机工的技术优势，西南运输处管理机构对南侨机工做了安排和管理。首先，在军事方面，西南运输处利用南侨机工的技术特长，将南侨机工与国内机工混编西南运输各大队，国内外机工之间能够各取所长。其次，在生活方面，西南运输处成立"华侨机工互助社"专门解决南侨机工在中国遇到的困难，具体包括接转机工书信、设立娱乐设施、护送机工南返、汇款等问题，在对南侨机工的生活管理中，"华侨机工互助社"实行民主管理，充分发挥南侨机工自我的管理能力，其中，

---

①　具体参见第六章。

在"华侨机工互助社"管理人员中，南侨机工占较大的比例。因此，"华侨机工互助社"的成立基本上解决了南侨机工生活方面的困难，解除了南侨机工的后顾之忧，为军事物资的运输奠定了基础。另一方面，充分利用南侨机工的语言特长和技术优势，西南运输处在中缅边境成立由南侨机工组成的华侨先锋大队，主要承担将囤积在缅甸北部的军事物资输入中国国境的重任。西南运输处军事方面的安排使得南侨机工的技术等优势得以发挥，先锋大队提高了军事物资运的效率。

"滇缅公路"中断后，国民政府对侯西反成立的"云南省华侨互助理事会"也给予力所能及的帮助和支持。

总之，西南运输处对南侨机工运输前的培训不仅使其迅速适应战时的环境，而且使其适应了抗战时期运输人员所必需的集体化、军事化的生活方式。军事方面的管理措施使南侨机工的优势和特长得以发挥，"华侨机工互助社"的成立基本解决了机工的后顾之忧。当然，因处于战时环境、管理华侨经验的不足等原因，西南运输处的管理也存在一些不妥之处，但总体而言，西南运输处对南侨机工的培训和管理尤为必要，其管理不仅确保了南侨机工迅速适应抗日的环境，而且为在艰苦环境下开展军事物资运输奠定了重要基础。

第 四 章

南侨机工在西南运输线上的奋战

本章具体考察南侨机工在中国抗战期间的军事运输工作及其贡献。首先论述抗战时期在"滇缅公路"从事军事运输所面对的自然社会环境，即南侨机工从事军事运输工作的环境，其次是以滇缅公路中断为界分两个时段分析和考察南侨机工在中国的军事运输等工作，并在此基础上评价南侨机工的贡献。

第一节　滇缅公路沿线区域的生态和人文环境

从 1938 年底至 1942 年 5 月，"滇缅公路"是中国抗战军事物资来源的重要国际通道。本节主要从滇缅公路的路况、沿线区域的社会风俗、工作条件等方面论述南侨机工所面对的工作环境。

一　滇缅公路的路况

滇缅公路及沿线区域是南侨机工的主要工作区域。1938 年 12 月底，国民政府宣布"滇缅公路"正式开通，因滇缅公路"蜿蜒千余里，山路崎岖，横断山脉及澜沧江、怒江流域之间，行驶其中，险象环生"。特别是滇缅公路恶劣的路况更是使人望而生畏，"所经之地，几乎系高山，道路沿山建筑，弯曲即多，坡度由险，且路基新筑，土质疏松，一遇雨季，泥浆路滑，行程殊险"[①]。1940 年 5 月，考察滇缅公路的侨务委员会官员认

---

① 　[美] P. Fitzgerald, Daviesh, R.：《滇缅路》，宋自节、张履鉴、黄钟秀译，今日新闻社出版部 1945 年版，第 47 页。

为,"滇缅公路"远甚于"蜀道"之险:

> 凡是旅行过由昆明到重庆公路的人,都有这样的感觉,说是工程浩大,坡度竣险,但是再走过滇缅公路的,那么"渝昆之行"又不算什么一回事了!由"滇缅"比起"昆渝"公路,后者简直是平地![①]

滇缅公路的路况之差主要体现在以下方面。一是海拔起伏较大,高山峡谷多。自龙陵向西,滇缅路穿行在高山峡谷之中,由芒市东行至龙陵异常崎岖,距离仅37公里,而两处高山海拔竟达两千尺,且此段山路多系砂质,雨季时有崩塌。而位于怒江上的惠通桥[②]距离龙陵约77公里,"乃滇缅路最为崎岖难行之一段",怒江两岸皆为石崖,惠通桥东行90公路为保山平原,由保山下坡沿澜沧江而至功果桥,过桥攀登雪盘山麓约16公里之遥,坡度甚大,如届雨季,行车匪易:

> 惠通桥两岸崇山峻岭,盘旋曲折,令人望而生畏,狭窄难行,道路弯多陡峭,雨季时路滑难行,随时有翻车的危险。路基松软,有些路段狭窄,特别是雨季道路难行,"一雨便成冬"滇缅路频繁塌方。更给汽车行驶运输带来巨大的困难。[③]

二是路面狭窄难行。由雪盘山东南行经永平,过漾濞江抵下关,此段路狭而不平,且有数处仅容一车通过,滇缅路有一段天子坡长达十里。因

---

① 《建国道上的神行太保——华侨机工》,《华侨先锋》1940年第16卷第7期,第26—27页。

② 惠通桥位于施甸与龙陵两县交界的怒江峡谷,钢索吊桥,桥以钢缆嵌入两端石壁悬吊而成。桥墩高30米,跨度123米,面宽5.6米。20世纪30年代中期,国民政府修筑滇缅公路,因资金不足,缅甸华商梁金山等捐款数万元,将铁索吊桥改为钢缆公路桥。蒋介石曾致电表彰梁金山等华侨。其电文如下:"先生大鉴,抗战已三十余月,赖我全国军民之勇毅奋斗,海外侨胞之热忱接应,我军愈战愈强,寇势则再衰三竭,吾人只需坚持不懈,则最后胜利必可操券,素闻执事奋迹缅邦,爱护祖国,赞助抗战,贡献至多,良用嘉慰,尚冀一本初衷,益加激励,对于有关抗战输财输力之事业,尽力宣扬劝导,务期益宏实效,如有奸邪妄布妖言,尤望深明大义,痛加打击,使侨胞之正气愈彰,抗战之前途攸赖,诸希努力,是所厚望!即颂,筹祺,蒋中正启,二月十日。"参见云南省档案馆藏,西南运输处档案,54/24/113。

③ 谭伯英:《血路》,云南人民出版社2002年10月版,第94页。

此行车者稍有不慎，极易发生车祸。三是雨季持续时间长，云南"一年之内除冬末春初为干季外，其余均阴雨连绵云雾笼罩，称为雨季"[①]。雨季漫长使得本来路基松软的滇缅公路更为难行。四是因雨季路面容易塌方。滇缅公路"兴工不及一年，即告完成，工程方面，自难周密，自通车一年，在雨季中塌方共卅万公方，几无日无之"[②]。滇缅公路塌方不仅导致运输效率低下，而且容易频发事故。1939—1943 年，滇缅公路塌方达818605 立方米（见表 4—1）。

表 4—1　　　　　　　1939—1943 年滇缅公路塌方一览

年份	塌方（立方米）
1939	363000
1940	137700
1941	223000
1942	72675
1943	22230

资料来源：谭伯英：《血路》，云南人民出版社 2002 年 10 月版，第 94 页。

二　滇缅公路沿线区域的社会

滇缅公路沿线区域，以龙陵为界划分两个截然不同的社会，龙陵以西为"滇西"地区，是南侨机工主要的驻扎地和军事物资运输必经区域。在社会文化、民族分布及管理方式等方面，滇西地区与滇东地区具有明显的差异：

> 滇缅路的人文风物，大约可以分为两段，龙陵以东的人民多为汉族，他们的言语，文化生活习惯，和中原各省大致相同，龙陵以西，则杂居白夷、奴夷、苗族等民族，他们的社会制度、人民风尚、语言、文字，和汉人有很大的差异。甚至他们现在还生活在中世纪部落

---

① ［美］P. Fitzgerald, Daviesh, R.：《滇缅路》，宋自节、张履鉴、黄钟秀译，今日新闻社出版部 1945 年版，第 54 页。

② 张嘉傲：《战时交通》，《中央训练团党政训练班讲演录》，出版地不详，第 30 页。

时代的生活，他们里面，有很多不相隶属的土司，他们各自统治自己
的宗族，用一种酋长形式的君主制度，治理他们的小天下，云南省政
府亦不能直接驾驭他们，只好用一种感召的力量渗透其间，使他们自
愿归来，沐我汉风而已。①

民国时期，在滇西地区依然实行土司制度。② 滇西土司在当地依然拥
有管理权。1937 年 10 月中旬，西南运输处主任宋子良亲自由仰光押运第
一批军品抵达芒市时，芒市土司英培对宋子良所带来的军队表示怀疑并阻
止，后经交涉始允许押运武器入境，此为中央军队到达滇缅边区之始。③
由此可见，滇缅公路沿线土司"均具特殊势力"④。为便于运输管理，西
南运输处"爰择其最有声望者，如多土司、方土司等，分别聘为运输研究
委员会委员，以资联络和协助，减少意外事故之发生"⑤。

在滇缅沿线中缅边境的芒市、遮放等边境地区，一些山区的少数部落仍
处于原始社会状态，被汉人称为"山头"野人。据西南运输处管理人员考察
滇缅路时报告，在滇缅边境的西南运输处遮放管理站，发现其附近山区有
"山头"(野人)居住，并对"山头"野人可能被敌利用等不利影响深感忧虑：

　　遮放，距芒市仅 50 公里，站点新地址借用当地安抚司署旧址。
气候与芒市相同，物价颇高，因接近缅境，市面同意缅币，遮放隔河
为"山头"(野居人士名)聚居之所，性情彪悍，时处骚扰居民，常
有戒心，值时战争方殷之秋，敌人难免不利用土人扰乱后方，故警卫

---

①　[美] P. Fitzgerald, Daviesh, R.：《滇缅路》，宋自节、张履鉴、黄钟秀译，今日新闻社
出版部 1945 年版，第 56 页。

②　明代政府开始施行改土归流政策。由于云南地理位置特殊，出于边疆安全等因素，国民
政府没有对云南土司进行彻底的改土归流。参见马玉华《国民政府对云南土司的调查》，《贵州民
族研究》2004 年第 4 期。

③　龚学遂：《中国战时交通史》，商务印书馆 1947 年版，第 16 页。

④　华侨先锋大队初抵芒市时，芒市边境一带仍使用银圆，中央国币在少数民族地区毫无信
誉，不得不请求芒市土司方克胜协调，后土司在获得弹药的前提下发布通告，同意国币与银圆在
芒市一并流通。参见《随华侨先锋大队入缅军运的轶事》，《大理文史资料》(第五辑)，大理市第
一印刷厂，1994 年，第 34 页。

⑤　白海东：《抗战时期的军运机构：西南运输处沿革》，载李齐念主编《广州文史资料存稿
选编》，第五辑"军政类"，中国文史出版社 1990 年版，第 410 页。

必须特别警戒。①

除此之外，滇西地区也被一些汉人视为经济落后、民风顽劣之地：

　　滇西一直没有历史上政治家注意到，所以开化得特别迟，无论在文化、民智、生活上都显得低落，大部分地方地广人稀，生活凋零，民性顽逸，固步自封，一般水准不仅与外省远甚，物产方面，但罂粟之风仍未尽绝，令人感叹不已。②

三　疾病多发且缺少医疗保障之区

民国时期，云南是鼠疫、疟疾、瘴气等传染病多发地区。1938 年，在修筑滇缅路期间，大批滇缅筑路工人"蔓延之疟疾，肺炎及黑死病等疫情……在云南省中美秘密飞机场管理人员的工人染有疟疾"，为救治患病者，国际远东卫生部主任派克医生与中国云南省卫生局机构合作预防。③

在滇缅公路西段的滇西地区，也是传染病多发地区。其中"芒市病"即是其中之一，边境地区的芒市有民谣"要下芒市坝，先把婆娘嫁"，反映出当地百姓对该病的恐惧。此外，滇西地区气候异常恶劣，白天潮湿而燥热，夜间阴寒，瘴气甚炽，也是有名的"瘴疾区"④。西南运输处考察人员到中缅边境考察时对该病的描述，显示出人民对此病的恐惧：

　　云南是著名的烟瘴的省份，而气候恶劣，水土最不好莫过于下关以西等区域为最甚，尤其是龙陵以下，芒市、遮放、畹町更多是在雨季被汉人视为畏途的，有名的芒市病，往往是几个钟头至一二天就可以结束生命。遮放西部和缅甸边界的雨水大约每年的阳历 5 月底起至10 月中旬，这几个月在遮放西部天气忽寒忽热，下雨之后，地上草

① 《西南运输处畹町分处工作报告》（1938 年 10 月至 1939 年 5 月），云南省档案馆藏，西南运输处档案，54/30/1325。

② 龚学遂：《中国战时交通史》，商务印书馆 1947 年版，第 237 页。

③ 《卫生处在本省成立鼠疫委员会》，《云南日报》1938 年 11 月 17 日第 5 版。

④ ［美］P. Fitzgerald, Daviesh, R.：《滇缅路》，宋自节、张履鉴、黄钟秀译，今日新闻社出版部 1945 年版，第 63 页。

木蒸出一种烟瘴气，加以蚊子和食物的不宜，很易使人染上急性疟疾，往往烧到头脑发昏，便很快的使人寿终正寝了。①

沿云南边境的畹町、遮放等城镇是西南运输处军事运输的仓库和接转站，也是华侨机工的集中驻扎之地。畹町"地处山谷，面积不过百余亩，卫生状况极劣，雨季瘴虐，每年死亡数千计，疟疾十余种，半属不治，邮局长三死其二"②。对于"瘴气"的成因，曾经考察云南的陈碧笙③认为，"瘴气"是由毒蚊所传播的疟疾，其次则为痢疾、霍乱、伤寒、感冒以及许多热带地方的流行病，在交通方便的地方不成问题，而在因缺少药品的边疆就变成严重的烟瘴。④ 而在滇缅公路的终点缅北的腊戍，是华侨先锋第二大队所在地，瘴气尤为严重，该地区"人烟稀少，天气一日之间变化甚巨，病症亦多，一般工人大多来自云南，习惯在清明之后接踵回滇，以避瘴虐"⑤。由此可见瘴气给人们带来的心理恐惧。不仅如此，在1939年初，西南运输处派职员往缅甸边境筹备组织分处时，被派人员因当地"瘴气甚厉，疟疾流行，均不敢应命"⑥。

除易患疾病外，更为严重的是滇西缺乏基本的医疗条件。1939年3月25日，遮放分处致函昆明总处，"遮放工作人员病者甚多，人心惊慌，恳催医生携带药品兼程来遮以利工作"，当时因缺少药品，加之又因宋子良聘请的上海医生不能及时抵达遮放，从而导致8名管理人员患病死亡。⑦

1939年4月8日，鉴于"员工往来该路者甚众，原有公私医院既少且设备简陋，难应需要"，西南运输处与上海圣约翰医科学校代表沈副良

---

　　① 黄征夫：《关于滇缅公路卫生设备的小意见》，《西南运输公报第二期》（1940年5月），云南省档案馆藏，西南运输处档案，54/30/985。

　　② 《柯俊致经济部工矿处呈》（1941年9月29日），《民国档案》2011年第1期，第51页。

　　③ 陈碧笙，1938年曾考察云南地区，1939年3月，陈碧笙出版一部关于云南边境风土人情的著作《滇边散忆》。

　　④ 陈碧笙：《滇边散忆》，商务印书馆1941年版，第49页。

　　⑤ 《驻仰光材料库主任汪泰致经济部工矿调整处呈》（1939年2月4日），《民国档案》2011年第1期，第31页。

　　⑥ 《抗战时期的军运机构：西南运输处沿革》，李齐念主编：《广州文史资料存稿选编》第五辑，《军政类》，中国文史出版社1990年版，第111页。

　　⑦ 《遮放分处致宋子良函》（1939年3月25日），云南省档案馆藏，西南运输处档案，54/22/233。

订立合约，正式在滇缅公路创办医院。[①]

但由于医院人员不足和药品缺乏，特别是需要治疗者较多，虽有医院设立，其医疗条件仍不能满足患者基本的需要，"除了保山有一二家医院药房，龙陵有一小药房外，遮放、芒市以及沿途，什么也没有"[②]。1939年12月15日，滇缅路沿线医院及昆明各医院所门诊约700人，内科占1/3，外科占2/3，内科以疟疾为多，奎宁需量较巨。[③] 因此，滇缅沿线区域的医疗设施简陋和药品根本不能满足运输人员的基本治疗需要。据西南运输处统计，1940年4月，约有1/5的华侨机工患病。华侨机工许志光[④]回忆了当时机工运输时患病缺少药品的艰难处境：

> 最初是险路和疟疾。当时该路刚抢修完工，遇到雨季，使我们尝到了"山大王"的滋味，有事待在山上两三天，没有吃的，只好上山采野果子充饥，有时常被"疟疾蚊"叮咬，患上"打摆子"，发冷时即使盖上重被，裹着毛毯也无济于事。幸亏机工战友献出印尼筹赈会送来的金鸡纳霜（奎宁丸），才转危为安。

华侨机工抵达中国后，有的不到3个月就殉职。缺少基本的医疗保障是重要原因之一。有鉴于此，西南运输处不得不允许患重病的机工返回南洋休养治疗。据统计，1939—1940年间，共有两批70多名机工返回南洋治疗。[⑤]

在缅甸北部的腊戍，虽然气候恶劣而易患疾病，但在英国统治之下，腊戍"市政相当清洁，公立、私人医院齐备"。因此，驻扎在当地的华侨机工只好到缅甸腊戍医院就医。据统计，自1938年到1939年，到腊戍就

---

① 《西南运输处与上海圣约翰办理医院协议》（1939年4月8日），云南省档案馆藏，西南运输处档案，54/12/332。

② 《贵阳南侨机工许志安访谈录》，林少川：《陈嘉庚与华侨机工》，中国华侨出版社1997年版，第200页。

③ 《方兆镐致宋子良电》（1939年12月5日），云南省档案馆藏，西南运输处档案，54/31/6222。

④ 许志光，第二批机工队队员。先被分配到西南运输处第一大队的补充队当班长，从事芒市至保山之间的军运任务，在保山第9大队第27队当中队长。

⑤ 《南返机工待返》，《华侨机工通讯刊》第11期，1940年1月，华侨机工通讯社编印。

医的华侨机工住院者人数分别为 49 人和 72 人，1940 年增加到上百人，以至于腊戍医院成为缅甸最繁忙的医院之一。其中，到该院就医者，以南侨机工所占比例最大（机工患病者大多是疟疾），有鉴于此，缅甸腊戍医院致函中国西南运输处，要求提供部分经费以维持医院的运转。[①]

四　战时的运输环境

中日战争时期，西南地区虽然被称为大后方，但就运输人员而言，面对的威胁与前线战场无异。其威胁主要来自日本人的间谍活动和频繁的飞机轰炸。由于滇缅公路为中国重要国际外援通道，1939 年 3 月，为阻碍中国从仰光运输补给，日军多次派遣间谍或收买当地缅人为其收集情报、破坏及暗杀华侨机工活动，当时的中国报纸，时常刊登日本间谍在缅甸仰光、缅北腊戍等地频繁活动的报道。

另一方面是来自日军飞机的频繁轰炸。1940 年 6 月，南宁失守，中国经越南海防—南宁运输线被切断后，日本以战争威胁手段迫使英国政府关闭滇缅路三个月（1940 年 7—10 月）。在滇缅路关闭之前和重开之后，是中国军事物资抢运高峰时期，此时的日军为阻止中国运输军事物资，利用其在中国海南、越南海防的空军基地频繁对滇缅公路进行轰炸。据统计，1940 年 10 月至 1941 年 2 月 22 日，敌人出动飞机 168 次。[②] 为保障运输中国抗日军事物资的需要，1940 年 10 月 15 日，中国运输统制局[③]对抢运时期的军事物资运输做出如下规定：

（一）滇缅公路以后运输车辆一律伪装；

---

① 《腊戍医院致西南运输处函》（英文）（1939 年 12 月 3 日），云南省档案馆藏，西南运输处档案，54/30/2033。

② 《日军轰炸滇缅公路》，《云南日报》1941 年 3 月 10 日第 6 版。另外，1940 年 3 月，遮放分处存有军事物资的库房发生大爆炸，损失巨大，震惊蒋介石。关于爆炸的原因，众说纷纭。笔者曾与昆明华侨机工罗开湖访谈时，他告知笔者，当时，有人认为是天气及管理不善等原因所致，但有人认为是日本间谍活动所为。另外参见冯君锐《西南运输处始末》，西南地区文史资料协作会议编《抗战时期的西南交通》，云南人民出版社 1992 年版，第 1—44 页。

③ 中央社重庆致电西南运输处，日本派 500 人特务到缅甸活动。日人收买缅甸人为其服务，滇缅公路中国警察也曾多次抓获为日本服务的缅甸僧人。参见《云南日报》1940 年 11 月 20 日。

（二）沿途多设立瞭望哨，使运输车辆可以随时警戒；

（三）行车时间以夜间为主，上午九时至下午三时为绝对停运时间。①

除此之外，运输统制局规定，"自上午九时至下午三时所有来功果、惠通、漾濞三桥两端又四公里以内禁止车辆通行，在四公里以外每次距离至少三十公尺"。目的在于避免对滇缅公路关键地点的轰炸。为使运输人员完成规定的军事运输任务，运输统制局又规定，所运军事运输必须在规定时间抵达目的地。因此，运输人员必须不顾敌机轰炸，不分昼夜运输军事物资，"即便是在遇到天雨阴雾，仍整日行车以增加运力"②。

在如此恶劣的军事运输环境之下，南侨机工克服困难，不畏牺牲，努力完成西南运输处安排的军事物资的运输工作。

第二节　南侨机工在滇缅路上的运输任务
（1938 年至 1942 年 5 月）

一　滇缅公路时期军事物资运输的程序及其特点

1938 年 10 月，广州、武汉被日军占领，中国国外军事物资补给线移至西南地区。其路线主要有两条。一是经越南海防至中国广西、云南边境后，然后经滇越铁路或广西公路运入国内。在广州失陷后，军事物资补给主要经过此线路。初期，法属越南政府允许中国军事物资过境运入中国，1939 年 12 月，在日本的威胁下，法属越南政府"态度懦弱，该路仅转运普通物资而已"③。法国向德国投降，在日本政府的威胁利诱下，1940 年 6 月，法属越南政府封闭中国经越南军事物资运输，该补给线被彻底切断，被迫西移"滇缅公路"一线。二是经仰光至昆明的国际补给线。该线路的起点是太平洋港口缅甸首都仰光，军事物资由铁路连接运入缅甸北部

---

① 《经济部致工矿调整处快邮代电》（1940 年 10 月 21 日），《民国档案》2011 年第 1 期，第 41 页。

② 《经济部致工矿调整处快邮代电》（1940 年 11 月 6 日），《民国档案》2011 年第 1 期，第 43 页。

③ 龚学遂：《中国战时交通史》，商务印书馆 1947 年版，第 87 页。

的城市腊戍，然后沿"滇缅公路"抵达昆明。经越南海防国际通道被切断后，"滇缅公路"在中国抗战地位凸显，"抗战以来，经历时间最久，规模最大之陆路运输孔道……军品之转运，实仅有滇缅一线"[①]。

中日战争时期，军事物资要达到实际的功能和效用，必须由运输部门安排运输人员将军事物资及时运送到所需地区。例如，中日对峙的前线附近，以及重庆、昆明、贵阳附近的兵工厂，只有这样，军事物资才能发挥真正的作用和价值。那么，西南运输处是如何将来自国外的军事物资运入国内及中国抗战急需的地区，其军事物资运输的程序如何？

云南省档案馆保存的部分军事物资运输档案为我们了解军事物资运输程序提供了重要资料。档案内容是运输统制局[②]对西南运输处运输兵工署军事物资的运量安排。为便于分析和说明，兹将1941年1月的军事运输安排列表4—2所示：

表4—2　　三十年一月份抢运存缅物资及滇缅沿线物资运量配备
（兵工署物资）

公路线	起至段落	里程（公里）	往返时间（天）	运输部门	车辆（辆）数量	运输数量（吨）
滇缅线	八莫、腊戍至畹町、遮放	210232	5			
	畹町、遮放、芒市至保山	933	20			
	畹町、遮放至保山	293258	6	西南运输处	96	1200
	保山至平彝	918	8	西南运输处	279	1200
川滇线	昆明至泸县	915	20			
	马龙至泸县	787	15	西南运输处	31	500
	昆明至重庆	1150	22	西南运输处		125

---

① 《中国战时交通史》，第69页。

② 1940年初，国民政府成立运输统制局，其主要职责是为兵工署运输来自国外的军事物资和兵工署所需的制造武器的境外原料，俞飞鹏直接指挥和协调西南运输处运输军事物资。

续表

公路线	起至段落	里程 （公里）	往返时间 （天）	运输部门	车辆（辆） 数量	运输 数量 （吨）
昆筑渝线	昆明至贵阳	612	12			
	平彝至贵阳	425	18	西南运输处	162	1250
	贵阳至重庆	488	10	西南运输处	41	250
	贵阳至桐梓	221	5	西南运输处	4	50
	贵阳至遵义	157	3	西南运输处	15	300

资料来源：《运输统制局运量安排表》，云南省档案馆藏，西南运输处档案，54/31/4819。

从表4—2可以看出，运输统制局规定西南运输处运输的物资，主要是兵工署和西南运输处自身所需的物资。1941年1月至6月间，西南运输处承担了运输全部兵工署物资的任务，共13200吨，平均每月达2200吨。[①]军事物资运输任务包括国际物资的接转和进入国内物资的内运，即运输人员不仅将积存在缅北的军事物资运入国境，还担负着将军事物资运至国内乃至中日对峙前线附近的任务。运输路线基本上涵盖滇缅、川滇、昆筑、昆渝线等西南陆路交通线。

由此可见，滇缅公路畅通时期（1938年12月至1942年5月）国外军事物资运输程序如下。

第一步，来自国外的军事物资抵达仰光后，西南运输处仰光分处和兵工署协调，通过铁路运输至缅北的腊戌和八莫等地，保存在腊戌、八莫等地的中国军事物资仓库；第二步，把军事物资从缅北腊戌运入中国云南边境的遮放或芒市等地的仓库；此段的运输由华侨机工组成的两个先锋大队为主力，有时政府雇用缅甸政府商车和缅甸华侨梁金山车队共同运输；第三步，战场急需的物资除直接运抵昆明外，大多数物资是在接受兵工署的运令（见表4—3）后运至滇缅路沿线的重要城镇如龙陵、保山、下关等地，然后运抵滇缅路终点昆明；第四步，沿川滇、昆筑、川渝线等公路，

---

① 具体参见《1941年运输统制局运量安排表》（1941年6月），云南省档案馆藏，西南运输处档案，54/31/4819。

根据兵工署命令运至重庆、贵阳或战争前线附近的地区。

表4—3　　　　　遮放兵工署库房运出物资（1940年7月5日）

运令号数	运往地点	押运员姓名
10	下关至保山	王肖松
11	遮放至龙陵	杨又生
12	保山至下关	张保林
17	遮放至昆明	梁坚
19	芒市至龙陵	汪日星
45	遮放至保山	张守薪

　　资料来源：《遮放库房运输物资情况》，第86页，云南省档案馆藏，西南运输处档案，54/31/4819。

　　通过以上分析可以看出，此一时期中国军事物资运输具有以下特点。一是运输路线网络化。以各公路线的重要城镇为点，构成一个以点线组成的运输网络。重要节点包括腊戍、遮放、保山、昆明、贵阳、重庆等重要城镇；运输路线涵盖整个西南重要的公路交通线，包括连接缅甸腊戍至昆明的滇缅公路，昆明至重庆的昆渝线，昆明至泸州的川滇东路，昆明至贵阳的昆筑线。二是运输方式以接转和分段运输为主。运输里程较远且耗时较长，如距离最长者由昆明至重庆的距离1150公里；有的往返时间须20余天，因此，除特殊情况直接从滇缅边境的遮放直达昆明外，大多是分段运输，且以接转为特点。三是运输人员要求较高。军事物资运输不仅具备技术高超，而且需要过人的胆识和勇气。主要是有时所安排的任务，路途遥远耗时较长需要长途跋涉，有的甚至需要奔驰上千公里，往返时间较长，例如，有的运输人员往返需要20天，由此看见，运输人员的坚强意志和耐力也是运输人员的必备素质。除此之外，运输人员还必须遵守严格甚至苛刻的运输制度，例如，为完成军事运输任务，西南运输处对运输人员装卸时间、返回物资的运输、奖惩等方面做出严格规定：

每车队应照规定运量完成任务，六小时内装卸完毕，如特殊情况不得超过一天，运后应装返回物资，低于规定分别予以奖惩，每日奖给国币两角，如延误时间，每天处罚一元。①

二　滇缅公路畅通时期的南侨机工运输工作（1938 年 12 月至 1942 年 5 月）

以上分析可知，西南运输处承担了国外接转和国内运输的繁重任务。一般而言，在个人安全的前提下，运输任务的圆满完成，除了道路畅通、优质的车辆、高效的管理外，还有优秀的运输人员的协调配合才能完成。其中，运输人员是最为重要的因素之一。

就西南运输处运输人员构成来看，华侨机工构成了各大队的核心和主要的重要力量。特别是在龙陵以西的"滇西"地区的保山、下关等地，中缅边境地区的遮放和缅北的腊戌运输人员几乎全是华侨机工。② 除了少部分国内管理人员外，在第 11、12、13、14、16 等大队、两个华侨先锋大队以及抢运队，皆由华侨机工组成。也正因如此，南侨机工被称为"滇缅公路运输的主力军"。

（一）南侨机工的军事运输工作

1938 年 12 月底，滇缅公路正式通车，1942 年 5 月，日本沿滇缅公路侵入滇西，滇缅公路怒江上的重要桥梁"惠通桥"被砸，滇缅公路中断，自此以后，中日双方以怒江为界处于对峙状态。1938 年 12 月至 1942 年 2 月此一时期为滇缅路畅通时期。在此期间，南侨机工军事物资运输工作如何？除了军事运输之外，他们还承担了哪些部门的运输工作？

关于南侨机工运输工作的研究，目前的研究成果大多以南侨机工当事人及其后代的个人回忆为主写成的，而且主要是以机工个案为主。笔者与现居在昆明的中国远征军老兵杨毓骧访谈时，询问其对南侨机工运输军事物资，其对机工运输的印象也是笼统和模糊：

---

① 《机工运输奖惩办法》（1941 年 3 月），云南省档案馆藏，西南运输处档案，54/31/7002。
② 冯君锐：《南洋华侨机工回国服务始末》，广东政协编《广东文史资料》第 36 辑，广东人民出版社 1996 年版，第 175 页。

　　当时我在保山省立第三中学读初中，年龄有 11 岁，我正上初中，没有和南侨机工交谈过。但是每天放学时我们都能看到大批繁忙的运输队伍经过保山，有时候也看到他们在路边煮饭，说着我们难以听懂的广东和闽南方言。①

　　迄今为止，笔者尚未见到以档案研究南侨机工军事运输的成果，有鉴于此，笔者尝试以云南省西南运输处档案资料为主，辅以南侨机工当事人的回忆，论述滇缅路畅通时期南侨机工在中国的运输活动。通过对档案的研究显示，在此时间，南侨机工承担了西南运输处大量的军事物资运输任务，除此之外，南侨机工承担运输美国红十字会捐赠中国的物资、运输国民政府钞票等重要的运输任务。

　　1. 运输兵工署物资

　　中国东南沿海被封锁后，为确保中国抗战所需的国外军事物资的补给，中国国民政府经过艰难的外交努力，通过多种方式②从美国、英国等国家购买军事物资。军事物资包括两类，一类是成品武器，主要有大炮、枪械、子弹等，成品武器须直接运往昆明，然后由昆明运至中日前线战场附近的作战部队。另一类是半成品军事材料。主要是军工署③生产武器装备所需的配件以及硝石、甘油等制造武器的原料。

　　中日战争期间，特别是相持阶段，根据国民政府的安排，作为军事物资的运输机构西南运输处，其职责主要是确保军事前线武器损耗及时补充和供应国内兵工厂生产军事武器的所需原料。档案记载，仅在 1941 年 1—7 月，兵工署从国外进口物资共 13200 吨，平均每月进口 2200 吨。④

---

　　①　2013 年 1 月 26 日，笔者在昆明访问中国远征军老兵杨毓骧。

　　②　中国从美国获得武器主要是以桐油借款、铜锡借款等方式。参见章百家《中国为抗日寻求外国军事援助与合作的历程》，《中共党史研究》2007 年第 5 期。

　　③　兵工署部长俞大维，留学美国，后在德国柏林大学研究数学和弹道学。1938 年 10 月，武汉失陷后，国民政府在东部兵工厂陆续内迁，其中迁入重庆第 1、第 2、第 10、第 11、第 20、第 21 厂，在昆明有第 21 分厂、第 22 厂，重庆第 24 厂、第 25 厂，贵州桐梓第 41 厂，遵义第 42 厂。参见戚厚杰《抗战时期兵器工业的内迁及在西南地区的发展》，《民国档案》2003 年第 1 期。

　　④　《兵工署物资汇总表》(1941 年 7 月)，云南省档案馆藏，西南运输处档案，54/31/7002。

可见军事物资之于中国抗战的重要性。根据运输统制局[①]的统一部署，兵工署物资的运输全部由西南运输处承担。1942 年 1 月，兵工署最大兵工厂 21 厂库存原料告急，俞大维请求俞飞鹏优先运输兵工署生产武器原料，以确保兵工厂的正常开工。[②]

1940 年 10 月 18 日，被英国封锁 3 个月的滇缅公路[③]重新开放。一方面，因滇缅公路的关闭而造成中国军事物资的缺乏，尤其是兵工署下属兵工厂武器生产原料亟待补充，另一方面，大批来自国外进口的兵工署物资积压在仰光、缅甸北部的腊戍和八莫等地，于是，军事物资运输进入紧张的抢运时期，根据运输统制局的安排，西南运输处承担兵工署物资的运输任务，1940 年 10 月，西南运输处对各大队运输兵工署物资做出以下安排：

华侨先锋第 1、第 2 大队及第 9 大队，行驶畹町至保山，兵工署 700 吨；第 1、第 2、第 5、第 11、第 14、第 16 大队行驶保山至马龙，兵工署物资 1350 吨；第 17、第 18、第 19、第 20 大队行驶马龙至泸州，兵工署 900 吨；第 3 大队行驶贵阳至重庆，兵公署物资 340 吨；第 7 大队行驶马龙至贵阳，兵公署物资 160 吨；第 12、第 21 大队行驶昆明至宣威，兵公署 2000 吨；第 9、第 4、第 6、第 8 大队行驶原来路线。[④]

从安排看出，兵工署军事物资的运输须经站点且分段转运才能完成。其运输路线主要有三条：一是畹町—保山—马龙—泸州—贵阳—重庆；二是马龙—贵阳；三是昆明至宣威，而昆明、贵阳、重庆、泸州等收货者是兵工厂所在地。此次运输的人员主要有华侨先锋大队和 16 个大队的全部

---

① 1940 年 3 月，蒋介石决定成立运输统制局。以参谋总长为主任委员，运输总监、交通部长为副主任委员。下设参谋长，以俞飞鹏担任。该机构是西南运输处的上级管理机关。

② 《兵工署致俞飞鹏函》（1942 年 1 月 10 日），《民国档案》2005 年第 6 期，第 34 页。

③ 日本为切断滇缅路，不断向英国施压，英国于 1940 年 7 月 13 日至 10 月 13 日关闭滇缅路。参见徐蓝《英国与中日战争》，首都师范大学出版社 2010 年版。

④ 《西南运输处饬知 1940 年 10 月 18 日起各段运量安排》（1940 年 10 月），云南省档案馆藏，西南运输处档案，51/31/7002。

机工参加运输，南侨机工是运输的主要力量。

特别需要指出的是，仅仅以运输物资的数量评价机工工作是不科学的。主要是因为军事物资运输是分段进行，而且运输距离不同。例如，畹町—保山与贵阳—重庆的运输距离大不一样，因此，军事物资运输，只讲运输数量，不提运输距离，是不科学的。正如时任西南运输处秘书冯君锐所言，华侨机工运输军事物资，"如仅计入境的运量，不计国内抢运、转运的工作量，则南侨机工的血汗抹杀了一半"[①]。

1940 年 12 月，运输统制局安排西南运输处抢运兵工署物资，其任务是将存放在缅甸腊戍的军事物资 7500 吨运入中国云南的遮放、芒市等地。1940 年 12 月，西南运输处对兵工署物资的运输安排如下（见表 4—4）：

表 4—4　　　　　　　　西南运输处运输兵工署物资运输安排

货主	路线	数量（吨）
兵工署	畹町或遮放至保山	600
	保山至昆明	1200
	马龙至泸县	500
	昆明至重庆	250
	昆明至贵阳	1250
	贵阳至桐梓	50
	贵阳至遵义	300

资料来源：《本年 12 月份抢运及滇缅线物资吨位重庆分处览》，第 37 页，云南省档案馆藏，西南运输处档案，54/31/7002。

档案显示，南侨机工与国内管理人员协调配合，克服困难，顺利按时将物资运抵目的地，表 4—5 为档案记载的 1940 年 12 月各运输大队任务的完成情况：

---

① 冯君锐：《西南运输处华侨机工服务始末》，政协西南地区文史资料协助会议编《抗战时期的西南交通》，云南人民出版社 1993 年版，第 44 页。冯君锐时为西南运输处昆明总处秘书。

表 4—5　　　　　　　　1940 年 12 月各段运输完成一览

起止段落	行驶车队	物资种类	数量（吨）
畹町至保山	华侨先锋第 2 大队	原料	600
保山至马龙	第 1 大队	火药引信及炸药	800
保山至楚雄	第 2、第 5、第 9 大队	TNT 炸药	400
下关至马龙	第 21 大队	炸药	400
马龙至泸州	第 12 大队	原料	500
平彝至平坝	第 14、第 15 大队	成品	100
马龙至贵州	第 7 大队	炸药	250
贵阳至遵义	第 3 大队	成品	300
贵阳至桐梓	第 3 大队	原料	50
贵阳至重庆	第 3 大队	炸药	50

资料来源：笔者据《西南运输处致重庆分处 12 月运输情况》，第 40 页，云南省档案馆藏，西南运输处档案，54/31/7002。

　　1941 年 1 月，日军频繁轰炸滇缅公路以阻断中国运输军事物资。为保障前线军事物资的需要，运输统制局规定，西南运输处除运输自身所用油料之外，主要运输兵工署的物资。还规定，从 1941 年 1 月至 5 月，西南运输处每月须完成 2200 吨的运输任务，目的地主要是战争前线附近及兵工署下属兵工厂，共计 8800 吨。[①] 为完成运输任务，西南运输处对下属各大队每月的运量做出详细安排（见表 4—6），内容包括运输路线、运输吨数、车队及汽车数量等。

---

　　① 《三十年本处运量分配表》（1941 年 5 月），云南省档案馆藏，西南运输处档案，54/31 7002。

表 4—6　　　　　1941 年 3 月份西南运输处规定各线运量分配

货主	段落	里程（公里）	吨数（吨）	车数（辆）	车队
兵工署物质	畹町至昆明	959	100	26	第 16 大队
	畹町至保山	291	800	65	第 15 大队
	遮放至保山	253	400	12	华侨先锋第一大队
	保山至昆明	667	250	44	第 1 大队
	保山至下关	256	600	40	第 14 大队
	保山至马龙	197	500	100	第 20 大队
	昆明至宣威	258	300	10	第 12 大队
	平彝至遵义	582	200	30	第 4 大队
	马龙至宣威	306	400	15	第 12 大队
	宣威至泸州	654	350	58	第 17 大队
			350	58	第 18 大队
	马龙至贵阳	532	340	55	第 4 大队
	贵阳至重庆	488	300	50	第 3 大队
	长谷至重庆	1051	500	50	第 10 大队

资料来源：《西南运输处规定运量统计表》，云南省档案馆藏，西南运输处档案，54/31/7002。

以上可以看出，由保山、畹町、遮放出发的第 1、第 14、第 15、第 16、第 20 大队以及华侨先锋大队皆是由华侨机工组成，其他执行任务的大队也是主要由华侨机工组成，从其执行和完成任务看，其对中国抗战具有重要的意义。

南侨机工运的兵工署物资的具体种类。主要是成品武器，下为运输兵工署物资的提货单（见表 4—7）：

表4—7　　　　昆明兵公署军火存货及运出清单（1939年9—10月）

军火型号	9月下旬存货		十月上旬运出		备注
	箱数	重量（公斤）	箱数	重量（公斤）	
7.62子弹	2066	39806.76	2066	39784.962	
2cm机关枪子弹	4686	110513	4686	99466.251	
79ss子弹	610	37918	610	37927.6	
7.92子弹	2334	111257.936	2334	233494858.1946	
A—55子弹	717	67136.9584	771	69067.2371	
79重要弹药	8360	50368.73826	7985	487692.68995	

资料来源：《昆明兵工署军火存货清单》，云南省档案馆藏，西南运输处档案，54/31/6009。

由1939年9月10日的运输清单可以看出，设在昆明的军工署仓库物资全部为成品，包括各种类型的子弹和重要弹药。

1940年1月8日，华侨先锋大队第一大队的提运物资表可以看出运输的成品武器种类（见表4—8）：

表4—8　　　　华侨先锋第一大队遮放提运物资（1940年1月8日）

仰光编号	物资名称	数量（箱）	重量（公斤）	货主	催运文电
械94/88	81mm迫击炮弹	2329	181812.815	兵署军械司	分处12月铣电催
械94/13	37mm炮弹	1502	71337	兵署军械司	分处12月铣电催
械94/17	飞机炸弹	186	59508	兵署军械司	分处12月铣电催
械94/8	轻机枪附件	3150	142359	兵署军械司	分处12月铣电催
械94/9	7.62mm重机枪附件	335	31052	兵署军械司	分处12月铣电催
械94/10	重机枪附件	1000	73485	兵署军械司	分处12月铣电催
械94/11	7.62mm子弹	39763	908268	兵署军械司	分处12月铣电催
械94/12	7.92mm子弹	2000	13000	兵署军械司	分处12月铣电催
英16/1	38手枪	1	22	34集团军	总处滇路字14411号
英16/2	12g猎枪	1	25	34集团军	代电催讯办
英24	雷管	2	63	柳州桂林行营防卫厅	腊支处腊运通6号
#2/1	雷管	25	760	兵署柳州41厂	3598号公函
#2/2	雷管	50	1520	兵署柳州41厂	3598号公函

仰光编号	物资名称	数量（箱）	重量（公斤）	货主	催运文电
械1/13	雷管	11	1891	兵署	随运
	共计		1485102.82		

资料来源：《华侨先锋第一大队遮放提运物资表》，云南省档案馆藏，西南运输处档案，54/31/4819。

从表4—8可以看出，兵工署军用物资种类多样，包括前线需要的成品武器，如81mm迫击炮弹、37mm炮弹、飞机炸弹等；还包括轻、重机枪附件以及雷管等物资。货主以兵工署军械司为主，还包括兵署柳州41厂、34集团军、柳州桂林行营防卫厅等部门。

1941年5月24日，在美国的宋子文告知蒋介石，在美国购买的第二批军事物资将运抵仰光，其类别及数量如下（见表4—9）：

表4—9　　　　　　　美国军品输入仰光一览（1941年5月）

军品类别	数量
山炮	600门，附弹120万发
七五机械化野炮	144门，附弹14.4万发
坦克车	360辆，附武器及配备
野战轻便小汽车	1000辆

资料来源：吴景平、郭岱君编《宋子文驻美时期电报选》，复旦大学出版社2008年版。

其次是中国兵工厂生产武器所需原料。南侨机工所运输的物资，除了依靠来自国外的成品武器弹药供应前线外，还有国民政府兵工署下属兵工厂[①]生产武器弹药所用的原料，主要是由于中国工业基础薄弱，科技水平较低，制造武器弹药的核心关键的原料必须从国外进口。而且，出于保密起见，兵工署规定兵工厂厂名均不冠所在地地名而以数字代替。

笔者以仰光抢运物资名单来论述西南运输处运输兵工厂具体物资的类

---

① 抗战爆发后，国民政府在沿海的兵工厂逐渐开始西迁，兵工厂直辖的兵工署共16个，1940年后，国民政府又在后方新建了8个兵工厂。具体参见唐润明编《抗战时期的重庆兵器工业》，重庆出版社1995年4月版，第80页。

别。1940 年 7 月，英国关闭滇缅路前夕，兵工署要求西南运输处抢运存缅的物资，但由于西南运输处的运力所限，兵工署积存在仰光的物资仅"可内运半数"。于是，兵工署特选择"重要者"，共 13812 吨，要求西南运输处根据物资名单顺序运输。军政部兵工署器材运输顺序如下（见表 4—10）：

表 4—10　　　　　　　　军政部兵器器材运输顺序

运输顺序	品名	重量（吨）	附注
1	山炮料	仰 68，腊 6	
3	钢条	腊 1624	步枪科
3	回钢条	仰 211	
4	步枪科	仰 8.5，腊 240	
5	白铅	仰 101，腊 100	
6	紫铜	腊 932	
7	青铅	腊 100	枪弹科
8	子弹皮	仰 41，腊 1780	
9	黄钢	仰 96，腊 107	
10	铸模器	仰 40	
11	钢条及钢件	仰 600，腊 140	
12	配件	仰 49，腊 576	重机枪科
13	钢料	仰 1601	枪械科
14	黑铁管	仰 615	
15	黄铜丝	腊 14	
16	配件	仰 225	自动步枪科
17	集热器	腊 5	
18	锯条	5	
19	马达油	仰 18	
20	机油	仰 32	
21	汽车油	仰 32	
22	蓖麻油	仰 4	
23	第 51 厂机器	仰 50，腊 250	
24	第 51 厂材料	仰 50	
25	第 21 厂机器	仰 250，腊 100	第 21 厂为当时最大兵工厂

续表

运输顺序	品名	重量（公顿）	附注
26	第 21 厂材料	仰 100	
27	第 50 厂机器	仰 500，腊 100	
28	第 24 厂机器	腊 20	
29	第 23 厂机器	仰 30，腊 60	
30	炮技处机器	腊 7	
31	炮技处材料	仰 800，腊 7	
32	第 1 厂材料	仰 500，	
33	第 20 厂材料	腊 17	
34	第 41 厂材料	仰 20	
35	第 42 厂材料	仰 17	
		物资共计 13812 吨	

　　资料来源：《军政部兵器器材运输顺序表》，云南省档案馆藏，西南运输处档案，54/31/1018，第 26 页。

　　由表 4—10 可以看出，西南运输处为兵工厂抢运物资共计 13812 吨。运输物资种类较多，具体包括：一是生产武器的基本原料如白铅、紫铜、青铅、子弹皮、黄钢、钢条、回钢条等；二是铸模器、集热器等配件；三是马达油、机油、汽车油灯。四是炮兵科材料。

　　以上仅从一个侧面论述了南侨机工的军事物资运输情况。南侨机工的军事物资任务的完成不仅确保了相持阶段中国抗击日本的武器需要，而且使中国兵工厂生产所需的进口原料得到及时供应。此外，西南运输处的运输成绩获得了美国政府的肯定。1941 年 6 月 20 日，美国驻中国官员向美国政府报告："滇缅路 5 月份运量为 19500 吨，内三分之二直达昆明，其余沿途卸交各站，超过以前记录甚巨。"[①] 美国对中国运输能力的肯定尤为重要，主要是因为美国对中国援助的数量取决于中国运输能力及其表现，正如当时在美国的宋子文向蒋介石汇报时所说："滇缅路运输，确为美国协助我国之唯一关键，其协助之程度，胥视该路之运量如何。倾据政

---

　　① 《宋子文致蒋介石告以滇缅路运输确为美国协助我国之唯一关键电》（1941 年 6 月 20 日），《宋子文驻美时期电报选》，复旦大学出版社 2008 年版，第 91 页。

府中至友密告，如运输畅通无阻，钧座要求之五万万军货，固不成问题。"[1] 而西南运输处取得的运输成绩离不开南侨机工的辛勤努力和牺牲奉献。

2. 运输西南运输处所需的石油、汽车配件

石油为重要的战略重要物资和汽车行驶的必需品，当时中国几乎不能生产石油，"估计中国的生产能力每天只有数百千克"[2]。在英国封闭滇缅路期间（1940 年 7 月 18 日至 10 月 18 日），因汽油不能进口而一度影响西南运输处的军事物资运输。而在云南省会昆明，因缺汽车用油，一些部门使用木炭车替代。

西南运输处每月所需汽油高达 2300 吨，根据运输统制局规定，西南运输处所需油料自运。除了汽油之外，西南运输处还为本处运输车辆配件等消耗品。

仅在 1941 年 1—8 月，西南运输处每月进口汽油 2300 吨[3]。表 4—11 为 1941 年 6 月西南运输处油料运输路线及运量安排表：

表 4—11　　　　　　　　1941 年 6 月本处油料运量分配

段落	里程	吨数	车数	运输大队
八莫至遮放	210	650	35	华侨先锋第 2 大队
腊戌至遮放	225	500	25	华侨先锋第 2 大队
遮放至保山	253	600	25	华侨先锋第 1 大队
保山至下关	256	250	16	第 1 大队
		450	40	第 14 大队
		600	16	第 15 大队
保山至昆明	668	300	45	15（新车）华侨机工组成
		450	90	运油队

① 《宋子文致蒋介石告以滇缅路运输确为美国协助我国之唯一关键电》（1941 年 6 月 20 日），《宋子文驻美时期电报选》，复旦大学出版社 2008 年版，第 91 页。

② ［美］威廉·凯宁：《飞越驼峰》，戈叙亚译，辽宁教育出版社 2005 年版，第 17 页。

③ 《西南运输处油料运量分配表》（1941 年 8 月），云南省档案馆藏，西南运输处档案，54/31/3321。

续表

段落	里程	吨数	车数	运输大队
下关至昆明	412	800	44	第 21 大队
曲靖至宣威	99	300	4	第 12 大队
宣威至泸县	648	120	28	第 17 大队
下关至马龙	367	100	28	第 18 大队
曲靖至平彝	77	450	35	第 4 大队
平彝至息□	498	200	25	第 5 大队
息□至重庆	415	100	15	第 3 大队

资料来源:《西南运输处油料运量分配表》,云南省档案馆藏,西南运输处档案,54/31/3321。

由表 4—10 可以看出,西南运输处所需油料由缅甸北部的腊戍、八莫两地的油库运入中国境内的遮放油库,然后分段运入滇缅公路沿线的保山、下关、马龙、昆明等地油库。然后运入昆明以东的曲靖、宣威、泸县、马龙,重庆等地。

3. 运输换取外汇的出口商品

南侨机工在运输军事物资的同时,还协助复兴公司等部门运输桐油、锡等出口物资。1938 年 12 月 12 日,中美签署"桐油借款"合同,根据合同规定,国民政府必须按月将一定数量的桐油运至仰光以待出口美国。当时,承担桐油出口运输任务的是财政部复兴公司[①],但由于其运力有限,1940 年 9 月 20 日,该公司请求西南运输处协助运输桐油:

> 景初处长仁兄,昨接仰光电话称,由下星期一起,每日装运桐油 400 吨,而本处油库尚未完成,不能存油,惟有随到随运,而本处车辆不敷,应负甚巨,为此函达阁下请赐予协助。[②]

西南运输处仰光分处派华侨先锋第一大队,先后派车 50 次,将桐油运到缅甸港口仰光,然后由专门人员装运到维甸尼斯公司轮船,共为其运

[①] 复兴公司系抗战初期中国为了向美国寻求援助,应美方要求而创办的一家国家资本公司。1939 年,复兴公司委托陈嘉庚招募机工,当时在复员公司服务的华侨机工共 203 名。

[②] 《西南运输处运量分配表》(1940 年 9 月),云南省档案馆藏,西南运输处档案,54/31/7002。

输桐油 277 桶。[①] 自此以后，运输统制局规定，西南运输处回程车辆主要载运复兴公司的桐油、猪鬃、茶叶和资源委员会的锡、钨等农矿产品。据统计，西南运输处期间，经滇缅公路出口物资主要有钨砂 9000 吨，大锡 4250 吨，桐油 600 吨，共约 13850 吨。[②]

　　4. 运输国民政府出口的白银

　　1934 年 6 月 7 日，美国政府公布《白银收购法》。1937 年 7 月 8 日，孔祥熙在华盛顿与美国财政部达成 62003 万美元的售银协定，1939 年 5 月 15 日，中美正式签订《中美白银协定》，美国承诺购买中国白银以帮助中国稳定法币。[③]

　　国民政府将运输白银的任务委托给西南运输处秘密执行。于是，西南运输处遴选出技术优良的南侨机工成立专门的运钞队，承担运输白银、钞票等特殊物资的任务。笔者在与南侨机工后代邓文聪女士访谈时，了解到其父在临终前，告诉她当时华侨机工运输白银、钞票的情况：

　　　　我父亲临终前告诉我，当时在滇缅路上，由于南侨机工技术高超和具有语言优势，国民政府抽调一批优秀的南侨机工成立钞票队，主要是运输白银，还运输黄金来换取美国军火。我父亲就是其中的参加者之一。[④]

　　西南运输处档案显示，西南运输处专门设有运钞大队组织机构。[⑤] 该机构人员共 6 名。其中，队长是由西南运输处接运队的国内机工陈金有担任，副队长由华侨先锋大队的南侨机工李卫民担任，会计员是西南运输处昆明总处的黄举仁，还有办事员 3 人均是南侨机工，分别来自华侨机工互助会和华侨机工第二先锋大队。

　　运钞队下设五个分队，共 46 人，分队设有班长一人，司机人数不定，有 8—9 人，五个班的司机全部为各地挑选的南侨机工组成，运钞队队员大部分来自华侨先锋大队，第 1、第 6、第 12 大队侨工，修车厂侨工以及

---

　　① 《西南运输处运量分配表》(1940 年 9 月)，云南省档案馆藏，西南运输处档案，54/31/7002。

　　② 夏兆营：《论抗战时期的西南运输处总处》，《抗日战争研究》2003 年第 3 期，第 105 页。

　　③ 李霞：《美国的白银购买与中国国民政府的法币改革》，《齐齐哈尔大学学报》2001 年第 3 期，第 13 页。

　　④ 2013 年 3 月 3 日，笔者在机工后代邓文聪女士昆明家中访谈。

　　⑤ 《西南运输处运钞队名单》(1940 年 3 月)，云南省档案馆藏，西南运输处档案，54/31/6910。

在缅甸招募的侨工。

5. 抢运美国红十字会捐赠的物资

档案资料显示，除了运输来自国外的军事物资外，南侨机工还运输美国红十字会赠给中国的物资，主要包括纱布、药棉、阿司匹林、奎宁、布料等。这些物资对救助战争的伤员及难民尤为重要。

1941 年 6 月 3 日，美国红十字会援助中国的物资由火车运抵北部腊戍，由于中国红十字会自身没有车队运输，于是，美国红会人员委托中国银行和中运公司分别承运，1941 年 6 月中旬，两家公司仅派遣 9 辆车将少部分药品运抵昆明。而且，捐赠药品的装运等不符合美方要求①，引起美方红十字会管理人员的不满。

1941 年 6 月 19 日，美国红十字会主任韦思利（Walter Wesselius）致函西南运输处陈体诚，称已征得军事委员会的同意，请求西南运输处协助以便尽快将药品运到昆明②。但运输统制局认为，尽管美国红十字会物品的运输"事关国家信誉"③，但西南运输处正忙于抢运军事物资，"进口新车并无腾空之多，其新车须先代航油，炸药，器材等，故不应代运该项物资"④。因此，红十字会物资主要由中运公司和中国银行运输，规定西南运输处协助以上两家公司运输。

1941 年 7 月中旬，美国红会捐赠中国的物资仍然积存在滇缅路沿线，其中，在腊戍和遮放等地仓库的达 700 吨（缅北腊戍积存 600 吨，龙陵积存 100 吨）。⑤ 1941 年 7 月底，美国红十字会药品仍然没有按规定运到目的地。中国的运输能力引起美方不满，美国红十字会称，"嗣后接济数量须视我方运输情形"。即美国红会对中国物资的捐赠取决于中国的运输能力。

---

　　① 因美国红会捐赠中国的多为药品、棉纱等物品，因此其运输要求防雨，防潮湿、防不能过于颠簸损坏药物。

　　② 《美国红十字会主任韦思利为转运药品致西南运输公司陈体诚函》（1941 年 6 月 19 日），云南省档案馆藏，西南运输处档案，54/6/344。

　　③ 《滇缅公路运输工程监理委员会有关美国红十字会药品运输办法快邮代电》（1941 年 6 月 24 日），云南省档案馆藏，西南运输处档案，54/6/344。

　　④ 《西南运输处致军事委员会函》（1941 年 6 月 20 日），云南省档案馆藏，西南运输处档案，54/6/344。

　　⑤ 《军事委员给西南运输处电》（1941 年 7 月 28 日），云南省档案馆藏，西南运输处档案，54/6/344。

鉴于延迟运输对中国带来的不利影响，国民政府积极协商抢运美国红会赠华物资。1941 年 8 月 7 日，蒋介石亲自致电西南运输处，要求优先运输红会物资：

> 查美国红会对我赠品供给数量之多少全视运输能力，该项赠品之抢运极为重要，惟自起运以来，……尤以红会物品，须有优先输送之权，以免延误急需，而为友邦借口。①

1941 年 8 月 11 日，霍宝树②致电运输统制局俞飞鹏，请求西南运输处承担运输红会物资的任务，"务请设法最近期内输入完毕，以免借口停止供给"。③ 得知美国红十字会物资运输的重要意义后，俞飞鹏迅速采取行动。首先是和美国红十字会主任韦思利协商，承诺运输红十字会积存在缅甸腊戍和中国龙陵的药品。其次，1941 年 8 月 30 日，俞飞鹏致函西南运输处，要求陈体诚迅速组织抢运美国红十字会物资：

> 子博吾兄勋鉴：本日接见美国韦思礼、衡约翰二君，所允将腊、龙二处滞货之药品等材共 556 美吨（腊 415 吨龙 141 吨）于九、十两月运清各节，友邦信义，所关，务请饬属预配车辆早为装运，勿使差池，除电告子文先生外，希查照即办，台祺。
>
> 　　　　　　　　　　　　　弟俞飞鹏
> 　　　　　　　　　　　　　敬启
> 　　　　　　　　　　　　　八月卅日④

接到运输统制局的指令后，西南运输处迅速组织抢运美国红会物资，

---

① 《宋子文致蒋介石强调红会物品须有优先运送之权电》(1941 年 8 月 7 日)，云南省档案馆藏，西南运输处档案，54/6/344。

② 霍宝树，广东新会人，上海出生，上海圣约翰大学肄业，其父为旅美华侨，曾任中国银行总稽核。

③ 《运输统制局规定运输红十字物品函》(1941 年 8 月 25 日)，云南省档案馆藏，西南运输处档案，54/6/344。

④ 《俞飞鹏为转运美国红十字会药品致子博函》(1941 年 8 月 31 日)，云南省档案馆藏，西南运输处档案，54/6/344。

该批物资的运输任务由华侨先锋大队承担。

积存在龙陵的红十字会物资的运输由华侨先锋第一大队领队陈日礼、吴岐进带队运输。1941 年 9 月 1 日，仰光分处共派新车 37 辆，因美国红会物资"多为轻笨细软之件"，美方人员要求"每车均有篷布并为装足吨位，以免摩擦"。华侨先锋大队严格按照美方要求运输，此外，为提高运输效率，在从遮放出发时，先锋大队"每车先在遮库安铅块锌板 1 吨"，抵达龙陵"共装纱布 1129 盒，药棉 119 盒，布 77 箱，硼砂 207 桶，阿士匹林 25 桶，奎宁 16 箱，共重 62.5 吨"。[①]

1941 年 10 月 9 日，西南运输处再次派华侨先锋第一大队"新车 17 辆至遮放装紫铜 5 块，冬日驶龙承装，共装纱布、药棉、阿司匹林、布料 576 件，27 吨 500 公斤，由分队长黄轩兼押运驶昆明"。[②]

因美国红会赠送药品体积大，不耐积压，其标签、货单等皆为英文。华侨机工严格按照美方要求：

> 当载货货车出发时美红会驻腊遮人员印备白色货单与画有红斜线之黄色货单，各一份送交本处腊成支处（遮放之处），白色货单有腊遮处存查，黄色货单则由押运员或队长随带到昆，于物资到昆时，押运员或队长应将黄色货单送交美红会核对收获，在单上签字，退还该押运员带回本处（在昆应交总站）以为交货凭证。[③]

截止到 1941 年 10 月 21 日，西南运输处先后三次派华侨先锋第一大队，3.5 吨车 104 辆，同时附装兵工署所需的军事物资。华侨先锋大队将积存在滇缅公路龙陵的美国红会物资运抵昆明中国红十字会（昆明市太和坊 7 号）和中国救济部（昆明黑林铺）。[④]

---

① 《西南运输处抄发美国红十字会规定货单规定引用办法及摘译办法》（1941 年 9 月 2 日），云南省档案馆藏，西南运输处档案，54/6/344。

② 《华侨先锋大队遮放致总处电：运输龙陵美国红会物质情况》（1941 年 10 月 9 日），云南省档案馆藏，西南运输处档案，54/6/344。

③ 《西南运输处抄发美国红十字会规定货单规定引用办法及摘办法》（1941 年 9 月 2 日），云南省档案馆藏，西南运输处档案，54/6/344。

④ 《遮放支处给总处电》（1941 年 10 月 21 日），云南省档案馆藏，西南运输处档案，54/6/344。

积存在缅甸腊戍的美国红会物资由华侨先锋大队直接运抵昆明。1941年8月28日，西南运输处派遣"道奇新车45辆，由一大队运输，皆装美国红会捐赠布匹驶遮转昆。并领队华侨机工林明月押车"[①]。1941年10月22日，腊戍华侨先锋第一大队2次车队"分装红会捐赠布料及棉花等物资，车102辆"从腊戍直达昆明。

总之，根据西南运输处的安排，南侨机工在抢运军事物资的同时，还将美国红十字会捐赠给中国的物资抢运至昆明，赢得了美国红会人员对中国运输能力的信心和好感，从而使美国红十字会能继续援助中国救治伤兵和难民的急需药品。

6. 运输其他部门的物资

根据西南运输处的安排，南侨机工还为国民政府其他部门运输物资。表4—12为西南运输处在1941年3月至9月期间，为其他部门运输物资的安排：

表4—12　　1941年3月至9月西南运输处为其他部门运输情况

货主	段落	里程（公里）	吨数	车数	车队	安排时间
交通部交通司	下关至昆明	411	500	20	拖车	1941年3月
航空委员会	下关至昆明	411	200	200	第10大队	1941年3月
	下关至昆明	412	500	20	特拖车	1941年5月
	下关至昆明	412	200	12	第5大队（拖车）	1941年6月
欧亚公司	畹町至昆明	959	150	40	第16大队	1941年3月
	畹町至昆明	959	52	54	第16大队	1941年3月
	畹町至昆明	959	200	50	第16大队	1941年5月
	遮放至昆明	921	100	22	第16大队	1941年7月
	畹町至保山	292	100	5	第16大队	1941年8月
	保山至昆明	668	100	15	第20大队	1941年8月
	畹町至保山	292	100	10	第16大队	1941年9月
	保山至昆明	668	100	15	第20大队	1941年9月
甫	下关至昆明	412	200	10	拖车队	1941年5月
	下关至昆明	412	500	25	第5大队	1941年6月

---

① 《腊戍支处给总处电》(1941年10月21日)，云南省档案馆藏，西南运输处档案，54/6/344。

续表

货主	段落	里程（公里）	吨数	车数	车队	安排时间
资源 委员会	贵阳至重庆	488	180	29	第 3 大队	1941 年 7 月
	长悉至重庆	1051	700	230	第 10 大队	1941 年 7 月
其他	畹町至昆明	959	200	50	第 16 大队	1941 年 5 月
	畹町至昆明	959	200	50	第 16 大队	1941 年 6 月
	遮放至昆明	921	100	22	第 16 大队	1941 年 7 月
	畹町至保山	292	100	5	第 16 大队	1941 年 8 月
	保山至昆明	668	100	15	第 20 大队	1941 年 8 月
	畹町至保山	272	100	10	第 16 大队（新车）	1941 年 9 月
	保山至昆明	668	100	15	第 20 大队	1941 年 9 月

资料来源：笔者据档案整理，云南省档案馆藏，西南运输处档案，54/31/7002。

由表 4—12 可见，西南运输处为交通部、航空委员会、欧亚公司、资源委员会等部门运输物资。1941 年 3 月至 9 月之间，共运输 4782 吨物资，且大多为长途运输，如从长悉至重庆的物资，运输距离长达 1051公里。

7. 运送中国远征军入缅甸作战

太平洋战争爆发后，根据蒋介石的提议，1941 年 12 月 23 日，中国、美国、英国在重庆召开东亚联合军事会议，12 月 26 日，中英两国签署了《共同防御滇缅路协定》。1942 年 2 月底，日军进攻缅甸，英国政府请求国民政府派兵援助共同与日军作战，国民政府组成中国远征军，派遣由司令官卫立煌、副司令杜聿明率领的第 5 军、第 6 军、第 66 军从云南西部进入缅甸作战。[①] 中国远征军由滇缅公路进入缅甸，南侨机工承担了运输远征军入缅的任务。

昆明的华侨机工罗开湖回忆运输中国远征军的情况：

> 当时中国远征军入缅甸是由大批南侨机工运入前线的。其中，在贵阳由华侨机工组成的陆军辎重兵三团二连，也调入运输远征军的行

---

① 徐康明：《中国远征军战史》，军事科学出版社 1995 年版，第 75 页。

列，参与远征军运输。[①]

居住在昆明的南侨机工董沛，也回忆了当时南侨机工运输远征军入缅的情况：

> 1942 年初，我国派出援助缅甸远征军，第 5 军、第 6 军、第 66 军，陆续从昆明、祥云，向保山芒市推进，我们车队担负了部分运输的任务。3 月，日军分两路侵入缅甸，我们将物资运抵昆明后，满载军队及装备经保山，接着运至芒市、腊戍。我队担负运输第 66 军 28 师部队大队任务，这支部队臂章上有"翼龙"两字，武器装备好，士兵身体健康，精神饱满，就是蛮不讲理没有纪律。66 军参谋长姓张，亲自来找我对部联系派车事宜，态度很好。[②]

由以上可以看出，南侨机工承担了运送中国远征军入缅作战的任务，后又陆续返回滇缅公路的芒市、腊戍等地，继续抢运军事物资。

（二）南侨机工人物（群体）个案

以上所述可以看出，1939 年至 1942 年 5 月之间，南侨机工承担了中国抗日军事物资的运输任务，为中国正面战场的抗日做出了巨大贡献。与此同时，南侨机工也为之付出了巨大的牺牲。因滇缅公路及沿线区域自然环境和战时环境等原因，在军事物质运输期间，南侨机工被疾病传染、被敌机所炸伤、翻车受伤时有发生。据档案记载，仅在 1939 年 4 月至 11 月间，因车辆故障、雨天运输翻车、山路崎岖等原因发生车祸事故高达 24 起。其中，华侨机工郑光前所驾驶车辆翻车，车上子弹爆炸郑光前当场死亡。[③] 据不完全统计，南侨机工抵达中国后，截至 1939 年 11 月 30 日，各运输大队上报给昆明总处的华侨机工殉职情况如表 4—13 所示：

---

① 笔者与昆明机工罗开湖访谈，2012 年 7 月 28 日下午 6 点。

② 董沛：《抗战时的西南运输处和华侨机工》，《保山文史资料》第五辑，云南人民出版社 1998 年版，第 56 页。

③ 《华侨机工驾驶车辆肇祸表》（1939 年 4 月至 7 月），云南省档案馆藏，西南运输处档案，54/31/6490。

表 4—13　　　　侨工因公殒命及病故一览 (1939 年 11 月 30 日)

姓名	队别	职别	亡故地点	事故原因/车号/日期	附记
李珍荣	第 8 运输队	司机	湖南长谷	覆车 (2310)	就地掩埋
李儒	第 11 大队 31 中队	司机	云南永平	覆车 (4338)	就地掩埋
吴金禹	第 1 大队 1 补充队	司机	云南保山	覆车 (3938)	就地掩埋
洪金山	第 4 大队 4 补充队	班长	贵州贵定	覆车 (4684)	葬贵定
汤磐	第 15 大队 44 中队	小队长	广西大连山	敌机轰炸	就地掩埋
车健	第 15 大队 44 中队	小队长	广西大连山	敌机轰炸	就地掩埋
符气簪	第 13 大队 13 补充队	小队长	下关永平间	覆车	就地掩埋
洪金载	第 13 大队 13 补充队	司机	下关永平间	覆车	就地掩埋
梁登财	第 5 大队 5 补充队	司机	云南永平	覆车 (7034)	葬永平
郑光前	第 14 大队 42 中队	司机	云南永平	覆车 (7350)	葬下关马建道地
刘满	第 11 大队 32 中队	司机	遮放	28.5.10	葬遮放
林荣长	第 11 大队	机械军士	保山	28.6.13	就地掩埋
胡光	第 12 大队	机械军士	昆明	28.6.24	就地掩埋
吴再春	第 12 大队 12 补充队	司机	龙陵	28.7.17	葬龙陵
黄锦州	第 12 大队 12 补充队	司机	龙陵	28.7.19	葬龙陵
陈春香	第 1 大队	机械军士	芒市	28.8.15	就地掩埋
黄培	第 13 大队	机械军士	遮放	28.8.26	葬遮放
苏永球	第 14 大队 42 中队	司机	永平	28.9.5	葬永平
雷永成	第 14 大队 42 中队	司机	下关	28.11.6	葬下关

共计 19 人

资料来源：云南省档案馆藏，西南运输处档案，54/31/6490。

　　特别需要指出的是，以上是在滇缅公路畅通时期日军干涉较少的情况下发生的事故，由此不难想象在军事物资抢运时期华侨机工巨大的人员伤亡和惨烈的状况。

　　现就档案记载，以华侨机工第 15 义勇大队，华侨机工符晟、吴再春等机工（群体和个人）为例论述南侨机工军事物资运输情况及其付出的巨大牺牲。

1. 华侨第15义勇大队与南宁抢运

广州失陷后，国民政府国际运输补给线移至西南地区，主要有两条国际通道：一条经仰光沿"滇缅公路"入昆明；另一条是经越南海防输入中国。为阻断中国经越南的国际补给通道，日本采取多项措施向法国施压，封锁和阻止中国国外军品的输入，1939年10月16日，日本陆海军制订《大陆令第375号》，决定实施南宁作战计划，目的"在于直接切断南宁—龙州敌补给线"①。此时，越南海防及中越边境存有大批物资亟待运入中国。于是，国民政府命令西南运输处将全部物资抢运中国境内，"以百日为限，务必将在海防、中越边境、南宁物资，抢到重庆"②，南侨机工"感祖国之危机，秉匹夫之责，知此线抢运艰难，毅然请来"。③ 经过短期的训练后，西南运输处将284名南侨机工编为华侨义勇大队第15大队，下辖三个中队，即43中队、44中队、45中队以及第15大队补充队，各队人员组成如表4—14所示：

表 4—14　　　　　华侨义勇大队第 15 大队及中队情况一览

(1939 年 12 月 7 日)

华侨义勇大队 第 15 大队	第 43 中队	第 44 中队	第 45 中队	第 15 大队补充队
大队长杨碧湘 大队副周保吉 共 45 人	队长张问达 队副唐丙乾 共 67 人，车 45 辆	队长姜善 队副魏见吾 共 64 人，车 20 辆	队长黄卓 队副吴健 共 67 人， 车 42 辆	队长王家珍 队副袁荣良 共 41 人，车 13 辆
总计	机工 284 名，车 120 辆			

资料来源：笔者据《西南运输处华侨义勇大队部官佐机工清册》制作。第170—189页，云南省档案馆藏，西南运输处档案，54/31/6490。

---

① ［日］防卫厅研修所战史室编：《战史丛书·大本营陆军部 (2)》，朝云新闻社 1967 年版，第 134 页。

② 关文黄：《唱高歌凯酬已壮志》，《新加坡南侨复员机工互助会十二周年纪念特刊》，新加坡（非卖品）1959 年 12 月，第 39 页。

③ 《华侨义勇军第 15 大队 44 中队队长致海防分处函》（1939 年 10 月 18 日），云南省档案馆藏，西南运输处档案，54/31/4085。

当时执行抢运任务的除华侨义勇第 15 大队外，还有西南运输处直接在越南招募的在海防服务的 100 名华侨机工参加。[①]

第 15 大队的任务主要是抢运海防和积存在中越边境的军事物资。第 15 大队主要是驻扎在中越公路附近的同登、南关、镇南关等地待命，根据政府安排随时执行运输任务。其中，在南宁沦陷之前，西南运输处有 6000 吨军事物资被当地人民掩藏在响水、上金及宁明的荒山和水中，驻扎在越南同登的第 15 大队承担了抢运任务。他们集结在龙州一带，日夜抢运，先运入越南、经复重庆等地，运入广西边境的岳墟，再转运靖西、天保、田东到六寨。[②]

据第 15 大队 44 中队机工刘瑞齐回忆，当时其他被抽调到南宁参加抢运工作驻扎在镇南关附近，任务是"从安南将汽油等军用物资运回南宁，同时，从国内运出桐油、猪鬃等物资去安南"。1939 年 11 月底，南宁失守，刘瑞齐随车队退入安南高平，编入华侨特别运输大队 15 大队，日夜抢运经安南转口的各式汽车及军用物资，在越南海防至广西靖西、东兰、河池一带穿梭行进[③]。

1939 年 11 月 24 日，南宁失陷后，南侨机工继续抢运物资，机工蔡汉良回忆了南宁失陷后的艰难抢运物资的情况：

> 南宁于 11 月 24 日失守，又投入昆仑山战役。其时白天战火激烈，只得改在夜间出发运输，每夜赶开三趟直至天亮。不久，昆仑山失陷，只得退入武鸣，又被包围三天三夜，他们才退入柳州。后又转到安南境内的高平。西南运输处在安南设有分处，在安南的最初几个月内，他们途径抢运经安南转口的各式汽车及大量军运物资回国，由于日寇占领（1940 年）安南，他们在安南的整个特别大队的车全部

---

①　《西南运输处奉谕在西贡招募机工一百名函》(1940 年 2 月 10 日)，云南省档案馆藏，西南运输处档案，54/31/1330。该批机工 50 名被编入华侨义勇军的 15 大队；50 名在海防和中越边境之间行驶。

②　慕予：《宋子良和西南运输处》，政协广东省委员会办公厅、广东省政协文化和文史资料委员会《广东文史资料精编（第三卷）》，中国文史出版社 2008 年版，第 114 页。

③　《新婚别，别离为救国》，林少川：《陈嘉庚与南侨机工》，中国华侨出版社 1994 年版，第 88 页。

被封存。人员百人多人全被集中扣留在安南"南生旅社"。①

南宁抢运期间，机工运输区域是中日对峙军事对抗的前沿区域，南侨机工不仅在敌人的轰炸下日夜奔驰在越南和广西之间抢运物资，还要面临西南恶劣的自然环境，甚至是在缺乏基本生活保障下承担军事物资的运输工作。

华侨义勇大队15大队44第中队队长姜善带领南侨机工在南宁抢运期间的运输经历，是南侨机工艰难抢运的真实写照。1939年10月13日，44中队华侨机工一路奔波，一路经过南宁、柳州、南关、大连、越南同登、凭祥等地，日军"天天轰炸，至属危险"，10月17日，该队抵达大连期间，因"当午敌机来袭，所有官兵所带行李，全被炸毁"。而当时"大连房屋，均为各机关公司租住"。在此情况下，44中队全部机工"无处栖息，所有官兵昼则浴日，夜处山洞，风寒之侵，惟相视做苦笑"。尽管敌机频繁轰炸，根据安排，该队须在越南同登待命接受任务，但该地"居民稀少，无所出产，生活程度，高不可言，每遇警报，官生均须随车赴同暂避，常亘半日，始能出发"。

除了敌机轰炸的危险外，驻扎地越南一带物价高昂，运输人员"一餐之费辄须国币一元五六（时国币一元值越币二角六分）"，机工往往入不敷出，南侨机工缺乏基本的生活保障。但当向国民政府申请补助时，迟迟得不到答复②。嗣后，根据命令，该队又集结在中越边境的镇南关待命，该地环境恶劣、物价高昂且随时面临敌机的轰炸：

> 镇南关仅有居民七八户，毫无出产，油盐米菜，均有法境内统一订购，生活昂贵至极，白饭一小碗国币一角，每顿以三四碗计，仅日

① 蔡汉良：《一个华侨机工的经历》，林少川：《陈嘉庚与南侨机工》，中国华侨出版社1994年版。据复员南返的新加坡机工陈光明回忆，陈明光时任15大队44中队班长，其亦被困越南，在越南2个月之久后，经中国、美国、苏联向法交涉后，全部华侨机工得安全，被遭归重庆。参见《新加坡南侨复员机工互助会十二周年纪念特刊》新加坡（非卖品）1959年12月。

② 《华侨机工义勇大队第15大队四十四中队赴越抢运车辆遭遇困境的报告》（1940年11月24日），云南省档案馆藏，西南运输处档案，54/31/4085。

食白饭，即需七八角之多，兼之气候水土不服，官兵不时患病，且敌机至，随时驾车躲避，饮食之需，愈为之巨。[①]

驻扎越南同登待命的第 15 大队也面临同样的困难。同登"水土恶劣，官兵均数病倒，月余以来，官兵已用尽 2 月之饷"[②]。该地"遍地风寒，逾秋尤烈，物价高昂"，以至于机工在饥饿下开展运输工作。在此困境下，1939 年 12 月 23 日，华侨义勇军第 15 大队（驻扎在越南南关）队长杨碧湘致函西南运输处宋子良，请求给予生活补助：

> 窃职各队学生均悉华侨，背父母离家来异域者，感祖国之危机，秉匹夫之责，是以前在昆明间，此线抢运艰难，毅然请来，讵知遍地风寒，逾秋尤烈，越币陡涨，随时增加，物价昂贵，因之益高，出发者补助费勉强可维持一饱，企冀报效雄心不挫，白天有敌机之险，夜则受风寒之危险，强健之躯意消于食物昂贵，虽难获衣食暖饱，若长此褴褛饥色，只恐精神衰败，病魔从此侵入，恳乞钧座无论如何出发与否官兵均请以补助，用以维持生活，实为公便，谨呈。处长　转宋主任。[③]

在华侨机工的请求和呼吁下，西南运输处越南同登支处处长也向西南运输总处请求补助生活费用，最后，总处答应"自 1939 年 11 月 23 日，每人临时补助 5 角"。但杯水车薪，无济于事，因此南侨机工仍然是在饥饿状态下抢运军事物资。

经过南侨机工的努力，华侨第 15 大队和越南海防的南侨机工"不分昼夜，在三十五天内完成此任务"。特别需要指出的是，南侨机工是在缺乏基本生活保障的条件下开展运输工作的，而当时"正值商业公司有车无

---

① 《第十五大队四十四中队队长致海防分处函》（1940 年 10 月 12 日），云南省档案馆藏，西南运输处档案，54/31/4085。

② 《同登卢处长致宋子良函》（1940 年 10 月 15 日），云南省档案馆藏，西南运输处档案，54/31/4085。

③ 《华侨义勇大队第十五大队杨碧湘致函西南运输处》（1939 年 12 月 23 日），云南省档案馆藏，西南运输处档案，54/31/4085。

人之际，纷纷以五六百元代价，开车赴川一次相吸引"①，但南侨机工不为所动，毅然承担抗战所需的军事物资运输任务。为此，国民政府对"南宁抢运"南侨机工给予特别嘉奖，每名南侨机工获得奖金 15 元国币，但最后"口惠而实不至"没有兑现。②

2. 患病后仍坚持运输的南侨机工——符晟

1939 年 5 月 6 日，新加坡华侨机工符晟参加第五批南侨机工服务团，在"西南运输处运输人员训练所"培训后，符晟被编入第 11 大队 31 中队工作，1939 年 9 月，"经奉调广西服务"参加南宁抢运，后返回后继续在第 11 大队第 31 中队参加运输工作。

运输期间，机工符晟"途中奔驰，风雨无阻，多次患病"，1940 年 1 月 10 日，符晟在下关医院住院治疗，经诊断符晟"系第三期肺结核病"，经过治疗其病已逐渐好转，下关医院医生建议其"长期休养"。一同前来的新加坡机工多次建议符晟返回南洋休养治疗。1940 年 2 月 12 日，不顾医生的劝阻，符晟出院后继续参加运输工作，在执行军事物资任务路途中，符晟"旧病复发，复于 3 月 6 日住院"③。在新加坡的兄长符轩昆得知符晟患病后，建议符晟返新休养治疗。符晟告知，"已向上峰请假，批准后当可南归，现因身体不适，经医生治疗无大碍"④。

但是，1940 年 4 月后，机工请假南返受到严格限制，主要是"因欧洲关系，办理转口手续困难"，西南运输处规定："华侨机工患病暂时停止遣回南洋，如患疟疾者送下关医院疗养。非办不可者，候南洋手续办妥再予遣返。"⑤ 有鉴于此，符晟不得不在缺医少药的下关医院住院治疗等候办理南返手续，但因其病情日渐严重，经多方诊治无效，1939 年 5 月 11 日，符晟在下关医院病逝。

云南省档案馆保存的符晟信函可以看出，机工符晟到中国参加军事运

①　《华侨机工义勇大队第 15 大队四十四中队赴越抢运车辆遭遇困境的报告》（1940 年 12 月 8 日），云南省档案馆藏，西南运输处档案，54/31/4085。

②　关文黄：《唱高歌凯酬已壮志》，《新加坡南侨复员机工互助会十二周年纪念特刊》新加坡（非卖品）1959 年 12 月，第 39 页。

③　《机工符晟医院证明书》，云南省档案馆藏，西南运输处档案，54/30/244。

④　《符晟信函》，云南省档案馆藏，西南运输处档案，54/30/244。

⑤　《西南运输处医务管理处处置侨工办法快邮代电》，云南省档案馆藏，西南运输处档案，54/31/622。

输工作，得到了其家庭的理解支持。符晟在中国服务期间，符晟和其兄长书信往来频繁，仅在 1940 年 3 月 19 日至 24 日之间，双方通信 4 次。其兄长除了询问和关心符晟在中国的工作之外，并每月寄给符晟国币 100元，以补贴其在中国生活。[①]

机工符晟在下关病逝后，西南运输处没能及时告知符晟的南洋家属。时隔 4 个月后，符晟的兄长在新加坡得知其弟符晟病逝的消息，多次致函西南运输处询问消息，但一直未得到回复。1940 年 9 月 1 日，其兄符轩昆致函新加坡机工队队长王文松牺，询问符晟牺牲情况并请求将用其汇款为其弟设立墓地：

> 文松先生公鉴，久欲函候，住址未详，遂尔不果，近遇郑廷栋兄，始知先生近况，今寄国币壹拾元，至为点收，以为邮资，兹有恳考舍弟符晟病殁下关医院，何时之死？至今未管队部来信，迭次函询亦不见复，又三月十九日，三月廿八日（住）驻保山第十一对第卅一中队部代收符晟华侨银行会矿工国币四百元，请向大队长温天一，中队长何择铭查询，银存在何处，如有着落，可用代符晟建立墓碑，以留纪念，他日有缘，予决定到下关一行，找寻我的三弟于荒草之中，呜！国土未复，三第已为……而牺牲，痛恨何穷！内邹斯泰大医师函，千万代转，马来亚昔加泉轩旅店，
> 　　专此　托　　敬颂　允祺
> 　　　　　　　　　　　　　　　　　　弟符轩昂上
> 　　　　　　　　　　　　　　　　　　廿九　九月一日[②]

符晟病逝后，下关医院保存其生前的一些物品，其物品包括现金、佩戴物品、荣誉证书以及其收藏的物品等，兹列如下：

国币 381.1 元整；

---

①　《符晟信函》，云南省档案馆藏，西南运输处档案，54/30/244。
②　《病故机工符晟之兄致王文松函》（1940 年 9 月 1 日），云南省档案馆藏，西南运输处档案，54/30/244。

叻屿甲银票 20 元；

罗士表一支，表号 716531206（附表套一支）；

新加坡林盛丰万记金铺足金戒指一枚（附发票一纸）；

南洋英属琼州会馆联合会第 1600 金属会章一枚；

华侨机工回国荣誉纪念章第 2396 金属证章一枚；

南洋英属新加坡直属支部第 2356 党员金属章一枚；

运输第 11 大队 770 号臂章一枚；

运输第 11 大队 770 号符号一枚；

西南运输处滇缅公路下关医院证明书一纸；

照片四张//铜纽扣 75 枚；

安南半分钱一枚；

纽扣三枚//小皮箱一个，银夹二只皮带一条。

以下为箱内物：杏红形铜纽五枚；象牙纽扣五枚；铜丝扣五枚；

领带一条；橡皮吊带一条

Drop 二把；Passport License 共五本

接收人：军事委员会西南运输处第 11 大队，刘雪轩

移交人：滇缅公路医院下关医院

二十九年五月二十五日[1]

以上遗物为我们了解机工符晟提供了大量信息。首先，机工符晟是一个生活无忧、家庭富足的华侨青年。其随身携带数量可观的现金（国币 381.1 元，叻币 20 元），佩戴价格不菲的"罗士表"和"足金戒指 1 枚"。其次，其在政治上认同中国国民政府，遗物中有"新加坡直属支部党员金属章"，为中国国民党党员。最后，符晟爱好广泛且喜欢收藏。如遗物中有安南钱币，各种形状的铜纽扣 75 枚、象牙纽扣 5 枚。

3. 运输途中因护公物而被冻死的机工——吴再春

吴再春是来自新加坡的华侨机工，福建南安人，32 岁，毕业于南洋马来亚华侨星洲道南学校。其兄吴再兴是新加坡华侨银行职员，吴再春擅

---

① 《符晟遗物移交情况》（1940 年 10 月），云南省档案馆藏，西南运输处档案，54/30/244。

长驾驶技术，其在新加坡有"相当职业"，但因"激于爱国热忱，放弃优越舒适生活，抛别父母妻子毅然归来"①。参加机工队伍返国服务。

1939 年 3 月，吴再春参加南侨机工服务团第三批南洋机工队返国，1939 年 4 月 4 日，吴再春到训练所参加训练。在其担任司机期间，驰驱转运，劳瘁不辞，1939 年 7 月 16 日，吴再春运载军品期间，在滇缅公路龙陵附近，"机器忽生障碍，车上缺乏修理器具，又因大雨气候巨寒"，当时，吴再春"为个人生命本可行至他处暂避，但因爱护公物，不忍离开车辆，卒至冻死"。从 1939 年 4 月 4 日抵达中国至 1939 年 7 月 6 日，先后共 3 个月左右，吴再春为中国抗战军事运输献出了年轻的生命。

为表彰和纪念其英雄事迹，侨务委员会委员长陈树人认为，吴再春"忠勇奋发，技术熟练，其在海外均有职业身家，其爱国行为确属难能可贵，爱护公物，奋不顾身，因此殉职"②，并向国民政府行政院表彰吴再春，1940 年 1 月 1 日，侨务委员会、西南运输处、中国国民党执行委员会海外部共三部门在保山为吴再春设立纪念碑。其碑文如下：

> 烈士吴氏再春，年卅十岁，南洋马来亚华侨星洲道南学校学生，好运动，尤长汽车驾驶之术，抗日军兴华侨莫不同仇敌忾，华侨不避艰险，纷纷回国服务，吴君志愿救国万不后人，并于廿八年三月抛别父母妻子毅然归来，投军事委员会西南运输处任滇缅公路运输司机，驰骋瘴气之乡，备受沐栉之苦，昕多靡懈，不稍顾惜，未料疾发仍抱病工作，七月十六日，车至龙陵机械忽生故障，复值大雨骤寒，衣被单薄，体力弗胜，爱护公物，不忍舍去。意守候救护车之至，卒以内伏寒湿，外感风侵，遂致身殉，其尽职守至死不辞，以视前线将士杀身成仁者不遑□让，呜呼烈矣！
>
> 中华民国廿九年一月一日
> 军事委员会西南进出口物资运输总经理处
> 中国国民党执行委员会海外部

---

① 《西南运输总处给畹町分处的训令附文》（1939 年 12 月 17 日），云南省档案馆藏，西南运输处档案，54/30/244。

② 《行政院长蒋中正为优恤吴再春致军事委员会函》（1939 年 12 月 23 日），云南省档案馆藏，西南运输处档案，54/30/244。

国民政府侨务委员会立[①]

第三节 滇缅公路中断后南侨机工的运输工作及活动(1942年5月至1945年8月)

一 滇缅公路中断后南侨机工去向及分布

1941年12月7日,日本偷袭美国珍珠港,太平洋战争爆发。1942年2月,日军大举进攻东南亚,南洋群岛各地先后被日军占领,此后,日军经泰国入侵英属缅甸。为保卫滇缅公路,根据中英协定,中国派遣10万远征军入缅与英缅联军并肩抗击日军。3月8日,仰光沦陷,4月下旬,日军进入缅北,占领滇缅公路的起点腊戍,日军以装甲车为先导沿滇缅公路向中国境内推进,5月3日,日军占领中国边陲城镇畹町,5日,日军挺进怒江惠通桥西岸。为阻止日军东进昆明,1942年5月5日,国民政府下令炸毁怒江上的惠通桥,将日军阻隔在怒江西岸,自此以后,中日双方隔江对峙,滇缅公路被切断。亲历此事的中缅运输局运输科科长宗之琥回忆起惠通桥被炸前后的惨状:

> 滇西大撤退造成的损失惨重,六七千辆在几天之内,麇集在狭窄而险峻的滇缅公路西段,争先恐后的奔驰,撞车翻车事故时有发生,随时可以发现翻在山下的车辆,日军占领怒江西岸的制高点之后,以炮火封锁东岸的转弯处,击毁了许多车辆,于是后面车辆无法前进,桥东桥西几十公里的公路上挤满了车辆,⋯⋯人员伤亡更为惨重,车上除了驾驶人员外,还有许多由缅甸撤退回来的人员和沿途逃难的人,他们之中,有的落在后面被日寇追上,有的在惠通桥被炸毁之前没有赶过桥,只好四散逃奔,已经过了惠通桥的人们,由于日寇炮火封锁,车辆无法通过,也只好弃车步行,翻越海拔三千公尺的怒山,辗转东归,有不少人由于饥寒交迫,生病又无法医治,死在途中,即

---

① 《西南运输总处给畹町分处的训令附文》(1939年12月27日),云南省档案馆藏,西南运输处档案,54/30/244。

使生还，也是狼狈不堪。[①]

滇缅公路中断后，在怒江西岸的许多车辆，则陷入敌手，许多华侨机工被日军杀害，南侨机工许志光回忆了当时在滇缅公路撤退时的情景：

> 当时我们中队奉命由遮放撤回昆明，一路上塞车难行，我于5月4日天亮时开过惠通桥，当我刚到保山时，那"五四保山惨案"被炸得惨不忍睹，事后得知，仅我们中队有十几辆车在龙陵一带遇敌后下落不明，有的被阻隔在怒江西岸，可能牺牲了。[②]

少部分南侨机工冒险横渡怒江，当时在怒江西岸的南侨机工郑天赐回忆和同伴夜间依靠轮胎横渡怒江的经过：

> 惠通桥炸断了，我们匆忙离开驾驶室，躲进山林间，等到天色已黑，我们才撬开汽车轮胎，用口吹气，与机工王亚十，李广东三人合抱这个"救生圈"横渡怒江。怒江水流湍急，冰冷刺骨，底下还有漩涡，我们三人冻得浑身打颤，直起鸡皮疙瘩，大约漂了近一小时，才登上对面沙滩上。[③]

滇缅公路中断后，南侨机工以怒江为界分布在两个区域。

1. 怒江以东的南侨机工

（1）服务于滇缅运输局的南侨机工。

滇缅公路中断后，中国方面车辆损失较多，据统计，能使用的车辆仅剩500辆。[④] 1942年8月18日，因"财力物力异常窘迫"，运输统制局决

---

① 宗之琥：《抗战时期的西南运输处和滇缅公路》，中国人民政治协商会议云南省昆明市委员会文史资料委员会编《昆明文史资料第23辑》，第240—241页。

② 《南侨机工许志光访谈录》，林少川：《陈嘉庚与南侨机工》，中国华侨出版社1994年版，第202页。

③ 郑天赐：《难忘的经历》，林少川：《陈嘉庚与南侨机工》，中国华侨出版社1994年版，第94页。

④ 《中缅局运务科报告》（1942年8月18日），云南省档案馆藏，西南运输处档案，54/21/977。

定，撤销中缅运输局，成立滇缅公路局，其业务主要是负责国内运输军事物资工作。运输统制局下令将华侨先锋大队的 4 个中队编入第 16 大队补充大队，同时减少机工数量，其具体规定如下：

（一）在惠通桥以西遗失车辆者；

（二）1942 年 5 月 10 日后翻车肇事者；

（三）自请遣散者一律遣散。次将有车司机编为车队，其余之司机不良者，尽量遣散，优秀者报送整训班训练，以 500 人为标准。①

根据以上规定，抢运时期担负撤退运输任务的许多华侨机工是被遣返的对象，主要是因为日本进军滇西时，中国军民从缅甸沿滇缅公路东撤时，担负东撤运输任务的由南侨机工执行，车辆损坏或丢失者自然较多。根据中缅运输局规定，约数百人南侨机工被遣散，不过由于战场上锻炼的南侨机工技术高超，南侨机工 405 人，仍被滇缅局留用继续从事抗日运输工作，② 成为滇缅运输局运输的主力和中坚力量。

（2）昆明整训班的南侨机工。

根据滇缅运输局的规定，约上百人的南侨机工将被遣散。鉴于南侨机工的影响和身份的特殊性，国民政府对其余机工做出特殊安排，决定在昆明成立华侨机工整训班对机工进行培训，其办法如下：

查司机以华侨机工最多（大多数），此项司机悉予遣散。必致无家可归，对与社会秩序或有未妥，……继思本局华侨最多，无车者若希遣散必致因无家可归，故拟尽量遣散后，若所余不止 500 人，请吸收整训班训练。③

1942 年 9 月，在别无选择的情况下，500 名南侨机工被集中到设在昆

---

① 《中缅局运务科报告》（1942 年 8 月 18 日），云南省档案馆藏，西南运输处档案，54/21/977。

② 同上。

③ 《滇缅公路局运输局工作报告》（1942 年 8 月 18 日），云南省档案馆藏，西南运输处档案，54/21/462。

明东郊石塘山的"华侨机工整训班",接受严格的整训。培训完成后,该批人员后被安排进入滇缅运输局参加"驼峰航线"物资的接转运输任务。

(3)在昆明失业流浪的南侨机工。

整训期间,由于整训班生活待遇差、军事训练严格等原因,部分机工不堪忍受而离开训练所,有的流浪在昆明街头,有的自主营生,经营小生意,自谋生计;有的因在昆明举目无亲,语言不同而返回闽粤家乡。西南运输处的华侨机工互助社虽然存在,但已无力救助机工。1944年1月,在昆明侯西反等30人发起成立"云南省华侨互助理事会",救助并培训华侨机工,先后收容南侨机工三批,共163人。[①]

(4)服务于美国军事部门的华侨机工。

由于南侨机工的技术优势和语言优势,部分南侨机工服务于美国驻中国军事部门。1944年,为配合盟军进攻泰国,驻中国美军军事机关在中国招募华侨机工,主要是担任运输、情报、修理、翻译等工作,据档案统计,在中国美军机关服务者约有300人。[②]例如,离开中缅运输局的南侨机工汤耀荣参加"军事委员会战地服务团"(WASC)[③],主要是协助在中国的盟军。

2. 怒江以西的南侨机工

日本侵入滇西时,南侨机工仍然在执行抢运军事物资的任务,因此在滇缅公路惠通桥被炸时,一些南侨机工被阻隔在怒江西岸。由于南侨机工在中国抗战军事物资运输中的重要作用,日军占领滇西后,专门派人搜捕南侨机工。因此,在混乱的时局中,南侨机工四处逃散,为躲避日军搜捕和迫害,有的藏入原始森林,有的躲入少数民族村寨,改变服饰,隐姓埋名。

躲入深山的南侨机工过着十分艰苦的生活。1943年9月,在缅甸境

---

① 《侯西反收容机工名册》((1944年5月15日)),(1942年8月18日),云南省档案馆藏,西南运输处档案,54/21/247。

② 《云南省华侨互助会理事长胡春玉等电》,《战后遣返华侨史料汇编》(3),台湾"国史馆"印行2005年版,第284页。

③ "战地服务团"系军事委员会的分支机构。其职责是向援助中国的盟军提供和维修车辆等设备。总部设在重庆,在云南等地设立分支机构。参见 *War Area Service Corps Diary for 1945* 证书,该资料由昆明机工后代汤晓梅提供。

内巡逻的中国远征军曾在缅甸的卡瓦山发现南侨机工，1943 年 9 月 27 日，中国远征军第 11 集团军第九师师长张金廷致电滇缅局，告知缅甸卡瓦山有南桥机工流浪，并要求滇缅运输局救助：

> 本队巡视前线至孟定坝时，因该地为野人山一角，去年缅甸失陷，滇缅路停工，各方失业人员颇多，散居于孟定附近，上月失陷孟定有逼为汉奸者，有流徙无处者，有华侨机工散居于卡瓦山者。所以电请设法救助收容以免资敌。[①]

躲在少数民族村寨的机工，有的不幸被日军杀害。南侨机工陈团圆就是被日军杀害的机工之一，之前，陈团圆已经与傣族姑娘咩帕（傣族名字）结婚。在保山 91 岁（2004 年）的咩帕用傣族语讲述了其丈夫被日军活埋的悲惨情况（杨维成翻译）：

> 阿单（指陈团圆）是向我买米时认识的。熟悉后我知道他原是在三棵树附近开车运输军火。后来是以做小生意为掩护收集鬼子情报。日本鬼子占领芒市后，阿单跑到芒蚌寨来找我，我赶紧找了些衣服给他换上（老人边说，边拿出阿单穿过的一件衣服向我们展示）。这是我拿给阿单穿过的一件我们的傣族上衣，因为日本鬼子见穿黄衣服的人就杀。我叮嘱阿单不要和任何人讲话，白天我让阿单到庄稼地里劳动，实际是为了躲藏，晚上再回到家里来。后来我们大家认为这里离芒市太近，担心鬼子会来，就让阿单到更远更偏僻的允金寨，想必日本鬼子不会到那里去，但没想到啊！当天晚上日本鬼子就到允金寨把阿单抓走，第二天拉到芒蚌寨的水塘来活埋，还通知寨里人去看，我去时看到土已经埋到了阿单的脖子这深度。那鬼子真不是人哪！让不让你痛快的死，要折磨你让你活受罪。鬼子埋一点土，就使劲把土夯实一下，我看到阿单的脸憋得通红通红的，眼珠子鼓得都快暴出来了！我看不下去了，不敢看了（说到这里老人用双手蒙上了双眼），

---

① 《远征军第一路司令长官司令部给昆明滇缅公路运输局葛局长电》（1943 年 9 月 27 日），云南省档案馆藏，西南运输处档案，54/21/247。

我后悔啊！阿单如果还在我家住，也许就不会遭此难了。[1]

另外，在国外仰光分处服务的南侨机工，在日军进攻缅甸时，随同仰光分处撤退到印度的加尔各答等地，人数约 200 人。[2]

二　南侨机工的运输工作及活动

滇缅公路中断后，南侨机工以其技术、语言优势继续从事运输等工作，其活动由原来单一的军事运输工作转向多个服务领域，如部分华侨机工在盟军反攻时走出国门或者"被派往国外"担任情报收集、修理军需武器以及翻译等特殊工作。

（一）在滇缅运输局的南侨机工工作

中缅运输局撤销后，1942 年 9 月 5 日，国民政府成立滇缅运输局，南侨机工成为在战争环境下中国运输的主要力量。主要任务有：

1. 抢运兵工署物资

日军进攻滇西时，西南运输处将大批兵工署物资抢运至惠通桥以东，随着战事的发展，亟须将该批物资抢运到安全地区。根据军事委员会安排，滇缅运输局的首要任务是，"抢运滇境物资及将下关兵工署物资于 9 月底前运至曲靖、昆明以东"[3]。其任务主要由南侨机工承担。

2. 接转"驼峰航线"军事物资

滇缅路中断前后，为运输国外援助中国抗日物资，美国陆军航空兵空运队和中国航空公司联合开辟了"驼峰航线"。该航线横跨喜马拉雅山脉和横断山脉，连接印度、缅甸和中国，起点是印度阿萨姆，终点是中国云南昆明巫家坝、云南驿等地机场。自 1942 年 5 月至 1945 年 9 月向中国运送了大量的援华物资，包括燃油、弹药、武器、航空器材等，回程运输易货交易的矿石以及钨、锡、桐油、猪鬃等。

---

①　该文转自汤璐聪采访。陈毅明、汤璐聪编《南侨机工抗战纪实》，鹭江出版社 2005 年版，第 160 页。

②　《云南省华侨互助理事会致行政院函》，谢培屏编《战后遣返华侨史料汇编》（第三卷），"国史馆"印行 2005 年版，第 278 页，

③　《滇缅公路局运输局工作报告》（1944 年 8 月），云南省档案馆藏，西南运输处档案，54/21/462。

　　"驼峰航线"军事物资抵达云南的机场后，需要及时接转或运输至前线，1943年2月1日，国民政府命令，滇缅运输局的汽车及人员移交给中国远征军司令部管理，于是，滇缅局将600辆车拨给远征军等部门征用（具体分配见表4—15），并按照中国远征军指挥部的要求执行军运任务，同时，滇缅局在下关成立运输队以便于联系和管理。[①] 除运输管理人员外，其余运输队人员全部为南侨机工。

表4—15　　　　　　　　滇缅运输局车辆分配状况

拨给机关	辆数	附注
远征军机关	5	
美军	89	
昆明防守所	6	
美国空军	20	系拨云南驿机场使用
云南驿机场	17	系接进出口货物
专供汽车指挥部	463	川行于川滇线，按六成算共27辆
共计	600	

　　资料来源：《滇缅公路局运输局工作报告》（1944年8月），云南省档案馆藏，西南运输处档案54/21/462

　　隶属于中国远征军管理的南侨机工，其行车路线及运输物资如下（见表4—16）：

表4—16　　　　　　中国远征军汽车指挥部278辆汽车分配

行程区域	辆数	附注
昆明至独山（贵州）	100	兵工厂所在地
昆明短途	20	
川滇东路及西南公路	15	

　　① 《滇缅公路局运输局工作报告》（1944年8月），云南省档案馆藏，西南运输处档案，54/21/462。

续表

行程区域	辆数	附注
关保段	15	运输马粮由关至保
姚楚段	15	运输米粮由姚至楚雄
昆保段	113	运输弹药

资料来源:《滇缅公路局运输局工作报告》(1944 年 8 月),云南省档案馆藏,西南运输处档案,54/21/462。

由表 4—16 可以看出,南侨机工的运输区域主要是惠通桥以东,路线包括滇缅路东段(保山—下关—昆明等线)、川滇线以及西南公路。主要运输弹药、兵工厂的物资,其中,昆明至独山的 100 辆车,专为贵州独山兵工厂运输生产武器原料。

据档案记载,在"驼峰航线"运输期间,滇缅运输局共接转运输物资35587988 公斤。具体时间及数量如表 4—17 所示:

表 4—17　　　　　　接转"驼峰"航线空运物资

时间	数量(公斤)
1942.6—1943.9	8348587
1943.10—1944.6	35587988(其中美国航空公司 33145876,中国航空公司 2442112)
1942.6—1944.6	35587988

资料来源:《驼峰航线物资表》(1942—1944),云南省档案馆藏,西南运输处档案,54/31/4836

在此期间,滇缅运输局运输管理人员和南侨机工夜以继日地工作,处于高负荷的状态。正如滇缅运输局在运输报告中所言:

自本年(1943 年)二月迄今,本局全数车拨给远征军专用,几度限期抢运接应前方反攻,均昼夜行驶,毫无喘息,队厂站业务人员、南侨机工频有数夜不眠者。①

3. 派往国外接车

南侨机工具有技术和语言优势，多次被派往国外接车。1943 年 6 月17 日，交通部滇缅公路运输局致电昆明修车厂，请求遴选具有语言优势者到印度接车：

昆明修车厂唐厂长览，仰即在该队华侨机工中，挑选技术优良能操英印语之华侨机工 8 名，立即准备跟随陆副局长飞往印度接车，仰即尊办并将机工名册为要，局长葛沣修秘。②

1944 年 10 月 20 日，滇缅运输局再次致电，请求昆明修车厂派 50 名南侨机工赴伊朗接车：

昆明修车厂览奉令派机工 50 名赴伊朗接车等，因仰将能通英印语之华侨机工查明造册呈核由，贵厂机工内能通英印语之华侨机工，共有若干，仰速列选名册报局。

局长葛沣隆巧机考。③

（二）在印度担任"驼峰航线"后勤工作的南侨机工

驼峰航线开辟后，该航线印度一方需要后勤服务人员装卸和运输货物。约 200 名南侨机工在印度的阿萨姆、加尔各答港口服务。④ 机工的来源有两种：一是日本占领缅甸时，在仰光服务的南侨机工进入印度，二是由中美两国在昆明招募赴印度服务的机工。其中，王亚昌、颜世国两人就是主动应募到印度服务的两名南侨机工代表：

---

① 《滇缅公路局运输局快邮工作报告》（1944 年 8 月），云南省档案馆藏，西南运输处档案，54/21/462。

② 《交通部滇缅公路运输局快邮代电》（1943 年 6 月 17 日），云南省档案馆藏，西南运输处档案，54/21/1672。

③ 《滇缅运输局致昆明修车厂函》（1944 年 10 月 20 日），云南省档案馆藏，西南运输处档案，54/21/1672。

④ 《云南省华侨互助理事会致行政院函》，谢培屏编《战后遣返华侨史料汇编》（第三卷），"国史馆"印行 2005 年版，第 278 页。

太平洋战争爆发，外汇断绝，有家难回，致使南侨机工陷入困境，我在云南举目无亲，便与海南籍机工王亚昌等一起报名前往印度。为何到印度，因为滇缅路中断，中国失去了与英美等西方盟国的陆路交通联系，只好依靠飞越喜马拉雅山的驼峰航线，因在印度的物资，同样需要先用汽车运往机场，需要一批司机，盟军便在昆明招募第一批司机到印度抢运援华军运物资。①

美国援助中国物资需要运到机场，美军在昆明招募第一批机工到印度抢运援华军用物资，我（颜世国）与200多名南侨机工，毅然前往印度，参加盟军的反法西斯战争，由于我们曾在滇缅路驾驶，技术高超，入印度受到盟军的赞赏，我在印度阿山省地普罗加飞机场工作期间，主要任务是在机场运输汽油、军用物品以及大锡锭，直至1945年胜利才结束。②

（三）盟军反攻时执行特殊任务的南侨机工

还有一部分南侨机工以其技术、语言等优势加入盟军，继续参加运输工作。表4—18为滇缅公路中断后，部分南侨机工在盟军部门服务的情况：

表4—18　　　　滇缅公路中断后南侨机工参加运输工作一览

姓名	个人简历	1942年5月之前	1942年5月后服务情况
李九	广东鹤山，曾接受中英文教育，怡保第一批回国机工	在西南运输处担任中尉助教4年	任中美陆军运输总队领队，该队改编后在中美运输大队任原职务

---

① 《南侨机工王云峰的传奇经历》，载《陈嘉庚与南侨机工》，第137页。
② 《记重庆南侨机工颜世国》，载《陈嘉庚与南侨机工》，第156页。

续表

姓名	个人简历	1942年5月之前	1942年5月后服务情况
冼梦彬	亚罗斯打第一批机工，高中教育，机械修理员	财政部运输押运员	缅甸战役任第五军200师师长戴安澜随从侍卫。戴阵亡后，转往印度参加远征军车辆第七营教官、联军汽车学校教官
林正中	第六批机工		到印度参加远征军，中缅运输处班长
潘桂槁	第五批机工	滇缅路惠通站，任职巡回救济队	整编后，拨归美国志愿14航空队，驻昆明基地服务。盟军反攻时，被调赴印度远征军服役，参与反攻缅甸
陈光明			缅甸中国进入运输队工作，1944年日军攻占缅甸时，在陆军第五军第15师服务，后抵达昆明。1943年冬，中国远征军反攻时，为炮兵，在12团服务。1944年，调入中美情报局服务，先后被派往泰国、缅甸，担任敌人后方谍报服务
梁金顺	广东台山，第五批机工	华侨第13大队中尉分队长，率队第仰光抢运车辆	1942年，缅甸陷落后，梁金顺率领部下，集中昆明，候命他调，后奉调接管车队出发工作，并专职运输车辆，移交黔省中国运输公司。1943年，被派军委会参加汽车兵团，赴印度并入同盟军反攻缅甸，后调入美军空运部，进攻缅甸时，加入盟军第14军反攻马来亚半岛部队，1945年随同英印军队乘船南攻新加坡
李邓合	广东乐会县，第五批机工		随同中国远征军第五军辎重兵团，入缅作战，后返国被派往中美汽车修理厂
叶福来	福建同安第五批机工		调入缅甸，辅助远征军第五军运输前线军需
黄文和	福建海澄第三批机工		加入盟军空运站陆路运输机构服务

资料来源：笔者据林少川《陈嘉庚与南侨机工》，《南侨复员机工互助会十二周年纪念特刊》（非卖品）整理。

1. 为盟军反攻收集情报

1944 年初，英美盟军进攻泰国和马来亚前夕，需在华侨和华侨机工中招募向导执行特殊任务。1944 年 6 月，驻印度加尔各答美军当局在印度招募马来亚及泰国华侨 500 名以备将来攻入马泰两地时充当向导。南侨机工踊跃报名参加，"西南运输处服务之华侨机工百余人已经报名"。① 南侨筹赈总会刘牡丹的回忆也印证了这一事实：

> 在重庆，在印度，设立招募当时的"南侨机工"参加准备反攻的部队，特别是 136 部队就有一二百名"华侨机工"。参加的机工主要参加降落伞部队或潜艇队，大多是侦察日军在南太平洋一带的情报工作。②

所谓执行情报工作，主要是指南侨机工参加 136 部队。③ 在盟军反攻期间，该部队主要收集情报，以协助盟军登陆和反攻。其中，南侨机工林谋盛也报名参加，1943 年 7 月 16 日，林谋盛返回新加坡，担任 136 部队马来亚分区正区长，该区下辖七个分队。尽管该队人数不多，但都是经过特殊训练的"优秀分子"。例如，林谋盛等人用潜艇运输了机枪 7 挺，手枪 4 支，子弹 1000 发，无限电台 2 部以及大量药品，至 1945 年 4 月，前后共派遣 7 次。④

还有部分华侨机工被盟军总部昆明分部选调后，接受特种训练后，被派往东南亚日军占领区做侦察工作。来自泰国的南侨机工蔡汉良就是其中之一。1944 年 4 月 15 日，蔡汉良被盟军派往泰国侦查日寇在泰国的腊温

---

① 《滇缅公路局致昆明行营参谋处函》，云南省档案馆藏，西南运输处档案，54/21/81。

② 刘牡丹：《沉痛的记忆》，《南侨复员机工互助会十二周年纪念特刊》(非卖品)，第 10页。

③ 基于中英合作而创建，是一支兵员少而精的特种部队。承担收集情报和指导游击作战的任务。主要是在南洋马来亚地区情报收集和游击活动。插入日军后方执行秘密任务，经中英同意英国方面主要负责经费、计划和训练派遣，中国方面配备人员。由于南侨机工熟悉南洋环境及有英语优势，国民政府在重庆、印度等招募南侨机工参加该部队。参见 [日] 菊池一隆《中国抗日军事史》，袁广泉译，社会科学文献出版社 2011 年版，第 234 页。

④ [日] 菊池一隆：《中国抗日军事史》，袁广泉译，社会科学文献出版社 2011 年版，第 237 页。

军事基地。他化名蔡昆，利用其语言优势和亲属关系抵达日本军事基地，该基地路途遥远，开车出入的全是日本人，每 5 公里便设立一个检查站。蔡汉良利用其堂兄在基地当杂役的差事趁机了解基地的有关情报，经过多次侦察，他用日文旧报纸绘制成秘密地图。1945 年 5 月 3 日，他返回中国，将侦察所得向盟军总部汇报。经过核实后，盟军从昆明和印度调了大批轰炸机，将腊温基地的军火仓库、火车站、电台、高炮阵地，停泊在港口的战舰全部摧毁。①

2. 为中国远征军修理机械

中国远征军反攻期间，南侨机工承担着运输、当地翻译、修理武器等工作。1943 年底，重庆派卫立煌为总司令负责滇缅反攻指挥，南侨机工归入 11 集团军统一领导，负责协助运兵员、将武器运往前线。松山战役中，南侨机工余汉洲和同伴连续十几天抢运，夜里没有睡觉的机会，只好在驾驶室打盹儿。②

部分南侨机工担任远征军翻译。如南侨机工黄迎风参加远征军入缅作战，为远征军担任翻译，因其精通英文，熟知马来语、福建话、广东话，中国远征军官员需要与英美军联系，从领车到领料，从修车到学习装配，从问路到购物，被批准为三级英语翻译员，后被提升为校官。③

为远征军修理大炮。南侨机工殷华生，1942 年失业后，1943 年参加"美军陆军炮兵游动修理队"在昆明干海子修理各种大炮，把修理汽车的技术用在修理大炮上。殷华生回忆了和同伴一路随远征军从保山到印度并以其高超技艺修理大炮的情形：

> 我们出发到保山，分成两个分队，每队十人，我编在第二分队，队长徐汉生，是海外归来的技师，修理望远镜和指南针，殷华生专门负责修大炮。"有的大炮炮筒烂了，就换一个，撞针断了、秃了、要

① 《滇缅路南侨机工蔡汉良》，载林少川编《陈嘉庚与南侨机工》，中国华侨出版社 1994 年版，第 75—78 页，

② 《无悔的选择：机工余汉洲》，载林少川编《陈嘉庚与南侨机工》，中国华侨出版社 1994 年版，第 106 页，

③ 《南侨机工黄迎风》，载林少川编《陈嘉庚与南侨机工》，中国华侨出版社 1994 年版，第 183 页。

换、要磨,炮身因弹簧失调打不准,要调整,经过我们的抢修完毕,立即当场试验,官兵们都很满意。我们先后到了下关、大理、凤仪、弥渡、巍山、祥云等处,为第5军、第6军、第71军,独立炮兵营,36师等部队修理各类大炮,每次都发给我们奖状,大概搞了四、五个月,主要都是在怒江以东工作。后来,随着战争的推进,进一步向西挺进。

第二分队有5个美国人,由科罗纳中校带队,中国人4人,共9人。每人配备枪械,食宿用品都是美军军运物资。由骡马驮着,日夜兼程,一路向西。到了怒江边上,用橡皮艇,顺利横渡怒江。经过四天跋涉,到了象达,前面三、四公里处,同日军作战的阵地。日夜炮声隆隆,前线把大炮托回来,我们马上修理,修好立即送上前线。有时候前线作战紧张或大炮太重,不便拖来拖去,就到前线抢修,一边修理,一边作战。后来到印度修理大炮。当美国人要转到昆明回国时,临别时,美国中校特别颁给一张奖状,告诉我,持有这张证书,你可以随时到美国。①

(四) 经侯西反培训后继续担任运输工作

1944年1月,"云南华侨互助理事会"成立后,在侯西反、白清泉、胡春玉等热心人士的组织下,收容了一批失业机工。在收容期间,侯西反聘请专人对机工进行培训,培训后推荐给滇缅运输局。经过侯西反推荐重新为滇缅运输局服务的机工共三批,共207人。具体如表4—19所示:

表4—19　　云南省华侨互助理事会收容失业侨工训练情况一览

期别	收容训练人数	训练后去向
第一期	107	训练后送20名入滇缅局服务,除87名送交通部黔西训练所受训2个月,再分发川滇东路及西南公路局等机队服务
第二期	50	训练1个月分送滇缅局昆明段及下关段服务
第三期	50	训练1个半月送滇缅局再训练2个月组织华侨运输中队,留滇缅局服务

资料来源:侯西反:《滇省华侨互助理事会报告书》,《华侨先锋》1944年第11—12期。

---

① 《南侨机工殷华生自述》,载林少川编《陈嘉庚与南侨机工》,中国华侨出版社1994年版,第158页。

第四节　小结

通过本章对南侨机工在中国的运输活动的研究显示，南侨机工在中国抗战期间，承担了滇缅公路畅通时期最为繁重的军事运输任务，而且，在滇缅公路中断后，南侨机工仍然在国民政府等运输部门服务，为中国抗战做出了重大的贡献。

1938年底至1942年5月之间，美、英等国的军事物资经滇缅公路运入中国。本章的研究显示，南侨机工是国民政府兵工署物资运输的主要承运者。他们不仅将国外援华军事物资接转至云南滇西一带，而且还承担将军事物资运至前线的任务，因此，首先，可以认为，正是因为南洋机工的努力及高效的运输确保了中国战场所需的军事物资及时得到补给，从而使相持阶段的战争得以持续。其次，南侨机工还承担了中国换取外汇的出口商品的运输任务，根据安排，南侨机工返程时装运桐油、锡、铜等商品以换取外汇。最后，南侨机工承担了美国红十字会物资的运输工作及中国白银出口的运输任务。

1942年5月，滇缅公路中断后，中美开辟"驼峰航线"运输军事物资。这一时期的南侨机工运输工作的特点是，由原来相对单一的军事运输转向多个领域部门继续为抗日战争服务。首先，南侨机工承担了"驼峰航线"物资接转任务。在印度"驼峰航线"的印度地区，200名南侨机工在印度阿萨姆、加尔各答等地承担着地勤运输、修理等工作，而经航线运入祥云、沾益、陆良等中国机场的军事物资的接转工作，南侨机工仍然是主要的运输承担者。其次，部分南侨机工以其语言、技术优势服务于盟军（昆明、印度英军）军事机关，担任翻译、文员、潜入敌方收集情报等特殊任务。

特别需要指出的是，在承担军事物资运输任务之时，南侨机工随时面临恶劣的自然环境和社会环境的挑战，南侨机工运输往返的区域气候多变，为疾病多发区，生存环境极为恶劣，这对南侨机工是一个严峻的考验，但南侨机工不畏艰难，克服困难，任劳任怨，抱着为祖国抗战的坚定信念，顺利完成了国民政府安排的运输任务。

因此，南侨机工在中日战争的相持和反攻阶段，在国内机工技术人才匮乏的背景下，响应祖国的需要，担负起军事物资的运输工作，不畏艰险，行驶在中国西南的高山峡谷中，用自己年轻的生命构筑起中国抗战的军事补给通道，其对中国正面战场抗战后勤补给的作用不可替代，为中国抗日战争和世界反法西斯战争的胜利做出了重大贡献。

第 五 章

在祖国期间南侨机工与南洋的关系

太平洋战争爆发之前，在中国服务的南侨机工与南洋之间保持着密切的联系。本章从"南侨总会"等社团与南洋机工的关系、南洋家属与南侨机工的关系两个层面阐述，并在此基础上分析西南运输处和南侨筹赈总会对南侨机工的不同态度及其原因。

第一节 "南侨总会"与筹赈分会对南侨机工的关注

一 "南侨总会"对南侨机工的关注与帮助

（一）关注和解决"机工苦寒"问题

"南侨总会"作为机工招募和派出机构，对南侨机工在中国的运输工作的情况极为关注。其中，"机工苦寒"问题正是在"南侨总会"的关注下得以解决的。

"机工苦寒"问题，是指南侨机工抵达昆明后因天气寒冷、水土等产生不适，而西南运输处没有及时提供棉衣等御寒服装以及缺少必要的医疗条件，进而导致南侨机工患病乃至少数机工被冻死的问题。该问题从1939年2月底第一批机工抵达一直持续到1939年10月。"机工苦寒"问题不仅引起侨务委员会、海外部国民政府部门的关注，而且也引起了蒋介石、宋美龄的多次关注。"机工苦寒"问题在南洋华侨社会引起强烈反响。1940年初，在"南洋总会"的督促和努力下，南侨机工的苦寒问题才基本得到解决。

但在解决南侨机工苦寒问题中，中国管理运输的"西南运输处"和

"南侨总会"存在分歧和不同的意见。笔者首先论述该问题的产生、演变以及"南侨总会"在其中的重要角色，进而分析产生分歧的原因。

1. 机工苦寒及各方关注

根据招募机工双方的协定，"南侨总会"负责机工招募和路费等事宜，而国民政府"西南运输处"负责"衣食住医等项均由当局发给"。因此，陈嘉庚刊登招募机工通告指出，"南洋地居热带，衣服简单，庚以政府既有充分供给，遂亦未为机工置办棉衣"①。1939年2月底，抵达昆明的南侨机工直接被安排进入"运输人员训练所"接受军事训练。在训练所期间，因当时"昆明天气骤寒"，"在昆设备简陋寒冷异常"，运输人员训练所没有准备棉衣等御寒生活用品，并且运输人员训练所不能为患病的机工提供基本的医疗保证，"致多数机工饥寒交迫病乏"。因此，初来中国的华侨机工颇以为苦。不仅如此，被派往外地执行运输任务的华侨机工也因缺少御寒棉衣而苦不堪言。为此，南侨机工纷纷致函其遣送机构——南洋筹赈分会，告知在中国缺少寒衣情况并请求帮助解决。

例如，槟城机工经过短期训练后被安排在广西机械运输队服务。32名华侨机工被编入两队，第一队在广西广宁服务，其任务是"主理修整汽车及装配器械"，但因当地"天气恶劣而寒冷，土热水寒，外来人多因不合水土"，华侨机工"多患寒冷肚痾等症"；第二队主要负责军事物资的运输，途中休息时"因缺寒衣，夜间以军服及禾秆作被，但不能取暖"。于是在1939年3月15日，槟城机工队队长致函槟城筹赈分会，请求"侨胞捐赠棉衣，军毯，冷衫，卫生衫，头巾，手套等物，或者旧衣，物虽稍残破即可，只求有衣可以御寒而已"②。

吡叻第一批机工抵达中国昆明后，顿感昆明天气寒冷，难以忍受。1939年4月28日，吡叻机工林清炎、黄真、林阿坤、李金、邱汉良等致函吡叻筹赈会，告知在中国近况时，特别告知昆明"正严冬降临，天气寒冷，使常在热带之吾侨生，颇以为苦，故奉告后来之机工，须要带备寒衣，做工衣服，及工作用具。是为切要也"③。

---

① 《陈嘉庚致西南运输处宋子良函》（1939年4月5日），云南省档案馆藏，西南运输处档案，54/32/553。

② 《槟城机工队致槟城机工征募委员会函》，《总汇新报》1939年3月20日第4版。

③ 《吡叻机工致吡叻筹赈会函》，《总汇新报》1939年5月2日第3版。

南洋各地筹赈分会纷纷将机工因缺少棉衣受寒之事告知陈嘉庚，又因当时正值机工大规模招募之时，陈嘉庚对此事非常重视。首先派人到新加坡分处，要求核实南侨机工在中国苦寒真实情况；同时致函西南运输处仰光分处处长陈质平。1939 年 4 月 28 日，要求尽快解决昆明机工的棉衣问题，以利将来在南洋继续招募回国服务机工：

> 昆明千余机工苦寒，请电西南运输处速给药、寒衣被，并对病者专治疗，否则无以励后往。①
>
> 陈嘉庚，沁。

陈质平收到陈嘉庚的电报后，立即于当日以密电告知在越南海防的西南运输处主任宋子良和昆明总处副主任龚学遂。为担心中国机工苦寒问题对继续在南洋招募机工产生负面影响，1939 年 4 月 29 日，陈质平回复陈嘉庚，"电达宋主任奉复关已饬立即改"。

与此同时，西南运输处"运输人员训练所"所长张炎元于 1939 年 5 月 8 日和 1939 年 5 月 16 日两次快邮代电，请求仰光分处的陈质平向"南侨总会"及南洋华侨解释②，"恳吾兄多向华侨先辈详为解释，以慰侨情，藉勉来兹"。在其信函中，张炎元告知在昆明的机工得到政府优待。政府"能办到无不勉力，尚不致有饥寒之事"。衣物供备，发给军毛毯（普通学生只发 1 条），日食三顿（日食一顿，干饭 2 顿），至于"饥寒交迫病乏不堪"，张炎元解释，"第三批机工抵达昆明时，适值气候突变，华机工衣被较为单薄，于旅途中，因而有受风寒事"，但经"设立医院为诊治，旋告痊愈"，并承认"昆明地方物资贫乏供应殊难满足，华侨生活习惯一时难以不易适应自系事实"。同时，张炎元认为对于机工向南洋报告者"为非不逞之徒，故意淆乱分子，张大其词"，且"不堪造就，借故潜逃捏造理

---

① 《陈嘉庚为昆明千余机工苦寒请速备寒衣电》（1939 年 4 月 28 日），云南省档案馆藏，西南运输处档案，54/6/335。

② 初期招募机工时，宋子良请求陈嘉庚与陈质平接洽和协商，因此，遇到与机工有关的事宜时，陈嘉庚主要是与新加坡分处处长陈质平沟通、协调机工事宜，后陈质平被调往西南运输处仰光分处担任处长，不过，因其常驻仰光，其对机工在昆明发生的情况并不了解。

由，以为掩饰"①。信函中所提及的"不逞之徒""潜逃"机工，指第四批机工训练时，少数南侨机工因缺乏棉衣受寒、难以忍受苛刻的军事管理而离开训练所之事。

陈质平远在缅甸仰光，在没有具体核实的情况下，于1939年5月16日，致函陈嘉庚，告知陈嘉庚在中国服务的机工"受中央之垂爱，莫不精神百倍"，并指出少数离开训练所机工为"借故潜逃捏造理由，以为掩饰"。其目的是"希图离国，则为不堪造就分子"②。

所谓的"潜逃机工""离开"训练所后，因在中国生活无着落不得不向海外部、侨务委员会等部门求助，引起了以上政府部门对西南运输处管理机工方式的关注。并要求西南运输处改善机工待遇和不恰当的管理方法。

首先是中央海外部的关注。1939年5月19日，吴铁城致函西南运输处主任宋子良，强调南侨机工"不尽普通机工，其中不乏中产家庭子弟及受英国教育者"，而非一般普通人员，并建议善待机工，而西南运输处军事管理"过于严密，只有军令之指挥，而乏情谊之关切"。华侨机工的"生活习惯本亦可渐改，惟必明其心理，加以说服，而不宜即律以军纪，使成隔膜"。并建议改管理办法，以免"使海外侨胞心生误会，影响政府信仰尤巨"③。

其次是机工管理问题引起侨务委员会陈树人的关注和重视。1939年6月18日，侨务委员会委员长陈树人致函宋子良，认为华侨机工为"技术人才"，应遵照其性格和特点来进行管理：

> 华侨司机人员回国服务，原为爱护祖国起见，故牺牲职业，远离家属，以参加此神圣抗战工作，机工为技术人才，不应以一般士兵待之。到滇以来，经有贵处接待予以训练，俾得军事常识负起运输责

①《张炎元致仰光分处陈质平函》（1939年5月16日），云南省档案馆藏，西南运输处档案，54/6/335。

②《陈质平致陈嘉庚函》（1939年5月16日），云南省档案馆藏，西南运输处档案，54/6/335。

③《海外部致函宋子良查询机工状况》（1939年5月19日），云南省档案馆藏，西南运输处档案，54/10/549。

任，机工为海外侨胞，初抵内地，天时人事判然不同，似须依其性质习惯逐渐改良，则积久成为自然，无隔膜不合之处，……本会办理华侨事务，对于华侨情形办理甚恰，苟有不齐，依期予以衣服，最为要紧之事。①

此外，华侨机工在滇缅路运输优异表现及其恶劣的生活情况引起了国民政府要员关注。其中，国民政府要员唐生智②对南侨机工印象来自经过滇缅路的外籍人士和北大蒋梦麟教授等对机工运输工作的描述。其中，一位外籍人士告知唐生智，滇缅路南洋华侨司机给其留下了良好印象，与此同时，对运输途中机工的饮食等生活状况极为忧虑：

对于来自南洋的大卡车司机极为钦佩，以为彼等应得到公家奖励与鼓励。此地除了要冒极大危险外，生活之供给可说毫无准备，因食物缺乏，如运输中途损坏不能离开，在邻近搜索所得之粗劣不堪一饱。③

另外，北京大学蒋梦磷教授将在滇缅公路目睹华侨机工的服务情况告知唐生智：

两个来自马来亚的华侨机工，应给以特别待遇，不但因为彼等应受此待遇，而且有此需要而为维持彼等家庭之爱国热忱，若无此班司机就无各路办理运输，彼等均系来自新加坡及马来亚各城市之中国青年，处境均极其困难而士气甚旺，彼等食在车中，睡在车中，甚至生死亦在车中，服务精神殊足令人惊叹。④

---

① 《陈树人致函宋子良查询机工近况》（1939 年 6 月 18 日），云南省档案馆藏，西南运输处档案，54/10/549。

② 唐生智是西南运输处总监，专门管理运输事务。

③ 《唐生智致交通部滇缅公路运输局函》（1939 年 8 月 8 日），云南省档案馆藏，西南运输处档案，54/10/549。

④ 同上。

外籍人士和蒋梦麟对滇缅路上华侨机工的运输及生活状况的描述引起了时任国民政府运输总监唐生智的关注。唐生智致函交通部滇缅公路运输管理局局长谭伯英,认为"滇缅路上华侨之司机应在抗战英雄榜上占有一席之地"。并要求谭伯英代为慰劳华侨司机青年和改善机工生活待遇。[①]

在各方关注下,海防的西南运输处主任宋子良要求改善对机工的管理及生活待遇,但作为军事训练和管理的训练所人员坚持认为,"少数怯懦分子,骤感生活不惯,不能忍受,遽尔潜逃"[②]。且认为与前方将士和忍饥挨饿的逃难百姓相比,华侨机工"当必知发扬赴汤蹈火,谨敬受训以答国家优遇之恩"[③]。另外,运输人员训练所及西南运输处管理人员没有认识到南侨机工是"舍弃优厚工作告别家庭来抗日运输者",而被误认为是失业寻找工作者,正如侨务委员会指出苛待机工之根源:"西南运输管理人员对此华侨机工常存鄙视态度,以为凡肯回国服务者多为在南洋失业侨民。"[④] 在军事管理原则下,华侨机工一律以士兵看待,"只有命令指挥而乏情谊之关切,或以为为求职业而来心存鄙视,缺乏彼此之理解。"[⑤] 因此,西南运输处训练所管理人员,依然坚持自己的观点,对其他部门建议不予接受。

2. 派刘牡丹考察机工生活及滇缅公路运输管理

对于中国张炎元信函所说对南侨机工生活问题得到"善待"的处理,起初,陈嘉庚是深信不疑的,陈嘉庚也认为"机工程度不同,不可尽信。至于少数机工离开训练所之事,西南运输处对于所谓的"少数怯懦分子"离开训练所的解释,陈嘉庚给予理解和支持,并认为,少数习惯于南洋优越生活的机工,难以忍受艰苦生活而离开乃是正常现象。不仅如此,陈嘉庚在致函西南运输处的电文中,建议暂不发给他们护照,不要让其返回南洋,以免影响正在进行的机工招募工作,并推测该批机工离开

---

① 《唐生智致交通部滇缅公路运输局函》(1939年8月8日),云南省档案馆藏,西南运输处档案,54/10/549。

② 《运输人员训练所给昆明总处函》(1939年9月11日),云南省档案馆藏,西南运输处档案,54/10/549。

③ 同上。

④ 《陈树人建议派员指导机工生活呈》(1939年9月8日),云南省档案馆藏,西南运输处档案,4/30/465。

⑤ 同上。

训练所，是由于训练所里的汉奸所蛊惑，并建议西南运输处严格调查。①

不过，随后发生的一系列事情使陈嘉庚开始质疑西南运输处所言"优待机工"的真实性。一是在中国服务南侨机工给各地筹赈分会的信函中，大多提及缺少棉衣，特别是由中国返回南洋治病的机工韩定华，多次提及机工在中国训练和服务时生活困难的情况；二是陈嘉庚在陈质平的信函中，对陈质平答复的前后矛盾提出质疑。1939 年 8 月 1 日，陈嘉庚亲笔致函仰光分处处长陈质平，对其所说已改善待遇一事提出疑问，"对于衣服绝无提起"感到不解并请求答复和解释，并告知陈质平，"具可靠某机工言，绝未分发何项衣服"②。实际上，陈质平一直在仰光分处，也不了解昆明的真实情况，仅是向南侨筹赈总会转达西南运输处信函而已。

作为南侨机工的主要招募和组织者，"南侨总会"面临来自各地筹赈分会的质疑和压力，陈嘉庚对西南运输处所言机工生活待遇情况亦难辨真假。于是，"南侨总会"决定派刘牡丹亲自考察滇缅路以及南侨机工生活情况，以便给南洋华侨社会做出解释。1939 年 8 月 7 日，南侨筹赈总会主席陈嘉庚告知陈质平决定考察理由，从信函内容所见，此时的陈嘉庚仍然相信西南运输处所言，离开训练所的机工为"不堪造就者"：

> 迳启者，本总会数月以来，募应祖国机工二千余名，原以责在征募，其他事项全未参与，乃其中有少数意志薄弱不堪竟复潜逃南返以惧社会罪责，反而造谣惑众，浮言所及，难免影响继续续募，查此辈恶劣分子有方在受训者，有甫出服务者，遽尔潜逃，恐以后遣散各地，工作效尤更甚。又查滇缅公路开辟未久，海外侨胞关怀祖国对此抗战国际运输关注更切，为持种种不能不做实际考察，俾得依据实情

---

① 《南侨筹赈总会致西南运输处函》(1939 年 6 月 2 日)，云南省档案馆藏，西南运输处档案，54/10/549。

② 《陈嘉庚致仰光分处陈质平函》(1939 年 8 月 1 日)，云南省档案馆藏，西南运输处档案，54/10/549。

公布侨众，以释疑惑。①

1939 年 8 月 10 日，刘牡丹和两位南洋商报记者经仰光亲自沿滇缅公路开展调查。他们抵达仰光后，沿着滇缅路实地考察南侨机工生活和滇缅公路运输管理状况，通过一个月的考察，刘牡丹发现，西南运输处所言已对机工"善待"情况，与其所目睹的机工情况大相径庭。南侨机工"多面无血色，带病含泪，目不忍睹"。滇缅全路多蜿蜒崎岖，崇山峻岭，华侨机工"大半受寒冻，疾病且有死者，医院缺乏，缺乏宿舍，秽恶无人清理，卡车晚间不如宿民家，车坏无修具随车，荒山僻野，困守数日觅修无门者"。刘牡丹迅速告知陈嘉庚，"若不改善机工病死相继，后往者无人"。②

对于机工的棉衣问题，刘牡丹发现，"查由南侨筹赈总会募回全路机工，除第一批八十名及其后各批修机二百名，曾各发给工作衣一套外，自第一批以下所有司机两千名以下，至今概未发给，具已发给者仅为一套工作服装而已。滇缅公路虽在夏季，亦寒风刺骨，冷不可挡，患病机工在百分之九十之上，未病者亦面黄肌瘦，憔悴不堪，状甚可怜"。③请求陈嘉庚迅速为在中国服务华侨机工置办棉衣等生活必需品。

3. "南侨总会"为机工购置御寒物品及其滇缅公路管理的建议

（1）为在中国的南侨机工置办棉衣及药品。

1939 年 8 月 29 日，在昆明的刘牡丹致电陈嘉庚，告知滇缅路运输机工生活的惨状，"滇缅公路，气候甚寒，机工衣服，确不够，患疟疾者甚众"，并请求南侨筹赈总工会"速募御寒卫生衣，大成蓝布衣裤，内纱线袜，每人各两套，胶鞋一双，蚊帐二千件，及其他药品"④。

收到刘牡丹电文后，陈嘉庚迅速动员整个南洋华侨社会为机工置办寒衣药品。1939 年 8 月 30 日，陈嘉庚首先致电印度尼西亚庄西言

---

① 《陈嘉庚为刘牡丹考察滇缅路致陈质平函》（1939 年 8 月 7 日），云南省档案馆藏，西南运输处档案，54/32/553。

② 《南侨总会关于改进滇缅公路设备及机工待遇的建议书》（1939 年 9 月 24 日），云南省档案馆藏，西南运输处档案，54/30/465。

③ 同上。

④ 《刘牡丹致陈嘉庚为机工置办棉衣电》，《总汇新报》1939 年 8 月 31 日第 3 版。

委托其购买药品，请求爪哇"慈善会求助金鸡纳霜五万粒，俾以寄应国内机工之用"；其次是致电香港康镜波请求代为购买"内衣厚袜各四千件，胶布鞋二千双"，并将其"直寄河内"，然后由河内华商代为转至昆明。[①]

为担心南洋棉衣置备不足，1939 年 11 月 11 日，陈嘉庚致电宋美龄，请求将"汇寄国币五万一千元恳代制华侨机工棉衣"[②]。

在为机工征募棉衣过程中，南洋各地华侨积极行动，赶制棉衣。例如，新加坡轩辕馆洋衣行不仅廉价承做棉衣；星洲洋衣行司理赵景星主席黄锡涛，认为机工"不远万里，为国效劳，实践其有力出力之救国任务，甚为钦佩"，义不容辞地为机工承制机工寒衣，为确保按时完成制作棉衣的工作，星洲洋衣行"召集各同业分配裁制工作"[③]。

在为机工购买毛毯过程中，得到了其他各属筹赈会的支持和相应，因"南侨总会"为机工购买毛毯的数量甚巨，新加坡"竟告缺货"，槟城筹赈分会得知为南侨机工购买毛毯的消息后，"即向各埠中各商店购买，结果获得四百余张，并由华商组织车队运输到星洲"[④]。

在陈嘉庚和各地筹赈分会的努力下，南侨筹赈总会将棉衣等物品汇寄中国。其运至中国主要有两个方式，一是由新加坡寄交仰光西南运输公司发放；二是由香港商人康镜波代办寄由安南交昆明西南运输处发放，此外，委托宋美龄制备的棉衣，由妇女慰劳总会代制派发给华侨机工。据西南运输处统计，"南侨总会"为机工制备棉衣等御寒物品及药品如表 5—1 所示：

---

① 《回国机工多患疟　亟盼寒衣药品以资卫生防备》，《总汇新报》1939 年 8 月 31 日第 3 版。

② 《蒋宋美龄就陈嘉庚来函建议改善华侨机工待遇致宋子良函》（1939 年 11 月 11 日），云南省档案馆藏，西南运输处档案，54/30/465。

③ 《初秋已届寒冬渐近　洋衣行为机工赶制棉衣》，《总汇新报》1939 年 9 月 13 日第 4 版。

④ 《南侨总会托购毛毯　槟华赈会昨已购妥配星》，《总汇新报》1939 年 9 月 22 日第 4 版。

表 5—1　　　　　　　　南洋筹赈总会为机工制备棉衣物品统计

种类	数量
蓝布衫裤	3500 套
棉内衣	900 件
棉背心	624 件
胶底布鞋	3500 双
卫生衣	4790 件
羊毛衫	900 件
纱袜	5200 双
床帐	5290 件
纱内衣	6100 件
棉大衣	2100 件
毛毯	1046 件
金鸡纳霜	5 万粒

资料来源:《南侨总会寄给机工物品清单》,云南省档案馆藏,西南运输处档案,54/26/332。

需要指出的是,尽管"南侨总会"为华侨机工制备大批棉衣等物品,但因华侨机工分布在不同部门,其中,在"复兴公司"服务的 200 多名南侨机工得到"南侨总会"置办的棉衣等物品。而在 1943 年底,西南运输处华侨机工互助社结束时,在昆明西南运输处库房仍然存有 300 件"南侨总会"捐赠的棉衣等物品。由此可见,西南运输处在管理方面存在较大的问题。

(2)对改善滇缅公路及南侨机工管理的建议。

除了在南洋发动为中国机工制备棉衣、药品之外,陈嘉庚对于西南运输处的管理和机工在中国恶劣的生活待遇感到震惊和愤怒。首先致电蒋介石,直言滇缅路西南运输处"管理无方,人多事废",请求蒋介石采取措施迅速改善机工待遇,以利军事运输:

> 西南运输处交通管理无方,人多事废,积弊已深,若非根本改革,恐难收效。尤其隔绝机工音讯……故庚一向未知,家属寄出银信全未收到,当局处心舞弊即此可知。机工出差无人不病,第一步救命,迅饬寒衣以免死亡,以慰侨情,若不改善机工病死相继,后往者无人。

切减轻庚征募罪责……为三千华侨请命。不胜迫切，哀恳之至。①

其次，陈嘉庚以刘牡丹考察报告为基础制定《南侨总会关于改进滇缅公路设备及机工待遇的建议书》，由刘牡丹当面递交给西南运输处副主任吴琢之和运输人员训练所所长张炎元。同时要求西南运输处印发 200 份发给滇缅路各管理机关，要求下发滇缅路各队机工整顿切实改善。建议书直言滇缅公路运输管理的腐败问题并对改善机工待遇提出建议。陈嘉庚从抗日军运的大局出发直言并请求解决运输管理上暴露的问题：

> ……若管理失误，虽有老练机工亦难收实效，至于寒病机工置于死地也，现际华侨机工都已无人敢往。若不切实改善及早补救，则此路军运必大阻碍，该次险峻之路，殊非国内新训学员可胜驾驶之任也，事关抗战运输，深盼主管当局讯即予实效改进，本总会以荷负通车海外赈务，而回国机工又为收托征募职责。职责所关，难为缄默，率直陈词，罔避回避，惟贤者谅之。
> 中华民国廿八年九月廿四日②

蒋介石深知南侨机工在军事运输中的重要地位。1939 年 10 月 12 日，蒋介石分别致电俞飞鹏和宋子良，要求改善机工待遇及管理，"华侨无限兴奋返国效劳，勿为此污点所累，要求切实补救存活机工，利济军运"③。同时，蒋介石要求西南运输处主任宋子良，按照刘牡丹提交的《滇缅公路整顿六条建议书》对滇缅公路的运输管理进行严格整顿。

而对陈嘉庚直言滇缅路运输管理腐败的指责，西南运输处管理人员消极应对且敷衍搪塞。"南侨总会"提供的改善滇缅公路建议书引起西南运输处宋子良和管理人员的不满。宋子良接到蒋介石电令后，要求西南运输

---

① 《蒋中正改善滇缅及机工待遇宥侍秘渝电》（1939 年 10 月 2 日），云南省档案馆藏，西南运输处档案，54/30/465。

② 《南侨总会关于改进滇缅公路设备及机工待遇的建议书》（1939 年 9 月 24 日），云南省档案馆藏，西南运输处档案，54/30/465。

③ 《蒋中正改善滇缅及机工待遇宥侍秘渝电》（1939 年 10 月 2 日），云南省档案馆藏，西南运输处档案，54/30/465。

处管理人员调查实情。在未经翔实调查的情况下,西南运输处吴琢之仓促将调查报告递交宋子良,其内容基本上都是对六条建议的反驳。1939年10月20日,宋子良致函陈嘉庚,认为刘牡丹提交的"六条建议与事实不符,关于机工待遇原已特别优待"[①]。特别需要指出的是,宋美龄曾提醒宋子良"严防下层蒙蔽,不利军运"[②]。但身为西南运输处主任的宋子良寄给陈嘉庚的信函中,除了信函称呼改变之外,信函内容与西南运输处下属提交的调查报告完全相同。

对改善滇缅公路和机工苦寒问题的答复,陈嘉庚认为西南运输处"言辞闪烁,至为可叹",并指出《机工状况及滇缅改善报告书》是"刘牡丹的调查为沿途视察,乃知所闻确有事实,三千机工耳目昭昭,然事实胜于雄辩,亦不能一手遮天也"。同时,陈嘉庚亦认为直言滇缅公路运输管理的腐败导致宋子良的不悦,于是,在给宋美龄的信函中,陈嘉庚言,"庚坦诚为国,非袒护侨工,弟以军运重要,故出于义不碍已忠诚贡献,遂亦忘其避忌"[③]。

尽管西南运输处管理人员对滇缅公路整顿敷衍搪塞,陈嘉庚并没有放弃努力和争取,继续采取其他方式推动西南运输处改善对机工的管理,一方面,陈嘉庚致函宋美龄,请求督促其弟宋子良,对于机工管理"……惟望俯饬知子良兄时加督察,庶不为下级职员所蒙蔽"[④]。另一方面,陈嘉庚委托南侨筹赈总会委员李振殿[⑤]致电中央海外部,请求海外部向西南运输处基层的管理者解释,南侨机工是为抗日运输而来,是技术人员而非海外失业人员。

1939年10月20日,侨务委员会委员长陈树人向国民政府主席蒋介石建议,由海外部和侨务委员会各派一人到西南运输处,参与协助西南运输处改善南侨机工生活:

① 《宋子良致陈嘉庚有关刘牡丹报告事快邮代电》(1939年10月20日),云南省档案馆藏,西南运输处档案,54/30/465。

② 《蒋夫人为陈嘉庚寒衣致宋子良》(1939年11月13日),云南省档案馆藏,西南运输处档案,54/30/465。

③ 《蒋宋美龄就陈嘉庚函建议改善机工待遇等事致宋子良函》(1939年11月13日),云南省档案馆藏,西南运输处档案,54/30/465。

④ 同上。

⑤ 李振殿为中央海外部新加坡直属支部常委委员。

　　……若有普遍热诚之指导，绝非不能受严格之管理，今日仍对所方有不满之表示，而所方人员亦与华侨机工管理为难，其中，实缺乏一种彼此了解之联系，而风声传播，侨民不明了后方各种物资缺乏之情形，其责备亦失之公允……建议由本部与侨务委员会各派一人管理人员，使西南运输明了海外华侨之心理与习惯以适应之管理方法，一面对机工晓以抗战期间国内物资供给之困难，须有强度之忍耐，务期双方化除隔膜，消弭误会，以免华侨机工技术人才回国服务前途丛生不良之影响。[①]

　　1939 年 11 月 13 日，国民政府军事委员会侨务委员会的建议，海外部派黄天爵和侨务委员会派方之桢赴昆明指导管理机工生活，"华侨多系出于爱国热忱，自不能于一般求谋职业者可比，应注意改善以免发生不良影响，担任生活指导者亦须彻底合作"[②]。

　　最终，在国民政府的协调和南侨筹赈总会努力下，由侨务委员会、海外部和西南运输处共同指导和管理华侨机工的生活。

　　从对"机工苦寒"问题的产生和发展演变可以看出，西南运输处管理机关和南侨筹赈总会对机工的管理有明显的分歧。

　　西南运输处作为战时军事运输管理机关，认为华侨机工应接受严格的军事训练，以报答"国家之恩"。因此，在管理中应"以中国普通士兵待之"，又因滇缅沿线的基层管理机工人员大多来自国内，认为南侨机工是"海外失业者"，正如侨务委员会指出苛待机工之根源，"西南运输管理人员对此华侨机工常存鄙视态度，以为凡肯回国服务者多为在南洋失业侨民"[③]。正因如此，管理人员特别是在基层的国内管理人员对南侨机工多有歧视之行为。

---

　　① 《陈树人建议派指导机工生活呈》（1939 年 11 月 2 日），云南省档案馆藏，西南运输处档案，54/30/465。

　　② 《国民政府军事委员会快邮代电：海外部派黄天爵、侨委派方之桢赴昆明指导机工生活》（1939 年 11 月 13 日），云南省档案馆藏，西南运输处档案，54/30/465。

　　③ 《陈树人建议派员指导机工生活呈》（1939 年 11 月 2 日），云南省档案馆藏，西南运输处档案，54/30/465。

在南洋方面，因"机工苦寒"问题出现之时，正值国民政府在南洋大批招募机工时期，陈嘉庚主要"负责招募，而不关注对机工的管理"。当陈嘉庚得知"机工苦寒"真相时，对西南运输处的管理大为不满，认为西南运输处缺乏"普遍热诚之指导，绝非不能受严格之管理"，"只有命令指挥而乏情谊之关切，或以为为求职业而来心存鄙视，缺乏彼此之理解"[1]。不仅如此，陈嘉庚为抗日运输前途着想，指责西南运输处的管理腐败，特别是向蒋介石和西南运输处上呈《机工状况及滇缅改善报告书》时，引发宋子良及西南运输处管理人员的不满，其改善滇缅公路的建议亦未被接受。

笔者认为产生分歧的原因主要是双方的认知不同。就中国方面而言，西南运输处作为军事管理机关，认为华侨机工是"中国国民"，应该绝对服从国家安排，理应为国家效劳，因此以国民的标准要求机工。就南洋方面来说，华侨机工是中国国民，但因其生活和成长于南洋殖民地的社会政治环境之下，其生活习惯、行为方式及性格深受南洋环境的影响，认为中国的管理者应根据行为方式和性格区别对待。而熟知华侨机工性格的中国侨务委员会和海外部的建议未能得到西南运输处管理人员的接受，正是双方对华侨机工的认知的不同导致对南侨机工管理上的分歧。此外，众所周知，国民政府存在着严重的腐败问题，但当来自南洋的陈嘉庚痛陈和直言滇缅公路管理存在问题时，亦导致西南运输处的管理者宋子良的不悦乃至不满，这也是双方对南侨机工管理产生分歧的重要因素之一。

(二)"南侨总会"对西南运输处"缩编机工"的关注

1. 西南运输处对南侨机工的缩编

1941年1月2日，西南运输处宋子良主任赴美国就医，主任一职由陈体诚代理。由于滇缅公路在中国抗战地位日益重要，蒋介石委任后勤部部长俞飞鹏整顿西南运输处，在俞飞鹏的授意下，陈体诚开始对西南运输处管理机构和运输人员进行整顿。"缩编机工"即是整顿运输人员的措施之一。"缩编机工"是指在未征得南侨筹赈总会的同意下，西南运输处以

---

① 《陈树人建议派员指导机工生活呈》(1939年11月2日)，云南省档案馆藏，西南运输处档案，54/30/465。

车辆不足和南侨机工难以管理为借口而将南侨机工遣送回南洋的事件。

　　1941 年初，西南运输处代理主任陈体诚沿川滇公路、滇缅公路考察运输及管理状况。在其《滇缅路考察报告》中，陈体诚认为"西南运输处组织是否健全，管理是否得法，关系抗战前途，至大且巨"。并对途中南侨机工的表现"不满人意"。[①] 因此，在征得俞飞鹏同意后，陈体诚开始整顿西南运输处运输人员。首先是规定西南运输处录用国内机工从事运输工作，因西南运输处"现在行驶之车辆不过一千数百辆，以该处各省籍之司机充任已尽敷用"；其次，南侨机工"除性情循善，技术确高明者，可挑二三百人分散各路服务外，余可系数遣返南洋"，最后对于不愿返回南洋的南侨机工"切实施以严格训练之军事管理"[②]。

　　为达到裁减机工的目的，西南运输处要求在滇缅公路服务的南侨机工必须填写《南侨机工司机志愿书》，兹列如表 5—2：

表 5—2　　　　　　　　　　　　南侨机工司机志愿书

项目	选择志愿	
甲：愿继续在本处担任驾驶工作	第一志愿	第二志愿
乙：该司机工作而调回训练所或预备大队训练		
丙：由本处资送南洋		
丁：由本处资送原籍		
姓名	盖章	所属队别	填表日期
附：填表人应就本表所列志愿项目按本人希望选择二项填入第一第二志愿。			

　　资料来源：《华侨先锋大队志愿书》，云南省档案馆藏，西南运输处档案，54/31/21。

　　从以上《南侨机工司机志愿书》可以看出，西南运输处规定南侨机工须填两项志愿，不难看出是迫使南侨机工离职或返回南洋。

　　1941 年 3 月 23 日，陈体诚密电告知西南运输处，"编余华侨机工中有技术精良，品行端正者，状挽留开驶新车，其不必留者，可发给证书并分别遣散"。而对于不愿编入整顿培训者，"命令其限期归队，而在外滋事

---

　　① 《陈体诚考察滇缅路报告书》，云南省档案馆藏，西南运输处档案，54/10/544。
　　② 《西南运输处确定及整顿意见》，1941 年 1 月 23 日，云南省档案馆藏，西南运输处档案，54/10/544。

者予以禁闭，凡殴打长官者，一律送均军法处"①。由此可见，西南运输处"机工缩编"之目的是将南侨机工遣散。

对于缩编机工问题，西南运输处内部亦建议慎重处理，例如，西南运输处管理组指出缩编机工对军事物资运输的影响：

> ……机工辞职影响工作巨大，若不速加改善，窃以为对本处工作信誉，影响甚大，性质严重，不可忽视……华侨机工南来训练完成青黄不接之际，毅然归国担任机工，来滇缅路军事运输，对本处不无功劳，对国家已有贡献。遣散机工，有钱者自能自费南返，无钱者为生活所迫，势必铤而走险，至少将煽动侨胞，此地生活之高，生计如何维持，若流浪他乡，情亦可怜。②

与此同时，仰光分处的陈质平也向西南运输处陈体诚建议，要求慎重对待机工遣散，"此事关系颇大，速设法解决，本处新车不日到达，司机自属需要，遣散后再募不易"③。

协助西南运输处管理南侨机工的侨务委员会人员，对于"机工缩编"也无能为力，而只是建议西南运输处在整训机工时，提供较好的待遇。并认为南侨机工宁愿街头"流浪"而不愿接受军事训练之原因"实由待遇太低，不足维持生活"。并进一步指出"机工缩编"对于国民政府的负面影响。"今若不详加调查，指导及救济，则风声所播，诚足影响侨胞内向之心，而敌伪所快。"建议在可能范围内，增加南侨机工补助费。对于"无意重返工作者，宜给予南返川资，另谋职业"。重申南侨机工"系专门人才，似不宜以普通士兵看待"④。但西南运输处管理人员没有接受其他部门的建议，而是一意孤行，认为西南运输处对南侨机工待遇方面已经大为

---

① 《陈体诚致西南运输处电》（1939 年 3 月 23 日），云南省档案馆藏，西南运输处档案，54/10/544。

② 《管理组致总处函》（1941 年 4 月 21 日），云南省档案馆藏，西南运输处档案，54/10/544。

③ 《陈质平给总处函》（1941 年 11 月 17 日），云南省档案馆藏，西南运输处档案，54/10/544。

④ 《侨委会致西南运输处公函》（1941 年 6 月 30 日），云南省档案馆藏，西南运输处档案，54/10/544。

改善。

西南运输处的"机工缩编"政策在南侨机工中产生强烈反响。一方面，南侨机工"人心浮动"，认为"西南运输处不需要华侨服务"，在滇缅沿线运输的南侨机工向西南运输处提出辞职的请求。例如，滇缅公路沿线的"遮放、芒市一带华侨机工人心浮动，请求辞职南返"。缅甸北部的腊戍地区，不愿再次接受国民政府整训的南侨机工也向西南运输处提出辞职请求，来自"保山等地的南侨机工先后来腊戍 200 余人，除少数由缅甸华侨运输公司收留外，颇多流浪街头"①。

另一方面，1941 年 5 月 7 日，华侨先锋大队队长刘贝锦派分队长林清会到缅甸腊戍，欲以电话方式告知陈嘉庚机工被遣散之事，后被西南运输处管理人员阻拦未果；此外，华侨先锋大队计划在新加坡召开南洋筹赈总会大会之时派专人报告机工在中国事情。②

大批南侨机工请求辞职和在街头流浪使得军事物资运输难以进行，西南运输处不得不采取补救措施。首先在保山设立华侨机工互助社临时办事处，派遣华侨互助社干事宋铿锵会同分处办理腊戍和保山一带编余机工并劝导其归队。③ 除此之外，华侨互助社亦派员工到第 1、第 12、第 14、第 15、第 21 等大队，向"华侨第一、第二大队编余机工之用意详加开导"④。其次是西南运输处请求滇缅公路代表庄明理、侯西反等在中国南洋侨领，到滇缅公路西段劝导南侨机工归队或参加机工整训班。最后向南侨筹赈总会陈嘉庚解释遣散整训机工原因，因"车辆损坏颇多，以车少人多，裁并缩编，以节约国币"，先将机工编队训练，然后等新车运到时再行分派编队，同时请求南洋筹赈总会向华侨和机工家属解释。⑤

---

① 《腊戍分处致昆明总处函》（1941 年 4 月 15 日）．云南省档案馆藏，西南运输处档案，54/10/544。

② 《陈质平给昆明总处函》（1941 年 1 月 17 日），云南省档案馆藏，西南运输处档案，54/10/544。

③ 《陈体诚在保山致西南运输何函》（1941 年 4 月 30 日），云南省档案馆藏，西南运输处档案，54/10/544。

④ 《保山分处给机工互助社函》（1941 年 3 月 20 日），云南省档案馆藏，西南运输处档案，54/10/544。

⑤ 《西南运输处致陈嘉庚函》（1941 年 3 月 17 日），云南省档案馆藏，西南运输处档案，54/10/544。

缩编机工的结果，除了少数机工被缅甸华侨公司录用外，约400名华侨机工被编为两个预备大队，西南运输处委托辎重兵学校施以三个月严格军训。地址分别在昆明附近的晋宁县和川滇路叙永。后来，由于西南运输处抢运军事物资繁忙，以上预备大队所训练的南侨机工重新上岗在西南运输处服务[①]。

2."南侨总会"对"机工缩编"的反应

西南运输处对南侨机工的缩编是在没有征得"南侨总会"同意下进行的，因此，当"缅甸华侨救助总会"将《南侨机工司机志愿书》告知"南侨总会"主席陈嘉庚后，陈嘉庚迅速致函西南运输处，认为填写《南侨机工司机志愿书》"似有令华侨机工离职或中途解职之举"，并告知西南运输处，"本会募集机工原为服务祖国，帮助抗战事业早日完成，倘有临时更调，或着其离职事，应先通知本会，以便通知各机工家属知照"[②]，并要求西南运输处做出解释。西南运输处答复则称《南侨机工司机志愿书》主要是测华侨心理，并认为质疑《南侨机工志愿书》调查动机的南侨机工是"多少不明真相，误听讹传"[③]。显然，西南运输处答复和解释毫无说服力。

对于再次接受整训及少数流浪的机工，远在南洋的陈嘉庚对此也力不从心，但对于西南运输处多次提到的已改善机工待遇的行为，陈嘉庚已深表怀疑，对于少数因"缩编"而失业的南侨机工因生活所迫不得不到缅甸华侨公司另谋职业时，陈嘉庚建议西南运输处"应委婉劝其继续为国效劳"，因南侨机工"回国服务原属报效性质，与资本家雇用不同，则当不计待遇，矢志报国"。不过，陈嘉庚又特别指出，"如贵处有相当待遇，料不至他图"[④]。对于因生活困难离开而被西南运输处称为"潜逃分子""不堪造就之徒"的南侨机工，陈家庚建议西南运输处，"不可加以逃走之罪，

---

① 《西南运输处致王亚能函》(1939年9月3日)，云南省档案馆藏，西南运输处档案，54/10/544。

② 《陈嘉庚请解答华侨机工填具志愿书之原旨函》(1941年4月19日)，云南省档案馆藏，西南运输处档案，54/10/544。

③ 《西南运输处致南侨总会函》(1939年5月19日)，云南省档案馆藏，西南运输处档案，54/10/544。

④ 《陈嘉庚致西南运输处函》(1941年8月26日)，云南省档案馆藏，西南运输处档案，54/10/544。

致远道传闻，滋生误会是荷，免伤侨望"①。西南运输处接受陈嘉庚的建议并规定，对于少数机工离职他就者，不再使用"潜逃"一词而改为"旷职"。

总之，1941 年的"机工缩编"是西南运输处因难以管理华侨机工而欲将南侨机工遣送南洋的事件，事件引起华侨机工的辞职等强烈反应。因华侨机工的优良技术及当时在滇缅公路军事物资运输的重要角色，西南运输处不得不采取措施挽留机工以避免运输人才短缺的危机。笔者认为"机工缩编"是西南运输处的一种短视行为。

需要指出的是，西南运输处将机工遣送南洋或原籍的做法，是极为不妥的行为，因为，一是因为欧洲战争爆发后，英国严格审核护照，而且南侨机工居留证均已过期；② 二是让其返回祖籍地亦不可行，因大多机工在南洋出生且从未到过祖籍地，因此，西南运输处的机工缩编，除了留在岗位的机工之外，编余南侨机工没有选择，只有再次接受西南运输处严格的军事训练。机工整训地点远在昆明和四川的叙永，由于西南运输处管理人员沟通上的问题③，当编余机工由滇西抵达昆明报到，西南运输处拒绝接收，从而导致部分华侨机工被迫流浪于昆明。④

（三）"南洋慰劳团"返国及陈嘉庚看望南侨机工

1940 年 3 月底，"南侨总会"组织"南洋慰劳团"到中国慰问抗日军队及民众。其中，在重庆国民政府组织的欢迎大会上，陈嘉庚致辞鼓励南侨机工克服生活上的困难为国服务；1940 年 7 月 3 日，陈嘉庚与侯西反，秘书李铁民，由渝飞昆，1940 年 8 月 1 日，陈嘉庚在华侨机工互助社干事曾达的陪同下沿滇缅路看望华侨机工。陈嘉庚先后抵达楚雄、下关，在下关医院，陈嘉庚慰问受伤华侨机工，"分赠留院机工 23 人各 20 元"。

① 《仰光分处转陈嘉庚八月十六日函电》（1941 年 9 月 30 日），云南省档案馆藏，西南运输处档案，54/10/544。

② 《陈嘉庚有关侨工居留证事函》（1941 年 1 月 6 日），云南省档案馆藏，西南运输处档案，54/31/6507。

③ 机工整训地点在昆明和川滇线附近的叙永。根据规定，该批机工是到叙永报到而非昆明，但西南运输处管理人员没有告知机工具体时间和地点，因此，部分机工向昆明报到时不被接受。

④ 《西南运输处给运输统制局电》（1939 年 4 月 11 日），云南省档案馆藏，西南运输处档案，54/10/544。

1940 年 8 月 3 日，陈嘉庚看望并慰问下关的南侨机工。[①]

二　南洋各筹赈分会对华侨机工的关注与支持

(一) 到中国看望和慰问南侨机工

在日本未占领南洋之前，南侨机工的招募机构——南侨各地筹赈分会对华侨机工在中国服务的情况极为关注。有的南洋华侨社团专门派人到中国看望和慰问机工。例如，1940 年 3 月 9 日，受槟城筹赈分会的委托，槟城侨领庄明理、王金兴、庄怡生带队共 18 名槟城华侨抵达昆明，专门看望和慰问槟城机工。1939 年 3 月 12 日，庄明理等到西南运输处疗养所慰问机工，给患病机工每人 3 元国币，同时委托华侨机工互助社干事陈义生前往慰问被禁闭华侨机工，除故意违法令者外，每人给 3 元。[②]

特别需要提及的是，来自槟城的华侨胡伯乐、胡汉屏、余国荣、黄发士、谭益生、许耀南、谭华仔、卓耀荣、陈观福等人以该埠机器行回国服务技艺工程队梁煜棠(时任西南运输处华侨先锋第一大队补充队队副)回国服务，备尝艰苦特致函慰勉，并附国币 50 元，以为梁氏舟车之费。[③]

慰问期间，除了给南侨机工一些生活费用外，槟城筹赈分会慰劳团还给予南侨机工精神上的安慰和鼓励。1939 年 3 月 15 日，在南返之前，槟城慰劳团代表在疗养所召开告别大会并发表临别赠言，鼓励华侨机工克服困难，珍惜华侨荣誉，为国抗日：

> 亲爱的华侨机工同志们：
> 　我们知道，你们是如何抛弃那优美职业，你们是如何挥泪欺骗爹娘，别离妻子，硬着心肠踏上挽救祖国挽救民族的征途。你们这些悲壮的事实，一直到现在，到将来，到将来千百万年，还是一片片地映

---

① 《南侨总会主席陈嘉庚慰问华侨机工》，《华侨机工通讯刊》第 33 期，1940 年 8 月，华侨机工互助社编印。

② 《庄明理慰问抱病华侨机工》，《华侨机工通讯刊》第 15 期，1940 年 3 月，华侨机工互助社编印。

③ 《队赴梁煜棠受侨胞慰勉》，《华侨机工通讯刊》第 15 期，1940 年 3 月，华侨机工互助社编印。

在人们的眼前。当每次送别你们时，我们不知道陪你们流了多少热泪，鼓励你们踏上民族复兴的康庄大道！

一年多以来，你们有的是受伤了，有的是为国壮烈牺牲了，这些都是大书特书于抗战史页上，你们也许还有许多内心的忧郁，这忧郁当然是有利于国家民族的，不过，你们也得知道：造成你们忧郁及使你们精神上得不到安慰的，……凡事我们要检讨自己，作自我批评。

目前，你们有的病了，同志们，我们要明白，在这艰难抗战的苦斗中，一切一切的都在改善，一切一切都在向上，这过程中是免不了一下子使你们满意的，但愿在一起服务于抗战的目标之下，我们的怨恨，是要怨日本鬼子，怨恨日本帝国主义！

至于你们所求的，现在正有许多的侨胞们在积极地想法为你们改进，不久的将来，你们的生活，你们的精神，是有着改进和安慰的，请你们放开心怀，坚韧卓越地发挥热情，为我们的祖国服务！记住：祖国是在胜利中迈进，你们也快完成你们光荣的任务了！

谨致

民主敬礼！

庄明理、王金兴、庄怡生

三十九年三月十五日于昆明①

（二）向机工家庭困难者提供救助

华侨机工回国服务后，有的机工家庭面临生活上的困难。为解除机工后顾之忧使机工在中国安心服务，马来亚许多筹赈分会制定措施解决机工家庭的困难。例如，槟城机工征募委员会规定，"凡机工有家庭及子女者，请于薪水中，自动拨出一部分，又 10 元 8 元及 5 元之定额，逐月寄于其家属做生活费"；由招募机工委员会介绍机工子女免费入学读书；附设华侨回国机工通讯处，以便机工与其家属通讯；筹赈会妇女部派遣慰问队，慰问各回国机工家庭。② 通过以上办法和措施，缓解了部分机工家庭的经

---

① 《来件：临别赠言献给华侨机工同志们》，《华侨机工通讯刊》1940 年 3 月第 15 期，华侨机工互助社编印。

② 《槟城筹赈会资助返国机工家庭办法》，《总汇新报》1939 年 6 月 30 日第 3 版。

济困难。

与此同时，对于南侨机工受伤和殉职者，南洋各地遣送机构以社团的名义为其家属募集捐款，以解决家属的生活问题。1940 年 11 月 26 日，来自南洋彭亨的机工李儒遇险殉职。在中国服务期间，李儒极得上峰重视，曾因成绩优异被"擢升第 11 大队 31 中队长"，李儒牺牲后，其在南洋家属"身后萧条，妻儿待赈孔亟"，彭亨筹赈会主席陈耀基发动当地华社民众为李儒南洋妻儿捐款。[①]

第二节　南侨机工与南洋亲属的关系

一　南侨机工对南洋家属的关注

在中国服务的南侨机工"自愿抛弃原有的优美生活以及父母妻子热烈返国"[②]。南侨机工与南洋的联系更多体现在机工个人与其家属亲人的联系上，其联系方式主要是以信函、请假南返探望等方式。通过档案保存的南侨机工书信可以反映出南侨机工与南洋家人之间的密切关系，以及南侨机工家庭为中国抗日所付出的巨大牺牲。

1. 以诗歌表达对南洋亲人的思念

运输工作之余，有些中文水平相对较高的南侨机工积极为《华侨机工通讯刊》撰写诗歌和散文。内容大多是与运输工作有关的记录和对南洋及其亲人的思念。在机工所写的对南洋思念的文字之中，一部分是反映出机工对南洋家属亲人的思念之作，其中，南侨机工王冠时书写的思念南洋老母的诗歌，感人肺腑，催人泪下：

母亲

王冠时

六年不见的母亲啊，时间带走了她的壮年，生活剥蚀得她衰老，额上的皱纹显明地印出愁苦好艰辛六年的今天，你伴送着我，踏上了

---

　　①　《彭亨社团为殉职机工家属捐款》，《总汇新报》1940 年 12 月 3 日第 4 版。

　　②　《重庆分处汪英宾呈报欢迎南侨慰劳团情形》（1940 年 5 月 13 日），云南省档案馆藏，西南运输处档案，54/10/24。

漂泊的旅程，你忍着热泪，喉里塞满咽声，叮咛地说，你走了，一年，二年……五年要回来六年不见的母亲啊你知道，敌人的铁骑，踏破家乡的一切，五年，六年，不把敌人杀光，这失了约的儿子啊，永远不会回来。[①]

王冠时，早在中日战争爆发前就来到中国服务，后辗转到云南昆明，服务于国民政府机关，因其精湛的修理机械技术而被选派参加西南运输处工作。

2. 汇款赡养南洋亲属

南侨机工返回中国参加运输工作的行为直接影响其南洋家庭的经济生活。主要是因为参加机工的华侨青年正值壮年时期，大多为家庭经济支柱。因此，因返国运输导致其南洋家中父母妻儿顿失经济来源，生活陷入困难境地。

来自武吉公满的南侨机工陈朝枢"以其十年经营之杂货店，授托其妻料理"参加机工队伍。但因南洋妻子经营不善而破产[②]。南侨机工曾杰南参加返国机工后，"其父病逝，内子及小儿不善经营生意"[③]。因此，部分南侨机工在南洋的父母妻儿顿失经济来源。其中，南洋机工陈清林因参加机工服务队致使其南洋老母陷入生活困难的境地的例子，反映了机工返回中国后对其家庭经济上的巨大影响。

南侨机工陈清林，其妻早逝，南洋家中有老母和三个年幼孩子需要赡（抚）养。1939年4月10日，陈清林毅然参加南侨机工回国服务团，"临行又无相告"其老母，1939年5月25日，陈母许氏得知真相后致函"南侨总会"，"数口全依清林负担，仔临行之际，寸铁无留，目下两男一女待养"，请求"南侨总会"帮助解决经济困难[④]。

南侨机工刘孟兴因参加机工队而致使家庭变故的例子亦反映出机工家

---

① 《母亲》，《华侨机工通讯刊》1940年3月第15期。

② 《华侨机工陈朝枢南返》，《总汇新报》1939年10月25日。

③ 《机工曾杰南因遭遇家变请假报告》（1941年2月25日），云南省档案馆藏，西南运输处档案，54/31/6507。

④ 《机工陈清林致西南运输处函》（1939年5月25日），云南省档案馆藏，西南运输处档案，54/10/334。

属经济上面临的困境。刘孟兴参加机工队回国服务后，其妻于 1939 年 12 月 9 日"与人逃之夭夭"，在南洋孤身一人生活的刘孟兴母亲致函刘孟兴，告知其生活暂由"筹赈会以及张金利、姚应期"等人"每月援助吾家十元"，但以"援助三月为度"。刘孟兴母亲一方面鼓励其"务须格外努力，切勿苟且偷生"。另一方面，因南洋"各物格外腾贵，家中顿觉困难"，请求刘孟兴"对家中之经济，宜乎帮助才是"①。

1939 年 3 月 25 日，陈嘉庚致函西南运输处主任宋子良，因"回国机工人员间有多人家眷尚在此地"，建议西南运输处采取办法，让在中国服务的华侨机工"须逐月寄回家中国币，方能生活服务"，同时，陈嘉庚请求宋子良与中国政府协商"指定中国银行或何机关免除手续费"，以解决机工南洋家庭生活困难问题②。但陈嘉庚的信函一直未得到宋子良的答复。

1939 年 3 月至 5 月间，来自下关、保山、芒市等滇缅公路沿线城镇的运输大队的南侨机工多次致函西南运输处，告知其南洋家庭生活困难需要救济。例如，1939 年 5 月 25 日，滇缅沿线的华侨第一大队运输队告知昆明总处机工家庭面临的困难：

> 窃据本大队华侨第一大队黎维信呈称：据职队司机余晓元、蔡秀全等称职等全家侨居南洋，刻因返国服务，风雨万里乏人供养，近接家书告急汇款救济，心殊焦灼，前聆总处对华侨汇款曾订有特种办法。谨呈组长副组长分段运输第三队罗致祥。③

为解决在南洋机工家庭赡养问题，1940 年 5 月 29 日，西南运输处发布《运输人员训练所训令》，因"非常时期，私人购买外汇受限制，寄款回家至为不易"，西南运输处"特准该所新加坡华侨机工，在薪饷中划出一部分款额，由新加坡分处按月以叻币代付"④。

---

① 《机工刘孟兴家书》,《南侨机工通讯刊》1940 年第 22 期，华侨机工互助社编印。

② 《陈嘉庚请附设汇兑处以方便侨工致宋子良函》(1939 年 12 月 7 日)，云南省档案馆藏，西南运输处档案，54/30/3053。

③ 《第一大队致总会函》(1939 年 5 月 29 日)，云南省档案馆藏，西南运输处档案，54/13/248。

④ 《运输人员训练所训练（第 365 号）》，云南省档案馆藏，西南运输处档案，54/13/248。

根据西南运输处告知的汇款办法，各大队机工首先填写《机工汇款信息表》，内容包括寄款人姓名、收款人地址、汇款金额以及寄款人与收款人之关系等，然后统一上交西南运输处财务部门。档案显示，各大队机工在本身薪水微薄生活艰难的情况下仍然主动担负赡养南洋父母妻儿的责任，据不完全统计，仅在 1939 年 5 月至 6 月间，共有 42 名南侨机工计划每月按时汇款给南洋家属①。下面为畹町分处汇寄南洋家属信息表（见表5—3）：

表 5—3　　　　　　畹町分处寄南洋家属信息表（1939 年 5 月）

寄款人姓名	收款人地址	每月金额（叻币）	收款人姓名
张天赐	南洋新加坡厦门街门牌 75 号祺成保号内	25	交家母陈敬
陈樑松	摩绵律 110 号	20	交家母赵秀琴
李泰峰	南洋新加坡礼士哥律 132 号	20	家妹李惠贞
黄灶寄	南洋昔加也丁能律 12 号兴艺电车厂	20	陈庆忠（转家妹）
余英沛	南洋马六甲观音庙 18 号广成昌内	10	家母刘碧
符福锦	南洋天平皇家电灯总局	10	符亚东（转家母）
荣裕	南洋芙蓉马哩街门牌 4 号新和电车公司	5	荣捷（转家母）

资料来源：《畹町分处寄南洋家属名单》，云南省档案馆藏，西南运输处档案，54/13/248。

由表 5—3 可以看出，1939 年 6 月，畹町分处的南侨机工寄款情况，共有 7 名机工计划寄款给南洋家属，收款人多为南侨机工的父母、兄妹等直系亲属。

西南运输处所采取汇款办法，看似能够缓解南洋机工家庭的经济困难的状况，解除在中国机工的后顾之忧。但实际情况并非如此。因战时汇率起伏不定致使中国货币贬值，在南洋领取时，机工的汇款所剩无几，最终"汇回南洋者，因其目前收入有限，加以外汇关系，尚无其人"②。1940 年9 月 10 日，西南运输处规定，"员工汇款赡家，原属个人私事"，西南运

---

① 《南侨及汇款南洋家属情况》（1939 年 6 月），云南省档案馆藏，西南运输处档案，54/13/248。

② 《机工汇款停止办理》，《总汇新报》1939 年 10 月 25 日第 3 版。

输处暂停为机工办理汇款事宜。①

西南运输处停止为机工办理汇款主要有两方面的原因:一是因机工汇款过少而汇率过高导致兑换时所剩无几。"汇费尤昂,价折合本处,因特准由处免费转饬新加坡分处,按照当地掉转时价折合叻币代付。惟各处华侨机工每汇汇款为数无多。而据报新埠叻币值涨折合实得无几。"② 另一方面,汇款发放手续烦琐。汇款由西南运输处新加坡分处发放,但由于机工家属分散在南洋各地,而西南运输处新加坡分处在马来亚"各属既无分社,且与各该属素不相识,倘每月按住址转发,诚恐有被人冒领等情"③。当西南运输处提出由南侨筹赈总会通知各地机工家属来新加坡领取的请求时,陈嘉庚认为,"现下国币汇水低落,所领无几,实难照办"④。此外,西南运输处为南侨机工汇款免除汇费,因数量较多且汇费过高,致使西南运输处"以外汇统制,损失过多"而不愿为之。⑤

因此,1940 年 9 月 18 日,西南运输处规定,机工向南洋家属汇款因"须饬转新加坡分处接收后交邮局特汇,手续及感麻烦,如属零星款项换得叻币无几"建议机工汇款时"应汇合多量办理"⑥。但由于南侨机工待遇过低,甚至机工自身缺乏基本生活保障,而且西南运输处新加坡分处行将取消,机工向南洋汇款赡养亲属一事不了了之。

3. 南返处理家庭变故

机工在中国服务期间,有的机工南洋家庭遭遇意外变故,如父母亡故、年迈老母临终需要探望等,在此情况下,其南洋家属急需南侨机工亲自返回处理。笔者仅举几个因家庭变故而请假尽孝的南侨机工的个案,来说明南侨机工对其南洋家庭老母的牵挂。

---

① 《西南运输处训令(第 225 号)》,云南省档案馆藏,西南运输处档案,54/13/248。

② 《总处给运输人员训练所训令》(1939 年 10 月 4 日),云南省档案馆藏,西南运输处档案,54/13/248。

③ 《新加坡分处给南侨总会函》(1939 年 5 月 28 日),云南省档案馆藏,西南运输处档案,54/13/248。

④ 《新加坡分处陈嘉庚给总处会计室函》(1939 年 7 月 28 日),云南省档案馆藏,西南运输处档案,54/13/248。

⑤ 《西南运输总处给新加坡分处指令》(1939 年 9 月 2 日),云南省档案馆藏,西南运输处档案,54/13/248。

⑥ 《西南运输处训令(第 229 号)》,云南省档案馆藏,西南运输处档案,54/13/248。

（1）机工曾杰南返安置家中幼儿。

1939年6月5日，曾杰南参加第5批南洋机工队来中国参加运输工作，在"运输人员训练所"训练毕业后，被分配到西南运输处第12大队工作。其在南洋"遗有父亲妻子"，曾杰南回国后，其父亲"携幼弟返港转惠阳原籍"，但"经沙鱼时遭敌毒手"，回国途中被日军杀害，因此，其南洋家中妻儿面临困境，"只剩内子及小儿两人，既不善经营生意，复以无以维持生计"。1941年2月1日，曾杰南妻子来信，告知其南洋家中困难情况，获知家庭困境后，1941年2月15日，曾杰南向华侨机工互助社申请"乞假南返"，请求"准予请假三月，俾得南返安置家小"①。华侨机工互助社同意后，曾杰南返回南洋处理家事，后又返回西南运输处从事军事物资的运输工作。

（2）蔡仁德返星探望病危老母

来中国服务之前，蔡仁德在南洋与母亲相依为命。当南侨筹赈总会动员华侨参加机工队时，蔡仁德"奋勇投效"，其母"不加阻止"。当蔡仁德在中国服务时，因其老母"仅有此子，而家无长，维持生计，只赖此子"，生活上"贫苦殊甚"，但其老母仍"渡苦过日，未敢怨言"。不料"老人事繁，劳瘁不堪，近致疾病"。而且因思念其在中国儿子，"呻吟床榻，囊乏药资，病则无人奉侍，因此沉绵日甚，病入膏肓"。因其思儿心切，欲在弥留之际见儿子一面。1940年1月20日，蔡仁德老母致函西南运输处，请求"垂怜老身无依念子心切，准予蔡仁德急速南旋省视，则氏死瞑目矣"，如果"有所迟疑，恐无相见之日，诚有余恨焉"②。随即，蔡仁德请假南返看望老母，后又返回继续参加军事物资运输活动。

（3）冯伯渠返回南洋看望老母。

机工冯伯渠，其父早丧，由其南洋老母"自小抚养，长大成人"。"南侨总会"动员参加机工回国服务时，冯伯渠与老母不辞而别参加机工服务团，其南洋老母因思念其子"心闷成病日渐加剧，四处看人查询"。终于得知冯伯渠在仰光分处工作。1939年6月4日，冯母致函在仰光工作的冯伯渠，要求其"见字无论如何至紧，返来见我一面，为母虽死落九泉亦

---

① 《机工曾杰南因遭遇家变请假报告》（1940年11月7日）云南省档案馆藏，西南运输处档案，54/31/6507。

② 《侨工蔡仁德返星》（1940年1月20日），云南省档案馆藏，西南运输处档案，54/10/543。

瞑目"。并称其"年迈之人，疾病日重亦不久于人世"，希望其"早日返来成者，达成母子相见一面"①。冯伯渠收到其母信函后，于1939年8月7日致函西南运输处修车厂厂长，请求准假二月南返见母：

> 呈为呈请事：窃思职由马来亚回国服务以来，业已半载之久，但职自愿献身国家之心，一德为国效劳，杀尽倭奴，还我河山，争取最后之胜利，二享世界自由平等幸福，岂料兹接到家母来函，据云：伊抱病已久，日渐沉重，看来伊年迈之人，亦不久于人世，况且先父早丧，寡母抚养职一人。因伊抱病危急，风烛残年，倘有不察之处，无人料理终生大事。窃以特函呈请贵长官准假两个月俾职回家，母子相见一面，然后回来为国服务，恳请贵厂核准施行，实为德便。
>
> 此呈。西南运输处，薛厂长先生大鉴。
>
> 职冯伯渠廿八年八月七日②

1939年8月19日，西南运输处同意冯伯渠返回南洋看望其南洋老母。后来，冯伯渠又自费返回中国继续担任机械修理工作。

二 在南洋的机工家属对南侨机工的关注

(一) 资助南侨机工在中国的生活

南侨机工抵达中国后，中国国民政府规定机工薪水平均为36元，出发时亦有出差补助。尽管如此，华侨机工在中国生活仍难以为继，原因有以下方面：一是昆明及滇缅线路物价高昂。正如太平机工对昆明的感受，"昆明确是留恋的地方啊，但生活程度很高，余与朋友2人进餐，一餐便用去9.5元"③。二是机工工资有时不能及时发放④。三是国民政府还要求

---

① 《冯伯渠之母家书》(1939年6月4日)，云南省档案馆藏，西南运输处档案，54/10/543。

② 《冯伯渠致函西南运输处请假》(1939年8月7日)，云南省档案馆藏，西南运输处档案，54/10/543。

③ 《太平印度机工来函报告服务情形》，《总汇新报》1939年7月22日第3版。

④ 《华侨先锋第二大队人员请求陈嘉庚督促西南运输处按时发放工资》(1940年4月8日)，云南省档案馆藏，西南运输处档案，54/19/32。

机工薪水中扣除十分之一作为战时公债。[①] 在此情况下，机工生活状况可想而知，有的南侨机工难以维持在中国的基本生活，不足部分有的则来自南洋家人的资助。

太平洋战争爆发前，在中国服务的南洋机工大多数曾接受南洋家属的资助。限于相关资料阙如，接受南洋家庭资助的人数及数字难以统计，但华侨机工接受南洋家属的汇款确实是普遍存在之现象。主要体现在以下两个方面：

一方面，西南运输处创办的《南侨机工通讯刊》上专门设有"服务栏"以刊登南洋家属汇款待领事宜。据笔者所见 21 期刊物中，每期皆设有告知南侨机工领款及领取汇票的名单。为便于说明，兹将第 32 期《南侨机工通讯刊》上"服务栏"刊登的"汇款待领"摘抄如下：

服务栏：华侨机工汇款待领

郭春田　林亚起　苏金火　蔡慧华　江天成　郑伯仲　鲍瑞林
赖询和　梁娟育　林良顺　林皇泉　刘有记　郑心燮　黄　轩　蒙家
裕李　林　陈峇之　刘　开　黄　带　陈元基　李家敦　林熙庚
李振波　陈禄生　吴明波

服务栏：　华侨银行汇票待领

苏金火　鲍瑞林　刘伯仲　黄　带　黄伟满　江天成　林熙庚
杜振波　吴有义

小邮箱：

泰国洛坤埠华侨机工队邢保河同志　汝兄寄来国币 100 元整，请示地址以便转交。[②]

以上可以看出，"服务栏"刊登华侨机工汇款、华侨银行汇票及个人邮箱等内容，从其人数之多，可以看出南洋家庭对机工生活的资助。

另一方面，云南省邮政局专门为机工领取南洋的汇款和汇票延长领取时间。由于华侨机工"出发各地担任运输工作，返昆时间并无一定"。为便利南侨机工领取汇票，华侨机工互助社致函云南邮政局，建议准予机工

① 《滇缅路机工政治训练函》（1939 年 5 月 8 日），云南省档案馆藏，西南运输处档案，54/10/121。
② 《本月工作统计》，《华侨机工通讯刊》1940 年 8 月第 32 期，华侨机工互助社编印。

延时领取南洋汇款和汇票。经华侨机工互助社的多次协商，云南邮政局同意领款时间由 1 个月延长至 2 个月：

> 　本社社员　准贵社（助）自第六四八号公函，关于所存未兑华侨汇票，请将保持日期特予延长，以便各收银人返昆领取。等由，准此，经敝邮局以第一二零办公函，函准香港邮政储蓄汇兑局第八十五号办公函，略以准予延期一月，共二个月。惟请转知各侨工，通知侨居南洋眷属，以免收据迟退发生误会，为荷，此复。[①]

云南省邮局专门为南侨机工领取南洋汇款延长领款时间，由此看出，南洋家庭对华侨机工的汇款不是个案，反映了南洋家属汇款接济机工生活具有较大普遍性。

除此之外，南洋家属利用各种机会为在中国服务机工捎带物品。在滇缅公路畅通时期，南侨机工互助社派人护送患病机工返回南洋就医。护送人员返回中国之时，帮南洋的机工家属为机工捎带物品。1940 年 4 月 13 日，华侨互助会机工马牛护送第一批抱疾侨工南返，马牛离开马来亚时，承"各侨工同志家属之托"，带来函件、口信及物品数件，当时由于机工服务"散处各方"，华侨机工互助社将南洋捎带物品和口信刊登在《华侨机工通讯刊》的"服务栏"上。兹列如下（见表 5—4）：

表5—4　　　　　　　马牛南返抵昆带来信函及口信一览

姓名	书信及口讯
陈亚仔	令慈梁氏，现住星洲小坡鲁班行让顺天宫街华佗药房，通讯可写梁王怡，存相片一帧，悉来弟处领取。
杨妈元	槟城双溪槟榔港口筹赈会，寄来国币五十元给你使用，希弟来领取。
陈炳树	令兄寄来钢笔一支，上刻大名，希来领取。
杨立达	令兄所寄信封一盒，胶底鞋二双，入关时没收充公，手表一只，则为保存，希来处领取。

资料来源：笔者据《华侨机工通讯刊》1940 年 4 月 21 日第 20 期整理。

---

① 《省邮局延期领取汇票》，《华侨机工通讯刊》1940 年 9 月第 37 期，华侨机工互助社编印。

从表5—4可以看出，南侨机工家属为在中国服务机工捎带相片、钢笔、日用品、现金等，反映出南洋家庭对机工的牵挂和抗日运输的支持。

（二）关注在中国服务的南侨机工近况

南侨机工返回中国服务后，其在南洋的家属亲人对机工在中国的服务情况及个人情况极为牵挂和关注。其对机工牵挂和关注首先体现在鼓励努力工作，其次询问其在中国服务情况。

利用返回南洋人员捎带口信。告知在中国服务机工南洋机工家庭情况，在精神上鼓励其为国家服务。1940年4月13日，华侨互助社机工马牛南返时带回南洋家属的口信：

表5—5　　　　　　　　　马牛南返抵昆带来书信及口讯一览

姓名	书信及口讯
杨良顺	近况如何？切写信通知在马家属，以免家庭挂念。
胡德华	星洲胡瑞隆号，贵眷对君极念，希即通函告慰之！
刘振端	令郎发麻风病，姜夫人无力医治，希请假，南返调理，函请令弟代为出资医治为要！
陈来成	令双亲健康无恙，令妹在槟城读书，令严嘱你努力到底！
黄友祥	府上平安，希勿念。

资料来源：笔者根据《华侨机工通讯刊》1940年4月21日第20期整理。

不过，通过他人捎带口信鼓励机工并非常态，南洋家庭与在中国南侨机工的联系更多的是通过信函方式询问机工在中国的近况。由于滇缅公路沿线未设立邮局，南洋家属须把信寄给在昆明的南侨机工互助社，然后自己或委托他人捎带领取。《华侨机工通讯刊》专门设有"服务栏"告知机工信函领取的信息，例如，仅在1929年6月，就有48封来自南洋家属的信函。[1]

笔者在云南省档案馆发现，存有一批由南侨总会、新加坡领馆转给西南运输处以及机工家属的信函。[2] 其内容皆为询问机工平安、服务地点及

---

[1] 《华侨机工通讯刊》（创刊号），1939年12月3日，南侨机工互助社编印。

[2] 笔者在档案中发现，1943年华侨机工互助会结束时，仍保存154封来自南洋的信函书信没有转发。参见云南省档案馆藏，西南运输处档案，54/29/444。

近况等。反映出机工家属对机工的牵挂和关注。因此，笔者以部分机工信函为例，分析机工家属对在中国服务的华侨机工的牵挂和支持。

1. 委托南侨筹赈总会代为查询机工近况

在南洋机工家属中，有的是孤儿寡母在南洋独自生活，对于其亲人在中国的情况极为牵挂。因此，有的家属委托南侨筹赈总会询问机工消息。

例如，机工黄根之妻委托南侨筹赈总会核实消息。1939年9月3日，在中国服务的机工黄根在昆明"患霍乱症病故"。西南运输处没有及时通知南洋家属，但黄根妻子从朋友那里得知其夫在中国患病去世的消息。为核实真实与否，黄根妻子致函南侨筹赈总会陈嘉庚，请求向中国方面查询是否属实。1939年12月17日，陈嘉庚致函西南运输处，请求查询黄根病逝是否属实。① 经查询黄根病逝属实，黄根系"华侨一大队第三队学生，1939年9月1日患病医治无效，于9月3日去世，埋葬于昆明大南门外地台寺地方，竖碑立志，并给恤金100元"②。

此外，机工孙其文母亲委托南侨筹赈总会查取其子服务地点。1940年9月20日，南侨筹赈总会代理主席陈延谦致函西南运输处，请求协助查询孙其文服务情况：

> ……其文回国后即在保山运输第11大队39中队服务，自去年底迄今未有信息寄家。伊曾汇付国币20元，久不得覆信，未悉其文近况如何，请代为查明详细地址以便通讯等情。查该机工前由贵总会遣送回国服务，敢希代为一函请贵处查明华侨机工孙其文现派往何处服务，并以其函信地址见示，俾得转达该会长转知家属。
>
> 此致　西南运输总处
>
> 南侨总会代理主席　陈延谦
>
> 40年9月20日③

---

① 《陈嘉庚致函西南运输处》（1939年12月7日），云南省档案馆藏，西南运输处档案，54/30/244。

② 《西南运输处为黄根病逝致南侨总会函》（1940年1月），云南省档案馆藏，西南运输处档案，54/30/244。

③ 《陈延谦致西南运输总处函》（1940年9月20日），云南省档案馆藏，西南运输处档案，54/30/244。

经西南运输处查询，孙其文在缅甸北部的腊戌服务，西南运输处要求孙其文按时给南洋家中写信。

2. 南洋的家属委托南洋筹赈分会查询机工近况

因机工由南洋各地筹赈分会遴选和遣送，当机工家属与其在中国服务联系中断时，只好委托筹赈机关代为查询。其委托查询者多为机工家属年迈的母亲，因此，当地筹赈机关直接致函西南运输处请求代为查询。现就档案所见，论述如下。

彭亨机工何均兴之母请求彭亨立啤筹赈会代为查询其子近况。何均兴为彭亨立啤筹赈会机工第二批机工队队员，何均兴返回中国后，其母曾写信询问，但在一年之内，没有收到其子回信，1941 年 2 月 13 日，何均兴之母委托彭亨立啤筹赈会主席侯圆迎，请求致函华侨机工互助社询问其在中国工作情况。1941 年 2 月 19 日，彭亨立啤筹赈会主席侯圆迎致函华侨机工互助会，请求代为查询机工何均兴在中国近况：

> 为咨询事，本会于廿八年七月遣派第二期机工何均兴回国服务，顷据伊母前来申请专函，贵社调查何均兴本人现任职何处，伊母曾由邮件挂号付来吧架笔壹支等，亦未知其有受到否。自去年至今迄未接他有信报告，总觉心下不安等情，据此特函来，敬祈贵社查询其本人现在供职何处，讯予赐覆以慰侨望，寔纫公谊。
>
> 此致。
>
> 华侨互助社社长先生　公鉴
>
> 立啤筹赈祖国难民委员会　主席　侯圆迎
>
> 中华民国卅年二月十九日①

接到信函后，华侨互助社迅速查询何均兴近况，经查询，何均兴在西南运输处华侨先锋第一大队服务，因工作繁忙，没能给南洋母亲回信。1941 年 3 月 28 日，华侨机工互助社致函何均兴，"希常寄信回家，以慰

---

① 《彭亨立啤筹赈会主席侯圆迎致互助会请其代家属查询机工何均兴近况》（1941 年 2 月 19 日），云南省档案馆藏，西南运输处档案，54/31/6528。

家人为要"。①

马六甲筹赈会主任为机工郑金福之母询问其子境况。马六甲机工郑金福于 1939 年 4 月 10 日到中国服务,"年余杳无音讯",其在南洋母亲一年不知消息,"其母望眼欲穿"。于是,郑金福母亲请求马六甲筹赈分会代为查询其子下落,"揆之情理法三字,本会终觉难安缄默,以慰侨工家属",1940 年 5 月 6 日,曾江水致函给新加坡分处查询机工郑金福近况,"其究竟是往何队出发前线服务,抑遭意外不测"②。后经中国西南运输处查询,机工郑金福在西南运输处第 7 大队(贵阳)服务,华侨机工互助社致函"讯饬寄回家书以慰亲心"。

机工卢从贵母亲委托和丰分会代查询其子中国工作服务地址。和丰机工卢从贵在中国服务后,"常有信寄来安慰老母以及其妻",1939 年 4 月 5日,"曾接一函,嗣后则音信杳无",而其在中国地址也遗失,因此,卢从贵母亲请求和丰分会代查地址。1940 年 12 月 9 日,和丰分会致函西南运输处请求,"调查卢君先居何方及通讯地址"③。后经查询后,华侨机工互助社告知和丰分会。

槟城机工柯天和,1939 年 4 月,参加第三批机工队回国服务,被分配在 14 大队 14 补充队服务,1940 年 7 月从保山寄给其老母信函,"随后无消息渺然",后来,其老母从他人得知"八月间有一名(天和)在腊途中翻车肇祸极重",其高年祖母甚为关怀,委托槟城筹赈会代查真相,1940 年 12 月 3 日,槟城筹赈会致函西南运输处,请求查询柯天和情况。④后经西南运输处查知,机工柯天和遭遇车祸,在下关医院住院治疗,转饬下关医院促其"讯回家书,以慰亲怀"。

3. 南洋的家属委托中国驻吉隆坡领事馆查询机工近况

吉隆坡华侨陈兆荣,参加雪兰莪华侨筹赈会所派第三批华侨机工队回

---

① 《致何均兴嘱常寄信回家以慰家人函》(1941 年 3 月 28 日),云南省档案馆藏,西南运输处档案,54/31/6528。

② 《马六甲筹赈分会致新加坡分处查询机工函》(1940 年 5 月 6 日),云南省档案馆藏,西南运输处档案,54/22/43。

③ 《和丰筹赈分会致新加坡分处查询机工函》(1940 年 12 月 9 日),云南省档案馆藏,西南运输处档案,54/22/43。

④ 《槟城分会致西南运输处查询机工函》(1940 年 12 月 3 日),云南省档案馆藏,西南运输处档案,54/22/43。

国服务，返回中国后，1939 年 7 月之前与南洋家属书信来往频繁。但自 1939 年 8 月至 1940 年 5 月，杳无音讯，其在南洋的弟弟陈兆雄致函中国驻吉隆坡领事馆，请求查询其兄消息。1940 年 5 月 22 日，吉隆坡领事馆致函西南运输处，请求查询机工陈兆荣是否仍在昆明或调任他处服务。[①]

4. 南洋家属委托宋子良查询机工近况

蔡清发查询其兄蔡亚喜在中国服务情况。蔡亚喜原籍福建思明，是福建侨生，生于马来亚雪兰莪，1939 年 3 月 27 日，参加巴生华侨机工服务队，由新加坡乘返国，抵达中国后，"时曾有家书 2 札，家慈见之，殊为欣慰"。自此以后，其家属 9 个月 "未获家兄只字"，蔡亚喜南洋母亲 "朝夕为虑，寝食难安，诚无以释老人之惑"，蔡清发认为，"惟以老母在堂，嫂侄在家，理宜时有音讯来往，藉以稍安后方之心"。1939 年 12 月 31 日，蔡清发致函西南运输处宋子良，恳请代查家兄亚喜之最近情况，并请求 "促其致信返家以释老人之惑"。[②] 宋子良收到其信后，西南运输处发出训令，要求训练所查询蔡亚喜下落，1940 年 1 月 12 日，经查询后，华侨机工互助社函告家属其兄蔡亚喜 "在滇缅路芒市站第 12 大队 24 中队服务，并让其讯寄家书"。[③]

通过以上分析，可以看出，在太平洋战争爆发前，在中国服务的南侨机工与其家属之间保持着密切的关系，他们距离虽远，但彼此牵挂并相互鼓励克服困难，有的机工为中国的抗战运输献出了年轻的生命，但其南洋家属及社团化悲痛为力量继续呼吁南洋华侨支持中国抗战。例如，南侨机工潘益牺牲后，由于其在霹雳没有亲属领取西南运输处给予的抚恤金，霹雳筹赈会决定，"将此款用机工名义献交给政府，以赈济灾民"[④]。南洋永平社团为牺牲机工符气簪举办的追悼大会亦南洋华侨面临困难坚定支持中国抗战的体现。符气簪，琼崖文昌县人，国立暨南大学肄业，曾任上海公

---

① 《吉隆坡领事馆致函西南运输处》(1940 年 5 月 22 日)，云南省档案馆藏，西南运输处档案，54/10/544。

② 《蔡清发致宋子良函》(1939 年 12 月 31 日)，云南省档案馆藏，西南运输处档案，54/30/455。

③ 《互助社致南洋蔡亚喜函》(1940 年 1 月 2 日)，云南省档案馆藏，西南运输处档案，54/30/455。

④ 《霹雳机工潘益病故因无家属其恤金义献济灾民函》(1940 年 8 月 30 日)，云南省档案馆藏，西南运输处档案，54/31/3307。

安局督察，南洋蔴坡中华中学教员，新加坡育英学校教员，第四批回国服务华侨机工团秘书，抵达中国后，担任运输第十三大队补充队少尉分队长，1939 年 11 月 7 日，在滇缅公路永平县境内翻车殉职。[①] 符气簪牺牲后，其所在的南洋永平社团为其举行追悼大会。1940 年 5 月 9 日下午 1 时，南洋永平筹赈会联合各侨胞社团在中华公会礼堂举行"烈士符气簪追悼大会"。除永平筹赈全体职员外，当地十四个侨团代表共二百余人参加追悼大会。令人感动的是，在公祭仪式上，符气簪 72 岁的父亲符振第老人，大声疾呼，"余生二子，俱为国牺牲，余希望各位侨胞应以国家为重，努力于救亡工作，出钱出力，打倒日本，竞民族自由"。下为符气簪烈士祭文：

　　维中华民国二十九岁次庚辰，五月九日永平筹赈会暨各社团谨以花圈之仪，致祭于陆军少尉符公气簪先生之灵曰：呜呼！符公云亡，器宇轩昂，允文允武，学冠三湘，赤心报国，入武戎行，矢志杀敌，驰骋沙场，酋头未斩，誓不还乡，轰轰烈烈，浩气同□，何期长逝，同宿殓光，噩耗频传，野草怨伤！吁嗟乎，倭寇未除身先死，山河未复君西归，先生洒热血，抛头颅，为国土沦亡而牺牲，今也寂寂，九秋之落月凄凄，含万里之悲风，上苍不留忠烈之士，下土忽□爱国之人，吾谨敬献花圈，聊表微忱，灵其有知，来格来□。[②]

第三节　小结

　　本章具体考察了太平洋爆发前在中国的南侨机工与南洋的关系。考察显示，无论是"南侨总会"、各地筹赈分会等社团，还是南侨家属亲人皆对在中国服务的南侨机工给予关注和帮助。
　　一方面，作为组织动员和遣送机工的南侨筹赈总会始终关注在中国服务的机工状况。主要表现在协助西南运输处解决南侨机工遇到的困难，当

　　① 《永平侨团公祭机工符气簪烈士》，《总汇新报》1939 年 5 月 11 日第 3 版。
　　② 《侨工符气簪同志殉职　永平侨团举行追悼会》，《华侨机工通讯刊》1940 年 5 月第 22 期，华侨机工互助社编印。

机工遇到"苦寒问题"之时，"南侨筹赈总会"迅速动员南洋华社资源为机工购买棉衣、药品。对于 1941 年的"缩编机工"及西南运输处的管理腐败问题，南侨筹赈总会以抗日大局出发，鼓励南侨机工为国服务，同时积极与西南运输协调，维护南侨机工的权益。另一方面，招募机工的各地筹赈分会，除了做好机工家属亲人的工作之外，还主动派人看望和慰问南侨机工，并在经济上提供大力资助，同时在精神上鼓励机工为中国抗日服务。

南侨机工与其在南洋家属亲人之间互相牵挂和关注。主要以书信方式表达互助之间的牵挂，在经济上，南洋家属亲人资助机工的生活、鼓励机工为国服务等，而一些南侨机工也在微薄的薪水中赡养南洋的家庭、南返处理家庭变故等。

通过对在中国服务的南侨机工与南洋的关系的考察可以看出，南侨机工为民族抗战的牺牲和巨大的付出，他们抛家舍业，义无反顾，而其南洋的家属亲人，无论是缺乏经济来源的年迈父母，还是失去家庭经济来源的妻子，都对南侨机工的返国服务给予支持和理解，可以说，南侨机工家属亲人是南侨机工在中国服务的坚强后盾。而"南洋总会"和各地筹赈分会等社团，始终关注在中国服务的南侨机工，并提供必要和及时的帮助，因此，南侨机工在西南运输线上的军事物资运输，不仅是南侨机工个人的付出，而且与整个南洋华侨社会的支持密切相关。

第 六 章

二战后南侨机工的复员与南返

第一节　二战后南侨机工的复员

一　南侨机工复员的背景

（一）南侨机工的复员与二战后的国内外环境

1945 年 8 月 15 日，日本宣布无条件投降，中国取得抗日战争的胜利。为抗日战争做出重大贡献的南侨机工亟待复员南返与家人团聚，但直到 1946 年 10 月第一批复员机工才开始动身南返，此时距离抗战胜利结束已一年之久。南侨机工复员南返历时较长，主要是因为国家间的人员往来受战后国际环境、中国国内局势、东南亚社会政治坏境等多方面的制约。

1. 华侨机工复员南返与联合国善后救济总署

就国际环境而言，二战胜利后，战后国家之间的人员来往受制于联合国成立的国际机构——"联合国善后救济总署"（下文皆简称"联总"）①的管理和安排。二战前，各国人民为躲避战争而迁往他国的人数众多，就中国而言，中日战争时期，居住在南洋的华侨纷纷返回中国躲避战争。"战时原居国外之华侨，被迫返国或流浪其他区域者，为数甚众。由于太平洋战事爆发，日本先后攻陷越南、缅甸及南洋群岛各地，此等地方，向

① 1943 年 11 月 9 日，在美国总统罗斯福的倡议下，联合国 44 个国家的代表齐聚白宫，共同成立联合国善后救济总署。该组织规定，在盟军远征军最高司令部的领导与配合下，联合国善后救济总署统筹协助世界各国做好难民的救济与难民遣返工作。为协助该工作开展，中国成立善后救济总署专门办理该项工作。中国聘请国内外专家，同时在中国境内设立难民返乡救助中转站，协助难民返乡。

为华侨积聚之区，其中激于爱国义愤者，皆先后归返祖国。"① 根据"联总"的规定，避难华侨属于难民范围，因此，在中国避难的华侨返回居留地须中国政府与"联总"协商才能成行。根据"联总"的战后遣返难民安排规定，在中国避难的华侨返回居留地的程序如下：所需交通运输工具如轮船的安排须按照"联总"的规定，中国政府将需要返回居留地的中国侨民送到规定的口岸如香港、广州、厦门等地，然后由"联总"与居留地国家商妥后由"联总"派船把人员送到原居留地。

南侨机工是应中国政府的请求而返国参加军事运输工作而来，而非难民，但根据"联总"的规定，"南侨机工遣送出国须与联合国善后救济总署洽商，方能解决"②。由此可见，国际之间的人口流动，无论是战时来中国避难的华侨还是战时返国参加军事物资运输的南侨机工，南返时都须遵守这一规定。为办理和协助难民遣返，1945 年初，中国政府成立"行政院善后救济总署"，其具体职责是与"联总"协商办理中国国内难民及战时归侨南返事宜。

2. 战后初期中国复杂多变的局势

抗战胜利后，中国国内局势复杂多变。中国国民党和共产党两党的矛盾表面化，国民政府将主要精力集中到政权的争夺上。就行政院善后救济总署而言，一方面，其不仅要承担着国内大批难民返乡和救助工作，而且还负责组织办理难侨返回居留地的工作。该机构起初将重点集中在遣返难侨回原居留地，而没有把南侨机工复员作为专案问题处理。另一方面，解决南侨机工的复员南返问题需要多个部门如侨务委员会、外交部、交通部、行政院善后救济总署的协调，此外，因战争破坏的国内交通亦亟待恢复，因此，交通不畅也是制约南侨机工复员南返的一个重要因素。

3. 战后南洋各地限制入境的政策

战后，英国、法国等国家重新返回东南亚，企图重建战前殖民体系。因此，各政权对移民入境加以限制。但各地政权的移民政策亦有所不同，"对于侨胞复员事宜，有规定返境条件的，有规定返境手续的，有规定返

---

① 行政院善后救济总署编撰委员会：《行政院善后救济总署业务总报告》，上海六联印刷公司 1948 年版，第 52 页。

② 《侨务委员会等各部呈行政院资送华侨机工办法及会员记录》，谢培屏编《战后遣返华侨史料汇编》（3），台北"国史馆"印行 2005 年版，第 306—307 页。

境之生活问题的，甚至有藉词排斥，故意作难的"。①

而作为南侨机工主要来源地英属马来亚，其入境政策最为严格且极具变化。首先是入境手续复杂。申请返回马来亚的难侨"限时必须经由当地中国领事代表转送英国领事馆和新加坡民政署核办"②。其次是英属马来亚不仅限制南侨机工的入境名额，而且南侨机工还须提供居留证明、居住经历、居住时间等证明，因此，上述问题的处理皆需要中国外交及领事部门与英属马来亚政府协商和交涉才能完成。

(二) 战后南侨机工概况

南侨机工在中国先后 7 年，首先，在中国运输期间，南侨机工个人经历了巨大的变迁，在抗日战争期间，南侨机工为中国军事运输付出了巨大的牺牲，据不完全统计，有 1000 多人牺牲在滇缅公路上。而战后幸存下来的南侨机工，主要分布在昆明、贵阳、柳州、重庆、广州等地。其中，南侨机工在昆明最多，据不完全统计，滞留昆明者千余人。③ 在滇缅公路沿线的保山、大理等地也有机工分布。其次，分布在广东和南京等地的华侨机工约 123 人。其中，广东侨务局 9 人，华侨青年服务社广州分社 50人，海口侨务局 36 人，上海和南京 28 人。④ 最后，分布在国外的南侨机工，在印度的南侨机工约 200 人，在缅甸仰光等地也有机工滞留。⑤ 此外，少数南侨机工因违反"纪律"仍然被关押在国民政府的监狱。

抗战胜利后，一部分华侨机工仍继续从事运输工作。然在中国各地担负运输工作，如在云南昆明，"服务于美军机关之留滇侨工约 300 人"⑥。有的在云南滇西继续执行运输任务，例如，华侨互助会开始机工复员登记南返时，华侨机工罗开湖仍然和机工同伴在滇缅边境从事运输工作。

---

① 《侨胞复员概况》，"行政院"新闻局印行 1947 年版，第 4 页。

② 《马来亚公布复员办法》，《云南日报》1946 年 4 月 8 日第 3 版。

③ 《云南华侨互助会胡春玉等电》，谢培屏编《战后遣返华侨史料汇编》(3)，台北"国史馆"印行 2005 年版，第 284 页。

④ 《侨委会函送外交部华侨机工第三批名单》，谢培屏编《战后遣返华侨史料汇编》(3)，台北"国史馆"印行 2005 年版，第 408—417 页。

⑤ 《云南省华侨互助理事会理事长胡春玉等电》，谢培屏编《战后遣返华侨史料汇编》(3)，台北"国史馆"印行 2005 年版，第 284 页。

⑥ 《云南省华侨互助理事长胡春玉等电》，谢培屏编《战后遣返华侨史料汇编》(3)，台北"国史馆"印行 2005 年版，第 284 页。

此外，部分机工在中国建立家庭并育有子女。据 1946 年 6 月统计，机工"已经娶妻者 357 人，子女 280 人"①。

（三）南侨机工复员申请的提出

抗战胜利前夕，1945 年 4 月 13 日，作为负责侨务的主管机关侨务委员会召开南洋华侨遣返会议，其内容主要是针对缅甸华侨及因战争来祖国避难的华侨的南返问题。② 而未提及为抗战做出重要贡献的华侨机工的复员南返事宜。而战后的南侨机工也认为，"政府待理万机，机工复员尚须时日"。

1945 年 10 月 3 日，"云南省华侨互助理事会"在昆明召开华侨机工返国纪念大会，约 500 名华侨机工参加，在纪念大会上，代表机工的"云南华侨互助会"制定并通过《马来亚应募返国服务侨工复员办法建议书》，正式向国民政府提出南侨机工复员的请求。其复员南返的利益主要有两点：一是避难中国的南洋华侨在积极办理南返手续；二是在昆明的南侨机工失业者增多，生活面临困难。例如，"战后美军纷纷东调，服务于美军机工三百余人留滇人员相继失业"。③ 据统计，南侨机工失业者达 700 人。

《马来亚应募返国服务侨工复员办法建议书》内容包括复员理由和复员办法两部分。南侨机工复员南返理由有三点。首先是华侨机工完成了历史使命，理应与家人团聚，且抗战结束，"万民均已着手复员，而侨工代表海外数千万侨胞返国，尤当使其复员，重返平时生活，自当重返南岛，复命慰励海外父老兄弟姐妹"。其次是华侨机工返回南洋重整就业。因"侨工中半数有财产，家属远在南洋，七年阔别或有巨变，亟须重整重建，于情于理，政府亦须送其即返南洋，各安本业"。最后是组织机工复员南返有助于政府威信的提高。成功组织机工复员南返能够使政府"立信、立威、立德"，而且能够提高国民政府在南洋的地位，因机工代政府"宣扬

---

① 《大公报》民国三十五年六月一日。

② 1945 年 8 月 15 日，侨务委员会第 227 次提案：《侨务管理处拟具战后遣送归侨复员交通问题方案》。

③ 《云南省华侨互助理事会理事长胡春玉等电》，谢培屏编《战后遣返华侨史料汇编》（3），台北"国史馆"印行 2005 年版，第 284 页。

祖国威德，侨胞精神必为一灿，未来收获未可限量"[①]。

就南侨机工复员办法而言，《马来亚应募返国服务侨工复员办法建议书》对机工复员的登记、政府职责、机工应当的奖励以及对禁闭华侨机工的处理等内容均有详尽的建议和要求。

首先是云南华侨互助理事会负责"登记归国侨工，造具名册"，并上交给国民政府。

其次国民政府承担的职责。一是"由政府代侨工交涉，准各侨工重返原侨居地"；"免费乘坐轮船、车辆"，请求政府"指定集中地点与日期，分批送各侨工返原侨居地"。二是请求政府对机工奖励，要求政府"每人发给服务证明书一纸、证章一个，以资鼓励"，经济方面，"请政府准予酌发个侨工每人叻币若干元，借作暂时安定生活之用"，同时，要求政府"发给各侨工每人一套衣服，以壮观瞻"。三是对于侨工"因案而受拘禁，尚未判决，或已判决而未到期者"，请求政府"一律赦免，俾同复员而慰海外父老"。[②]

《马来亚应募返国服务侨工复员办法建议书》以两种方式送给国民政府行政院，一是委托云南省华侨互助理事会呈交给国民政府行政院；二是赴重庆当面呈送行政院。南侨机工大会推举华侨机工代表李卫民赴重庆当面呈交给国民政府。[③] 除此以外，驻中国滇缅路南洋代表、在中国的南洋侨领庄明理先生也向国民政府行政院提出机工复员的八项要求。

二 南侨机工复员方案的制订

二战胜利后，完成抗日任务的南侨机工亟待复员返回南洋，以便"重整就业、与家人团聚"。而机工复员不仅面临复杂多变的国内外环境，而且机工复员需要国内外部门的协调配合才能完成，具体涉及云南华侨互助理事会、中国外交部、侨务委员会、南侨筹赈总会以及"联总"等部门。本节主要根据档案资料及报刊资料，分析和考察南侨机工复员办法的艰难

---

① 《马来亚应募返国服务侨工复员办法建议书》，谢培屏编：《战后遣返华侨史料汇编》(3)，台北"国史馆"印行 2005 年版，第 285—286 页。

② 同上。

③ 同上。

出台的过程、机工复员前各方为机工南返所做的努力。

1. 第一次机工复员会议的召开

南侨机工的复员南返请求很快得到国民政府行政院的响应。1945年11月7日下午3时，国民政府行政院委托侨务委员在重庆（林森路）召开第一次南侨机工复员南返会议。参加会议的部门及人员有侨务委员会（甘云）、交通部（杜湘）、运输管理局（臧其吉）、外交部（叶洪泽）、侨务委员会（王开尘）、善后救济总署（欧阳治）以及南洋筹赈总会滇缅公路代表庄明理先生。经过讨论，会议通过以下决议：

（一）关于昆、筑失业侨工在未出国之前行政院转饬军政部后方勤务司令部及战时运输管理局尽量优先录用。

（二）救济昆、筑侨工七百余人在失业时期之生活费，请行政院拨专款救济。

（三）关于昆、筑侨工复员返回原居留地，由侨务委员会函商善后救济总署优先遣送。

（四）关于侨工复员出国手续，由外交部分向有关政府交涉办理。

（五）其余各项由侨务委员会分别函商有关机关核办。[①]

以上可以看出，会议内容主要是关注南侨机工失业及生活救济问题，而对机工复员南返的具体分工以及机工的荣誉和奖金没有涉及，此外，也没有一个总的协调机构专门办理机工复员问题。

时隔一个多月，即1946年初，侨务委员会才将第一次南侨机工会议内容呈送给国民政府行政院：

（一）请行政院拨专款做奖金，分发此批机工。

（二）请行政院善后救济总署援照归侨复员办法予以遣送。

---

① 《关于马来亚应募返国服务华侨机工复员办法一案会议记录》，谢培屏编《战后遣返华侨史料汇编》（3），台北"国史馆"印行2005年版，第287—288页。

（三）由本会按照登记名册及地址分别给予奖状。①

对于奖金数目问题，行政院一直没有予以答复。一直到 1946 年 6 月 18 日，国民政府行政院再次委托侨务委员会主持召开第二次机工复员的专门会议。

2. 第二次机工复员会议及复员办法的制定

（1）各方呼吁和第二次机工复员会议的召开。

南侨机工专门会议的召开是在国内华侨机工、国内社会舆论、南洋华侨社会各界的呼吁和努力下召开的。

第一，南侨机工强烈的复员南返请求。第一次机工复员会议召开后，华侨互助理事会积极开展南侨机工复员登记工作，并于 1946 年 3 月将复员机工名单呈交给行政院，但一直未有答复。为促使国民政府早日批准机工南返，1946 年 3 月 2 日，华侨互助会派常务理事白清泉、总干事邱新民携带《机工登记名册》亲自到重庆请愿，他们先后到行政院、救济总署、外交部等部门，但"都是个别的承诺，而没有总的协调和批示"。于是，1946 年 3 月 13 日，白清泉和邱新民二人向国民政府蒋介石暨五届二中会诸中委请愿。②

最后，国民政府行政院承诺，决定对南侨机工复员南返专案办理，行政院善后救济总署同意也优先遣送：

> 查回国服务机工，乃应国民政府行政院电令南侨筹赈总会主席陈嘉庚号召服务者，理应专案办理，于是乃举行复员总登记，先第一期登记，及昆明、贵阳、川滇东路、滇缅公路及重庆等地，计 1712 人，内机工 1131 名，眷属 589 名，予以专案办理。③

虽然善后救济总署答应专案办理，但还面临着机工入境的交涉问题。1945 年 5 月，鉴于"各地义民归侨且早已遣送还乡，而独机工等尚流离

---

① 《关于南侨机工滞留昆明遣送返原居留地并予资助一案会议记录》，谢培屏编《战后遣返华侨史料汇编》(3)，台北"国史馆"印行 2005 年版，第 306 页。

② 《艰难的行程》，新加坡文学书屋 1985 年版，第 33 页，

③ 《善后救济总署函》，转引自《艰难的行程》，新加坡文学书屋 1985 年版，第 34 页。

失所，无所依靠"，南侨机工于 1946 年 5 月 5 日召开南侨机工返国七周年纪念大会。在纪念大会上，参会全体南侨机工以"南洋华侨机工服务团"名义致电外交部部长王世杰，请求向新加坡交涉入境问题：

> ……查入境手续早蒙均部允向英方交涉在案，而至今尚未获批示，时日迁延，未知今日何时始能遣送耶！兹以南侨机工回国服务七周年纪念大会于云南省党部举行之际，经全体议决通过，具文请钧座讯向英方交涉请准予入口，俾侨工等能早日返回侨居地恢复旧业，重见父母兄弟，则当铭感靡尽也。①

第二，来自南洋华侨社会的呼吁和请求使得国民政府必须解决机工南返问题。抗日战争胜利后，南侨机工的复员南返问题引起整个南洋华侨社会各界的关注，包括华侨社团、陈嘉庚等纷纷呼吁国民政府解决机工南返问题。

一是各地南侨筹赈分会、汽车行业公会以及南洋侨领的呼吁和请求。抗战胜利后，南侨机工在中国失业的情况传入南洋后，引起南洋华侨社会的极大关注。作为曾经资送机工回国的各地筹赈分会，纷纷致函国民政府驻星领事馆。例如，1946 年 4 月 26 日，柔佛、新山筹赈分会致函新加坡总领事馆，请求其"电大部（中国外交部）向有关机关调查，设法遣送流落之华侨机工得早日返马"。并告知领事馆机工南返"川资方面，筹赈会尚余二万余元可以拨充"②。

华侨社团要求办理机工复员南返的请求，驻星领馆迅速反应。1946 年 6 月 4 日和 5 日，驻新领馆两次发电告知中国外交部，称"该批机工为国辛劳，壮志甚嘉，……此间侨胞至为关怀，拟请设法遣返南洋"③。在 5 日发给外交部电文中，称"盼政府从速设法将机工遣返，以杜反对政府者

---

① 《华侨机工服务团电请外交部长王世杰向新加坡当局交涉入境》，谢培屏编《战后遣返华侨史料汇编》(3)，台北"国史馆"印行 2005 年版，第 294 页。

② 《驻新加坡总领馆电外交部据柔佛筹赈会呈请遣送机工返马来亚》，谢培屏编《战后遣返华侨史料汇编》(3)，台北"国史馆"印行 2005 年版，第 293 页。

③ 《驻新加坡总领事伍伯胜电请外交部从速遣返回国服务南洋机工至侨居地》，谢培屏编《战后遣返华侨史料汇编》(3)，台北"国史馆"印行 2005 年版，第 296 页。

藉口抨击，致使侨众不悉内情"①。

1946 年 1 月 17 日，新加坡司机公会、新加坡司机互助社、新加坡机器互助社三社团举行座谈会。参会代表对在中国服务的南侨机工"尽忠报国之华侨司机工友，竟遭此后果，咸寄同情"，要求南侨筹赈总会救济回国机工及司机，请南侨筹赈总会派员前往昆明，机工遣返费用由国民政府负责②。

除此之外，1946 年 6 月 8 日，南洋侨领刘伯群、许生理二人请求驻新加坡侨总领馆代电，分别致电外交部、"行政院"宋院长、海外部、侨务委员会、交通部、救济总署等机关，请求将"滞渝、昆机工乞速设法提前资送南洋"③。

二是滇缅公路代表庄明理南返使驻星领馆备感压力。南侨侨领庄明理曾任中国滇缅公路代表，抗战胜利后，其多次请求国民政府解决机工复员事宜。1945 年秋天，庄明理先生向国民政府提出八项建议，请求国民政府办理南侨机工复员问题，在重庆期间，庄明理造访多个政府部门请求救济机工，但一直没有得到答复。为解决机工南返问题，1946 年 3 月 15 日，庄明理返回新加坡并接受《南洋商报》采访时，庄明理道出了与国民政府交涉机工南返的无助和感慨：

> 去年（1945 年）十月底，侨务部联合行政院等机关举行联席会议，认为要求极为合理，即席通过。然政府对于奖励金之数目尚不能确定多少，须申请中央批准，但此次会议以后，一直到去年（1945 年）十一月底十二月初，政府当局到没有任何办法公布。我再去侨务部催询，海外部再召集一次会议，追认第一次联席会议之办法，并答应从速办理，到十二月底，我又到救济总署及行政院去查，据说关于紧急救济部分已交侨务办理，关于遣散部分已交救济善后总署办理，但是直到今年三月尚未见实行……在这次南返的前两天（三月十日）

①　《驻新加坡总领事伍伯胜电请外交部请速遣送机工返回原居留地以杜他人抨击》，谢培屏编《战后遣返华侨史料汇编》（3），台北"国史馆"印行 2005 年版，第 297 页。

②　《南洋商报》1946 年 1 月 18 日。

③　《新加坡侨领刘伯群电外交部请速遣送机工返回原居留地》（民国三十五年六月八日），谢培屏编《战后遣返华侨史料汇编》（3），台北"国史馆"印行 2005 年版，第 298 页。

最后一次去到侨务部，说明华侨机工南返的心切。[①]

庄明理的采访登报后，驻星总领馆伍伯胜，迅速将庄的言谈告知中国外交部，称庄明理"欲借机工事件，摇动一般民众对中央之信念"，必须尽快使机工复员南返，以慰侨众。

三是陈嘉庚的呼吁和行动促使驻星领事馆和中国政府积极行动。在南洋侨领屡经交涉请求无果的情形下，陈嘉庚作为机工动员和招募的组织者，开始为机工南返呼吁，并在南洋采取行动推动中国解决机工遣返事宜。

需要指出的是，抗战胜利后的陈嘉庚与国民政府之间的关系已不如战前融洽和密切。早在1940年组织南洋慰劳团返回南洋后，陈嘉庚与国民政府的关系日渐疏远，1940年6月，西南运输处派员护送南洋慰劳团受伤成员蒋才品至新加坡，抵达新加坡后，护送的国民党官员在给国民政府的密电中，称"陈嘉庚似已左倾"[②]。抗日战争胜利后，陈嘉庚也深知其与国民政府关系的疏远，"本总会曾发电向最高机构，如蒋委员长、军事委员会、或行政院，要求机工复员。然自民二十九年冬，余报告陈仪祸闽之后，中央政府即于本总会断绝消息，虽曾汇款数千万元，及发去函达不下数十次，一字绝不回复，迨日寇失败后，余回星再试亦然，固知虽由本总会要求，亦无效也"[③]。尽管如此，对于南侨机工南返事宜，陈嘉庚深知其有责任和义务将为机工南返，也备感压力和无奈。1946年5月6日，在重庆南侨机工19人联名致函陈嘉庚，告知在中国的"生活穷苦，莫不思归心切，虽经数度向当局请求，每次均答以候拟，力予拖延。数月已逝仍无消息，似此恐无返归之一日"，请求陈嘉庚设法帮助机工复员南返，与家人团聚[④]。收到重庆机工信函后，陈嘉庚更感到责无旁贷协助机工南返，鉴于"国民政府对于机工遣返，或敷衍延搁，或藉词推诿，空雷无雨"，机工遣返之事不能再拖，并认为机工南返的形势和条件发生了显著

---

① 《南洋商报》1946年5月30日。

② 《王国光致西南运输处函》（1940年6月3日），云南省档案馆藏，西南运输处档案，54/22/134。

③ 《南洋商报》1946年6月1日。

④ 《南洋商报》1946年5月31日。

的变化，必须抓住时机促成机工南返。事实上，陈嘉庚的担心不无道理，因为，首先战后能够为机工服务的侨领大多返回南洋，其次，国民政府办公机构大都返回首都南京。"迨至前月（1946年5月）政府已全往南京，潘君亦往上海，庄明理、白仰峰等已南返，黄树芬、柯报仁及其他，与马来亚筹赈会有关等人，或先后来洋，或他往，可以说政府及华侨要人，在重庆已空无一人矣。"①

在此情况下，陈嘉庚决定以南侨总会主席的身份召开会议，并计划以南侨总会名义发动各区筹款将机工接送至南洋。1946年6月1日，陈嘉庚在《南洋商报》等华文报纸上刊登《南侨筹赈祖国大会通告》（第十九号）。通告呼吁各地筹赈分会筹款协助机工南返，"至诸机工原为爱国而特往服务，亦有各地筹赈鼓励而成行，今日战事已终，目的已达，其父母妻子忍苦盼待，七年于兹。政府即不资助南返，我侨安能坐视？"并决定于1946年6月16日，在吉隆坡召开关于机工复员南返的会议，呼吁各筹赈会筹款将接回国机工②。1946年6月16日，来自槟城、太平、峇株巴辖、巴双、彭亨、新加坡六地的代表在吉隆坡召开会议。各地代表认为遣返机工南返是国民政府应尽的义务，无须为南侨机工复员筹款，大会制定出督促中国政府遣送机工的办法。

第一，推选产生由5人组成的南侨机工救助小组，有新加坡的陈嘉庚、槟城的庄明理、巴双的陈可用、彭亨的何志峰、峇珠巴辖的蔡伯祥。第二，决定1946年6月18日五人集体拜见驻星总领领事伍伯胜，讨论救援机工办法。第三，以马来亚华侨筹赈联合会名义，致电行政院，要求"资助华侨机工复员"。第四，要求驻星总领馆告知中国政府，机工成立家庭者"则其妻及子女均加以资送"。第五，对于机工南返复员事宜委托驻星总领事办理，并规定期限，"若逗留国内之机工，不能于两个月资送南归"，根据大会授权，请求"总领事本人迳往南京一行，亲为侨民请命"③。

1946年6月19日，陈嘉庚为机工遣返事宜，亲自与四位选出的侨领

---

①　《南洋商报》1946年6月10日。

②　《南侨总会第19号通告》，《南洋商报》1946年6月1日第3版。

③　《南洋商报》1946年6月17日。

代表到驻星总领馆拜见伍伯胜，此为"陈嘉庚十年余年来第一次亲来本馆"①。五位代表当面提交机工南返的具体要求，并递交 1946 年 6 月 16 日吉隆坡会议决议案：

> 限期驻星总领事馆专责办理，机工及家属于二个月内由中央尽数设法遣回，未遣送前救济其生活，在国内者，鉴于回国热诚酌予雇佣，如不能两个月内资送南归，请总领馆躬回南京，向政府去据理力争，务达遣回目的。②

为确保和督促机工复员能够顺利南返，1949 年 6 月 18 日，陈嘉庚以马来亚华侨筹赈援助华侨机工复员代表大会的名义致电中国国民政府主席蒋介石，要求国民政府资助南侨机工南返。兹列如下：

国民政府主席蒋，行政院长宋钧鉴：

> 抗战初期，应命募汇华侨计三千余名，胜利迄今，未蒙遣返，甚有流落昆明及他处，失业无告者，数百名，惨不堪闻，彼等为国服务，政府应给资助救济及南回，本会同此请命，除商星总领馆代恳外，谨电奉闻。

马来亚各区华侨筹赈会援助华侨机工复员代表大会叩③

陈嘉庚亲自到驻星领馆交涉及两个月期限必须送回机工的要求，驻星领馆伍伯胜面临巨大的压力，其先后多次致电中国外交部，请求迅速制订机工南返方案。伍伯胜认为，陈嘉庚虽然"借此口实攻击中央，……但无论如何，遣返机工南返，中央事在必办"④。而中国外交部帮办黄光华也认为南侨机工遣返"如不获适当解决，南洋各地侨情汹涌，总领事馆难以

---

①　《驻星领馆致外交部函》，《战后遣返华侨史料汇编》(3)，第 321 页。

②　同上书，第 322 页。

③　《总汇新报》1946 年 6 月 25 日。

④　《驻新加坡总领事伍伯胜呈报外交部办理遣返南洋华侨机工情形》，谢培屏编：《战后遣返华侨史料汇编》(3)，台北"国史馆"印行 2005 年版，第 316 页。

应付，可能引起不良后果"[①]。

最后，除了来自中国国内机工的要求和南洋社会各界的压力外，在国民政府内部也提出必须办理华侨机工南返。海外部认为"机工在抗战时期，相忍为国，今胜利复员，一般侨胞多已返回居留地，而此批机工则流落内地，贫病困苦，失业受屈，不一而足"。如不妥善资送，"实无以对海外侨胞"。鉴于"南洋侨团开始攻击甚烈"，为降低国民政府在南洋的负面影响，"保持政府威信，平抑众愤"，海外部认为，对于机工南返，确无再推延遣送责任之理，目前奸党在海外对此事又乘机煽惑。如果不办理机工南返，"将来政府无法在南洋推行政令矣!"[②]

（2）第二次南侨机工复员会议与复员办法的出台。

面对来自国内外的压力，1946 年 6 月 18 日，国民政府在侨务委员会会议厅召开第二次机工复员会议。参加者有行政院、海外部、行政院善后救济总署、侨务委员会、外交部五个相关部门。会议通过《南洋华侨机工资送返原居留地办法》。内容主要包括以下几个方面：一是由行政院"指拨专款援照归国华侨复员辅助之规定，从优辅助旅及服装费"；二是要求"侨务委员会先发给证明书"，并与外交部免费为华侨机工办理护照；三是规定具体的遣送办法。由行政院善后救济总署将华侨机工送至出海口岸（广州、汕头、厦门集中），再由行政院善后救济总署负责商请联合国救济总署接送至原居留地。[③]

1946 年 6 月 21 日，侨务委员会将第二次机工复员会议决议呈报给国民政府行政院。由于分工仍不明确，1946 年 7 月 3 日，行政院善后救济总署再次组织会议，协商机工南返分工安排，参加会议部门有侨务委员会、外交部、行政院善后救济总署等部门。会上通过决议，规定了机工南返的具体办法及各部门的具体职责：

　　　一　关于工作分任：侨务委员会办理登记及证明事项，外交部办

---

① 《关于南侨机工滞留昆明遣返原居留地并予以资助一案会谈记录》，谢培屏编：《战后遣返华侨史料汇编》（3），台北"国史馆"印行 2005 年版，第 307 页。

② 同上书，第 306 页。

③ 《侨务委员会等各部会呈报行政院资送华侨机工办法及会议记录》，谢培屏编：《战后遣返华侨史料汇编》（3），台北"国史馆"印行 2005 年版，第 309 页。

理护照及对外交涉，行总、联总分别根据双方规定办理遣送事宜。

　　二　关于南侨机工之遣送，侨务委员会办理调查及登记手续后，其全部名册须经由行总转送外交部核发护照并交涉准许入口事宜，然后方由行总、联总分别办理遣送，并以广州为集中地点。①

最终在各方努力下，华侨机工复员南返办法正式出台。

三　南侨机工复员前各方的努力

　　尽管南侨机工复员办法已经制定，但机工南返前期仍需做大量的准备工作，包括机工复员及家属名单登记、入境交涉、与联合国善后救济总署协商等复杂耗时的工作。此外，还需要各部门之间的协调配合。

　　（一）华侨互助会：机工复员登记、奖金及荣誉证书的发放

　　1. 华侨机工的复员登记

　　在机工正式提出复员之前，为协助政府办理机工复员工作，作为华侨机工的代理人，云南华侨互助会主动承担起复员机工的登记工作。机工复员南返"必须知道有多少人要回去，有多少人证件遗失了，多少人有妻子儿女"②。此外，机工登记工作也为办理南返入境交涉及国民政府发放奖金、荣誉证书提供明确的人数。

　　特别需要指出的是，为确保在岗机工及偏远地区机工的登记，远在南洋的陈嘉庚非常关注机工南返办理的情况，其向国民政府提出以下要求：首先在昆明、重庆、贵阳、桂林或柳州，设立机工接济所，登记收容各机工；其次是要求"政府通令由各机工传知外，并在各省登报或交通路站张贴告白，限期一个月内报名集中，并通令各车站免费运送"③。

　　1946 年 1 月 15 日，云南华侨互助会在理事长胡春玉的组织安排下正式开始机工登记。首先分别在南侨机工较多的昆明、贵阳（毕节）、重庆三地设立登记站，由华侨互助会派人专门负责办理登记，贵阳由陈金有，

---

　　① 《行政院善后救济总署函外交部抄附遣侨问题会议记录》，谢培屏编：《战后遣返华侨史料汇编》（3），台北"国史馆"印行 2005 年版，第 331 页。

　　② 邱新民：《艰难的行程》，新加坡文学书屋 1985 年版，第 18 页。

　　③ 《驻新加坡总领事电呈外交部侨领陈嘉庚所提遣送机工办法》，谢培屏编：《战后遣返华侨史料汇编》（3），台北"国史馆"印行 2005 年版，第 368 页。

在川滇（毕节）由刘敏修，昆明由白清泉负责，在重庆由陈烈辉负责登记工作。此外，云南华侨互助会专门设有联络员。机工康文风负责昆遮线，机工林朝云负责昆沪线，机工陈忠烈负责重庆（川滇线），代各地机工办理登记手续。[①]

在南侨机工主要集中地云南省采取了一些措施：为避免机工遗漏登记，首先在昆明各报刊登机工登记启示；其次在沿滇缅公路重要城镇设立通讯站，派专人登记，在滇缅公路沿线，皆有由机工组成的工作人员为机工登记服务，其中，在楚雄由钟五峰负责登记，在下关由韩高元负责登记，在永平由郑佐国负责登记，在保山由许麟负责登记，在芒市由叶仕球负责登记，遮放由宋杨才负责登记。[②]

华侨机工互助会办理机工登记工作，原计划一个月完成，实际上，机工复员登记共持续到十个月之久。首先是因为南侨机工分布在整个西南地区，有的分布在边缘山区且交通及信息不畅，需随时等待远道而来的机工登记。

在实际的登记机工的过程中，申请登记者情况多变，给登记工作带来了诸多不便。有的机工因证件遗失而重办证件，有的初不登记后又登记者，有的因在中国成立家庭，在其登记时遗漏家眷需要重新登记等。例如，机工郑亚妹，初来登记时仅登记一人，后来其妻子要求登记随同南返。又如机工郑光昌，因"该机工原在渝结婚数年"，本拟独身返侨居地，然后再来迎接其妻子，后因"该妻由渝来昆，拟随同南返"，登记人员不得不为其申请和重新登记。再如机工陈亚叶，在中国结婚建立家庭，初期独自登记，后因"该侨工眷属由家乡来昆"，登记人员只好为其重新办理登记等手续。[③] 此外，为确认南侨机工身份的真实性[④]，登记工作人员还要对登记机工进行严格的审核。由于南侨机工主要分布在交通及信息不畅的西南地区，再加上申请登记者的情况多变需重新登记，导致登记工作的完成由计划一个月完成延长至十个月之久。

华侨互助理事会共登记三批南侨机工。第一批登记有 1203 人，其中，

---

　①　邱新民：《艰难的行程》，新加坡文学书屋 1985 年版，第 17 页。
　②　《华侨互助会致侨务处函》（1946 年 6 月 3 日），云南档案馆藏，云南侨务处档案，92/1/3。
　③　《互助会为机工身份证明书》，云南省档案馆藏，云南侨务处档案，92/2/33。
　④　因战后返回南洋的华侨众多，因返回南洋心切，少数避难华侨以机工身份登记以便提前返回南洋，此外，互助会确认机工身份也与国民政府为华侨机工发放奖金有关。

英属马来亚有 1061 人登记。经过登记人员严格审核，1203 人中符合机工条件的计 1154 人。在第一批登记机工名单中，其中重庆区 190 人，昆明区（包括昆遮、昆泸两区）772 人，贵阳区 192 人。①

第二批登记华侨机工 251 人，携带南返的机工妻子 104 人，机工子女 86 人，共 449 人。②

第三批登记机工中，除由云南华侨互助会登记的 125 名机工外，还有各省侨务局直接上报给侨务委员会的 123 人，经过登记工作人员审核，其中，广东侨务局登记 9 人，华侨青年服务社广州分社 50 人，海口侨务局登记 36 人，上海侨务局 1 人，南京侨务局 27 人。③

2. 代发放奖金和机工荣誉证书

为表彰南侨机工在抗日运输的贡献，国民政府向华侨机工颁发奖金，每人奖 200 美元，根据当时汇率，折合国币 67 万元发放。1946 年 9 月 14 日，侨务委员会发布回国服务华侨机工奖金公告，公告规定了发放数目、发放时间、地点等：

> 查南洋华侨回国服务举行复员，经由云南省华侨互助会造册送名册呈会，计 1154 人，并经转呈行政院审核准发奖金每人美金二百元，照牌价三三五零折算，合国币发给。兹定于十月一日起十一日止，在重庆本会办事处，昆明云南侨务处分处分发；十月七日起至十七日止，在贵阳本会登记站分发，并将应得奖金之机工姓名分别宣布，仰即依照时期及所属地点前往具领并呈验证件，切勿延变自误。
>
> 特此公告。④

按照侨务委员会的公告，1946 年 9 月 18 日，云南侨务处致函华侨互

---

① 邱新民：《艰难的行程》，新加坡文学书屋 1985 年版，第 19—20 页。

② 《侨务委员会函送外交部华侨机工第二期复员登记名册》，谢培屏编：《战后遣返华侨史料汇编》(3)，台北"国史馆"印行 2005 年版，第 394 页。

③ 侨务委员会函送外交部华侨机工第三期复员登记名册》，谢培屏编：《战后遣返华侨史料汇编》(3)，台北"国史馆"印行 2005 年版，第 398 页。

④ 《侨务委员会为发给华侨回国服务机工奖金通告》，谢培屏编：《战后遣返华侨史料汇编》(3)，台北"国史馆"印行 2005 年版，第 375 页。

助会，委托其代发侨工奖金，并将《侨委会发放奖金办法》及发放要求告知华侨互助会：

  1. 催请外交部驻滇特派员公署先即填发机工护照以备领款之用。

  2. 速即设法普遍通知各地侨工依期往原登记地区领取奖金，兹附来名单30份，即分寄各通信站或其他人士代为多处张贴，俾资周知。

  3. 发款时应有贵会逐日派员出席参加审查以使妥善。

  4. 所有机工出国证及护照即分为重庆、贵阳、昆明。

  5. 派员携致或邮寄各该地以资应用，以上数事对发奖金有切要关系，除由处分头进行外，应请贵会协助办理，特此函达，即希查明办理为荷。

  此致。

互助会

民国三十五年九月十八日①

  以上可以看出，华侨互助会不仅办理催发护照等事宜，而且在人手不足、经费缺乏的情况下派人到各地义务为机工分发奖金的工作服务。

  在发放奖金过程中，华侨互助会人员费时耗力为机工服务，毫无怨言。但有时还引起侨务处工作管理人员的误解。华侨互助理事会一度申请放弃发放奖金的任务。云南侨务处请求继续办理，"假令半途而废，致使上峰对机工之德意及机工应享之利益均受损失，而贵会之义举亦将不能贯彻，咸感失望，尚希即日继续工作，有始有终，完成善业，则至铭感"②。最后，华侨互助会按照国民政府的要求，完成了奖金的发放工作。③

---

  ① 《云南侨务处致华侨互助会函》(1946年9月18日)，云南省档案馆藏，云南侨务处档案，92/2/28。

  ② 《云南侨务处致华侨互助会函》(1946年9月36日)，云南省档案馆藏，云南侨务处档案，92/2/28。

  ③ 因国民政府以第一批登记机工人数1154人发放，其他各批登记华侨机工没有获得政府奖金。在1154人之中也并非全部领取，其中包括滞留在仰光的机工、提前自费返回南洋的机工。

另外，华侨互助理事会还承担为南侨机工发放国民政府荣誉证书的任务。为表彰南侨机工的贡献，国民政府三个部门为华侨机工颁发证书，其中有侨务委员会、交通部、军事委员会运输管理局。兹分别将其呈列如下：

侨务委员会奖状

——华侨机工　热心爱国，敌忾同仇，抗战军兴，应募服务前后七载，备致勤劳，应予嘉奖。此状。

委员长陈树人
民国卅五年四月八日

交通部回国服务证明书

字　　第　　号

查张智源　现年 34 岁　系广东　人，于民国二十八年八月回国，确系在西南中缅公路服务，计自二十八年八月至三十四年 12 月。合行给予证明。

局长　方兆镐
民国卅五年十月

证明书

军事委员会战时运输管理局，兹证明　于抗战期间由南洋回国在公路运输局服务颇著勤劳，此证。

兼局长俞飞鹏　副局长龚学遂
民国卅五年十月五日

根据国民政府的安排，以上荣誉证书均由云南省华侨互助会代为发放，在发放证书中，少数已回南洋的机工须通过邮寄发放。值得一提的是，"云南省华侨互助理事会"工作人员本身也是需要复员的机工，是义务为机工服务。但他们任劳任怨，顺利完成了机工复员前最为繁重且耗时的机工登记、奖金、证书发放等工作，其工作成绩也得到云南侨务委员会的认可和肯定，称华侨互助理事会"为侨胞服务，对政府效劳，予机工福利，义举侨众，中外同钦"①。实非过誉之语。

(二) 外交部：负责机工入境交涉及护照的办理

1. 交涉机工入境事宜

与战前移民自由进入南洋各殖民地不同，"二战"后，东南亚各政权实行严格的移民入境政策。因此，华侨机工入境须经中国外交部门的交涉。南侨机工原居留地的入境政策，因机工居住的地区不同而各异，与荷兰东印度、菲律宾、越南等宽松的入境政策相比，英国马来亚入境条件最为苛刻且多变。

早在 1945 年 9 月 10 日，国民政府外交部曾就中国侨民返回英属马来亚向英国代表交涉，当时英国外交部口头承诺，交通恢复后，"凡有适当证明文件，或文件遗失，经本部查明属实，不附任何条件均可入境"②，经过中国外交部的交涉，1946 年 5 月 5 日，国民政府外交部告知南侨机工服务团，"英方对于华侨返回马来亚，现并无限制，惟申请入境者，须由当地中国领事馆代表转送新加坡民政署核准"③。但由于机工尚待登记、手续不能及时办理等原因，机工复员南返错失了相对宽松的入境时机。1946 年 6 月 18 日，国民政府正式制定《南侨机工复员办法》后，中国外交部委托驻新加坡总领馆负责南侨机工的入境交涉，1946 年 7 月 2 日，驻新加坡总领事馆伍伯胜致函新加坡移民署，请求允许华侨机工南返入境，但英属马来亚新加坡以局势困难为由，对入境华侨机工的出生地、出生时间等实行严格限制，并要求南侨机工提供当地居留证：

> 暂时只能允许凡属在此出生或曾于 1942 年以前在此居留之人士返马，该批机工凡能证明符合此例者，均得返马；其已结婚者，并得携眷，具马凭证为当地移民局所发之外人居留证 (Certificate of Admission)，如确系在马出生或居留而遗失证件者，应由在马戚友代向

① 《云南侨务处致华侨互助会函》(1946 年 12 月 3 日)，云南省档案馆藏，云南侨务处档案，92/6/28。

② 《国民政府外交部与英国外交部协商侨民经过》，《战后遣返华侨史料汇编》(3)，第 369 页。

③ 《外交部致华侨机工服务团函》，《战后遣返华侨史料汇编》(3)，第 289 页。

移民厅做证。①

中国外交部将华侨机工第一期名单转交给新加坡移民厅审核。与此同时，1946 年 8 月 27 日，驻星总领馆伍伯胜抓住时机，与抵新的联合国善后救济总署驻香港办事处主任 Clarkel 商谈。Clarkel 同意，联合国善后救济总署优先输送南侨机工。②

1946 年 8 月 21 日，陈嘉庚要求两个月遣返机工期限已到，华侨机工"未见有人遣送回来，迟未成形，殊属不解"，陈嘉庚要求驻星领馆伍伯胜返回南京交涉。面对来自陈嘉庚的压力，中国外交部电新总领馆，要求加快进度督促英移民厅审核机工资格，1946 年 9 月 4 日和 7 日，中国外交部分别致电行政院善后总署及侨务委员会，请求两部门提前将南侨机工运送至出口，"恳转知行政总署运送该机工至各口岸"。

经过中国驻新领馆的督促交涉，1946 年 9 月 20 日，英属马来亚殖民当局"准许按照名单准许所有机工协同眷属进入马来亚"，该批机工共1335 名。③

1946 年 9 月 21 日，外交部致电行政院善后救济总署和侨务委员会要求迅速办理遣送南侨机工，"机工返马入口手续，此间均已商妥，乞催促行总将滞留渝、昆等地机工，先行遣送来星"。至此，从 1946 年 6 月 28日制定复员办法后，历经两个半月的艰难交涉，在中国外交部和驻新领馆的努力下，南侨机工的入境及遣送问题得到解决。

2. 办理护照及签证

在中国服务期间，南侨机工的护照等相关证件遗失较多且均已过期，此外，南返机工家属也需要办理护照，中国外交部对南侨机工及家属办理及签证实行优待政策。在出发前发给机工及家属临时护照，"护照费免收或酌收工本费，即由此机工集中地之昆明特派员公署核发"。在其他如贵

---

① 《驻新加坡伍伯胜电外交部华侨机工入境条件》，谢培屏编：《战后遣返华侨史料汇编》(3)，台北"国史馆"印行 2005 年版，第 330 页。

② 《驻新加坡伍伯胜电陈外交部与善后救济总署办事处主任 Clarke 洽商复员情形》，谢培屏编《战后遣返华侨史料汇编》(3)，台北"国史馆"印行 2005 年版，第 364 页。

③ 《云南华侨互助会理事长胡春玉请求外交部电机工名单》，谢培屏编：《战后遣返华侨史料汇编》(3)，台北"国史馆"印行 2005 年版，第 372 页。

阳、重庆出发者,由两广特派员派人就地办理;在签证方面,外交部命令云南及两广特派员至广州现场办理,在发给正式护照之时,"同时取得入境签证"①。

(三) 行政院善后救济总署的协调及安排

按照遣送分工职责,国民政府行政院善后救济总署负责协调及将各地华侨机工运送至出海口广州。因此,善后救济总署及时与"联总"协调,首先将复员机工名册转交"联总",并请求优先签署并准备出国船只。同时,将机工名册分发昆明、贵州、重庆输送站,要求各输送站优先将机工运输至广州。为做好衔接工作,在机工抵达广州之前,行政院善后救济总署派专门人员赴香港办理和协助交接手续。②

1946 年 9 月 27 日,行政院善后救济总署派遣两名外籍专家萧阑德(T. D. Sherrard)专员和李降宁前往香港,其目的是与"联总"香港办事处洽办机工南返事宜。③ 在与广东分属及"联总"香港办事处协商后,行政院善后救济总署提前告知外交部两广特派员,以便与其派遣人员联合办理南侨机工出国手续。④

第二节　二战后南侨机工的南返

一　"欢送回国服务南侨机工复员大会"的召开

(一) 欢送大会的筹备

华侨机工复员南返之前,在昆明、贵阳等地政府和民众举行了盛大的欢送大会。作为南侨机工主要的工作和生活之地——昆明,云南省各界召开了"欢送南侨机工回国服务南返大会"。欢送大会由云南省社会处发起倡议:

---

① 《外交部欧洲司报告遣送南洋华侨机工返回原居留地情形》,谢培屏编:《战后遣返华侨史料汇编》(3),台北"国史馆"印行 2005 年版,第 391 页。

② 《行政院善后救济总署电告外交部关于办理华侨机工遣返马来亚情形》,谢培屏编:《战后遣返华侨史料汇编》(3),台北"国史馆"印行 2005 年版,第 384 页。

③ 《外交部训令驻广州、广西、云南特派员公署协助外交专家办理遣侨事宜》,谢培屏编:《战后遣返华侨史料汇编》(3),台北"国史馆"印行 2005 年版,第 387 页。

④ 《行政院善后救济总署电外交部为遣送南洋华侨机工返回原居留地》,谢培屏编:《战后遣返华侨史料汇编》(3),台北"国史馆"印行 2005 年版,第 389 页。

抗战军兴，各地侨胞出钱出力，以争取胜利，尤以南侨机工激于爱国义愤，相率归国参加抗战实际工作。热诚可嘉，八年苦战，西南各线运输工作，亦由侨工担负。今抗战胜利，全面复员，政府以此批侨工对抗战备尝艰辛，尤著劳绩，特发给奖金资遣复员，现此批侨工行期在即，本社社会处为表示慰劳及欢送起见，发起欢送南侨机工回国服务复员南返大会。①

鉴于南洋华侨机工"抗战期间，不避险阻回国服务贡献甚多，厥功尤伟，抗战胜利，政府复员亟待返原地，为表彰其功绩及慰劳"，1946年10月18日，云南省社会处致函各政府机关和社会团体，邀请省党部、昆明市政府、云南建设厅、市参议会、三民主义青年团、云南省支部、建设厅、省参议会、昆明市党部、省侨务处、第四区公路运输局、省社会处等12个部门，决定于1946年10月21日开会协商欢送机工事宜。②

欢送南侨机工复员倡议得到云南省社会各界的响应和支持。1946年10月21日，来自云南省各政府机关和社会团体14个部门的代表参加了欢送南侨机工回国服务欢送大会的筹备会议：

表6—1　　　　　　　　参加筹备会议的部门及代表情况

机关团体	姓名
电影戏剧商业公会	武鼎新
昆明市党部	刘宪纪
省党部	许恒之
昆明市商会	邓和风
建设厅	周宝丰

---

①《云南省社会处拟具本省各界欢送南侨机工回国服务团复员大会新闻稿》（1946年10月22日），云南省档案馆藏，云南省社会处档案，44/2/554。

②《社会处请各有关机工团体出席会商南侨机工函》（1946年10月23日），云南省档案馆藏，云南省社会处档案，44/2/554。

续表

机关团体	姓名
市参议会	苏毓瑛
云南纺织厂	朱伯纯
裕滇纺织公司	华云程
华侨互助会	邱新民
社会处	陈廷壁、彭祖佑　高鸣达
云南省教育会	刘芳霖
市政府	马在龙
青年团团部	赵琛
省农会	杨家仁

资料来源：据《社会处请各有关机工团体出席会商南侨机工函》，云南省档案馆藏，云南省社会处档案，44/2/554。

1946 年 10 月 21 日下午 3 时，来自云南省的省市机关团体在云南省社会处会议室召开了"云南省欢送南侨机工回国服务团复员大会筹备会议"。经过商讨，确定了欢送大会时间、地点及具体安排。

第一是根据机工南返的时间安排，决定召开欢送大会时间为 1946 年 10 月 25 日下午三点，地点在云南省党部大礼堂举行。第二是确定大会欢送程序。第三是安排经费募集。经商讨，筹备会决定募集国币 100 万元用于欢送大会的费用，由省党部、建设厅、青年团、市政府各负担 5 万元，社会处及总工会各负担 10 万元，云南纺织厂及裕滇纺织厂各负担 15 万元，省市商会负担 30 万元。[①] 第四是筹备会推举出由昆明市政府、建设厅、省党部、青年团、市参议会、省市商会、市总工会、华侨互助会、侨务处等九个机关团体首长组成的主席团成员，并推举云南省社会处为大会主席。同时，设立总务、宣传、慰劳三个小组，具体办理欢送大会筹备事宜。兹列如表 6—2：

---

① 《云南各界欢送南侨机工回国服务复员大会筹备会议函》（1946 年 10 月 23 日），云南省档案馆藏，云南省社会处档案，44/2/554。

表 6—2 欢送大会筹备小组及部门一览

小组名称	部门组成
总务组	社会处（召集）、建设厅、市政府
宣传组	省党部（召集）、青年团、侨务处
慰劳组	省市商会（召集）、总工会、电影戏剧商业同业公会、华侨互助会

资料来源：《云南各界欢送南侨机工回国服务复员大会筹备会议函》，云南省档案馆藏，云南省社会处档案，44/2/554。

（二）"云南省各界欢送南侨机工回国服务团复员大会"的召开

1946 年 10 月 26 日，云南省各界"欢送南侨机工回国服务南返复员大会"在昆明西站举行。除南侨机工外，有 1000 多人参加此次欢送大会，参加者除南侨机工及家眷外，还有政府机关代表、昆明中学师生代表以及昆明各社会团体代表。中国国民党云南省支部主委杨家麟担任大会主席，西南运输处第四区公路局局长葛沣致辞。

欢送大会会场布置简朴。会场贴满赞扬华侨机工的标语，反映了国民政府对华侨机工抗日贡献的肯定。例如，"华侨机工是抗日运输的核心力量"。此外，欢送机工的标语也反映出以欢送机工南返活动来凝聚民族力量共同建设国家的希望。例如，"欢送机工复员要提高国际地位""欢送机工复员要鼓励开发实业""欢送机工复员要发展国际交通""欢送机工复员要发扬民族意识""欢送机工复员要维护侨务工作！""拥护领袖，完成统一！""中华民国万岁"等。[①]

欢送大会首先由西南运输处第四区公路局局长葛沣致辞，葛沣代表国民政府主席向华侨机工赠送锦旗，称华侨机工为"第一公民"，其次由南侨机工代表致辞并向云南省政府及个人赠送锦旗，以感谢昆明社会各界对机工的照顾和关爱，其中，机工代表分别赠送给省党部杨主席和社会处处长锦旗，分别为"保育侨工""维护侨工，惠我侨工"，反映出南侨机工与云南政府及当地百姓的密切关系。

---

① 《欢送南侨机工复员大会议程》（1946 年 10 月），云南省档案馆藏，西南运输处档案，44/2/554。

最后，昆明市社团向南侨机工赠慰劳品和服务纪念章，[①] 并在当天下午以茶点招待南侨机工。昆明市商会向南侨机工赠送电影票、戏票，邀请南侨机工到昆明各影院观看电影及戏剧。

二　南侨机工的南返进程

华侨机工复员南返的方式，主要是由国民政府统一安排集体返回南洋居留地，但也有少数机工单独返回南洋，例如，在印度服务的机工庄清海，是自费从印度加尔各答返回英属马来亚。[②] 1946 年 12 月 12 日，华侨互助会总干事白清泉，从昆明乘飞机携带家眷抵达广州后，在广州滞留半月后，1946 年 12 月 27 日，白清泉携带家眷经香港乘船返回新加坡。[③]

国民政府统一安排的南洋机工，首先由国民政府统一安排车辆从昆明、贵阳、重庆集中到广州，然后由中国外交部人员在广州办理相关手续，抵达香港后，由救济总署与"联总"协调及安排乘坐至新加坡的轮船。现就档案所见资料，论述在昆明的南侨机工复员南返的进程。

据云南省华侨机工互助会的统计，南洋各属机工及眷属计 3042 人，其中以英属马来亚人数最多，机工和眷属共 2485 人，占总数的 75%。[④] 为使机工顺利抵达广州，行政院善后救济总署成立由华侨机工组成的南返组织机构，聘请白清泉、林朝云为机工南返总顾问。根据复员登记的顺序，南侨机工共分为三批出发。

第一批：南侨机工和眷属共 421 人（机工 219 人，眷属 202 人），以梁一轰为总领队，1946 年 10 月 26 日由昆明西站出发赴广州；第二批：机工及眷属共 156 人（机工 71 人，眷属 85 人），以王振美为总领队，1946 年 11 月 15 日由昆明西站出发至广州；第三批：机工及眷属 262 人（机工 177

---

① 云南欢送南侨机工复员大会专门制作了纪念章。纪念章由戴积厚、马运瑶二人设计，他们提出三个设计方案，最后采用圆形纪念章，中心字为"捍卫祖国"，周边字为"南洋华侨机工复员纪念　云南各界欢送大会赠"；此外，还有两种南侨机工纪念章，一是机工返国后由西南运输处颁发的"南侨机工回国服务纪念章"，二是机工复员南洋由国民政府统一颁发的纪念章。其为圆形，周边字是"保卫祖国　华侨机工回国服务团荣誉纪念章"。

② 《庄清海致外交部申请奖金函》，谢培屏编：《战后遣返华侨史料汇编》(3)，台北"国史馆"印行 2005 年版，第 389 页。

③ 邱新民：《艰难的行程》，新加坡文学书屋 1985 年版，第 70 页。

④ 同上书，第 69 页。

人，眷属 85 人），以刘善哉为总领队，1946 年 11 月 29 日从昆明西站至广州。①

昆明的机工抵达广州的交通方式是，先乘卡车至广西柳州，然后在柳州乘船，沿西江抵达广州。

为确保华侨机工行程顺利和交通安全，国民政府各部门精心安排和部署。首先是为使乘车有序，复员南返机工须持侨务委员会发给的乘车证明：

　　　　　　侨民出国复员乘车证（）项第　号
　　　侨民　申请出国　由　乘车至　止，经审查属实应准前往。特给此证以便依序乘车。
　　　　　　　　　　　　　　　中华民国卅五年十一月廿七日②

其次是云南省侨务处向各批领队发放关卡证明，以便顺利通行。例如，1946 年 11 月 28 日，云南省侨务处向第三批复员机工领队发放行车证明：

　　　　　　　　　　　证明书
　　　查第三批南返机工复员，第三批由刘善哉任总领队，11 月 29 日由昆出发，即希沿途军、政、宪、警及各关卡，查验放行，通过者须携带此证。
　　　　　　　　　　　　　　　　　　　　侨务处
　　　　　　　　　　　　　　　中华民国卅五年十一月廿八日③

最后，中国外交部门的协调配合。在南侨机工抵达广州之前，1946 年 10 月 21 日，外交部提前致电广东广西特派员公署，告知机工出发时间，并要求外交部人员，在为南侨机工及家眷办理出国手续时，"应尽量

---

① 邱新民：《艰难的行程》，新加坡文学书屋 1985 年版，第 77 页。
② 《复员机工乘车证明》（1946 年 10 月），云南省档案馆藏，云南省社会处档案，44/2/26。
③ 《侨务处乘车证明》（1946 年 11 月 28 日），云南省档案馆藏，云南省社会处档案，44/2/26。

予以便利",并要求其"与行总广东分属及联总香港办事处取得联系"①。

由于国民政府组织安排有序,由昆明出发的华侨机工顺利抵达广州,第一批于 1946 年 10 月 28 日抵达广州,第二批历时 8 天于 1946 年 11 月 23 日抵达广州,第三批历时 14 天 1946 年 12 月 13 日抵达广州。②

南侨机工及眷属抵达广州后,外交部提前到达的人员为其集中办理护照等入境证件,然后由"善后救济总署"安排华侨机工抵达香港,最后机工及家眷乘坐提前准备好的开往新加坡的轮船。但由于战事及环境复杂,香港有大批避难的归侨也亟待南返,因此,"善后救济总署"没能为华侨机工安排专门船只南返,而是与其他难侨同船返回新加坡。

复员南返的南侨机工的人数究竟是多少人?限于资料的原因,我们仅能从驻新加坡领馆给中国外交部档案及南返机工的个人回忆,得知南侨机工抵达新加坡的部分情况。

1946 年 11 月 20 日,驻星总领馆伍伯胜致电外交部,告知由香港至新加坡"芝巴达轮于 18 日抵此间,众侨入境无问题,……其中船中有机工 50 名返马。"③

1946 年 11 月 27 日,驻星领馆再次致电外交部、侨务委员会,"第二批复员华侨一千余人,由联总于本月 17 日芝巴德轮送达星洲,其中机工 27 名,连眷属共 51 名"④。

1946 年 11 月 28 日,420 名华侨机工抵达新加坡,按照中国外交部"洽办入境手续"的安排,驻新加坡总领馆为华侨机工集中办理入境手续。

1946 年 11 月 29 日,外交部情报司告知中国外交部,抵达新加坡的 420 名机工的去向,"其中 152 人返新,57 人返雪兰莪,93 人返吡叻,42 人返柔佛,其余分别返彭亨,马六甲等地"⑤。

---

① 《外交部电驻两广特派员公署华侨机工返回居留地出国手续应尽予便利》,《战后遣返华侨史料汇编》(3),第 401 页。

② 邱新民:《艰难的行程》,新加坡文学书屋 1985 年版,第 67 页。

③ 《驻新加坡总领事电外交部芝巴轮运载第二批归侨抵达新加坡》,谢培屏编:《战后遣返华侨史料汇编》(3),台北"国史馆"印行 2005 年版,第 407 页。

④ 《驻新加坡总领事馆电陈外交部芝巴德轮运转归侨抵新加坡接待情形》,谢培屏编:《战后遣返华侨史料汇编》(3),台北"国史馆"印行 2005 年版,第 426—427 页。

⑤ 《外交部情报司关于报载华侨 1446 人自香港返马来亚事》,谢培屏编:《战后遣返华侨史料汇编》(3),台北"国史馆"印行 2005 年版,第 407 页。

1947 年 7 月 8 日，"联总"宣告结束，遣送国际难民的工作由"国际难民总署"负责办理，中国对应协调机关是云南省社会处，因当时中国正处于国共内战时期，云南省社会处规定，"如行总、联总介绍，赶办不及，则应为自费出国"①。

在南返新加坡的华侨机工回忆中，可以看出当时机工抵达新加坡及去向，其中，南侨机工陈瑞昆的复员回忆：

　　　　1947 年 12 月 3 日，来自中国之丰庆轮抵达星洲码头，其中最惹人注目的是到中国去服务的华侨机工，及其妻子儿女，其中包括机工本身 179 名，家眷 104 名，儿童 97 名。据船中名册报告，原来准备遣返者共有 420 名，因其中一部分在广州时，自行他往，以致乘该轮抵星者，只有复员机工及家眷 380 名而已②。

由南返机工的回忆可以看出，华侨机工抵达广州后，部分机工"自行他往"，而没有返回新加坡。因此，南侨机工返回南洋的具体人数难以确定。③

在日本占领南洋期间，因南侨机工返回中国参加抗日运输工作，机工家属及亲人受到牵连，有的被杀害。此外，因战后新、马政局不稳，社会动荡，南侨机工南返后，机工生活状况凄苦，新、马华侨社团发动华侨社会各界救济生活困难的机工，例如，南侨筹赈总会要求各地社团为南返机工提供救助。各地华侨社团积极响应，例如，槟城华侨社团成立"援助复员机工小组委员会"。主要负责安抚南侨机工事宜，因返回槟城机工"多为槟城华侨司机公会"会员，因此，复员机工抵达槟城后，"膳宿等项由司机公会负责"，槟城筹赈分会则"给予相应生活补助金，单身者 60 元，

---

① 《社会处关于南侨机工复员通告》，谢培屏编《战后遣返华侨史料汇编》(3)，台北"国史馆"印行 2005 年版，第 418 页。

② 陈瑞昆：《南归忆旧》，《南侨复员机工互助会十二周年纪念特刊》(非卖品)，第 58 页。

③ 1947 年 6 月，返回新加坡机工成立"新加坡华侨机工复员互助委员会"，其登记人数为 900 名，此外，马来亚怡保亦成立"复员机工互助会"，但不知其具体复员人数。具体参见《本会组织动机》，《南侨复员机工互助会十二周年纪念特刊》(非卖品)，第 17 页。

有家眷者 100 元。统计约 100 人，共花费约万余元"[①]。

第三节　小结

通过以上对南侨机工复员南返的考察，可以看出，战后的机工复员南返具有以下特点。

首先，华侨机工复员南返受制于国内和国际环境的制约。与战前南洋与中国之间移民相对自由往来不同，战后，国家之间的人员往来深受国际环境的影响。一是机工南返深受"联合国善后救济总署"的安排和制约，二是南侨机工原居留地的入境限制使机工入境需要漫长的交涉和协调。此外，战后国共内战的环境也使得国民政府在战后没有及时将机工复员纳入专案办理。

其次，一方面，南侨机工南返手续繁多，耗时较长。南侨机工复员南返手续具体包括：华侨居留证、护照、身份证明、入境申请等事宜。另一方面，南侨机工荣誉证书及奖金的发放耗时较长，此外，随同华侨机工一同南返的家属及子女也需要办理以上手续。

最后，机工南返需要多部门的协调配合才能得到解决。包括侨务委员会、外交部、驻新总领馆、行政院善后救济总署等多方协调配合才能成行。

1946 年 10 月至 1947 年间，国民政府陆续组织南侨机工复员南返。其中，国民政府、华侨互助理事会、南洋华侨社团在其中扮演了重要角色。

首先，国民政府各机关的协调配合行动是机工顺利南返的主要执行者。华侨机工复员办法确定后，国民政府行政院先委托侨务委员会召开专门会议，对机工复员做了具体的安排。其中，中国外交部的入境交涉成功是机工复员南返的关键。中国外交部不仅为南侨机工办理护照等事宜，而且还负责南侨机工及家属南返的入境交涉事宜，特别是驻新领馆抓住时机，多次与英属马来亚政府交涉入境问题，因此，入境交涉的成功是南侨

---

① 《华侨筹赈会纪念刊》，载张少宽《槟榔屿丛谈》，南洋田野研究室 1948 年版，第 132 页。

机工顺利南返的重要前提。而在中国国内，善后救济总署积极与"联总"沟通协调，及时将南侨机工运至广州。因此，国民政府各机关的协调配合行动是机工顺利南返的重要保障。

其次，"云南华侨互助理事会"人员的努力和付出。在机工复员之前，国民政府须为机工办理机工登记、发放证书及奖金的任务，华侨机工互助会主动承担了本应国民政府承担的工作，特别需要指出的是，华侨互助会是由南侨机工组成的社团，该会经费全部自筹，在后期，互助会运作不堪重负，其运作所需经费皆由机工自己负担，而且互助会工作人员本身也属复员南返的机工，但是他们义务为南侨机工服务，忘我工作，顺利完成了机工登记工作，保证了外交部能够及时将复员名单送交新加坡移民署审核。

最后，南洋华侨社会的督促和推动。抗战胜利后，南侨复员事宜引起南洋华侨社会的关注，机工顺利复员离不开华侨社团及华社侨领的推动。例如，在南侨筹赈总会的组织下，陈嘉庚组织专门人员呼吁和督促国民政府办理机工复员。不仅如此，南侨机工抵达新加坡后，南侨筹赈总会动员各地社团救助南侨机工，为南侨机工提供了急需的经济援助。

总之，在中国内战爆发及南洋各地政局动荡的环境下，经过国民政府各部门、云南省华侨互助会以及南洋华侨社会共同努力，国民政府顺利将登记的南侨机工遣送至南洋居留地。

结论与讨论

本书主要运用云南档案馆馆藏的南侨机工档案和 20 世纪 30 年代的南洋报章等资料，在"二战"时期中国和世界反法西斯战事发展的脉络下，重新建构南侨机工回国参加抗战——他们如何来中国、如何在中国工作，又如何重返南洋——的历史画面，并对南侨筹赈总会在招募和遣送南侨机工返国过程中所扮演的角色、国民政府对南侨机工的训练和管理、南侨机工在中国期间的军事运输工作、南侨机工与南洋的关系，以及战后南侨机工南返复员等问题给予了详细的分析和考察。下文拟在前文讨论的基础上，进一步就南侨机工对中国抗战和世界反法西斯战争的贡献、国民政府在抗战中的角色以及南洋华侨社会对抗战的贡献进行总结和思考。

一 南侨机工对中国抗日和世界反法西斯战争的贡献

众所周知，抗日战争时期，南洋华侨是支持中国抗战的最主要的力量之一，特别是南洋华侨在经济上的支持是中国持续抗战的重要因素。因此，华侨与中国抗战的历史问题一直引起学界的关注，其研究重点大多集中于经济上援助中国抗战等内容的探讨，而对南洋华侨人力支援中国抗战的"南侨机工"的研究关注度相对不够，在中国抗战面临困难的重要关头，在当时南洋各华人社团和南侨筹赈总会的组织下，南洋华侨机工响应中国政府的号召回到祖国，奋战在中国西南运输线"滇缅公路"上，承担为中国抗战运输军事物资补给的重任，为中国抗战和世界反法西斯战争做出了重要贡献。

到目前为止，海内外学界对"南侨机工"的研究还较为薄弱，亦没有一部研究南侨机工的学术专著。因此，一方面，本书以南侨机工历史档案为支点开展对南侨机工的研究，其中对华侨和抗日关系的研究具有一定的学术价值。另一方面，南侨机工的历史是中国和东南亚各国华人共同的历史记忆，特别是新、马两地华人以南侨机工为主题的纪念活动的开展更有助于加强中国和东南亚华人之间的文化交流。因此，南洋机工的研究极具现实意义。

通过对南侨机工在抗战时期的运输工作的考察可以看出，南侨机工承担了西南运输线"滇缅公路"军事物资运输的任务，有力地支持了中国抗战。从1939年至1942年5月，"滇缅公路"畅通时期，中国战场所需武器主要由兵工署管理和提供。本书的考察显示，首先，南侨机工不仅为兵工署运输来自海外的枪械、弹药、大炮等成品武器，还为中国兵工厂运输生产武器所需的国外进口原料等；其次，南侨机工还根据国民政府的统一安排协助其他部门解决运输困难，例如，运输美国红十字会赠给中国的药品，运输中国商业公司换取外汇的铜、锡、棕油等出口商品，为交通部、航空委员会、资源委员会等部门运输物资；最后，执行特殊运输任务，例如，为中国政府运输出口白银，运输中国远征军入缅甸作战等重大任务。南侨机工在国民政府的安排下，克服恶劣的自然和生活环境，以坚强的意志和牺牲精神，千里跋涉，昼夜运输，顺利完成了国民政府安排的运输任务。特别是在"滇缅公路"的西段及缅甸北部的腊戍地区，由南侨机工组成的两华侨先锋大队，承担着将积存在缅甸腊戍的军事物资运入国境的任务。

需要指出的是，从1939年至1942年5月间，即"滇缅公路"畅通时期，是中国抗战形势极为艰难的时期。虽然美英等国向中国抗战提供军事物资，但其仅是将军事物资运至仰光，运入中国国境及前线战场的任务则是由中国政府承担。如此一来，美国对中国军事物资的援助取决于中国的运输能力。因此，在中国东南补给线被日军封锁、国内司机人才极度缺乏的形势下，来自南洋的华侨青年承担并顺利完成了军事物资运输任务，他们不仅将国外物资运输接转至国内，而且将军事物资运至抗日前线附近，因此，南侨机工是"滇缅公路"中国军事物资运输的"主力军"，正是由于南侨机工的运输使中国战场所需的军事物资能够得到补给。

滇缅公路中断后，中美开辟"驼峰航线"运输中国抗战所军事物资，南侨机工仍然担负接转"驼峰航线"物资的任务。不仅如此，南侨机工还以其英语、马来亚等语言优势，为中国远征军和美国驻中国的军事机关服务。因此，南侨机工在中国抗战最为艰难的时刻，在中日战争对峙的相持阶段，在国内机工技术人才匮乏的背景下，响应祖国需要，担负起军事物资的运输工作，他们用自己的生命构筑起中国抗战的后勤补给通道，为中国抗日战争的胜利做出了不可取代的重大贡献。

作为世界反法西斯战场重要组成部分的中国战场，从"七七事变"爆发至武汉会战，牵制了大批日军陆军主力，阻挡日军北上进攻苏联，欧战爆发后，特别是法国投降后，德国逼近英国本土之时，是日军南进的最好时机，但由于中国战场拖住了日军的主力，从而大大延迟了日军南进的时间，在英国最危急的时刻，给予了巨大的支援，为英美加强欧洲防务争取了宝贵时间。而中国战场所需军事武器的补给运输几乎全为南侨机工承担，可以看出南侨机工为世界反法西斯战争做出了重要贡献。

二　对国民政府领导中国抗日问题的思考

在中国现代史的研究中，20世纪三四十年代的抗日战争，始终是学者们关注的重要课题。然而到目前为止，本书对"南侨机工"的考察与研究，有助于具体地了解国民政府对抗战的贡献。本书的研究显示，国民政府动员南洋华侨回国服务及其对南侨机工运输军事物资的有效管理，确保了中国抗战军事物资的后勤补给。从一个侧面反映出国民政府对抗日战争的重大贡献。

首先，国民政府的积极动员是机工招募和顺利回国的重要因素。中日战争爆发后，中日两国政府除了动员国内力量展开较量外，双方还各自动员海外侨民的资源为本国服务。由于国民政府与南洋华侨密切关系以及国民政府侨务政策的实行，在中国抗战面临困难之时，国民政府呼吁和动员南洋华侨回国服务，得到南洋华侨的积极响应，南侨筹赈总会积极动员南洋华侨青年回国参加军事运输工作，解决了中国缺乏司机人才的问题，南洋华侨回国运输是国民政府动员海外资源的成功实践。因此，可以说，在危机时刻，能够成功动员南洋华侨青年回国参加军事物资运输，国民政府起着至关重要的作用。

其次，国民政府对南侨机工有效管理是军事物资补给运输的关键。本书的研究显示，为发挥南侨机工的技术优势，国民政府西南运输处采取一系列措施。例如，运输前对机工的训练和培训使机工初步适应西南的运输环境和集体化、军事化的管理方式；军事运输的编队管理方面，从初期的运输队伍的混合编队到后期专门由南侨机工组成的华侨先锋大队的成立，此一方法不仅使南侨机工逐渐适应战时的运输环境及管理，而且能够有效地发挥南侨机工的技术及语言优势，极大地提高了运输效率；此外，国民政府西南运输处"华侨机工互助社"的成立，基本上解决了机工在中国的生活困难，为军事物资运输奠定了坚实的基础。

总之，在"南侨机工"回国及在西南运输线上的奋战中，国民政府扮演了组织者、管理者的角色，为中国抗战的胜利做出了重要贡献。可以说，在一定程度上，正是由于南侨机工的技术优势和国民政府的管理保证了 20 世纪 30 年代末至 40 年代中叶中国战场所需的军事物资得到及时补给。由此可见，国民政府对抗日战争做出的贡献。

三　南洋华侨社会对中国抗战的贡献

本书的研究显示，在机工招募、组织机工回国以及机工在中国服务的过程中，都可以反映出南洋华侨对中国抗战的贡献。首先，华侨社团扮演了重要角色。通过对南侨筹赈总会在组织动员和招募及遣送机工中发挥的作用的分析和考察，可以看出，华侨社团的组织和动员能力得到充分发挥，在机工招募期间，南侨筹赈总会根据国民政府各部门的要求，动员和整合南洋华侨力量，在组织招募机工、技术审核、培训机工中扮演了关键的角色；在组织机工回国进程中，为确保机工顺利回国参战，南侨筹赈总会采取成立机工返国组织机构、召开欢送大会、制定《机工服务公约》等方式，确保了各批机工队顺利抵达中国。在 1939 年 2 月至 10 月之间，先后 10 次共遣送 3192 名优秀华侨机工返回中国服务，基本满足了中国国民政府军事物资运输对汽车驾驶、修理等技术人才的迫切需要。正是由于南侨筹赈总会的精心组织安排，中国所需大批机工才能顺利抵达中国。因此，从其顺利组织和遣送机工来看，南侨筹赈总会对于中国抗战功不可没。

散布在南洋各地的筹赈总会的分会组织，则是招募机工任务的具体执行者。在机工招募过程中，各地筹赈会不仅要筹集路费、遴选把关，还须将机工护送至出发地点。通过以上对各地筹赈会招募机工的分析和考察发现，为招募华侨机工回国服务，各地筹赈分会不遗余力，有的筹赈会开办"机工训练班"，有的地缘会馆、宗亲会也积极动员年轻华侨回国服务，并主动为机工提供担保，而各地华商及普通华侨则踊跃为返国机工提供经费及物品。此外，为护送机工至出发地，各地筹赈会侨领一路奔波，长途跋涉。由此可见，各地华侨社团承担的机工招募工作，南侨筹赈总会顺利组织机工返国离不开各地社会的努力和付出，正是由于各地华侨社团的协调配合，为中国招募的华侨机工才顺利抵达中国。

在机工招募中，华商及各地中下层华侨的热心支持。华商踊跃资助机工回国，例如，柔佛士乃华商黄子松，个人斥资组织机工队，捐赠叻币3000余元，耗费一半家产。柔佛赈林筹赈会华商朱良，为当地参加机工19人，每人赠送皮箱一只。[1] 由此可见，华商对抗战的贡献，此外，华侨社会普通民众为机工返国捐赠物品和义务为机工服务，例如，机工返国前，新加坡华侨理发店义务为机工理发修面，华侨经营的汽车公司免费接送华侨机工。可以说，南侨机工征募具有深厚的社会基础。无论是机工参加者的家庭，还是当地华侨社团对机工回国给予的支持和帮助。最后，沿途各地华侨的支持和协助。南侨机工返国服务团每次抵达越南时，皆受到当地华侨社团和华侨的招待和协助，经仰光的南侨机工服务团每次受到仰光各地华侨社团的接待并赠给机工物品。

总之，透过对南侨机工个案的研究显示，抗日战争时期，面对外敌入侵，南洋华侨虽身在南洋，却心系祖国，时刻关注祖国安危，南洋华侨与国内民众无异，认为有义务和责任为抵抗外敌入侵贡献力量，并义无反顾地在经济、人力上支持中国抵御外敌，为此牺牲整个家庭乃至年轻的生命。

四　对国民政府与南洋华侨关系的思考

国民政府在南洋招募南侨机工的历史史实，为我们了解国民政府与海外华侨的关系提供了一个典型的个案。

一方面，国民政府招募机工回国服务的工作得以顺利进行，是国民政府与南侨筹赈总会成功互动的结果，是侨务政策的具体体现。在国民政府

---

[1]　《总汇新报》1939年8月12日。

急需运输人才之时，国民政府仅一纸电文告知南洋华侨社团，南侨筹赈总会就动员南洋力量，在短短 8 个月时间里，先后遣返 9 批机工返回中国，解决了抗日军事运输的机工短缺问题。特别是在招募和组织机工返国进程中，国民政府与南侨筹赈总会之间电文信函往来频繁，商讨招募机工及返国事宜。国民政府与南洋华侨社团保持密切联系，是输送南侨机工回国服务取得成效的关键所在。

另一方面，国民政府在对南侨机工的管理及其问题的处理上，反映出国民政府与南洋华侨之间存在着隔阂和分歧。

首先，国民政府对机工的管理问题。因战时军事运输的需要，南侨机工主要由国民政府军事委员会西南运输处管理，但管理人员对南侨机工抱有歧视和偏见，将他们视为"服兵役者"，更有甚者，滇缅沿线各大队管理人员认为南侨机工因海外失业，才回来中国寻找工作的。对于少数因气候、饮食等原因不堪忍受的机工，西南运输处的管理人员将其视为"不堪造就之途""不肖之徒"。1941 年 1 月，西南运输处实行南侨机工"缩编"，计划将南侨机工遣送回南洋，却又因南侨机工在技术上的优势而不得不继续使用，致使"机工缩编"不了了之。因此，西南运输处对南侨机工的态度极其矛盾：既需要借助南侨机工的技术优势完成军事物资的运输任务，又因南侨机工难以管理而对他们实行限制和排斥。这直接导致了南侨机工的一些不满，但为了抗日，南侨机工仍然忍辱负重承担起繁重的军事运输任务，直到抗战取得胜利。

其次，西南运输处在处理南侨机工管理的问题时，没有与南侨筹赈总会沟通和协调。南侨筹赈总会作为南侨机工的招募组织机关，本应参与机工管理工作，却因战时及空间等客观原因，无法参与对机工的管理工作。因此，当机工在中国出现"苦寒问题"时，西南运输处没有将此事告知南侨华侨社团，南侨筹赈总会仅能从机工书信中得知机工在国内的工作和生活状况。当筹赈总会提出询问时，西南运输处非但不告知实情，甚而推脱和隐瞒。南侨筹赈总会提出《改进滇缅公路及机工的建议》，又引起西南运输处管理人员的不满，对南侨筹赈总会提出的改进意见予以否认和拒绝采纳。1941 年，国民政府计划对于南侨机工进行改编，遣送机工回南洋，此等涉及南洋机工的重大事情仍然没有事先通知南洋筹赈总会。种种事情的发生，导致双方分歧逐渐加深。

通过国民政府对南侨机工的管理可以看出，国民政府对于南洋华侨的矛盾心态，虽希望利用华侨的人力支援抗日，要求南侨机工与国内"服役者"无条件服从命令，但对南洋社团参与中国国内事务等有一定的限制和排斥。

究其原因，既有客观原因又有主观原因。首先，国民政府缺乏一个管理华侨机工的协调机关。因战时环境，南侨机工由军事部门管理，而熟知侨务的侨务委员会和海外部没能参与到对机工的管理，特别是还把招募机工的南侨筹赈总会排除在外，国民政府与南侨筹赈总会之间缺乏交流和沟通的平台；其次，西南运输处基层管理人员不了解华侨特性，没有认识到南侨机工与中国国内民众的不同，在政治上，南洋华侨机工虽认同中国，但他们大多出生并在南洋长大，在认同方面既具有在政治上认同中国的一面，又具有与中国国内中国人不同的一面。最后，国民政府特别是西南运输处管理不当，以及国民政府派系之间的矛盾使得西南运输处拒绝他人的指责和批评。透过国民政府对南侨机工管理的史实可以看出，国民政府在处理南洋华侨机工问题上的确有不当的一面。

综上所述，"南侨机工"的研究具有重要的现实意义与学术价值。一方面，对"南侨机工"的深入研究，不仅有助于世界了解"二战"期间中国人民、中国军队如何与南洋华人并肩奋斗，为世界反法西斯战争与中国抗战所做出的重要贡献，亦有利于促进当代中国与南亚各国华侨华人之间的联系与交流。另一方面，"南侨机工"的研究，对于深入拓展世界"二战"史、中国抗战史、中国侨务史、中国与南洋华人史等学术领域，亦有着重要的学术意义。

附　　录

附录一：1939 年筹赈祖国难民大会委员会征募汽车驶机修机人员登记表①

No ___

姓名	
年龄	
籍贯	
婚否	
家庭状况	
技术经验	驶机：修机：
经历	
现在住址	
永久通讯处	
担保人姓名	
担保人地址	
资送机关	
回国日期	
备注	

介绍信

兹介绍 _____ 君回国服务，确能忠诚为国，倘回国后有不忠行动或不尽职处，同负责任。

---

① 《1939 年筹赈祖国难民大会委员会征募汽车驶机修机人员登记表》，云南省档案馆藏，西南运输处档案，54/30/946。

此致

华侨筹赈会存照

担保人　盖印　签名

知见人

中华民国廿八年　月　日

附录二：《南洋筹赈总会征募机工通告》（第六号）①

本会近接祖国军委会征募汽车之修机人员，及驶机人员回国服务，修机者数五十人，凡吾侨具此两技能之一者、志愿回国以尽国民天职者，可向各属华侨筹赈会或分支各会接洽，并注意下列各条方可：

（一）熟悉驾驶技术，有当地政府准证，懂祖国文字，体格健全，无不良嗜好（尤其不嗜酒者），年龄在四十以下二十以上者；

（二）薪金每月国币三十元，均由下船之日算起，如驶机及修机兼长者，可以酌加，须在工作审查其技术后方定；

（三）国内服务之地约在云南昆明或广西龙州等处，概由安南入口，旅费则由各地筹赈会发给；

（四）凡应募者须有该地妥人或商店介绍，知其确具有爱国者方可；

（五）本会经函达各地筹赈会，负责征募各筹赈会，各筹赈会如有考验合格者，计有若干人数，须即报告本会，至应募者前往安南路程，如能由所在筹赈会办妥手续，直接出国固妙，否则可由本会设法办理。

事关祖国复兴大业，迫切需要，望各地侨领侨胞，深切注意办理是要，此布。

中华民国二十八年二月七日

附录三：《南洋筹赈总会通告》（第七号）②

本总会奉祖国电令，广征汽车司机修理人员，回国服务，办理以来，第一批80名（峇48人，星32人），经于本月18日遣送，第二批新加坡资送100名，亦将于3月11日继续遣送，本总会深知办理此事，关系国

---

① 《总汇新报》1939年2月8日。

② 同上。

家需要至为重大，凡我侨胞，应宜全力赴之，以共尽救亡之神圣责任，尤其马来各区筹赈会，能把握其领导侨胞出钱出力之任务，以最速时间，广行征募，资送回国。诚以我国抗战自转入现在之第二期，国际运输，以西南最为扼要，滇缅越南两路，在此期看着，不齿如人身之血脉，生死胜负所尽关筋脉，机工人才，即血脉之输送者，其重要何如，不难想见，吾侨爱国救亡，只在出钱出力，是种口号，机工于人人能言，家家共喻，当审度机宜，并行不悖，固不能执一端，谓钱已出，力可以免，或力已出尽，钱可以省，甚至曲引境地不宜，法规未定，藉以置身事外，若国家需要与彼默认绝无干涉者，如此，则诚危矣，值兹抗战紧要关头，为国民者，凡问是否有钱可以捐输，有力可以投效，有之，则竭诚贡献，以抢救祖国之危亡，盖其国民之天职可矣，遑再计其它哉。

所以此次征募机工回国，峇株巴辖及新加坡两地，业已尽力奉行，槟城霹雳两区，亦在积极推进，尚望全马各区会踊跃征募，祖国前方辄电急催，事不宜迟，用特发此通告，俾速进行办理，此布。

中华民国廿八年三月五日

附录四：《南洋筹赈总会通告》（第八号）[①]

本总会主办征募汽车驶修机工回国服事，第一期招募名额，自通告发出后，各地爱国机工，踊跃报效，修机百名，业已募足，驶车名额，亦将满数，惟祖国方面，以滇缅路线悠长，车辆众多，货物运输，云屯山积，拟第二批续募驶车员350名，修机员50名，共400名，用特通告马华各地筹赈会，暨各侨团，协同努力，继续征募，各地爱国机工热烈响应，我马来亚华侨，历次效忠祖国，所得荣誉，多属出钱，至于出力，应以此次机工回国报效，最为显著，西南国际公路，在最近两月之见，输入车辆达三千余架，需用司机人才，不言可喻，马来亚闽粤侨胞，对此项技术经验，已早在国内声誉噪驰，故函电频来，催促动劝募，更以显出侨胞出钱出力之令誉，则出钱出力，双力并进，侨胞之光荣，亦国家之荣幸，又滇缅公路，对机工待遇，极为完善，即如卫生一项，每隔数十英里，便有设备周全之医院一所，以资健康保障，即此一端，可检其余，尚盼各地，积

① 《槟城日报》1939年3月9日。

极进行是要，此布。

中华民国廿八年三月七日

附录五：《南侨筹赈总会通告》（第十四号）①

我国自敌人入寇，封锁各沿海区域占据长江及各处铁路，我政府预先早于各省内地极力开辟交通公路，以利抗战运输，并在西北西南开辟公路网及国际公路，前后已竣工者已达数万公里，汽车数万辆，驶车员修车员数万人，在此时间，国内此项技术人员，除原有工作者外，一时征召莫及。昆明西南运输处宋子良先生，乃电托本总会征募，两月至今，应募而归者，1380余名，机工爱国热情殊足使人感奋。昨本总会复接昆明宋主任来电，电续征募500名。本总会窃念以我国领土之广大，全面抗战水运即被敌把持，铁路又多被占据，而此后我国之军运日众，机械化部队日多，敌之后方，复被我变为前方，则运输交通俱靠接济，端赖车辆，驶车员当取久长运输，修机更不限于汽车等物，由是而观，此后驶修，技术，必甚需要，源源来征募之势有可能，为免临时张皇，应宜早做准备，用定各节，谨告如下：

（一）南洋华侨，不拘何属，凡有驶修技能，热心爱国，自愿回国服务者，请向当地筹赈会或慈善会报名，以待征募，报名后可有该会转报本总会登记在案，俾需用时，依序转告。

（二）各处筹赈会或筹赈会，对于机工报名须详查其人是否合格，若语言但知番话华语完全不通，且不可接受，至机工报名之后，宜照旧保持原有职业，不可离职，得本总会转知回国日期，然后辞卸未迟。

（三）由安南入口，每人船费12元，火车税19.5角，其他3元，至在星洲预备制服和被，及途中零用等约10元，共叻银50元。到地待遇，除去衣食宿及医药由政府俱给外，驶车员至少国币30元，修机50元，工作能力强者，均可加升。

（五）祖国被敌寇侵略，吾侨出钱出力，乃是天职，蒋委员长云，不抵抗是罪恶。然后国民而不出钱出力，岂非已犯不抵抗之罪恶。去年国庆日，南侨代表大会，议决案第九次第五节，各筹赈会有遣送技术人才回国

---

① 《槟城日报》1939年4月25日。

服务之责任。仰各属会领袖诸君，竭尽努力是要。此布。

中华民国廿八年四月廿二日

附录六：《南洋筹赈总会通告》（第十六号）①

本总会一切征募各批机工回国服务，乃承昆明西南运输处宋主任子良先生委托，系作滇缅公路运输之用，近 2000 名，其已抵达昆明者，极受欢迎，中央海外部、侨务委员会、西南运输处三机关，曾于 5 月 5 日举行大规模之集会，赠送保卫祖国锦旗，西南联合大学更于六七两日演戏剧慰劳，祖国之厚爱侨胞。期望侨胞，情形热烈，于斯可见，兹者，本总会主席复于昨天再接函，重募汽车司机 200 名，查此次征募，乃由中央军事委员会后方勤务部俞飞鹏部长转奉蒋委座电令，募应战区械弹给养补输送事宜，待遇与昆明同，任务更为重要，凡英荷各属司机侨胞，有志回国服务者，可速向当地筹赈会报名，再由该机构转报本总会，至地居转达各部，如有合格人才资源备费参加者，至迟可于 6 月 15 日以前抵达星，事前先函（电）报，亦当予以接纳，祖国抗战正酣，最后胜利求速，热血男儿，立功报国，驰骋疆场，愿我侨胞，共同奋勉。此布。

中华民国廿八年五月廿五日

附录七：陈嘉庚为第一批南侨机工队机工训话②

时间：1939 年 2 月 17 日，地点：怡和轩三楼

诸位同志，今日肯回国抗战服务，敝人甚感欣慰，诸位此行，虽同是为国出力，但与国内同胞之出力，关系确不相同，盖国内同胞之服役，乃由政府征召，实属必然性的，而海外则情势悬殊，政府鞭长莫及，诸位之应募，可云出于志愿为爱国而服务，实属难能可贵，鄙人之感欢慰者以此。诸君有此志愿，更宜报定恒心，始终如一，既可示个人爱国克尽国民之天职，可又发扬吾侨出钱出力之精神，不辜负抗战后方之责任。

峇株巴辖在马来算是小埠，吾侨仅数万人而已，而诸君竟多数能放弃在海外之职业，愿回国服务，不但利用减少，工作亦必较劳苦，然以

---

①　《总汇新报》1939 年 5 月 17 日。

②　《总汇新报》1939 年 2 月 18 日。

青年有志具此牺牲精神实足为全马来亚之模范。感召所及，不但劳动界可出钱出力之意念，就是其它商学各界，更当有绝大之感奋，尤其是资本家，看到诸君此种伟大牺牲之精神，应当更加出钱，应可以对诸君而无愧。

此次我国对暴敌之抗战，虽为抵抗侵略，同时不免要建国，以大势观之，暴寇不久必败，至多不出两年，此一役之神圣抗战，实乃有史以来所未有，而建国复兴大业，亦有史以来之未有，胜利之后，各种轻重工业，必能勃兴猛进，以我国地大物博，遍地黄金，正为抗战胜利后之天然大酬品。实我民族子子孙孙之大幸福。诸君俱属青年，前程万里，若能克尽天职，忠诚奉公，以尊重人格，将来出人头地之伟大建树，定达胜利，诸君共勉之。

附录八：陈嘉庚为第二批南侨机工队机工训话[①]

时间：1939 年 3 月 14 日，地点：怡和轩三楼

此回南洋筹赈会，自报上发出通告，并致函马来亚各区筹赈会，请努力协助征募汽车驶修机人数百名，回国服务，军事运输，急如星火，绝非偶然随便的行动，溯自抗战以来，有许多热心爱国侨胞，向兄弟频求回国服务，如救护队、修机员、驶车员等，屈指莫可胜计，兄弟谢绝不敢接受，因其暂时国内尚未有通告此项需要，故不敢贸然遣送之也。

自敌寇大举侵略以后，我国军火，多由香港入口，故中央军事委员会设有西南运输公司，专办运输军务，自广州失陷，我政府将运输公司移入西南，所有转运，有安南或仰光入口，然机关初设，当地情形未熟悉，当有转入此间人士之协助，某次有负责西南运输之某要人来星，再三敦嘱兄弟指导相助恳切，国民天职所在，兄弟固不推辞，然亦从未对我宣布，以致局外人多未之知。我国自发动抗战，政府对国际运输，立有准备，闻云南至缅甸公路，设计数千英里，已于数月前完工，斯时用于该路者，啰哩车不过千辆，军火入口并不过万吨，自英美借款成功后，斯到啰哩车千辆，军火数万吨，由是驶机修机人员千余名，国内急切，一时乏此人才，

---

① 《总汇新报》1939 年 3 月 1 日。

故函电交驰，求之海外，而海外侨胞，除马来亚外，别处不宜应付，如暹罗，如荷属，侨胞虽多，或限于环境，或限于人才，独马来亚修机人才众多，各埠筹赈会及社团肯积极负责，筹备经费，易如反掌，南洋筹赈祖国总会，系出我政府命令所组织，主席职权，外代表全南洋八百万华侨，主持筹赈救亡之工作，对内本行政府之命令，协助抗战需要之事务，在此国家危急存亡之秋，凡可利于抗战之为我海外华侨所能筹备者，不但应见义赴之，应负国民之天职，本总会主席，时刻苦引此为己任，本总会自通过发表后，全马各区筹赈当局于机工人员，大都热烈接受，以此为报国良机，投袂而起，争先恐后，然其间亦有借此推诿，犹疑不决，转待中央命令者，人之识见，不能尽同，本主席仍希望其深识大体，不能忘却救国之机会，总会赋予之使命，足以代表八百万华侨出力之任务，不特诸君即报此志愿，深望特以恒心，最大努力，化私为公，力引古圣昔贤之忠孝大义，精神团结，时时以任务救国为前提，他日抗战胜利之后，为以实际纯粹参加抗战斗士，诸君勉之。

附录九：陈嘉庚向第三批返国机工致辞[①]

中日战争，至今二十一个月，死伤数百万人，我国战前难民数千万，被日寇淫、抢、掠、杀，惨不忍言，此次战争，究竟因何而起，不但外国人不知，中国人不知，就是日本民众恐怕也说不出，两国战争，何等大事，世界上虽少至如两个人相殴，亦必先有意气之争，初用口角，相持不让，无后诉诸武力，绝未有无缘无故而兴师动众，攻占入国者，有之就是盗贼抢劫，盖世界上惟盗贼劫舍打家杀人越货，可以不讲因由耳，吾人由此一议，便可以断定此次日本侵略我国之行为，乃是盗贼凶恶之行为，此与前年欧洲大战，起于奥国太子遇刺，绝不相同，世界有识人士，必亦同此看法。

日寇野心侵略我国，起初只有一项计划，此计划可说日本全国一致，绝无丝毫疑虑，此一项计划为何，即"速战速决"。以为吞灭我国，易如反掌，不需半年，将全中国土地划入其版图，不料半年，便可抢净尽，将全中国纳入其版图，不料其估量错误，遭我国强力抵抗，截止一年之后，

---

① 《总汇新报》1939年3月27日。

损失重大，自知第一项计划已失败，去年立即改变其第二项计划，该计划为何，乃"速战速决"，就是敌国央求他的友邦及利用汉奸，百计求和，除则条件严酷，屡因被我所拒，乃渐渐放松，其实不论条件如何，日寇如不退出我国国土，皆无和平可言，盖中途妥协等于卖国，持久抗战必得最后胜利，此乃我国最高领袖蒋委员长庐山宣言所宣示，尚全国上下均以是抱定坚定不移之宗旨，绝无可变更者也。海外华侨，就南洋言，人口八百多万人，当兹祖国被侵略而抗战，如在壮年之年而有相当能力者，均宜回国服务，世界同此规例，无论贫富一律，乃我国向来一切，都无组织，在抗战初期，政府亦已侨界人力未有急需，故未征召，否则自抗战至今回国者至少在几十万人，此次司机回国服务，可算是海外华侨以人力赞助国家，为第一次之表现，按马来亚汽车六万车辆，驶修人才，当有十万人，我华侨占大多半数，约可五六万人，此类人物大都健康青年，热诚爱国，我政府倘有需用，数千人可立至，故此次本通告一出，千人征募，踊跃响应，舍身为国，勇往直前，鄙人深觉可敬可佩，现下战争，军队需用机械化之组织，而机械化部队中，驶修人才亦估占一大部分，更以国家人口，陆路迢远，车辆众多，最近英美借款成功，运输骤形拥挤，司机需用，趋更迫切，南洋侨胞虽多，可征千数人，当为马来亚为最合，所以马来亚侨胞，因负此项任务，义无可辞，诸君皆系热诚志愿，效忠祖国，自动奋勇，造成华侨出钱出力之伟大事实，希望能忠诚坚毅，服从领袖，矢忠不渝，更须化除私见，团结一致，此役数批回国，前后不上千人，服务优良与否，诚为初步试验，尤希人人善自勉励，以作后继者之模范，鄙人深知，我政府需才尚众，如得顺利无阻，则侨之返国将必愈多也，诸君代表南洋八百万之华侨为国出力，他日抗日战争胜利之后，光荣千载无量无极，望诸君前途珍重。

附录十：陈嘉庚为第八批南侨机工队机工训话[①]

时间：1939 年 7 月 16 日，地点：中华总商会

本总会自本年春初承昆明　西南总处宋子良先生托募机工司机回国服务，核至本批，由安南入口计 8 批，2100 余人，由仰光入口一批 300 人

---

① 《总汇新报》1939 年 7 月 17 日。

左右，前月复接蒋委座转后方勤务部及财政部贸易委员会之复兴公司，托募七八百人，又仰光复兴商业公司，托募百余名，统计缺额未往者近千名，查复兴商业公司不论在国内还是在海外均为我国财政贸易委员会主办，决非私人之营业，兹将我国抗战后，关于道路运输情形，列报各点如下。

我国自抗战以来后，所有海口，先后均被日寇封锁，各省土产出口，日形困难，商家营业，大受阻隔，或以成本高昂，无利而反亏本，大势所趋将至完全不能出口，我政府有鉴于此，乃至客年及已计划土产统制办法，特行组织机关，于国内及香港安南仰光等处专办理出口事务，以代平时商家之营业，盖商家之不能办，系以运输困难，乏利而且亏本，若政府统办，则不计有无盈亏，唯一目的，当然要将土产经营出口，以利外汇，而益民生，此为战时特殊措施，绝非与商民争利。

各省海口即被日封锁，土产出口，须从路上运输，如华中华南各省，则从西南两条国际公路，一通安南，一通仰光，路途虽远，半由人力挑送，半由汽车运输。盖全靠挑夫，未免太迟，全靠汽车，则汽油费重，利权外溢，所以复兴商业公司，或其它政府统制之机关，审时度势，分别配运，以达到出口之目的，如福建出产之茶，每担运费多至数十元国币，在南洋发售，难免赔本，何以政府要干，此中原因，吾侨或未详知，盖向茶主买茶之款，与人力挑运之费，系用国币交易，钱落自家人手里，如俗语所云，肥水别流别人田，至该货在南洋售来之款，则为外币金钱，可资外汇之用，以向欧美采办军火或原料，此一转移，政府在无形中，已增加不少抗战力量矣，福建之茶如此，其它别省土产之出口亦然。

我国自抗战以来，新开两条国际道路，一由湖南、衡阳至广西玉林，此站已通车，再有桂林至龙州，通至安南出口，此线本年尾即可通车，又一由四川重庆，经贵州贵阳，转至云南昆明，再由昆明而通缅甸仰光出口，查火车运输费，比较现在人力，可廉宜数倍，然火车只能负责干路运输而已，其它各省许多公路支路，必须仍考汽车及人力，分途挑运，而汇集于火车站出口，夫以我国之大，土产之多，运输出口之远，加以军用品供给各省正规军游击队数百万之众，其需用汽车之多，不胜缕指，故数月来机工回国，已达二千五百余名，上供不应求，此事深望海外各地侨领热诚负责组织征募，以为祖国之急需，至机工回国服务，方我政府各机关，如西南运输处，或后方勤部，抑或西南复兴公司等均为我政府主办，无论运军火，还是运货物土产，直接间接皆与抗战关系密切，紧要者，若无土产出口，安能有外汇金钱，安得有军火可来，此一点则我各为机工明白体会，奋发热诚，为祖国抗战复兴大业，尽其伟大责任。

附录十一：《南侨机工服务公约》[1]

（一）国家至上，民族至上，是一切精神动员的基本信念，也是为争取民族自由独立的最高信念。

（二）争取全民族的自由，必先牺牲个人的自由。

（三）我们必须坚信抗战必胜，建国必成，并须努力为国家民族服务。

（四）遵守团体的纪律，即是遵守国家的法律。

（五）"华侨青年义勇队"是祖国政府对我们的青年机工回国服务的称呼，我们必须名副其实，矢忠不渝，埋头苦干，为八百万华侨争体面。

（六）为表现精忠报国的精神，顷将过去一切恶习（如嫖赌饮吹等）勇敢革除。

（七）服从上峰的命令，及诚恳接受领导者的指挥与劝诫，上峰所委派的责任，应忠实担负。

（八）生活要集体化，做事要系统化，对同志要亲爱和平，互助，对公意要尊重公益，严守秩序，注意卫生。

（九）虚心学习技术，爱惜国家物力，勿傲慢，勿浮躁。

（十）尽忠国家，同时不可忘记孝悌忠信，到国门之后，必须按期寄家信并经常安慰家庭之怀念。

以上十条凡有意违反任何一条者，经队长劝诫不听者，即取消其服务资格，并追偿一切损失。

附录十二：《北呲叻机工训练所招生简则》[2]

（一）名称：本所为北呲叻一带侨领发起组织，故定名为北呲叻机工训练所。

---

① 《总汇新报》1939 年 4 月 28 日。
② 《总汇新报》1939 年 7 月 27 日。

（二）宗旨：本所专司义务训练机工人才回国服务，借应持久抗战，加快后方运输之急需宗旨。

（三）报名：凡机工拟受本所训练者，请先问太平筹赈会征募机工委员会，领取登记表三张，依照所列格式，填写清楚，并缴呈两寸半身照片十四张，经由指定医生检验身体及格，于得录取。

（四）表格：本所招收机工不拘畛域，凡有志回国服务之青年，在 18 岁以上，40 岁以下，身高 5 尺以上，体格强壮，品行端正，而无不良嗜好者，经当地筹赈会或侨领之证明介绍者，均可报名参加受训。

（五）保证：机工在受训期间内，须决定遵守所规，服从本所之一切指挥，如有发生中途借故退出情事，担保人须负责赔价 25 元之损失，自动将赔款缴交筹赈会抵偿。

（六）膳宿：机工在训练期内，膳宿概须自备，惟如属来自外坡者，本所可酌量代被宿所。

（七）学额：每期暂限招收 60 名。

（八）期限：训练期限，每届暂定两星期，经考试机工，由本所发给毕业证书，交太平筹赈会，齐送回国服务，至于不及格者，暂留所内，继续训练之。

（九）地点：①办事处。太平三姑猛，门牌号 15 号　②报名处。太平树胶公会办事室　③体育处。太平古打律福建会馆　④训育处。太平古打律福建会馆。

（十）其它：本简则有未善处，得斟酌改之。

中华民国廿八年七月七日

附录十三：《槟城机器行组织回国服务机工队简章》①

（一）名称：槟城机器行组织回国服务机工队。

（二）宗旨：本队以华侨机艺技术人才，志愿回国服务为宗旨。

（三）地址：在调和路二号机器行内。

（四）甲、本队首由庇能机器行组织，一切进行计募捐经费事宜由本

---

① 《国民政府交通部给行政院秘书处电（附章程）》（1939 年 1 月 20 日），云南省档案馆藏，西南运输处档案，54/20/63。

行筹办委员会执行办理。

乙、本队回国时，设领队一名，队长一名，财政一名，秘书一名，电务一名（由该队队员自行选出，交筹委会核准方可）。

（五）资格。

1. 凡属华侨具有驾驶车技能及精修理件及电汽学并有证书或执照者，如有一技之能为合格。

2. 凡属华侨年龄在二十岁以上至四十岁以下者品行端正、体格健全及有商号或社团保证者方为合格。

3. 凡加入本队在未回国之时期对于当地法律及本队之简章应决定遵守。

（六）说明：凡属队员倘有犯当地法律及本队之章程被革除者及未经祖国接受之前，如中途退出者有保证人负责，赔偿相当之损失（约五十元）。

（七）细则。

1. 凡属志愿加入本队为队员者，以上章程应要遵守方可将志愿书填具交来，本会审查批准方可合格并须拍照存档，但本行不能负担保证之责以符本行之简章。

2. 凡填志愿书经批准后，须再向本会筹办处领取检验体格书，往本队义务医生处查体合格。

3. 凡志愿加入为队员者，须将志愿书填具详报本会，合则函准，否则恕不答复，亦无须宣布任何理由。

4. 本队队员在当地训练期内宿费用概由本人自备，惟制服及回国时概由本会筹备。

本会章程经筹委会通过施行有效，如有未尽善之处，得有筹办修改之。

附录十四：南侨机工名册①

（一）1939 年马来亚回国机工一览表

1. 由马来亚经越南回国者

类别	派回日期	人数
第一批	2 月 18 日［按：档案记载，廖国雄、白清泉为"八十先锋"领队］	80
第二批	3 月 13 日［按：档案记载，钟运熙为总领队］	207
第三批	3 月 27 日［按：档案记载，刘贝锦为总领队］	594
第四批	4 月 10 日［按：档案记载，连文灏为总领队］	158
第五批	5 月 23 日［按：档案记载日期为 5 月 22 日，钟春祥为总领队］	530
第六批	6 月 30 日［按：档案记载日期为 6 月 19 日，叶子英为总领队］	124
第七批	7 月 19 日［按：档案记载日期为 7 月 3 日，廖萍为总领队］	118
第八批	7 月 31 日［按：档案记载日期为 7 月 17 日，黄景镇为总领队］	336
第九批	8 月 14 日［按：档案记载第九批机工为 507 人，但名单缺］	507
小计		2654

2. 由马来亚经仰光回国者

类别	派回日期	人数
第一批	4 月 5 日［按：档案记载，黄锦坤为总领队］	344
第二批	7 月 28 日	87
第三批	8 月 9 日	62
第四批	8 月 25 日	34
第五批	9 月 22 日	3
第六批	《星洲十年》原载日期不详［按：档案记载日期为 4 月 21 日，曾火燐为领队］	8
小计		538
总计		3192

---

① 转引自林少川《陈嘉庚与南侨机工》，中国华侨出版社 1994 年版，第 301—302 页。

3.1938 年前后南洋各组织回国的服务团一览

名称	批次	起程日期	人数
柔佛士乃回国服务团	第一批	1938 年 9 月 26 日	12
	第二批	1939 年 2 月 13 日	15
	小计		27
槟城机器行回国服务技艺工程队	第一批	[按：档案记载，该队于 1939 年 2 月 20 日由槟城起程，2 月 26 日经香港乘法邮船利奥士赴海防转滇，3 月 31 日抵滇编入西南运输处，梁煜堂任领队]	32
其他渠道回国者	——	——	8
总计			96

(二) 南洋华侨机工回国服务团名册①

1. 第一批机工名单

廖国雄　刘谭福　陈梦秋　叶基福　余晚元　周学双　黄运生　赖玉光　吴漳　叶修青　王川十　林宝治　何再添　赵文龙　陈瑞坤　许万斗　庄盛　叶亚味　钟天宝　陈金榜　陈善全　徐元镗　陈文华　李亚卙　丘左发　丘九良　熊志良　冯亚发　程瑞芬　陈两兴　谢日光　符明德　刘仲芬　郑世强　黄丁富　黄义忠　叶运清　刘进茂　吴亚兴　黄金钟　郑广泉　林明月　胡来双　蔡秀全　廖友朋　郑文珍　林亚霖　张君胜　董紫金　程亚梅　杨天赐　苏亚芳　王作仔　蔡亚昌　蔡沙添　林成宝　刘亚双　陈天赐　付瑞生　黄清成　徐钟佛　林庆龙　林亚同　柯鸿宾　白清泉　郑经潘　黄祖于　郭地进　黄九水　蔡亚蚶　何洋海　陈福财　余番仔　林少衡　洪传咸　陈致训　谭长和　吴荣善　张少山　李天成

---

①　笔者据 1939 年 2 月至 8 月《总汇新报》、《南洋商报》及西南运输处档案整理，并参考林少川《陈嘉庚与南侨机工》，中国华侨出版社 1994 年版。

2. 第二批机工名单

　　蔡仁德　苏圻来　蒋水狮　陈金生　梁琼珊　陈光明　王亚峇　李世
容　温谭佑　梁定湖　陈汉成　翁玉书　刘亚济　钟来发　江天成　朱传
英　郑明德　卓高隆　洪通兴　陈鲜　莫泰銮　张子清　李珍荣　王锦
来　岑天佑　李林　李成继　王有福　黄广源　邓玉成　阮奕利　王金
福　胡寿鸿　任青松　林汉初　何锦培　龚亚才　郑林康　陈享　王日
苑　林鸿经　林明位　庞道光　郭远辑　林家积　符和瑃　方是雄　刘衍
富　陈中印　方亚兴　钱亚九　吴墨河　李金发　林光英　关玉麟　陈亚
九　黄九清　许志光　张球　许源达　赵绍麟　胡德华　林裕泉　朱国
清　吴寿亭　吕昌锦　李畴荣　郑亚清　关曾三　邓炳　龙德儒　陈闻
叶　郭亚德　施清泉　陈恩　吕福来　陈嘉森　吴乾深　韩延光　王莆
安　符祖桂　吴乾进　伍文吉　郑馨云　黄守琛　许家烈　谢超然　詹开
平　符瀛桥　王文松　张家雄　陈生智　韩利丰　王弚宣　林家发　陈昭
藻　吴家玉　王兴吉　符鸿兴　沈代成　何启凤　黄有益　林明珍　韩耀
丰　邓震峰　叶亚邦　郭越福　曾天生　詹亚兴　王业宣　陈家万　陈天
成　杨玉兴　甘锦寿　叶湛恩　王锦发　林汉兴　王福源　周旺　邝
庚沛

　　以上星洲队计120名。

　　姚裕禄　曾清标　陈宋儒　黄春才　钟金水　陈天赐　吴新雷　吴来
延　沈维国　钟运熙　胡作史　郑亲敬　黄九英　邹康　林清金　王家
旭　李金凤　郑金玉　黄体铁　尤垂美　杨亚坤　胡仕宁　莫泽春　陈
云基

　　以上蔴坡队计24名。

　　黄仔闽　陈学忠　邓培根　卓志明　陈焕章　温其芳　王禄昌　李贞
才　孙棠文　黎家明　肖盘寿　阮照伟　李庭玉　李大勋　陈锦元　李
成　肖仕元　李大林　廖达生　罗运桂

　　以上柔佛队计20名。

江金瑞　陈耀驹　王东进　陈　安　叶检　沈护权　陈章霞　李　儒
钟　贵　刘亚才

以上彭亨队计 10 名。

杨梅清　刘万渊　胡万豪　陈成基　廖英豪　王朝阳　黎庆仪　戴亚
九　吴亚吉　陈开德

以上马六甲队计 10 名。

林茂盛　张　明　林炳南　柯生贵　江马兴　黄世苏　廖国才　陈
金　柯德守　赖　牛　张亚美　蔡尤雄　蔡世监　罗亚明　黄忠湖　黎安
和　邱水发　李光荣

以上太平队计 18 名。

谢耀南　何纪良

以上吉兰丹 2 名。

谢云辉

以上邦加文岛一名，另补柔佛一名符福南，补太平一名马亚森个（巫
人），总合计 207 名。

3. 第三批机工名单

　　　林清炎　陈进新　郭　业　杜思作　梁　枝　谢　容　叶观胜　刘顺
延　林　顺　刘伯当　卢炳护　陆汉初　李　金　张　财　林有才　杜启
长　丘汉良　梁观平　黄凌友　罗　连　卢颂楷　曾杰南　蔡长安　古孟
兴　周瑞意　陈介文　张子霖　廖锦泰　徐天仁　邓　祺　冯　渠　林东
珠　陈全题　刘玉麟　潘荣光　郭　利　林　坤　李松进　黄　祯　容子
权　王振华　梁国照　林锦成　杨　基　钟金树　曾官贵　何　国　谭金
源　张炳旺　梁　林　蔡慧华　肖水康　钟　兰　李兴旺　杨　新　李
炳　林政朝　杜银来　张永成　徐长政　刁天保　李吉梅　黄广源　刘伯
全　周金水　倪枝祥　张胡王　胡全芳　曾炳才　姚祯全　许永吉　辜鸿
铭　袁颂明　陈　顺　郭远鉴　钟　明　冯炳权　黄志强　陆　炜　邹

社	汤伟志	黄仁郭	林逢荣	方文标	张森	李九	邓叶永	王
润	梁珠	杨全	潘益	吴宗万	冯庚	陈成意	陈贤	邓锦
荣	李新安	陈齐开	黄和	曾树腾	郑源水	方金树	林荣传	王永
炳	刘伙	周金	柯耀宗	杨传宏	蔡光明	林守五	俞卦	黄进
德	潘德清	季德来	任作成	黄来	范福森	卢鸿运	郑声	曾添
丁	甄文烈	刘满	姚成德	彭对茂	杨金水	吴以泰	陈连当	齐兆
昇	陈春香	黄宗	许春宝	马焕寿	颖成声	黄冰心	黄春式	陈芳
业	陈文全	周阿钜	林德全	庞杜唐	黄其典	章侍基	丘亚容	谢
祥	黄生	陈水木	曾山安	王明新	黄敦禄	刘诚忠	王明歧	苏金
火	李乌狗	蒙亚进	洪华民	叶来	戴新菊	李运晓	方九十	刘金
御	翁诗贵	陈瑞霖	郑正友	王水云	吴河州	林亚池	郑心奕	刘南
山	严芳明	洪传珠	黄天祥	李亚九	黄金水	陈志怀	黄少卿	陈苏
才	林友雄	叶建德	林兴州	刘才	黄旺	李顺安	高兴	郑金
榜	刘才	杨育昌	陈金榜	苏蓼	陈家干	蔡亚喜	李源铜	洪慎
思	林国才	黄重水	林成文	陈升雄	颜金推	方连烟	黄林	韩书
丰	黄桂林	邓东仔	叶禄基	梁华照	陈承奇	邢诒发	符大文	黄石
克	符世林	苏锦标	李成益	吴玩成	鲍明发	许礼丰	林鸿裕	许世
河	黄亚康	龚勋	房帝光	佘子明	林珍松	张真光	郭坤龙	陈金
水	张海安	王禄凤	林亚田	朱章万	陈清培	林亚刘	李流水	黄文
和	林金针	丘照发	颜金钗	陈亚霖	卢景光	陈宋清	邢诒青	曾源
成	陈亚钟	杨亚福	陈杰松	黄玉琨	龙道文	吴狗治	余鸿宝	杜振
波	戴玉明	林昌基	洪德芬	张荣生	李亚洙	颜亚财	杨九云	孙耀
明	黄九黎	黄良正	辜文德	蔡鸿发	张金琨	姚金成	王亚六	施天
生	陈荣耀	唐昇培	翁金镳	黄启福	陈亚俄	林积生	彭亚根	郭春
田	陈伯万	王金牙	王清渊	吴九	康文凤	吴英雄	沈吉龙	郑流
芳	林春法	林文贵	吴振兴	谢财寿	刘青山	卢凤飞	陈亚生	黄清
潘	薛亚尊	刘郭仁	陈阳明	钟亚沛	何瑞明	方诗水	朱金来	周开
定	蔡德水	钟金成	温炳新	林汉光	黄亚添	陈成沅	李家敦	杨炳
茂	戴银水	龙历文	詹汉英	佘亚水	韩相丰	吴水晶	张天赐	黄锦
洲	叶狮狗	陈素磺	严宗钦	陈文水	钟亚笼	郑有三	黄铭隆	颜文
焕	庄耿波	赵若瑟	王成沧	刘坤泉	肖灿文	邱河荣	吴锡兴	吕

福	杨金清	林英豪	陈坤和	田煌荣	林已茂	陈　根	黄凤舞	何镫
显	林亚簪	林上梯	张福根	陈剑如	陈回文	许陈瑞	严亚甘	李泰
锋	陈发泉	林进兴	冼亚汉	黄润才	邓潮昌	苏联贵	李添福	林大
琛	李　算	李兴培	李新荣	杨亚池	孔繁犹	陈庆裕	王称金	林飞
鸿	陈彭芳	张　达	黄和安	徐元斌	黎　胜	吴再春	徐　堤	黄明
安	关正锦	黄根銮	陈猪仔	朱亚标	林志华	黎　荣	钟　应	陆义
德	黄锡平	吕荣吉	陈志勇	张　烈	颜金猜	陈家清	梁汝梅	卢从
贵	刘　开	郑兴燮	何　有	贝进福	黄　水	王秀九	周　才	梁
祺	谢　梅	庞登财	钟振辉	梁耀基	罗　生	李　宽	何世英	陈有
民	陈　泗	伍　牛	许观庆	陈福安	张　牛	符廷海	刁福光	徐顺
浩	黄　清	陈治楷	蓝赞祥	郭玉蕊	李增喜	蓝州举	吴金兴	梁
苏	张寿松	詹行嶷	管凤祥	邓木荣	符治修	李创增	符正禄	陈水
心	林志民	李　泰	郑兆权	叶仕球	彭家庆	谭趣生	钟伟兰	赖应
发	邓美良	邱开泽	唐隆生	黄吉旺	何锐祥	戴金水	郭喜民	冯昌
林	杨继森	梁　顺	符修锦	方玉明	侯天送	陈飞龙	黄抱德	鲍瑞
林	曾泽安	冯贤生	黄水清	章华生	李亚狗	周彩庭	王德森	李耀
文	黄日安	赖邦辉	钟均祥	赖昌元	范木兴	陈　琼	郑伯仲	林
椿	卢礼泉	云昌桂	颜赐进	刘贝锦	周　保	谢愈千	李为梁	张
福	林成兴	黄应龙	郑多光	王亚能	吕乌栋	吴天华	麦志端	刘
全	陈让如	刘金福	雷亚佳	陈心仕	林熙庚	曹信其	肖炎章	潘
岳	林国龙	莫　才	颜章约	谢之炜	卓瑞芳	林贵奇	黄直飞	黄金
宽	林亚山	林志祥	钟　烈	陈连安	叶泉汉	张恩华	陈茂林	伍兴
华	谭　礼	丁　发	林长寿	颜德松	郑继盛	周金生	林　钦	邱
佃	刘德莽	何师美	陈兴队	黄　挺	郭亚苏	卓云南	容　裕	黄鉴
如	吴美洲	龙学先	郑细汉	陈泉来	高　九	黄福和	黄　明	吴多
柳	李　华	黄　来	林光辉	陈亚峇	黄　鹏	柯德福	苏福星	陈源
水	蔡德觥	林经光	梁居珍	李亚林	林生福	钟启良	朱伯昌	林德
才	黄　贵	黄亚山	曾文振	黄谭生	郭峇财	符福锦	陈定来	谢广
敬	黄世福	董建华	吴清源	叶礼迁	马瑞麟	林永南	蔡大头	黄亚
仔	赵木松	徐启华	郑大成	何亚荣	冯茂树	叶新彩	廖亚来	陈大
名	骆金良	邱振通	游仁家	黄文瑞	谢有才	赖锦堂	周剑青	骆万

寿　林柏祥　温仁和　郑发才　陈郁星　陈炳亮　莫琼福　王亚能　黄冰
心　黄春武

总领队　（正）刘贝锦　（副）许成瑞　袁颂明
财　政　（正）林清炎　（副）徐顺洁　翁诗贵
文　书　（正）林上梯　（副）林顺安　钟伟兰
总　务　（正）王成沧　（副）黄直飞　叶新彩
宣　传　（正）姚祯全　（副）陈素磺　洪华民
干　事　黄抱德　钟贵禄　张天赐　龙历文　严宗钦
陈剑如　黄金宽　林经光　张　福　李为龙
谢　梅　王细九　杜思作　李运晓　章士基
颜金推　郑　声

4. 第四批机工名单

（1）由安南入口机工：

梅百明　王藩生　洪亚兴　吕亚狮　黄　富　陈亚山　陈开全　蓝保
源　吴子庙　黄茂华　黄永伟　黄会卿　张清河　谭佐元　黄玉田　陆劳
有　简亚苏　高成基　刘耀华　劳荣耀　何期卿　莫长培　蔡春芳　彭和
尚　林天成　江清福　吕金狮　黄亚通　梁瑞春　陈德祥　连文瀛　刘必
成　陈庆余　李亚松　龚清华　黄金定　黄则泉　王亚文　符文珊　蔡和
春　卢　钦　陈德保　薛勇地　陈　吉　蔡乌春　郭润才　陈家佩　邓炽
棠　胡　陆　黄亚仔　郑光昌　陈玉湖　林容长　李　成　陈耀辉　陈亚
赞　方亚九　陈治生　陈炳春　黄回裕　吴恒堂　洪意德　叶清渊　黄流
水　林庆同　王嘉春　陈金顺　陈清霖　沈亚柯　林金铦　何亚俤　王志
成　何贤德　王振益　吴玉清　庄宗祥　洪福泰　黄文发　关　祥　易金
海　张炳坤　陈瑞堆　陈福全　招永饶　梅国雄　黄世铨　丘桂生　张善
宜　杨汉生　戴水生　刘传授　李蔚五　黄壬贵　黄炎宋　金振和　孙来
春　李明山　巫添祥　杨炳明　王大民　符气簪　龙学章　郑　辉　王家
富　林　於　吴金昌　黄衍长　吴武政　符和明　王辉源　黎科泰　刘其
青　郑　威　魏　苏　陈玉莲　朱远祥　殷华生　植卓奎　陆文富　邓
义　赖为学　辛木坤　黄谷养　陈景岳　王晋育　戴金宝　吴亚佛　郭开

美　金全福　林明川　龙历蕴　郑金福　林鸿英　李正扬　符　万　符国
壁　黄昌轩　林英保　吴积梧　潘先英　孙文琳　吴应民　蔡华露　符祥
琼　赖耀清　曾金祥　黄春荣　杨年旺　张廷森　李　三　叶友兰　古来
兴　郑庭椿　符亚盛　林兴健　李　莺

该批机工对人员组织机构

总领队　连文瀛

总　务　　　（正）洪福泰　　（副）黄茂华

文　书　　　（正）陈德祥　　（副）蓝保源

宣　传　　　（正）陈金顺　　（副）梅国雄

干　事　　　郭开美　李　三　黎科泰　魏振明　赖耀清　符国壁

第一队队长　（正）刘传授　　（副）王藩生

第二队队长　（正）黄玉田　　（副）陈　赞

第三队队长　（正）符气簪　　（副）陈景岳

(2) 由仰光入口机工（该批机工分为司机、修机及修机司机皆能者）：

司机名单

a 吉礁地区：

　　陈红虾　杨宝华　符气文　王家才　徐　德　陈赞成　林记亮　伍玉
春　郑　基　黄礼由　黄君谅　林振成　许文银　叶成业　陈亚德　杨境
南　杨美美　徐文西　杨再兴　王运东　谢文荣　谢福荣　沈斐文　游
九　陈三仟　顾　生　洪金发　黎　良　蕉　谷　陈九俤　李天云

b 雪兰莪：

　　李锦兴　甘谭胜　何金泉　李　柏　钟的才　黄乐转　梁恒喜　林观
元　吴家庭　刘仕乾　张群芳　刘　福　陈永德　庄　恭　冯顺昌　蔡耀
南　谭耀森　肖耀南　李　生　陈继明　邱勇华　杨世昌　贝友胜　黄
生　叶福如　李　仁　罗　仪　廖在发　柯玉彬　张　才　杨式俤　戴镖
奎　林亚材　陈　荣　傅木生

c 霹雳（吡叻）：

　　张　华　侯炳新　刘　成　纪亚坤　杨郎贤　彭最年　郭伟泉　陈裕
福　陈金水　陈世鲁　伍　耀　卢亚钧　郑世雨　张敬流　叶依歹　黄汝

益　罗梦贤　卢荣新　张观生　陈发新　江　生　陈南风　吴来福　吴亚
扁　彭　海　钟亚生　余　金　冯　森　郭木贵　冯　仁　林国兴　陈
杰　李观裕　黄天惠　曾瑞粦　卢　芬　彭　海　万钟荣　李　烈

　　d 新加坡：

梁仕新　黄锦波　卢润强　谭云彪　陈振辉　陈布

　　e 槟城：

颜振德　苏水腾　许其章　饶又谅　博祥发　刑汉清　林瑞傅　黄忠
成　黄吓才　柯荣发　林荣顺　邱明通　陈创孙　杨峇棋　黄三伯　黄福
喜　高起南　林德和　林鸿儒　洪文星　陈　炎　施君辉　吴其生　林犹
汉　郭吉良　王裕祥　胡　培　曾庆发刘亚九　陈普元　陈友添　叶承基
　　吴兆发　陈福生　王　典　陈成美　周义彪　许万顺　陈添赐　余亚三
　　陈英凤　张顺源　黄享炳　陈中兴　林森裕　刘亚福　王炳煌　黄金成
　　陈伙祥　施进宝　林水银　曾金水　林进珠　梁于南　潘　容　蔡亚九
　　林宗木　杨森基　谢峇福　林来发　林宝顺　蔡　达　罗玉才　陈来成
　　邱建和　黄有祥　邱亚妹　洪源贵　刘真端　黄金忏　罗　祥　余成宗
　　林　玉　林亚福　刘顺发　苏亚明　张协记　何金成　苏得时

　　f 荷属：

蓝亚尧　吴耀辉　黄锦元　曾火粦　黄添荣　詹云珍　罗荣清

　　g 仰光：

吴焕炽（当地考取）

修机名单

a 吉礁：

周厚隆　冼梦斌

b 雪兰莪：

刘剑良　符家鹤（电器）　张起汉　雷伯辉（电器）　　黄　培
杨志明　谭　志

c 霹雳（吡叻）：

朱民盛　梁玉珊　关如萱　钟伯海　谭耀良　冯国佑　梁伯添　郑国
材　谭富民

d **新加坡：**

赵　明（电器）　胡锦芳　陈良荪　陆余熙　陈衍江　许亚露　方祖泽　潘植发　梁伟君

吴添福　赵炯霖　冯富胜　叶亚牛曾满国　岑顺昌　江亚权　陈　培　郭成珠　徐仕麟　麦　荣　邓荣基（电器）　莫庆明　余　梓　黄昌运　王仁忠　李昇良　袁文熙　符亚兴　冯增耀　温庆先（电器）　许亚谋（修胶）　温南勖　温荣庆　钱忠天　罗积猷　邓镜泉　郭六成（电器）李新文　郭南平　林天锡　邓赛伦

e **槟城：**

林亚苏　陈业龙（电器）　李接祥（无线电）

驾修两能者

a **吉礁：**

李卫民　郭荣林　陈成添　梁安国　曾祥奉　林英侨　古　权

b **雪兰莪：**

陈亚培　庞业煌　郑　昌　何润荣　李　云　唐达文　罗铭伟　叶青　朱福寿　范云美　严福星　利汉平　陈　基　钟保运　区子雪　杨思洪　张松恩　何国安

c **霹雳（吡叻）：**

林孝凑　叶　九　吕金富　廖三福　潘春秋　翟绍武　许文福　黎承宗　登钦　吴富　廖娇

d **新加坡：**

刘树培　伍　林　温亚强　陈时群　姚炳全　陈锦泉　林永合　邝标　何锦成

e **槟城：**

林鸿钧　骆金基　董天送　杨清德　陈丰顺　肖学在　李佩尧　杨成辉　骆炳金　林贞云　苏亚桐　肖耀汉　林亚九　龙道福　朱　清　王福临　邱木山　包亚细　林清池　阮事成

该批机工回国时组织机构人员

总领队　黄锦坤

文书股主任　（正）邓永来　（副）陈良荪
宣传股主任　（正）陈振辉　（副）陈时群
总务股主任　（正）刘树培　（副）李昇良
第一队队长　（正）冯乐钊　（副）刘家汉
第二队队长　（正）黄乐星　（副）温庆先

5. 第五批机工名单

a 太平队（计 58 名）：

蔡世隆　谢金福　林文龙　王为　吴憨九　林金水　钟金水　梁广昌　陈朝宗　李毓芬　刘春泉　郑子福　方金水　陈振坤　杨翼粟　黄振来　谢展云　林明存　吴乌峇　陈明发　洪朴玉　刘耀胜　陈有　杨赐发　苏美远　黄金福　蔡长平　梁柏祥　欧添福　林金狮　郭廷玉　甄容光　许才林　叶福来　林成基　谢楚云　吴亚峇　刘清　林福来　郑德昌　李寿民　黄奕允　王仓萍　郑启瑞　黄清兴　廖桂添　周配南　张亚九　王振春　叶应福　陈宝祺　张亚良　胡亚来　黄华才　朱留香　欧文华　郑国全　曾金河

b 新山区（计 47 名）：

余魁昌　钟财　陈嘉仁　钟椿祥（钟五峰）　曾顺溪　李生　赖锦堂　黄奕发（黄奕）　黄昌文　吴世光　张贵兴　黄宝春　林书华（林事华）　叶柏青　蔡金胜　黄汝南　李亚德　罗玉成　张惠明　林绍纲（黄绍纲）　庄肖兴　张记先　梁居俊　王国光（黄国光）　刑定珍　毕广生　曾信发　许桂明　符和林　吴祺清　李义　李声养（李先养）　邹治元（邹昭元）　赖其端　谢良和　冯茂树　罗志通　吴声玉　周木　周乃熙　游仁家　陈天明　黄家木　郑德畏　陈开　林成就　刘亚六

c 星洲（计 48 名）：

吴秋云　陆贰　蔡永基　廖立本　冯福（冯和福）　陈文宁　蔡南华　朱南舜　王和松　林熙育　罗礼塘　梁荣耀　陈体元　翁文助　刘灶昌　林清安　曾文　伍悦棠　蔡德富　魏亚侬　陈苏　梁东成　吕金祥　陈亚清（陈如超）　黄苏　陈家才　王裕桂　陈清乐　高铭赐　林荣川　洪阮成（洪允成）　李宗生　陈锐聪　黄业坤　吴亚清　符晟孙其文　赖木星　刘亚泉　李邓合　曾荣福　邓文聪　林成就　张亚明　冯

生　马金生　李绍存　郑永福

　　d 星洲（计 45 名）：

吴文区　叶其平　石朝春　郑文尾　李金凤　邓福才　黄水火　汪天生　叶南川　梁金顺　陈携安　符和地　陈亚水（陈亚珠）刘亚兴　陈秀碧　黄顶兴　颜乃九　侯运成　陈重庆（陈仲庆）谢元芳　陈文凤　黄亚涛　叶在华　潘桂标　严进华　洪安心　姚文贵　刘怡淡　黄文开　吴秀峰　曾腾光　林友　陈亚清　辜昭才　颜永隆　周天河　刘根　黄亚发　李德盛（李得胜）吴叔庆　黄亚清　陆昌隆　符亚树　叶玉富　孙加油

　　e 星洲联合队（计 47 名）：

黄仁全　徐汉润（徐汉陶）林文龙　梁邓才（梁登材）陈福拔　刘亚兴（刘亚发）吴来资　廖荣耀　黄根　陈恩仁　郑世泉　林光德　卢克东　王振家　黄汉文　黄修炳　陈友乾　曾南祥　曾柏添　黄成光　陈天福　庄清海　黄耀明　李禄泉　胡润成　刘春成　陈登寿　江瑞龙（江小梁）林明志　颜亚大　黄桂炳　张培发　谭根　方子元（方正元）李睡文（李垂火）雷运宝　刘峇　李玉良（李玉梁）石荣贤　王心广　刘伟才　苏仲利　翁荣华（翁英华）王金凤　高清贤　王宗汉　李兴

　　f 先达、马乞队（计 22 名）：

叶振怀　钟兢生　彭叔夜　冯少儒（冯少如）黄富昌　叶国旗　陈乾坤林亚裕　黎元利　梁浩　冯选　丘德祥　黄汉荣　赖春来　林亚仲叶寅整（叶寅正）陈文迪　林亚龙　黄亚狗　林漳省　陈武烈　姚向葵

　　g 吉打、吧双队（计 46 名）：

陈杰雄　郑逢时　陈文峰　陈永泉　罗伟焜　邝金源　方景云　陈金凤　潘正福　高金城　林宗方　刘焯睽　苏世成　陈亚凤（陈亚丰）余纪荣　宋杨材　戴葵生　林薪仪（林新李）吴训　林清顺　陈忠明　刘修济（刘攸齐）郑清德　吴进步　邓亚开　王亚平　戴炳川　温江河　郑天赐　郑锦来　何知才　林兆兴　陈桂河　张玉贵　陈来福　刘钜科　梁炳泉　林金成　陈亚礼　杨珠森　李壁林　岩福镇（严福镇）彭子安　黄金宗　陈文火　吴振南

　　g 怡保队（计 45 名）：

冯恒　黄昌林　林燕诒　杨志贤　陆泽　杨水辜（辜水杨）谭松强

黄锡坤　潘福生　黄茂元　张连培　黄金玉　陈福铨　黄亚朗　林延玉
肖滔　白昌泰　梁枝　黎俊良　林　生　杨观火（杨观伙）蔡子强　梁
金水　王鼎耳　吴清扶　蔡罗　吴　仕　胡　先　王运锦　张杰荣　施
文礼（施文水）罗华　林亚玉　江儒富　郑始万　赖　谭　罗　祥　姚锡
文　许　福　江亚年　吴　闻（吴开）蔡带　吕承广　邓　衍　梁福全

　　h 雪兰莪队（计 68 名）：

侯西晋（刘西晋）叶子源　叶全祺　叶　灿　叶连泉　卢　诏　吕觉
基　侯元文　邢亚兴　叶观林（叶冠林）杨　发　王日明　王亚新　王伦
光　霍　九　赖举芳　林建发　颜　汉　丘武杰　杨亚良　洪金挺　林
安　林时焕　邓　九　邓铭昌　（邓铭）邓带　卢　权　黄永业　黄火胜
黄水　谭仲苟（谭中九）丘岳兵　张　苟　李　思　李运星　李　福
高满堂　李松坤　刘振雄　刘仕祥　刘　丁　许　益　戴水春　李　源
许福才　韩高元　陈鉴明　陈亚仕　翁家贵　冯维春　冯辉锡　冯耀基
（冯耀枝）梁耀春　梁泰邦　翁德民　曾负重　郑佛芳　何　水　何润
王亚成　陈烘　邓佩莹　林天生　李金辉　魏烈光　方蔡初　曾康兴　郭
汉

　　i 槟城队（计 50 名）：

饶成才　柯荣隆　李荣竹　林峇舌　陈亚刘　李福明　林清来　刘在
旗　钟定古　许书传　谢清九　陈爵　林树容　黄荣发　林海松　郑秀发
符和则　王海南　陈清山　王亚狗　谢允和　陈乾发（陈绸发）陈牦鱼
叶原宝　陈金隆　陈容　郭炳丰　梁绢育　许天禄　李少如　袁亚泰
黄海秀　周鸿裕　林猷川　梁达豪　曾友庆　陈亚九　许福鸿　谢新美
柯天和　黄文达　游嵩开　陈焜存　李亚三　陈初得　詹金成　陈大华
陈亚九（陈亚久）　吴其来　陈振美

　　j 槟城队（计 49 名）：

林天咸　纪兰花　张泽美　薛定祥　刘志明　叶富华　张永发　王天
德　陈光远　陈秉林　方九才　（王九才）李　飒　潘德良　王宁鸭　李
福生（李福星）张源兴（张添兴）　温成开　陈英位　周春文　李添福
洪恭扁　林猷兴　邢绍鋆　朱亚泰　高满贵　黄　汪　伍仕添　蔡长世
陈献江　伍任华　陈木枝　吴永光　蔡进昌　肖瑞兴　胡昌薪　阮润松
王有信　郑镇水　陈亚基　殷亚越　林亚起　林振元（林进源）符鸿庆

刘有记　庄王清（庄玉清）刘志仁　方明吉　林峇结　陈树森

该批机工队回国组织机构人员

总领队　　（正）钟椿祥　　（副）陈树森　姚向葵

总务主任　（正）陈登寿　　（副）王宗汉　林燕诒

宣传主任　（正）陈文峰　　（副）谢楚云　丘武杰

第一队队长　（正）蔡世隆　　（副）谢楚云

第二队队长　（正）钟椿祥　　（副）赖其端

第三队队长　（正）罗礼增　　（副）刘亚泉

第四队队长　（正）吴秀峰　　（副）曾腾光

第五队队长　（正）陈登寿　　（副）王宗汉

第六队队长　（正）陈武烈　　（副）姚向葵

第七队队长　（正）陈杰雄　　（副）郑逢时

第八队队长　（正）林燕诒　　（副）郑始万

第九队队长　（正）丘武杰　　（副）王伦光

第十队队长　（正）陈树森　　（副）谢清光

第十一队队长　（正）林永成　　（副）郑　链

6. 第六批机工名单

范锦山　徐孝友　李永炳　温贵华　陈金满　曾玉龙　李兆洪　林耀荣　王亚福　陈永胜　谭启萍　许再传　林子伟　梁安伯　王安澜　王炳运　蔡明士　黄金堆　蔡成贵　叶国清　黄辉廷　符大新　何子昶　许锡昌　吴亚贱　何亚太　张友仍，卢亚秀　李世　蒋照德　郑心喜　李炽光　林瑞发　雷永成　邓满谦　文满棠　李照临　杨锐庭　蔡有荣　吴青年　谭亚明　全亚吉　苏若民　陈　坚　王焕光　郑金春　庄玉水　林炳均　邬珍元　谭润贞　雷葵　吴清吉　吴良顺　林育才　陈玉芳　许伯祥　张连发　张国权　黄艺民　徐启新　徐海发　王宝塔　陈亚良　杨奋求　陈谭友　林亚良　林亚九　陈少葵　何俊平　钟恩照　谢　海　陈带祺　陈振华　叶子英　李亚留　陈志生　李炳文　江祥源　秦林旭　陈亚阶　邓森庆　叶金辉　邱坤华　陈金生　陈新贤　徐念汉　关天赐　倪玉顺　林明珠　陈文新　梁文叙　苏用球　王吉成　叶文扁　郑景训　蔡添发

吴楞栋　马加列　钟裕财　周福生　黄运庭　蔡石生　兰纪昌　莫添安
赖文华　邱辉明　甄启华　陈添发　郑光前　马祖庆　翁世进　谢金田
余延彪　陈来兴　郑亚妹　郑金来　陆衔（陆衡）

7. 第七批机工名单

林清会　管杨森　黄春福　胡建文　许奇光　余文禄　陈永源　刘承组　袁伟发　吴吉　李乌番　姚玉墀　谢火炎　李　敏　何洪和　张天赐　陈国才　冯增标　苏红毛　郭龙波　赵来顺　林文昌　吴上标　陈玉水　黄铁魂　叶富　陈亚虾　陈存老　洪世璋　范高峰　林悦德　彭贵美　黄明福　黄礼归　黄一江　黄鸿照　黄文龙　吴济　黄登铃　王奕富　林亚九　陈天海　田清越　颜庚郎　周朝福　周英杰　谢世悦　邱松意　许宗和　欧世光　邓建贤　刘源　刘亚昌　李文生　郭天隆　刘德庆　郑焘生　黄保兆　杨世琦　林斌　陈梧琴　陈加尧　叶仲英　林崇萱　林木祥　李天祥　张天赐　王尧欣　何敦友　谢钦华　赵长桂　陈寿全　许丕勇　梁廷远　杨国钦　王祝金　林渊元　陈家傲　陈亚九　张西水　翁庆灿　唐建族　彭云鹏　张章胜　黄亚水　廖亚研　李　中　张福枝　傅财起　朱兆　谢　成　关华福　陈俊浩　吴荣华　陈焕章　方亚力　廖萍　陈金运　陈存坪　黄迎风　温金水　符利华　罗文彬　罗锦瑞　曹长久　符　勇　张金水　钟金华　谢福龙　何启富　吴鑫渺　廖钦文　司徒仟　李昭乃　周学桐　黄水景　叶　寿

8. 第八批机工名单

毛天成　张亚广　许亚裕　陈波伦　陈铁铮　徐志雄　陈昌雄　黄广祥　李棋万　林钦进　何应芬　陈升赞　陈添发　陈广云　王松团　黄东成　岩文江　温永福　余　享　梁　毛　叶玉彭　刘善哉　罗德辉　杨瑞文　李则权　赖询和　何　兴　梁　年　谢燥芬　徐亚省　邓耀光　张剑雄　陆　路　余文达　黄景镇　陈鸿仁　黄良书　李极荣　韩志丰　陈佛炎　李孝为　黄号龙　蔡文彪　张维祥　潭自强　蔡　福　丘　才　丘有　李　生　钟树清　陈朝栋　赵　轩　张　荣　许　枝　王猷福　周永通　曾　明　何万轩　王　苏　汪清福　冯法克　符致霖　陈达道　符文山　林叶波　刘桂华　陈献太　陈如旭　符致琼　何启风　陈在琨　张家

蕃	叶守富	李家锦	李华扬	胡凯军	陈大巴	朱崇年	符和亲	陈邦
兴	何福强	林相	郑延财	翁绍仟	王大护	罗豫江	陈应顺	谢森
周	罗开瑚	吴毓琼	王振美	翁绍结	刘其晃	杨善馥	罗豫川	符首
根	何明和	谢川周	陈金福	王秀球	符昭勋	关炳南	杜家汉	李居
鹤	李锦容	史业秀	黄合成	张天送	黄帆	黄轩	易生成	张兴
禄	聂有成	张瑞伦	李觉文	黄振书	陈家发	王春茂	黄彩欢	何干
炯	施玉水	陈如辉	林珍星	刘润球	周学锦	凌一齐	陈荣宽	朱植
庭	黄蜂	吴铁民	温山	尤竞雄	周英石	叶润权	蒙家裕	陈裕
星	李金章	吕寿	梁锦	蔡民生	周金生	何珠	司徒悦	李
林	章永平	林广怀	陈巧	苏拿	余连盛	黄和东	卓福昆	陈鼎
盛	邱玉笔	林铁	颜世国	罗章兼	林财	刘瑞济	王瑞同	谢朗
生	罗寿康	陈晋富	张锦昌	沈茂山	符树养	韦宣耀	陈世清	刘浩
济	张勋和	潘国喜	李苏吓	香德和	潘先源	陈志平	郭茂东	吴开
进	郑振仟	李芳香	冯友华	李晋	王木利	翁世彬	陈钊	杨大
琼	盛云梯	林传芳	曾春和	颜义	李度虎	洪国树	符致光	李文
光	许成玉	苏圻琴	庞国器	符国连	颜金炉	陈世充	陈大培	翁飞
龙	王亚尧	赖昌德	王修甫	韩谓元	陈文牛	胡牛	黄佛	钟志
明	黄祖耀	钟国光	余半农	汤福记	浣锦树	陈钟榜	黄应心	黄德
祥	黄裕新	袁荣生	张同辉	翁祚炳	彭倡仔	黄玉	叶心才	庄劳
吉	刘亚连	曹岳生	冯硕福	游杏芬	田观进	朱学海	林亚甫	赖
明	陈仁泉	符气郁	王春毛	谢来发	蔡元兴	洪金山	伍清庚	黄耀
武	黄提明	刘财	曾颂尧	柯亚福	陈正	陈弟	徐锦广	方亚
辉	林有恭	张金友	郑克丰	张明德	潘春秀	高仕昭	刘志华	陈瑞
浪	林亚包	卢汉昌	陈钦生	张亚坤	林汉升	李申民	章应希	叶吉
兴	田穗九	庄霖助	陈儒仕	黎琼尹	陈清麟	邓作宁	谢丕川	李大
河	林妈元	胡荣丰	邢保河	曾建基	黄川水	邱文乌	李德文	叶阿
连	曾清华	杨发生	朱活水	孔阿仔	陈昆来	戴有吾	邱衡祝	林亚
才	谢龙河	邱德才	李顾彦	蔡美桂	陈子忠	麦瑞祥	邱武广	陈广
裕	李文海	余和俊	曾忠	吴亚临	骆连和	陈日初	林鼎来	许宗
忠	温娘接	陈家锦	曹进才	谢永富	徐清海	丘梦熊	吴家香	吴
珠	江广福	苏由天	陈亚习					

该批机工回国组织机构人员

总领队　　（正）黄景镇　　（副）曹岳生

总务长　　（正）庞国器　　（副）黄　玉　谭自强

文书长　　（正）符和亲　　（副）罗德祥　沈茂山

宣　传　　（正）黄　蜂　　（副）周崇挺　曹应梨

干　事　　（正）李孝为　张同辉　叶玉彭　蔡　福

第一队队长　（正）章永平　　（副）李棋万

第二队队长　（正）刘善哉　　（副）周英石

第三队队长　（正）林广怀　　（副）符国连

第四队队长　（正）胡凯军　　（副）李锦容

第五队队长　（正）罗豫川　　（副）洪国树

第六队队长　（正）洪金山　　（副）邓作宁

第七队队长　（正）蔡元兴　　（副）田穗九

9. 第九批机工名单

档案记载第九批机工为 507 人，但名单缺，以下系根据抗战胜利后 1946 年复员机工总登记表中注明为第九批者所辑录而成，显然尚未完整（牺牲者及漏登记者未包括在内），有待后补正。

伍松福	黄友镐	杨志忠	林中生	陈亚丕	叶桂成	张万森
陈昌明	陈番信	陈德华	陈成发	吴进明	沈冰生	林肇坤
廖志云	□亚华	李祥发	彭发陆	杨峰兴	陈梦深	颜日辉
陈亚基	同春荣	叶德甫	蔡亚求	陈进忠	徐杏初	辜　开
林金德	吕和昌	李　发	何启元	杨大胜	陈秋新	陈开钦
陈志宏	李元道	李文献	谢金才	王日波	颜耀彬	王集贵
陈潮海	林国民	胡亚明	王冠时	余德昝	黄和平	胡亚明
罗锦云	翁炎兴	邹良琴	蔡汉良	邝天祥	卢　梅	杨运广
张天接	王声椿	黄玉章	陈业贤	张漫舟	余汉洲	罗　年
辜　发	邢贻椿	宋　昌	王声桐	黄金声	陈美学	陈聪明
黄杰满	曾文书	江咏源	谢之元	王书森	李瑞池	蔡长梨
符云山	张天习	林亚九	孙根成	杨妈富	周远芳	叶云照
林春才	李茂书	林鸿玉	韩瑞丰	张修隆	陈炳居	黄良才

邹新茂	黄富强	陈梧琴	洪诚继	吴明波	莫宏钦	谭　耀
孙玉泉	邱仁聪	华景学	华开国	韩士元	朱　华	陈　九
冯亚书	何天平	颜松美	黄金喜	黄亚成	杨木生	张敏文
何荣耀	蔡忠经	唐炎川	肖水强	梁水金	黄大新	张　庆
吴亮水	罗百基	陈亚福	张连胜	彭荣基	黄园丁	林亚老
赵福登	蔡玉辉	陈源缓	普开勋	贺麟光	陈南发	方炳兴
杨木深	冯国英	罗豫川	林　英	陈如潮	陈廷鼎	谭醒觉
王汉雄	马　明	黄伯秀	林皇泉	文保昆	邢福秀	符其昌
陈学钦	朱喜年	张法权	陆汝金	赵买兴	陈国光	王云峰
丁洪贵	余玉田	彭海涌	张智源	陈德军	梁　牛	吴奋前
苏昭安	莫泽林	杨德静	熊兆棉	侯合意	颜旭升	曾渊如
张生祥	朱　和	朱松胜	简允康	陈杰生	文永丰	沈世成
张亚通	符信初	蔡三如	钟祥基	邱树华	郑亚央	黄拔如
张金炳	郭坚忍	李山河	杨运光	林柏生	杨德昌	许　年
吴世钦	林水根	丘　想	林家景	庄亚南	王以石	刘林泉
陈庆云	赖文华	黄心堆	钟远谋	吴振初	欧阳东	王诗伟
陆汝金	邓焕祥	钟祥基	梁元亮	贺天宝	吴振林	庄军星
巫俊生	崔明珠	何满祥	林遵廷	魏　平	李金水	谢秀忠
张星辉	李廷燕	□家瑋	符鸿庆	陈　豹	华明潘	吴福华
黄克白	林炳祖	梁镇光	王家杰	谢金标	刘　源	杨良伴
邹绍锦	蓝丕昌	陈绍昌	许　添	陈友国		

第九批机工（代军政部招募）名单

翁辉春	陈春年	卢文山	林明芳	吴惠民	周云锦	李棋香
傅尧民	林运江	何启卿	莫则林	冯裕琼	钟　高	张永隆
郑兰春	祝朝端	何声三	卢松深	钟积杰	严亚国	张　坚
陈玉初	何　华	黄林燊	黎良骥	张修降	邢福昌	冯尔旺
邢谷德	孙　民	符德伟	张光日	黎长江	罗裕早	马汉成
冯裕庆	林猷杰	刘添利	关　标	吴正秋	林鸿钰	曾渊如
蒋伟泉	冯汉深	许道何	王多喜	张木隆	伍书汪	杨培基
汤振藩	莫国儒	黄　荣	江泳元	杨国辉	梁振邦	黄金星
林　炎	梁朝贵	伍亚伦	陈云露	黄庆初	伍亚再	王连石

故亚明　邱树孚　曾杏存

附录十五：西南运输处运钞队名单

西南运输处运钞队名单①

职别	姓名	人员来源
队长	陈金有	西南运输处接运队
副队长	李卫民	华侨先锋第二大队
会计员	黄举仁	总局
办事员	曾达	华侨先锋第二大队
	王冠时	华侨机工互助会
	李拂尘	华侨先锋第二大队
第一班班长	林鹏	华侨先锋第二大队
司机	李云	腊戌维修厂
	蔡罗	华侨机工
	林明慓	华侨先锋第二大队
	林亚九	华侨先锋第二大队
	符汉东	
	周天河	
	余明德	
	梁茂科	华侨先锋第二大队
第二班班长	王弗兴	华侨先锋第二大队
司机	邓汉文	华侨先锋第二大队
	杨思洪	华侨先锋第二大队
	王东进	华侨先锋第二大队
	陈思	招回侨工
	罗伙枝	招回侨工
	符有根	招回侨工
	郭业	招回侨工
	罗伟	招回侨工
第三班长	刘攸齐	西南运输处第1大队侨工

---

① 《西南运输处运钞队名单》，云南省档案馆藏，西南运输处档案，54/31/6910。

续表

职别	姓名	人员来源
司机	李青芳	西南运输处第1大队侨工
	邓文波	
	黄锡和	西南运输处第6大队侨工
	陈光明	西南运输处第12大队侨工
	林清顺	西南运输处第12大队侨工
	符修治	西南运输处第1大队侨工
	林大用	
	林炳坤	
第四班班长	陈逸	招回侨工
司机	林兴	华侨先锋第二大队
	龙脉翔	招回侨工
	钱亚九	
	陈逸	招回侨工
	王亚昌	
	陈文	
	林鸿于	
	庄耿波	
	林清顺	
第五班班长	郭汉	
司机	饶飘云	
	颜振德	
	李玉锡	
	黄存来	
	高起南	
	陈三仟	
	苏中利	
	陈文先	

附录十六：机工林孟兴母亲信函①

孟儿知悉，启者，遥念为国服务，谅必成绩日增，身体谅卜康强，祝盖儿千山万水，为国效劳，心存爱国之至，将身体贡献于国家，为国家民族谋独立幸福于自由，诚哉，可谓吾家之千里驹也，务须格外努力，切勿苟且偷生，此为至嘱，祈为勿念，你妻不料于十月九号与人逃之夭夭，现仍查无踪迹，幸筹赈会以及张金利、姚应期二先生，代为设法寻觅，同时开讨论会议，承大众之美意，每月援助吾家十元之，据云，援助三月为度，在行讨论如何，然而吾儿对此切勿挂念，虽你妻不能承你之志，然吾虽年老尤能负你之家庭，宜尽心为国，此为至要者也，会意你临别时，所言一切，你犹能记否，使吾每日念你前言也，吾儿宜回忆三思才是，现在欧战发生，对各物格外腾贵，家中顿觉困难也，悉为接信后，对此家中之经济，宜乎帮助才是，希为至重。以及复信时，寄张金利先生道谢也。

此致

胜利

廿八年十二月七日

附录十七：部分南侨机工在南洋服务时技术水平证明

1. 江儒富的车行五年工作证明书

迳启者，查江儒富确曾在都亚冷永来车房修理汽车五年，对于修理械件工作备极成熟，兹前来贵会报告投考回国服务事属可嘉，特具证明书以资证明。

此致　霹雳筹赈会

王振东　怡保东生隆（商号）

廿八年五月九日

---

① 《机工刘孟兴家书》，《华侨机工通讯刊》第 22 期。

2. 吴清扶的修理车工作证明书

TAI THONG & CO 怡保大同公司

兹有吴清扶前在怡保大同电车厂修理电车工作，历有几载，此证。

怡保大同公司启

廿八廿四月廿六日

3. 怡保罗华当机工四年的证明书

CHOP WAH YWWN

No. 41 LAHAT ROAD

IPOH，27th；APRIL，1939

DISCHARGE CERTIFICATE

TO WHOM IT MAY CONCERN

This is to certify that Mr. Low Wah，has working under me for a period of 4 years as a motor mechanic，during which time he has discharged hisduties most efficiently and diligently. he is a very hard-working person and can be depended upon to execute satisfactorily any work allotted to him. he is leaving my employ now on his accord better prospect in China.

那乞律　华炫号（签名不清）

CHOP WAH YWWN

4. 罗详受雇于怡保广兴隆号证明书

宝金辜兄弟公司

KOH BROTHERS CO.

MOTOR CAR REPAIRES CHARGING REPAIRONG BATTERIES

ALL WORKS CARRIED OUT BU ESPERT MECHANIC

No. 45 47，JALAN AMPANG

南洋宝金辜兄弟公司技术证书，工友辜水扬现年廿四岁，福建省永春县人，在本厂实习修理汽车卡车等技术计四年，对于汽车卡车技术械件之任何损坏均能修理完善，且工作敏捷，品行端正，尤为可取。

特给予及时证明书，切实证明。

技师　辜国栋　辜植鹏（宝金辜兄弟公司）章

中华民国廿七年四月廿八日

5. 黄郁的丹荣都亚冷技工证书（1932）

PENAWAT（MALAYA）TIN DREDGING Co. LTD.

MINE OFFICE

TANJONG TUALANG

PEPAK

F. M. S

NAME：wong yok

OCCUPATION：Locomotive driver

PERIOD OFEMPLOMENT：1 year

ATTENDANCS：Good

RMARKES：Reference given to going to leave

（签名）J. H. BELL

EMGINEER

TANJONG TUALANG

April 1932

6. 怡保布源记车店给谭松强的证明书

源记车店

YEN KEE& Co.

39，Lahat Road

IPOH

Repairers of

Car Cycles

And Motor-cycles

IPOH：31st December，1939

To Whom It May Concern

This is to certify that bearer Mr，Tam choog Keong had been in our employ as a motorfitter for the past three years and eight months. During which period we have found him honest and hard worker.

He left our service at his ownaccord.

Yours Faithfully

怡保

源记车店

YWN KEE REPAIRER，

IPOH

附录十八：1939 年部分南侨机工回国信息表。[①]

一九三九年太平华侨机工回国服务团团员回国服务登记表

姓名	籍贯	年龄	家庭情况	技术水平	住址	保人	保人地址
黄华才	宝安	30	兄二	驶车经验十二年兼修机	太平新九公司	江沙陈集泉	江沙德顺号
朱留香	东莞	21	父母	修机兼驶车	太平马德律水记号	蔡福楠	太福楠号
欧文华	琼东	36	弟一	驶车经验十二年兼修机，有当地礼礼申	江沙新源记号	蔡崇石	江沙新源记号
郑国全	增城	20	家有兄三、弟三	在公司二年，修机兼驶械	太平埠马力律 11 号	陈煊	太平煊公司
曾全河	四会	27	家中有父母、兄弟五人，姐妹四人	修机兼驶车	太平埠巴顶转特物力	黄安益	太平筹赈会
王振春	南安	30	有兄弟三人	驶车，有当地执照	太平埠罗乳 19 号	张水犀	太平筹赈会

① 《1939 年南侨机工服务团返国个人信息表》，云南省档案馆藏，西南运输处档案，54/10/228。

续表

姓名	籍贯	年龄	家庭情况	技术水平	住址	保人	保人地址
叶应福	梅县	32	父母殁，兄弟四人	在怡保合发摩托公司修机三年	太平东方街	彭振来	太平东方街18号壹球馆
陈宝琪	四会	37	一母及叔父	有十五年经验	太平高打律南洋茶室	龙目新	太平高打律实美昌号
张亚良	番禺	26	父母，兄弟五	驶车三年	太平四会街道	吴志光	
胡惠来	桂州	28	一母及兄弟三	驶车三年	太平四会街道	胡满荣	太平都振力
彭春生	兴化	24	妻故	驶车及翻煮轮胎	吥悟朝干内律28号	蔡招才	
蔡世隆（已婚）	晋江	29	生活平常	驶车九年	太平鉴光英门埠5号	陈锦雪	太平鉴光英门埠5号
谢金福	晋江	20	父母俱在，一兄	驶车三年	太平马节律世界电器公司	Ong Chye Bee	treasuer palace
林文龙	南安	22	父母俱在祖国	驶车四年	太平古打律3号	李九黎	
王为	泉州	20	父母、兄弟俱在，有一叔父	驶车五年	太平埠公馆街新光隆	王福海	冥律古达221号

续表

姓名	籍贯	年龄	家庭情况	技术水平	住址	保人	保人地址
吴赣九	同安	26	父母全，兄一	驶车九年	巴杀内源未号	吴文担	都巴下利鉴光
林金水	惠安	23	母亲及兄弟各一人	三年经验，有当地执照	江沙万怀大街 45 号	赵章老	惠通巴士车公司
钟金水	增城	24	母在太平，第一	修车兼能驶车	太平古打民生号	太平分会钟金容	
梁广昌	大浦	22	父母在，弟四个	驶车三年	太平古打律新利发 48 号	梁应田	第八条街街 11 号
陈朝宗	安溪	24	兄弟六，在南洋	驶车四年	太平番人礼拜堂横街成美公司	林炳	太平番人礼拜堂横街成美公司
李毓芬	新会	27	父母在中国	驶车四年	太平明律	陈伦	太平马律 19 号，新灼记茶室
刘春泉	惠安	20	父母俱在祖国	驶车三年	太平兴隆第六横街 39 号	刘文理	太平班底新世界茶室
郑子福	同安	38	父在、兄一、姝三，无拖累	驶车二十年	太平属什勿壹泉成胺榔	林赣	太平十八订 221 号
方金水	南安	20	双亲俱在、兄弟三人	驶车兼能糙补内胎	太平都律第六条联合号	雷敬隆	太平都律第六条联合号

续表

姓名	籍贯	年龄	家庭情况	技术水平	住址	保人	保人地址
陈振坤	潮州	37	父母弟俱在	驶车二十年兼修机	太平郁昆门牌 37 号	陈正义	直苯陈长富园
杨冀栗	南安	28	父母俱亡，兄一、弟一	驶车五年	太平渔商俱乐部	杨冀临	江沙杨联合号
黄振来	南安	22	过得去	驶车三年	太平马吉福泉车 134 — 136 号	黄天华	太平马结律 12 号信裕号
谢展云	增城	20	父母俱在，有弟五个	驶车四年	宣力埠，宾兴医院	谢九	太平夏义启光 339 号
林明存（已婚）	海南	32	母亲、妻子及子俱在祖国	驶车十二年	太平务美街	罗正锦	太平车头街
吴鸟咨	泉州	36	父母俱亡	驶车五年	太平义成号转	太平筹赈会	
陈明发	南安	20	母在太平，兄二、弟一	驶车五年	太平古王德公会	太平筹赈会	
洪朴玉	同安	28	父母弟俱在	修整电池	太平古打明生茶室	王粘毛	都摆律 231 号
刘耀省	番禺	21	母亲、姝、弟	驶车三年，修机	庙前街三益茶楼	母亲卢氏	庙前街三益茶楼

续表

姓名	籍贯	年龄	家庭情况	技术水平	住址	保人	保人地址
陈有	南海	32	父母、兄弟无	驶车六年	太平埠公馆街新光隆	叶润才	荣乐戏院
杨赐发	同安	35	第一、在祖国	修整电池	太平王德公会	武子松	下而甘邦
苏美达	晋江	24	父在祖国、弟一	驶机械	太平马结律信记公司转	黄书水	太平马结律信记公司转
黄金福	泉州	26	父母在祖国、有弟二	驶车六年	太平共和酒店	吴成和	四衣街 234 号
蔡长平	晋江	28	生活平常	驶车七年	太平坡古大	王秋水	太平锦和轩音乐部
梁柏祥	鹤山	24	母在庸、兄弟各一、在庸	驶车三年、兼能修机	瑞美街 38 号昌记号	昌记	
欧添福（已婚）	新宁	39	妻亡故	驶车十三年	新港 22 号	周云峰	太平古打律福建会馆
林金犹	同安	37	母在中国	修电池	太平都新和社	雷教子	太平筹赈会
郭廷玉	惠安	32	父母二弟在中国	驶车二年、驶机械	太平新九公司	柯恩在	太平新福业

续表

姓名	籍贯	年龄	家庭情况	技术水平	住址	保人	保人地址
甄容光	台山	32		驶车三年	太平实嘴鸣合发号	叶天福	太平古打律福建会馆
许才林	潮州	24	母在直弄，有兄弟三	驶车五年	太平马结	许金花	
叶福来（已婚）	同安	25	一妻子在太平	驶机械	太平马结	yeaphocks	
林成基（已婚）	南安	34	父母俱亡，妻子一，子一	驶车十年	太平暑业公所	张玉律	太平筹赈会
谢基云	增城	22	父母在，有兄二	驶机械	太平埠下马壁马力律98号	吴诚实	太平都摆律
吴亚咨	龙溪	30	父在太平，母在	驶机械	太平同成号	太平同裕号	太平古打律福建会馆
刘清	增城	26	有一母，一兄	驶车三年	和丰侨昌茶室	孙焕文	太平明律5号
林福来	思明	20	独身	驶车一年	太平都撮路	雷教子	太平联合号
郑德昌	同安	32	母在太平二弟，一妹	驶车十年	太平古打律新利发	郑耀训	猪挥桥头46号
李寿民	台城	21	母在中国	驶车七年	太平马力律87号	刘德安	太平马力律87号
黄奕九	同安	23	父母在太平，弟四人	驶车一年	太平新路口信和号	黄㑇相	太平新路口信和号
王仓弊（已婚）	增城	25		驶四年，探矿		太平大中号	

一九三九年马来亚霹雳华侨机工回国服务团团员回国服务登记表

姓名	年龄	籍贯	家庭情况	个人经历	技术经验	现在住址	保人姓名	保人地址
林燕治	28	永春	父母已逝，一个小弟	在祖国家乡高小毕业，来南洋独自营业饼干店	驶过福特汽车，有当地政府执照	怡保休罗街门牌133号新荣益	郑英定	和事大街门牌10号
郑始万（已婚）	34	大埔	一妻三子一女	曾驶车六年啰哩车	驶啰哩车等	埔地	张记友	埔地华侨学校
杨志贤	23	梅县	营业二年余	驶车	驶机二年	怡保安达申律44号内	潘兴	怡保坡宴打顺律门牌12号
黄昌林	38	莆田	父在、三弟兄		驶车十五年	怡保未毛	王光地	怡保坡新丰隆公司客栈街28号
陈泽	25	鹤山	足应给用		驶车三年	怡保晓罗街门牌23号	吴亚积	怡保晓罗街联合号（联华电器公司）
冯恒（已婚）	32	新会		可以自给	驶车十五年（司机及修机）	驻结街啰哩公会转交	叶恒	怡保同德车行德和街门牌12号楼上
张连培（已婚）	23	大埔	父一、母一在南洋	曾任啰哩车司机三年		埔地埠端洛路18号	张记友	埔地华侨学校
黄茂源	26	梅县	兄一人		驶车三年	怡保高安街黄珍记号转黄茂源		实里达十字路门牌24号广利号

续表

姓名	年龄	籍贯	家庭情况	个人经历	技术经验	现在住址	保人姓名	保人地址
潘福生	24	清远	父母去世，兄弟三人	驶车三年	司机、电力	金宝埠华隆门牌3号	叶贤贵	双溪古月河水电力公司宝山号
黄锡坤	36	南海		驶车十五年		怡保戏院街渔业工会	梁润	怡保得胜街门牌5号渔业工会
谭松强	26	南海	父殁母在，兄弟四人	前在温公司修机四年、安顺安全厂修机两年		怡保巴地西街33号	大霹雳机器工会（PERAK Chinese Engineeing Associaisn）	
韦水杨	25	永春	兄弟共四人，父母双亡	修车五年、现任韦兄弟公司修车员		金宝埠暗帮街韦兄弟公司	韦植鹏	金宝韦兄弟公司
林适廷	24	新会	六兄弟	驶车六年		金宝德源号	林永润	金宝体罗街门牌11号
黄亚朗	30	文昌		曾在打巴行驶驾驶啰哩车、现在金宝代理美孚石油		吡叻双溪古月广生堂门牌28号	蔡剑广	吡叻华侨委员会双溪古月分会

续表

姓名	年龄	籍贯	家庭情况	个人经历	技术经验	现在住址	保人姓名	保人地址
陈福全	26	闽侯	小康	驾驶汽车一年		实兆达二条路泰和号	林政秀	实兆达汽车公会，知见人：实兆达中华会会长方肇勉
杨观火	30	赤溪		驾驶汽车五年		万里望十字路哞讵分会	唐易贵	哞讵埠18号哞讵分会
黄金玉（已婚）	33	四会	母在兄长一小弟四	驾驶汽车十年	修电车	督亚冷冰水来车房	胡俭	督亚冷
萧涛	30	惠州	父母兄妹尚在	驾驶汽车十三年		布先哞讵律门牌10号	郑周亮	吡叻布光35号、乾生酒店知见人：郑周珍
林生	30	古溪		驶车十二年	驶车修理	怡保新街场哞讵律业号	吴乾邦（怡保宴丰书栗）哞讵律	
梁枝（已婚）	30	开平	可以自给	驶车四年		怡保新街场院罗街联业18号	吴亚积	联华电器公司
白昌泰（已婚）	34	琼山	父早亡、母尚在、弟二	驶车十年	司机兼	怡保新街场立土漫那街	周泰添	怡保黑非街24号

续表

姓名	年龄	籍贯	家庭情况	个人经历	技术经验	现在住址	保人姓名	保人地址
梁金水	31	泉州	有弟四人	驶车十四年	驶车修车	怡保吻沙那律41号	何潜	吻吻嘍哩工商公会
蔡子强（已婚）	34	揭阳	由长兄负担，家兄蔡聘	驶车十年		吻吻双溪古月广生堂门牌28号	蔡聘	双溪古月居侨长。知见人：周古贤，当地筹赈会主席
蔡罗	32	揭阳	弟蔡殿	近打公司驶机		吻吻双溪古月广生堂门牌28号	蔡剑光	
吴清扶	27	开平	有父亲	在中西大厂服务八年	在大同车厂修整电车	哖讫路易日新大同公司	黎佑（恰保广成号）恰保谦街广成修车店	
王鼎自（已婚）	37	南安	母亲，兄弟二，妻，子五	驾车十年		江沙公市西南	陈文星	江沙公市和利号江沙分会
张伟业	20		家境清贫，全家有六人	驶车二年		怡保安得申律96号	黄清	恰保马来亚路

续表

姓名	年龄	籍贯	家庭情况	个人经历	技术经验	现在住址	保人姓名	保人地址
王连锦	25	琼山	家庭双全	吉隆坡驶车		宝丰埠毛边街广泰号	何私端	金宝毕边街联成公司
胡先	35	恩平	有父母	驶车十五年		金宝拿督街宽记20号	梁益记	暗邦街
江鹤君	33	广宁	妻亡，兄长在祖国任教员，电一岁儿子	锡矿机器工程八年，修理汽车五年，电一年		怡保泰记茶室	王振东	永米库房黄金珠
吴仕（已婚）	28	英德		种植，务边福利及温公司哩车司机及司机	驶车八年	务边埠古备区英合号	吴三	务边筹赈分会
林亚玉（已婚）	38	仙游	普通生活	驶车十一年、纯熟		怡保龙泉茶庄	林英叶	怡保列冶街龙泉茶庄
罗华	25	南海	父、兄长	电车	修机	嘮呔律华峳号	黄华	华林寺华峳号
施文水	25	仙游	小康	驶车二年		实兆达爱悦华祥号	林政秀（会长）	实兆达汽车工会

续表

姓名	年龄	籍贯	家庭情况	个人经历	技术经验	现在住址	保人姓名	保人地址
梁福全	26	东莞	兄弟三个	在金宝埠平安公司五年		大吡叻金宝埠平安公司	何乾巨	吡叻啰哩商公会
丁陆行	25	新会	父母亡	驾车十五年		金宝陆致祥	黄金枝	金宝戏院街46号、卫生号
吕承广	34	文昌	老母在洋，兄弟四人，小康	驾车八年		天定州新甘光	吕承敉	天定州新甘光大泉号
蔡带（已婚）	39	晋江	妻及二女	驾车十年		江沙公市万合成	陈清海	江沙公市南记
许福	27	江苏	中等	在善后华商公共汽车公司六年、九龙汽车公司四年		华都	古炳放	得乐街华侨果业协会
姚锡文（已婚）	35	丰顺	平常	驾机十年、兼修机		怡保未毛路314号	郑国亮	
罗祥	26	东莞	父母在，并有兄弟四位、家嫂等	修机五年、兼司机		吡叻布先埠35号乾生酒店	郑国亮	吡叻布先埠35号乾生酒店
赖谭	37	惠州	母亲、及弟二	驾车十五年、修机二十年余		江沙律车房18号	刘运	百年汽车有限公司

技术经验列：许福行 — 在善后华商公共汽车公司六年、后在香港

一九三九年马来亚巴生华侨机工回国服务团团员回国服务登记表

姓名	籍贯	年龄	经历及家庭	技术经验	家庭地址	保人	保人地址
陈文火（已婚）	永春	27		修驶机十年	巴生坡加埔路76号	李载健	巴生坡房烘井74号
刘收齐（已婚）	永春	34	父亲在、妻一、子一	驶车十二年，有证书	雪兰莪直落峇壁路永日木厂	洪华卿	巴生前卫利华公司
郑逢时（已婚）	永春	25	母亲、兄弟	驶车七年，有证书	巴双过港知都甲律87号	林裘迈	巴生坡林茂街
林金成	永春	31	父母双亡、独身	驶车十年，有证书	巴生港口过港亚峇源大号	郭述见	巴生港口村律源大号
陈宝礼	莆田	21	父母在、七兄弟、五姊妹、家庭商业生活	在巴生巴士公司、有证书	巴峇都地加律19号中兴宝号	黄进洽	巴生万新发宝号
杨林森	大浦	25	独身、出生吉隆坡、有当地政府报生证据	1934入吉隆坡峇都律学习修机四年，现任巴生机合公司司机，有证书	巴生机合公司	卢文尚	巴生公行机会公司
李壁林	金门	23	父母亡、一叔、一妹	在星洲一年肄业、英文第七号，驶电车及摩托车、有证书	马拉街54号	陈炳发	马拉街54号
严福镇（已婚）	文昌	34	妻一、女二	修机二年，驶车十四年，有证书	巴生港口过港亚峇源大号	郭爱杰	巴生口香园号
彭子安	永春	21		驶车五年、有当地政府证书	巴生中路口华侨学校转	萧瑞祥	巴生口敏街街道同和好19号

一九三九年马来亚槟城华侨机工回国服务团团员回国服务登记表

姓名	年龄	籍贯	家庭情况	驾驶证书及经验	驾驶经验（年）	现在任址	保人姓名	保人地址
柯荣隆	33	福建同安	父母兄弟俱在	已得英政府准照，经营商业		槟城红灯角37号	柯维仁	社尾街45号
李荣竹	30	福建同安	家庭清贫（曾受教育四年）	修机五年		槟城新路渔滨茶室	李清谋	槟城风车路38号
林苔苫（已婚）	32	福建安溪	平常得过		驶机十二年	槟城日落洞大路后342A号	林文清	槟城头条路11号
陈亚留	23	广东潮州	母及两个幼弟	修机八年		槟城亚依法筹赈分会	柴国桢	槟城亚依法 NO.289
李福明	35	福建同安	母一弟一	P4016	任出租汽车司机十九年	槟城北海成汽车公司	周坚固	槟城北海成汽车公司
林清来	25	福建安溪	贫劳	驶机 P794/38	驶机一年余	槟城海墘新路 NO.166	孙杰光	槟城垠罗申街 NO.181
刘任旗	25	广东东花	兄弟五人	驶机 P167/34		槟城亚依法 NO.177	杨求富	槟城波罗池滑 NO.351
许书传（已婚）	29	广东文昌	无产阶级	驶机 P637/37	驶机二年	槟城中路清劳阁	民济堂药房	槟城吉宁万山街 NO.27

续表

姓名	年龄	籍贯	家庭情况	驾驶证书及经验	驾驶经验（年）	现在住址	保人姓名	保人地址
谢菁九	25	福建海澄	父母弟妹俱在	驶机 P172/36	驶机三年	槟城德顺律 NO.1A	杨亚文	槟城德顺路 NO.35
陈爵	23	广东赤溪	父母及四个兄弟	驶机 P380/39		槟城大山脚打锡肚	槟城威尼斯省圣玛利亚学校	
林树容	29	广东文昌		驶机 P16123/1935	驶机四年	槟城大顺街17号长林社	陈书宽	槟城牛干冬街永昌号 NO.338H
黄荣发	28	福建晋江	母亲、兄弟在	驶机 P17002	驶机十一年	槟城日落洞 NO.181	郭金和	槟城牛干冬 NO.224
林海松	28	广东潮州	平常	驶机 P248/1937	驶机三年，修机六年	槟城德顺路 NO.35	杨亚文	槟城德顺路 NO.35
郭秀发	32	广东惠州	父母已故	驶机 P325/1939	驶机十年	槟城车水街 NO.133B	曾声渭	槟城车水路 NO.133B
符合则	26	广东文昌		驶机 P784/1937	驶机八年	槟城丹绒文雅新海景	黎亚光	德顺路 NO.38
王海南	23	福建同安	贫劳	驶机 P282/1938	驶机三年	槟城瑭耀申桥 NO.2H	孙侯光	槟城瑭耀申街 NO.181

续表

姓名	年龄	籍贯	家庭情况	驾驶证书及经验	驾驶经验(年)	现在住址	保人姓名	保人地址
陈清山	25	福建南安	贫穷	驶机 P16423	驶机五年	槟城垠羅申街181	孙傑光	槟城垠羅申街 NO.181
王亚狗	29	广东梅县		驶机 P12887	驶机六年	槟城浮罗山背 NO.36	林镜湖	槟城浮罗山背 NO.377
谢允和	33	福建南安	第一	驶机 P8204	驶机十二年	槟城港仔墘 NO.128	张德水	槟城大伯公街 NO.66
陈绸发	23	福建	无兄弟	驶机 P15884	驶机四年	槟城坚打连 NO.63	卢寿平	槟城社尾街 NO.H03
陈蟧鱼	23	福建惠安		驶机 P107/1939	驶机六年	槟属北海成机器厂	周坚固	槟属北海成成公司
叶原宝	28	福建南安	三兄	驶机 P14968	驶机十一年	槟城车水倒歪路	伍言	槟城港仔墘 NO.240
梁绢青	29	福建南安	家贫	驶机 K1625/47	驶机十一年	槟城三条路 NO.55	邱伍乙	槟城五盏灯 NO.38
李溉华(已婚)	28	福建安溪	平凡	驶机 P838/1938	驶机二年	槟城新街荣华 NO.116	陈凌义	槟城垠羅申街 NO.288
潘德良	21	广东大埔	小康	驶机 P1041/1938	驶机一年	槟城启泰巷 NO.8	朱银才	槟城社尾街协发 NO.484

续表

姓名	年龄	籍贯	家庭情况	驾驶证书及经验	驾驶经验（年）	现在住址	保人姓名	保人地址
王宁鹏	29	福建同安	小康	驶机 NO. 6745	驶机七年	槟城港仔墘万山后尾 NO. 63	王源记	槟城港仔墘 NO. 54
李福星	23	福建同安	母、弟皆在祖国	——	修机四年	槟城新路渔滨茶室	李清谋	槟城风车路 38 号
张添兴	22	广东增城	母在、兄弟五人，平凡	驶机 P115/1938	——	槟城新港园内广和堂 NO. 881	陈金树	槟城新港 NO. 938
陈英位	30	广东文昌	——	驶机 K313/38	驶机二年	槟城新街松公司	松公司	槟城新街松公司
周春文（已婚）	32	福建同安	平常	——	驶机十一年	槟城双溪槟榔律 NO. 44	黄金生	槟城火车头街 NO. 8A
李添福	36	福建南安	平凡	驶机 P4442	驶机十五年	槟城暹律 NO. 70	黄顺珍	槟城柑仔园锡廊公司
萧瑞兴（已婚）	39	广州惠州	平凡	驶机 P11026	驶机十一年	槟城大山脚芒光顺兴 NO. 192	陈金云	槟城属大山脚红毛桥头？NO. 269

续表

姓名	年龄	籍贯	家庭情况	驾驶证书及经验	驾驶经验（年）	现在住址	保人姓名	保人地址
洪恭扁	35	福建南安	未负担家庭	驶机 P5911	驶机十四年	槟城大山脚老只甘光 NO.62	叶万尚	槟城属大山脚牙结律 NO.98
林献兴	20	广东文昌	良好	驶机 K141/1937	驶机五年	暹罗同里干冬埠连成号	方君壮	槟城椰脚街现代日报
邢绍钧	28	广东文昌	平常	驶机通 1282	驶机十年	槟城椰脚街现代日报	方君壮	槟城椰脚街现代日报
朱亚素	20	福建	平常	驶机 P582/1938	驶机三年	槟城打石街 NO.1	许监生	槟城日落洞顶洞东畔 NO.125E
黄旺（已婚）	32	广东惠州	得过	驶机 K326/57	驶机十三年	槟城大山脚火车头横街 NO.119	陈德才	不详
伍化添	29	广东台山	平常	驶机 P408/1938	驶机二年	也都高吡律 NO.23	赵收张	不详
郑镇水	27	福建金门	平俗	驶机	驶机三年	槟城二条路 NO.159 翁迂庸代转	翁迂庸	槟城二条路 NO.159 翁迂庸代转

续表

姓名	年龄	籍贯	家庭情况	驾驶证书及经验	驾驶经验（年）	现在住址	保人姓名	保人地址
陈亚基	20	福建海隆	贫穷	驶机 H395/38	驶机一年多	槟城海墘24	孙杰先	不详
林亚起	28	福建东安	贫穷	驶机 H13986	前任职于和发号	槟城过港仔协成号 NO.285	王汉鼎	抬牛后门牌98
殷亚建	26	福建安溪	父在安顺坡，第一	驶机	驶机三年多	槟城港仔墘118	林观鑫	槟城港仔墘118
林振源（已婚）	23	福建海澄	现住加央巴杀边、普通	驶机	驶机十三年	槟城日落洞499	李友兴	日落洞564
刘有记（已婚）	36	广东番禺	——	驶机 H13121	驶机八年	槟城牛干冬街门牌375	叶金善	槟城瓜兰亚珍门牌1B
庄玉清	27	福建惠安	无家	能	无经历	二奶巷门牌6	黄金生	二奶巷门牌6
符鸿庆（已婚）	27	广东文昌	哥嫂、二侄	驶机	驶机十年	调和街长发号	符克浓	椰脚街门牌35
刘克仁	25	福建海澄	弟妹各一，在祖国	驶机	驶机一年	社尾街门牌468	林隆华	槟城店员联合会

续表

姓名	年龄	籍贯	家庭情况	驾驶证书及经验	驾驶经验（年）	现在住址	保人姓名	保人地址
蔡进昌	22	广东扬阳	生活得过	驶机 P379/39	驶机颇久	槟城马打寮 NO.345	蔡梅德	槟城威省山仔至圣玛利亚学校
陈木枝	27	广东潮州	平常	驶机 P942/1937	驶机二年	槟城大山脚火车头街 NO.94	周明光	吉焦大山脚火车头街 NO.94
陈献江	24	广东琼崖	平凡	驶机 P407/1938	驶机二年	槟城陈氏祠十一同	陈书宽	槟城牛干冬街永昌茶室 NO.338A
伍化华（已婚）	23	广东新宁	良好	驶机 K2504/56	驶机	槟城汕头街 NO.5	伍化郁	槟城新街 NO.72
吴永光（已婚）	28	广东琼东	得过	驶机 P378/19389	驶机二年	槟城大山脚火车头 NO.46	吴大溪	琼东县福田市龙献村
胡昌薪	29	福建永记	平常	驶机逻 238	驶机年余	槟城新港庆和堂 NO.881	陈金树	槟城新港协顺兴 NO.938
王有信	25	福建同安	平常	能	驶机二年	槟城打铁巷 NO.20	周某春	槟城新街头 NO.36
阮润松	23	广东中山	平常	驶机逻 818	驶机三年	槟城大门楼新悦隆 NO.158	詹义松	槟城大门楼新悦隆 NO.158
许天禄	26	广东大埔	母及兄弟姐妹	驶机 P509/1937	驶机三年	槟城亚依淡 NO.246	曾和明	槟城亚依淡豆蔻街 NO.26

续表

姓名	年龄	籍贯	家庭情况	驾驶证书及经验	驾驶经验（年）	现在住址	保人姓名	保人地址
李少如	28	广东新会		驶机 P164370	无经历	槟城打铁街新加坡电版公司	马相如	槟城双溪槟榔港育材学校
袁亚泰	32	广东惠州	清苦	驶机 P10454	驶机十二年	槟城头条路福泰宾 NO.16	翁友文	槟城过港仔建安堂
黄海秀	30	广东潮州	平常	驶机能执照已遗失	驶机十年	槟城埕后和益煮茶咖店 NO.120	朱银才	槟城社尾街 NO.484
周鸿裕	32	福建同安	过得去	驶机 P1623/1938	驶机九年	槟城打铁街顺昌号 NO.355	饶番荻	槟城日落洞律 NO.305B
林献川	20	广东琼州	普通	驶机 P.977/38	驶机二年	槟城中干冬崇记	黎亚光	德顺路 NO.35
曾友庆（已婚）	25	福建安溪	得过	驶机 P16006/1935	驶机五年	槟城德顺律日光毛多 NO.35	黎亚光	德顺路 NO.35

续表

姓名	年龄	籍贯	家庭情况	驾驶证书及经验	驾驶经验（年）	现在住址	保人姓名	保人地址
陈亚九	29	福建惠安		驶机 P16647		槟城直备吧巷 NO. 198	陈得成	槟城港仔墘大兴号
许福鸿（已婚）	32	广东琼州	平常	驶机 P4618/1938	驶机十二年	槟城大略巷 NO. 7	孔繁孙	槟城大顺街 NO. 7
谢薪美（已婚）	36	福建海澄	平凡	驶机 P6792	驶机十二年	NO. 63GREE NLANEPEN-ANG	苏顺昔	槟城打铁街万裕成 NO. 289
柯天和（已婚）	36	福建同安		驶机 P3800	驶机十六年	槟城望脚过山 NO. 121	林定当	槟城山顶山 NO. 886
黄文达	30	广东中山		驶机 S255	驶机十二年	暹罗猛侨埠黄礼什货店	钟生记	暹罗猛侨埠黄礼什货店
游嵩开	22	福建永定	父母、三个兄弟	S474	驶机三年，能修机	暹罗合爱埠合利打铁店	周开生	暹罗合爱埠再生牙科
陈昆孝	24	福建同安		驶机 P446/37	驶机三年余	槟城打铁街陈氏公司内	陈俊竹	槟城打铁街陈氏公司
李亚三	23	福建同安	独身	P91/1937	驶机五年	槟城红灯角 25 号	林文君	槟城观音亭 7 号

续表

姓名	年龄	籍贯	家庭情况	驾驶证书及经验	驾驶经验（年）	现在住址	保人姓名	保人地址
陈初得（已婚）	34	广东潮州		P532/1938	驶机十三年	槟城奢田仔祥茂宝号	杨云亭	不详
詹金成	27	福建惠安	母、兄	PK774/1935	驶机六年	槟城亚敏律 NO.32	林铎民	槟城港仔筧50号
陈大华（已婚）	29	广东万宁		P15216	驶机六年	槟城吉隆冷街燕居林	王豪纪	槟城孖水喉协枝 NO.47
陈亚九	22	福建	平常	P16761/35	驶机四年	槟城大车路71B	曾声渭	槟城车水街133B号
吴其来	24	广东嘉应	普通	P883/1938	驶机十四年	槟城地都高地律23号	粘光辉	不详
陈振美（已婚）	24	福建南安	兄弟七人	P14191/1932	驶机五年	槟城打铁街新振礼343号	陈植辉	槟城打铁街新振礼343号
纪兰花	22	广东普宁	双亲在祖国	K3211/54	驶机六年	不详	王爱清	槟城头条路26号
张泽美	24	福建泉州	平凡	P338/1938	能	槟城头条路93号	马相如	槟城浮罗双溪槟榔港口育材学校

续表

姓名	年龄	籍贯	家庭情况	驾驶证书及经验	驾驶经验（年）	现在住址	保人姓名	保人地址
薛定祥（已婚）	26	广东惠阳	平凡	逻383	驶机五年	逻属合艾埠筹赈会	李镜光	逻罗合艾华裔
刘志明（已婚）	23	广东惠阳	平凡	逻264	驶机三年	逻罗合艾埠安和药材店	熊均康	逻罗合艾集益公司
叶富华（已婚）	29	广东梅县	平凡	能	驶机五年	逻罗西势万那山谢振和号	张民强	逻罗普路丰店路筹赈会
张永发（已婚）	28	广东东莞	母及兄弟	逻335	驶机六年	逻罗大平司南马万发栈号	张民强	逻罗普路丰店路筹赈会
王庆德	27	福建安溪	独身	P16572	驶机五年	槟城新街116号	李华春	槟城新街116号
陈光远	28	广东潮阳	母及兄弟七人	T6239	驶机三年	槟城摄罗申街南通号205号	陈梦霊	槟城摄罗申街南通号205号
陈秉林	25	广东潮阳	兄弟三人	K2739	驶机三年	槟城打铁街松号249号	陈雪飞	槟城打铁街松号249号
方九才（已婚）	31	广东惠来	经济尚充裕	P281/1937	驶机十六年，修机七年	槟城此海新巷3074号	林金柱	槟城属北海金兴商店
陈树森（复祥）	22	福建同安	小康	K170/38	能	槟城打铁街姓陈公司内22号	林隆华	槟城汕头新店员联合会

一九三九年马来亚新加坡华侨机工回国服务团团员回国服务登记表

姓名	年龄	籍贯	家庭情况	驾驶经验及技术	现在住址	保人姓名	保人地址
吴叔庆	20	龙溪	过得去，道南学校毕业	驶机一年	谐街门牌109号	陈锡斌	盒巴乞罗大街56号
黄亚清	28	福建南安	在本坡四年	驶机三年，略识修机	新加坡乞力律57号二楼	黄南和	贡石街门牌5号
吴文区	25	泉州	劳动	驶机四年	新加坡丝丝街门牌20号	苏金同	209星洲哨叻吃芝街 No. 209 South bridge Road
叶其平	25	泉州	平常，商店司账三年	驶机三年	星州牙笼律169号	蔡通	星州牙笼律169号
石朝春	25	福清	母来兄弟在唐	驶机二年	福清江阴里前园村石庆昌	郭可模（司理）	福清会馆
郑文尾	21	兴化	平常	驶机三年	维多利亚街486号	华人司机互助会	华人司机互助会
曾腾光	22	澄海	普通、学习华文2年	驶机三年	二马路米芝律顺城	华人司机互助会	华人司机互助会
邓福才（已婚）	28	鹤山	父母在	驶机九年	乞纳街7号广生隆	新加坡	广帮办事处

续表

姓名	年龄	籍贯	家庭情况	驾驶经验及技术	现在住址	保人姓名	保人地址
黄木大	27	同安	父母妻子在国内	驶机十二年	广帮办事处	广帮办事处	广帮办事处
汪元生	27	同安	父为商人、商行职员	驶机三年	新加坡牙笼11巷门牌33号	洪兆昶	新加坡牙笼11巷门牌3号
陈武列(已婚)	29	惠州		驶机三年、能修机	勿里洞玛纶陈振康	万里洞洞玛纶筹赈会	
叶振怀	24	梅县	平常	驶机六年、能修机	勿里洞玛纶叶晓云	万里洞玛纶筹赈会	
钟尧星	29	梅县	平常	驶机七年、能修机	勿里洞丹格欧阳福	万里洞玛纶筹赈会	
彭叔夜(已婚)	34	陆丰	平常	驶机十三年、能修机	勿里洞玛纶彭傅芳	万里洞玛纶筹赈会	
马少儒	23	蕉岭县	平常	驶机三年、能修机	勿里洞玛纶冯木生	万里洞玛纶筹赈会	
万富昌	24	梅县	平常	驶机三年、能修机	勿里洞玛纶冯木生	万里洞玛纶筹赈会	
叶国旗	20	惠州	平常	驶机四年、能修机	勿里洞玛纶叶瑞祥	万里洞玛纶筹赈会	

续表

姓名	年龄	籍贯	家庭情况	驾驶经验及技术	现在住址	保人姓名	保人地址
陈天福（已婚）	31	莆田	平常	驶机二年，能修机	沙捞越大石路 31 号	兴安会馆主席陈耀如	马来亚贸易公司经理
叶南川	23	陆丰	平常	驶机三年，能修机	星洲芽笼律 169 号快乐公司	谢德扬	
梁金顺	26	台山	平常	驶机五年	小坡大马路 520 号	广帮办事处	
陈禰安	29	台山	平常	S26119，驶机三年，能修机	新加坡尼律 21 号	广帮办事处	
符和地	26	文昌		驶机三年	密驼律符氏社	陈森	余街 3 号
陈亚珠	30	莆田	平常	驶机十年	梧槽干那律 58 号	星洲司机互助会	怒勿基 57 号
刘亚兴（已婚）	31	莆田	平常	驶机十一年	干榜吧鲁律 76 号	星洲司机互助会	怒勿基 58 号
陈秀碧	22	思明	过得去，报馆	驶机三年	甘光鲁鲁琼顺发号	杨德志	直落亚逸 146 号

续表

姓名	年龄	籍贯	家庭情况	驾驶经验及技术	现在住址	保人姓名	保人地址
黄项兴	20	潮州	双亲去世，有兄长一，英文七号班（Anglo chinese longlin）	驶机三年	星洲东陵谷律71号	张清和	星洲谷律59号怀亲学校
颜乃九	25	海澄	贫劳，家庭靠本人维持	驶机三年	河水山中苦汝律344号	周生泉（中巴鲁区分会）	河水山31号
陈嘉仁	26	文昌	母亲及弟	驶机三年	柔佛土乃埠	黄昌钊	柔佛土乃筹赈会
曾明泉（已婚）	31	广东	全凭司机为业	驶机四年	柔佛新塘路38	陈茂	柔佛土乃筹赈会
李生	25	高州	母亲在祖国	驶机死难	土乃埠颂唐金铺96号	陈颂唐	土乃埠颂唐金铺96号筹赈会
赖锦堂	29	漳州	父母允许	驶机九年	宝姑来新金门	林云珀	
黄庚发	26	琼山	父母允许，从事商业	驶机十年	柔佛古来埠	陈巨昌	
黄昌文（已婚）	29	琼东	有母及弟	驶机八年	柔佛古来埠	徐世润	古来埠（黄炳南黄子松资送）

续表

姓名	年龄	籍贯	家庭情况	驾驶经验及技术	现在住址	保人姓名	保人地址
吴世光	26	广东定安		驶机四年	柔佛古来埠丰号	黄兄弟公司	
张贵光	21	梅县	母亲、兄弟、妹、妻、侄	驶机三年，能修机	柔佛土乃顺公司	张保祥	柔佛土乃顺公司
黄宝香	21	福清	父母亡、兄一弟一妹一，先父曾营树胶，死后停办，兄弟诸人分离，在柔属诸处，曾在柔佛新山学校高小毕业后补习英文数月	曾学习牙科半载，分在顺公司机厂当助手	土乃顺公司	简玉麟	新山直律街50号顺昌隆宝号
林书华（已婚）	28	琼山	父允许，工业	驶机六年	柔佛杏森隆昌号	林诗全、郭盛芳	柔佛丰裕号
叶柏青	28	陆丰	中等、国医生及司机	驶机三年	柔佛土乃平安药房	彭桀友	柔佛土乃黄燃茂
蔡全胜（已婚）	25	广东	父母兄弟姐妹妻儿、经营杂货六年	驶机三年	柔佛土乃顺公司	张保锋	柔佛土乃顺公司
黄汝南	21	扬阳		驶机三年	土乃埠瑞发号	张介贤	

续表

姓名	年龄	籍贯	家庭情况	驾驶经验及技术	现在住址	保人姓名	保人地址
李亚德	25	琼州	慈母叔叔在祖国，生活平安，在外洋任送货员七年	驶机三年	土乃英德茂	广东琼州乐邑	
罗玉成（已婚）	26	鹤山	照常	驶机十五年	柔佛林东29号	张传辉	柔佛三年成亿
张惠明	22	扬阳	平常，跟车三年	驶机三年	柔佛土乃老成利	彭瑞麟	柔佛土乃平安药房
林绍纲	28	琼山	父母允许驶机	驶机三年	琼东柔佛古来老街场9号	林适华	琼山柔佛古来埠老街场9号
庄肖兴（已婚）	34	陆丰	照常	驶机三年	柔佛土乃	蔡传集	柔佛土乃埠
张江光	31	广东赤溪里	父母、弟在祖国	驶机七年	柔佛土乃谦益泰号	曾秀	柔佛土乃谦益泰号
梁居俊	26	广东乐和		驶机六年	柔佛古来埠张海源	陈嘉祥	柔佛古来埠张海源
王国光（已婚）	26	扬阳	照常	驶机二年	柔佛土乃	张毓文	柔佛土乃15号

续表

姓名	年龄	籍贯	家庭情况	驾驶经验及技术	现在住址	保人姓名	保人地址
张振宇(已婚)	31	福清	平常	驶机三年	星洲麻律12号	王振山兄弟公司	罗侯司基26号
陈家才(已婚)	40	琼山	稍过时日、行船车房、整机	驶机三年	哥叭街平和9号	许万松	叻小坡金街10号恒成号
王裕植(已婚)	27	琼州	小可过日、行船车房、整机	驶机四年	哥叭街平和10号	黎光昌	鸣哩咚得伊312号
陈清乐	25	南海		驶机五年，能修机	新加坡金榜昔保律100号	陈清乐	郑文蓉小坡联连城街益友俱乐部24号
高铭赐	21	安溪		驶机三年	新加坡金裕厂禾礼17号	高铭珠	For the singapore company Employees' Association (Registered May 1057)
林荣川	28	思明	兹有叔父弟弟维持家庭	驶机三年	爪哇律15号	邱金章	成和福红本小坡爪哇律
洪云成(已婚)	25	海澄	平常	驶机五年	振端律79号	黄章知许锦标	洛砣律振端律15号

续表

姓名	年龄	籍贯	家庭情况	驾驶经验及技术	现在住址	保人姓名	保人地址
黄根	26	兴会	生活平常，经商、司机	驶机三年	海山街尾90号	谢德扬	成多利德街15号马来西亚贸易公司
陈思仁	22	同安	一母二兄	驶机三年	直落亚逸街	黄清谭	丝丝街154号新加坡同爱校友会
郑世泉	25	永春	父母亡，曾任商店职员及驾驶员	驶机三年	星州桂因街200号	林立宗	新加坡珠烈街二十号 新加坡南春树胶制造厂
林光德（已婚）	37	乐会	父母在，妻子、家庭经济收支相抵	驶机三年	星州敬明街		
黄业坤	34	琼州	早年南渡任汽车界成脚车店并修补轮胎	驶机五年，能修机	阿罗惠连门90号环华阁	陈建池	阿罗惠连门90号环华阁
吴婧	37	莆田		驶机三年，修补轮胎	星州桂棱街23号裕合兴季大散收	洪锦芳	星洲实利己律91号
郑永福	21		父兄，司机	驶机三年	芽笼律529号	汪馥记	芽笼律529号
符晟	28	文昌		驶机八年，能修机	实利达十四条石187—e源泉号	符致逢	星洲大坡大小马路300号神农大药房

续表

姓名	年龄	籍贯	家庭情况	驾驶经验及技术	现在住址	保人姓名	保人地址
孙其文	25	永春		驶机三年		苏金月	星洲啃吻啦芝街 209 号 NO.209 SOUTH BRIDGE ROAD
李召木星（已婚）	33	不详	司机	驶机三年		郭京	
刘亚泉（已婚）	28	潮州	平常，驶机	驶机六年	吗吧堡得力 5 号	郭京	同济医院
李邓合（已婚）	31	乐会	父母在国内，妻子	S43615，驶机六年	新加坡三角坤 18 号	章××	新加坡华侨筹赈会大会广帮办事处
余魁昌（已婚）	23	惠阳	父母兄弟妻儿在祖国，前民国 25 年经香港工业后到南华	驶机二年	柔佛土乃工业宝号	曾宪焕	柔佛土乃焕然书栗
曾荣福	29	四会	兄弟二人，任司机 9 年	驶机三年	新加坡沙袋冬	广帮办事处	
邓文聪（已婚）	27	新会	父母在国内	S36714，驶机二年	新加坡菊街 9 号	广帮办事处	
林成就（已婚）	31	新会	妻女，司机 12 年	S19812，驶机三年，能修机	星洲后港六条石各云律 928	广帮办事处	

续表

姓名	年龄	籍贯	家庭情况	驾驶经验及技术	现在住址	保人姓名	保人地址
任亚明	30	香山	妻、子三人	驶机十三年，能修机	后港巴也黎咨律101号	广帮办事处	
冯生	30	新会	父在祖国，妹一	驶机十三年	南京街27号	广帮办事处	
马余生	24	紫金	平常，司机6年	驶机三年	荷属西安罗州坤甸松柏港马耀轩先生	刘和丹	星华筹赈会
李绍存	23	梅县	平常，双亲在荷属	驶机六年	荷属西婆洲坤甸槟柏港李利金店	刘和丹	星华筹赈会
陆昌隆	25	新会	父母、兄三人、家庭经济收支相抵	驶机五年	星洲捞明拉街314号	黄方白	星洲马拉咨街35号振群朴习学校
黄仁全	25	福清	母、兄弟、司机6年	驶机三年	星洲柔佛街51—1	郭汉年	
徐汉陶	25	大埔	弟兄三人、生活平常、曾经商	驶机二年	怒美朱律基昌公司	谢德杨	多利亚街12号 The malagn trding 马来亚贸易公司
林文龙（已婚）	35	兴化	父亲及两兄	驶机四年	小坡梧槽干拿律78号		

续表

姓名	年龄	籍贯	家庭情况	驾驶经验及技术	现在住址	保人姓名	保人地址
宋登才	22	南安	普通，曾经商	驶机四年	小坡梧槽朴传联兴60号	谢德扬	多利亚街11号 The malagn trding 马来亚贸易公司
陈福拨	25	安溪	曾经商	驶机五年	柔佛律陈合春10号	谢德扬	多利亚街12号 The malagn trding 马来亚贸易公司
刘发（已婚）	36	浦田	父母俱逝	驶机十五年、修理十年	星洲脉律12号	陈耀如	兴安公馆主席 星洲 哇打嘮级
吴来资	25	浦田	母亲及兄嫂俱逝、修理机器、在政界和商界工作	驶机五年	桂英街1294	陈耀如	兴安公馆主席 星洲 哇打嘮级
吴秀峰（已婚）	39	浦田	小女一		星洲维多利亚街486振华脚车铺	陈耀如	兴安公馆主席 星洲 哇打嘮级

一九三九年马来亚吉兰丹华侨机工回国服务团团员回国服务登记表

姓名	年龄	籍贯	家庭情况	驾驶修理经验经历	现在住址	保人姓名	保人地址
庄清海	24	同安	父母俱逝	N. 1958 golam Tohalaz（十年）		陈佳新	
黄耀明	24	台山	父母皆在祖国	能	吉大腾洋服店内	林开	高踏峇
李禄泉	32	福建石码	父亲	驶机两年	李芽业商住高踏峇隆号	林允送	高踏峇南昌公司
胡润成	24	南海	父母均在，兄一弟三	驶机三年	广镜和 gohan to hakim kota bharv kelamtam	黄全兴	吉兰丹高踏峇汝广镜和
刘春城	22	大埔	在吉兰出生、母在父殁姐一	驶机三年	吉赖同来栈	林	哥大岑汝南昌公司
林双志（已婚）	20	安溪	父母殁	驶机三年	高踏峇汝秦盛号内	沈鸿文	吉兰丹哥打峇汝裕南号
克东	23	琼山万宁	家仅一老母，产业有许多	从前有佣欧人后转而党店员，兼驾驶汽车	叻小坡竹脚峇亚峇芳来号	蘆业华	叻小坡竹脚峇亚峇芳来号
钟财	29	广东	平常	能	柔佛土乃黄德义号		
王书盛（已婚）	25	琼东	在家有一妻一女、贫农	历任机工十年	星洲小坡余街49号新全盛号		

续表

姓名	年龄	籍贯	家庭情况	驾驶修理经验经历	现在住址	保人姓名	保人地址
陈特群	21	文昌	贫困，有父无母，在中国	来新四年余做茶点工	小坡哥叭律 19 号		
郑贤忠	24	台山			新加坡亚土坚律 35 号		
刘宇汉（已婚）	27	琼州乐会	父母妻子	修理、偶尔工作、修理五年	小坡余街新合盛	陆兴机	星洲小坡余街新合盛
符国霖	27	琼州		修理六年		陆兴机	星洲小坡余街新合盛
邓镜泉	29	大埔		前任小坡火城广秦铁厂	柔佛街 19 号	江敏民	觅花申律 11 号同德号
郭之成	20			做电切工作六年、电线及修机	丹百字律 53 号郭六成收		
陈禄全	22	潮安		驶车三年	本坡小坡云山头街 18 号	林亚云	本坡小坡梧榜干那仙 10 号
李新文	24	梅县	生活足，读小学五年	修整机五年	牙笼昔 25A 44 号，Djambi Baojoebang n.i.a.m	李怀亮	皇后酒店

续表

姓名	年龄	籍贯	家庭情况	驾驶修理经验经历	现在住址	保人姓名	保人地址
郭南平	23	梅县	生活足，读小学五年	修重机三年，受小学三年	牙笼昔 25A 45 号，Lie Rtang Hiao Pangkallew Pangkalpamang	李怀亮	皇后酒店
许任泉	30	潮安	父长堂三兄已回国服务，愿回国服务	驶车三年	星洲小坡竹脚巴杀内44号秦笼号	孙炎威	星洲小坡哈默巷 A9 号
孔宝祯	39	番禺	无家庭	驶车十年，修理四年	新加坡牙龙律1号水南隆号内	朱国龙	新加坡武吉知马 17 号
吕占祥（已婚）	28	泉州	平常	驶机五年	振端律18号	华人司机互助会	怒吻基律 81 号
胡进芳	31	开平县	无亲属	前任吉隆坡源发公司驶修十一年	星洲松柏街 27 号	星洲醒狮体育团	
刘树培	28	台山	兄一人	修理四年	星洲松柏街 27 号	星洲醒狮体育团	
伍林（已婚）	22	四会	父、母、兄弟、妻	十余年	新加坡大坡二马路266号	星洲醒狮体育团	

续表

姓名	年龄	籍贯	家庭情况	驾驶修理经验经历	现在住址	保人姓名	保人地址
成良荪	22	大埔	老母小弟	五年，高小毕业从事机工	小坡大马路怒美之律505号	刘荣生	牙龙律民泉公司
许万福	25	乐会	中等	修机四年、任轮船公司四年	星洲小坡余街41号新合盛号	钟运技	小坡吧咪土街17号协会和合记
曾乂	36	梅县	父母已逝、兄嫂二人	美蓉南顺号学习修机	星洲客属总会	杨溢牌	丘子夫星洲客属会馆
陈火清	28	琼州乐会	父母及兄弟各一	修机四年	咘林巴车来加菊	梁宝泉加菊	咨属来加菊筹账会
苏沂琴（已婚）	34	同安	妻子、母、弟一子三女	驶机十二年、民国前三年由祖国到南洋	居銮埠柔佛土乃公司	谢允	
庞国四	32		父母叔伯在祖国	在怡保埠经营、现在劳加巴阜为慈何公司代理人	居銮埠车站一号鸿昌金铺转	居銮筹账会转	
冯友华	22	广西容县	父母兄嫂	在廖内宜明麻恩甲拜驶机三年、鲁司修电机修三年	柔佛水塘路16号	柔佛水塘路16号	
李晋	22	扬阳	有叔嫂	在廖内宜经历三年	柔佛水塘路六丰碑	四叔李銮华	柔佛水塘路

续表

姓名	年龄	籍贯	家庭情况	驾驶修理经验经历	现在住址	保人姓名	保人地址
翁世彬	22	潮安	平常（小学肄业）	驶机五年	本坡宾利已律18号	李燊华	柔佛水塘路
王木利	20	澄海	平常	驶机六年	本坡宾利已律19号		
陈钏	23	澄海	平常	驶机六年、曾任商店店员	本坡宾利已律20号	新光电池	
杨大琼	27	文昌		驶机四年	余街吴氏公会	林锡尧	新加坡美基律83号
盛云树	28	永春	自己一人	驾驶啰哩车六年	巴生坡房烘井天恩坛门39号	李文挨	巴生坡房烘井89号
林传芳	20	永春	兄二第一姐三	跟着发罗源两年	巴生港口直落牙弄律三校半石	林鸿修	巴生港口末淡亚律80号 新稼成
曾春和（已婚）	26	琼州	父在母亡、兄第一姊妹一	驶车五年	巴生港口直洛牙弄律	李兴吉	巴生筹赈会
颜义	36	安溪	自己一人	驶车五年	巴生港口		
李庆芜	30	南安	第一妹一	驶车五年	巴生坡？港老？坡路81号友联号	潘秀	加埔路25号

续表

姓名	年龄	籍贯	家庭情况	驾驶修理经验经历	现在住址	保人姓名	保人地址
洪国树	28	永春		驶机五年，曾在琼州公路考验营业		黄输迪	巴生彭京
符红光（已婚）	27	文昌	兄弟三	驶车三年	巴生坡之律路三条石	光南号符祥光	
李文光（已婚）	26	浦田	妻子在国内，独自在南洋	驶车三年	吧双瓜吩雪兰莪巴士有限公司	陈文楷	巴生中路42号
张成玉（已婚）	32	德化		驶车三年			
华广生	22	广东	父母弟一妹一	驶车三年	峇株巴来加兰来利城	华士基来加兰	
曾信发	33	广东	兄嫂各一	驶车四年	峇林巴峇来加菊	周经烈	峇属来加兰筹赈分会
陈友乾	26	广东		驶车四年	荷属邦加槟港	王叙瑶	星洲亚龙振南昌路55号
曾南祥	27	广东		驶车四年	荷属邦加槟港	王叙瑶	星洲亚龙振南昌路56号
曾柏添	30	广东		驶车四年	荷属邦加槟港	王叙瑶	星洲亚龙振南昌路57号

续表

姓名	年龄	籍贯	家庭情况	驾驶修理经验经历	现在住址	保人姓名	保人地址
董成光	28	广东		驶车四年	荷属邦加振港	王叔瑶	星洲亚龙振南昌路58号
赖春来(已婚)	33	惠州	平常	驶车四年	苏东仙达		仙达筹赈会
黄汉荣	23	梅县	平常	驶车三年			仙达筹赈会
林亚伸	24	雷州	平常	驶车五年			仙达筹赈会
丘德祥	26	惠来		驶车五年			仙达筹赈会
叶黄?(已婚)	33	潮安	平常	驶车三年			仙达筹赈会
陈文迪	23	福清	平常	驶车三年			仙达筹赈会
姚向蓉(已婚)	34	漳州	平常	驶车三年			仙达筹赈会
林玉龙	24	惠来	平常	驶车三年			仙达筹赈会
黄亚狗	25	南安	平常	驶车三年			仙达筹赈会
林溁省	27	漳州	平常	驶车三年			仙达筹赈会
许桂明	18	惠州	平常	驶车三年	柔佛龟来崇昌号		新山筹赈会
符和林	18	文昌	平常	驶车二年			新山筹赈会

参考文献

一 档案、报刊、特刊及访谈资料

[1] 西南运输处档案（全宗号 54），云南省档案馆藏。

[2] 云南省社会处档案（全宗号 92），云南省档案馆藏。

[3] 云南省侨务处档案（全宗号 2），云南省档案馆藏。

[4]《总汇新报》(1938—1941，1945—1946) 新加坡：新加坡国立大学馆藏（电子版）。

[5]《南洋商报》(1938—1941)，新加坡国家图书馆。

[6]《槟城日报》(1938—1941)，新加坡国立大学馆藏（电子版）。

[7]《云南日报》（缩微胶卷）1939—1946，云南省图书馆藏。

[8]《民国日报》（缩微胶卷）1939—1946，云南省图书馆藏。

[9]《南侨机工刊》第 1—13、18—26 期，华侨机工互助社编辑部编印，云南省图书馆藏。

[10] 吴强、陈毅明、汤晓梅编著：《南侨机工档案史料选编——云南省档案馆藏部分》，中国华侨出版社 2009 年版。

[11] 谢培屏编：《战后遣返华侨史料汇编》(1)(2)(3)，台北"国史馆"印行 2005 年版。

[12] 中国第二历史档案馆编：《中华民国档案史料汇编第五辑政治》(二)，江苏古籍出版社 2003 年版。

[13] 吴景平、郭岱君编：《宋子文驻美时期电报选 (1940—1943)》，复旦大学出版社 2008 版。

[14] 第二历史档案馆：《蒋介石、宋子文、俞飞鹏等为滇缅公路相关事宜往来函电》，《民国档案》2008 年第 4 期。

[15] 第二历史档案馆：《抗战时期经济部工矿调整处等关于滇缅路物资运输问题的相关函电》（1940.1—1941.10），《民国档案》2006 年第3 期。

[16] 第二历史档案馆：《抗战初期蒋介石、宋子文、孔祥熙等募集海外捐债来往函电》，《民国档案》2000 年第 4 期。

[17] 第二历史档案馆：《贸易委员会函送驻英使馆之缅甸运输路线亟应开禁理由节略》，《民国档案》2008 年第 2 期。

[18] 《南侨复员机工互助会十二周年纪念特刊》（非卖品），新加坡南侨复员机工互助会 1959 年版。

[19] 新加坡怡和轩俱乐部：《怡和轩俱乐部一百周年庆典特刊》，新加坡怡和轩俱乐部 1996 版。

[20] 周兆呈编：《世纪承传：怡和轩 113 周年纪念》，新加坡怡和轩俱乐部 2008 年版。

二 专（编）著

[21] ［英］巴素：《马来亚华侨史》，刘前度译，槟城光华日报有限公司1950 年版。

[22] ［英］巴素：《东南亚之华侨》，郭湘章译，台北正中书局 1987 年版。

[23] 陈烈甫：《东南亚洲的华侨、华人与华裔》，台北正中书局 1979年版。

[24] 陈碧笙：《滇边散忆》，上海东方文化书局 1938 年版。

[25] 陈碧笙、陈毅明编：《陈嘉庚年谱》，福建人民出版社 1986 年版。

[26] 陈达：《南洋华侨与闽粤社会》，商务印书馆 2011 年版。

[27] 陈嘉庚：《南侨回忆录》，岳麓书社 1998 年版。

[28] 曹聚仁、舒宗侨编：《中国抗战画史》（上下册），中国文史出版社2011 年版。

[29] 陈剑：《马来亚华人的抗日活动》，雪兰莪策略咨询研究中心 2004年版。

[30] 陈枝连：《东南亚华族社会发展论——探索走向二十一世纪的中国和东南亚的关系》，上海社会科学院出版社 1992 年版。

[31] 陈达娅、陈勇编：《再会吧，南洋——海南南洋华侨机工回国抗战回

忆》，中国华侨出版社 2002 年版。

[32] 陈达娅编：《南洋 1939 年》，中国华侨出版社 2010 年版。

[33] 蔡仁龙、李国梁编：《华侨与抗日救国历史资料选辑》，福建人民出版社 1987 年版。

[34] ［英］Bentrix Motford：《中缅之交》，伍况甫译，商务印书馆 1949 年版。

[35] ［日］日本对南洋华侨调查资料选编（1925—1945）（第一辑），崔丕、姚玉民译，广东高等教育出版社 2011 年版。

[36] ［日］菊池一隆：《中国抗日军事史》，袁广泉译，社会科学文献出版社 2011 年版。

[37] 独立出版社编：《抗战与华侨》，重庆独立出版社 1949 年版。

[38] ［日］服部卓四郎：《大东亚战争全史》（第一册），张玉祥等译，商务印书馆 1984 年版。

[39] ［美］费正清：《中国之行》，赵复三译，新华出版社 1988 年版。

[40] 关楚璞、郁达夫编：《星洲十年》，星洲日报社 1940 年版。

[41] 古鸿廷：《东南亚华侨的认同问题：马来亚篇》，台北联经出版事业公司 1994 年版。

[42] 龚学遂：《中国战时交通史》，上海商务印书馆 1947 年版。

[43] 黄昆章：《澳大利亚华侨华人史》，广东高等教育出版社 1998 年版。

[44] 黄仁宇：《缅北之战》，上海大东书局 1946 年版。

[45] 何应钦：《八年抗战之经过》，台北文海出版社 1997 年版。

[46] 华侨协会总会：《华侨与抗日战争论文集》（上、下册），台北海宇文化事业有限公司 1999 年版。

[47] 何思眯编：《抗战时期美国援华史料》，台北"国史馆"印行 1994 年版。

[48] 黄慰慈、许肖生：《华侨对祖国抗战的贡献》，广东人民出版社 1991 年版。

[49] 华侨协会总会：《华侨与抗日战争论文集》，台北华侨协会总会 1999 年版。

[50] 何炳彪主编：《新华研究：帮权、人物、口述历史》（林孝胜）卷，新加坡青年书局 2010 年版。

［51］《侨胞复员概况》，行政院新闻局1947年版。

［52］何应钦：《八年抗战之经过》，文海出版社1946年版。

［53］黄小坚、赵红英、丛月芬等：《海外侨胞与抗日战争》，北京出版社1995年版。

［54］黄贤强：《跨域史学：近代中国与南洋华人研究的新视野》，厦门大学出版社2008年版。

［55］［英］哈弗皮尔逊：《新加坡史》，《新加坡史》翻译小组译，福建人民出版社1972年版。

［56］］［日］今崛城二：《马来亚华侨社会》，刘果因译，槟城嘉应会馆1974年版。

［57］何汉文：《华侨概况》，神州国光出版社1942年版。

［58］华侨博物院编：《南侨机工》，文物出版社2005年版。

［59］蒋永敬：《抗战史论》，台北东大图书发行1995年版。

［60］［日］崛场一雄：《日本对华战争指导史》，王培岗等译，军事科学出版社1988年版。

［61］日本防卫厅编撰：《日本军国主义侵华资料长编》，天津政协编译委员会译，四川人民出版社1987年版。

［62］柯木林：《新加坡华族史论集》，新加坡南洋大学毕业生协会1972年版。

［63］柯木林、林孝胜：《新华历史人物研究》，新加坡南洋学会1986年版。

［64］抗日战争时期国民政府财政经济战略措施研究课题组编写：《抗日战争时期财政经济战略措施研究》，西南财经大学出版社1988年版。

［65］李恩涵：《东南亚华人史》，台北五南图书出版公司2003年版。

［66］（清）李钟珏：《新嘉坡风土记》，新加坡南洋编译所1947年版。

［67］林孝胜：《新加坡华侨与华商》，新加坡亚洲研究学会1995年版。

［68］林远辉、张应龙：《新加坡与马来西亚华侨史》，广东高等教育出版社2008版。

［69］林少川：《陈嘉庚与南侨机工》，中国华侨出版社1994年版。

［70］刘士木：《日本海外侵略与华侨》，南洋文化事业部1931年版。

［71］刘宏、黄坚立编：《海外华人研究的大视野与新方向》，新加坡八方

文化企业公司 2002 年版。

[72] 赖益盛、张瑞金编：《柔佛华侨殉难义烈史全辑》，柔佛洲中华总会 2007 年版。

[73] 李业霖编：《太平洋战争史料汇编》，吉隆坡雪隆海南回国青年团、华社资料研究中心 1996 年版。

[74] 李盈慧：《华侨政策与海外民族主义》，台北"国史馆"印行 1997 年版。

[75] 李盈慧：《抗日与附日：华侨、国民政府、汪政权》，台北水牛出版社 2003 年版。

[76] 李占才、张劲：《超载：抗战与交通》，广西师范大学出版社 1996 年版。

[77] 刘伯奎：《抗日时期沙捞越华侨机工回国服务实录》，长夏出版社 1983 年版。

[78] 刘达人：《新缅甸与中国》，出版地不详，1941 年 12 月。

[79] 刘德军：《抗日研究述评》，齐鲁书社 2005 年版。

[80] 马建国：《抗日战争时期的中美军事合作》，解放军出版社 2007 年版。

[81] 南洋华侨机工云南联谊会编写：《赤子功勋：南侨机工抗日回国史料汇编》（非卖品），昆明康达印务 2010 年版。

[82] 区如柏：《祖先的行业》，新加坡胜友书局 1991 年版。

[83] 秦钦峙、汤加麟：《华侨机工抗日史》，云南人民出版社 1989 年版。

[84] 邱新民：《艰难的行程》，新加坡文学书屋 1985 年版。

[85] 秦孝仪主编：《中华民国重要史料初编：对日抗战时期》，中国国民党重要史料初编党史委员会 1988 年版。

[86] 任贵祥：《华侨与中国民族民主革命》，中央编译出版社 2006 年版。

[87] 中国社会科学院近代史研究所编：《近代中国与世界》，社会科学文献出版社 2005 年版。

[88] 任贵祥：《华侨第二次爱国高潮》，中共党史出版社 1989 年版。

[89] 任贵祥：《华夏向心力——华侨对祖国抗战的支援》，广西师范大学出版社 1993 年版。

[90] 苏智良、毛剑峰：《去大后方——中国抗战内迁实录》，上海人民出

版社 2005 年版。

[91] 孙代兴、吴宝璋：《云南抗日战争史》，云南大学出版社 1995 年版。

[92] 童子达编：《新加坡各业调查》，新加坡南洋工商补习学校 1928
年版。

[93] 谭伯英：《血路》，云南人民出版社 2002 年版。

[94] 汤璐聪、陈毅明：《南侨机工抗战纪实》，厦门鹭江出版社 2005
年版。

[95] 田玄：《铁血远征：中国远征军印缅抗战》，广西师范大学出版社
1994 年版。

[96] 日本对南洋华侨调查资料选编（1925—1945）（第二辑），孙承译，
广东高等教育出版社 2011 年版。

[97] 新加坡国家档案馆：《新加坡的南侨机工：一批热血华侨回中国抗日
的不平凡故事》，新加坡国家档案馆 2010 年版。

[98] 《大战与南侨》编撰委员会：《大战与南侨》，（马来西亚）纪念日据
时期殉难同胞工委会 2007 年版。

[99] 南洋商报编：《新加坡一百五十年》，新加坡南洋商报 1969 年版。

[100] ［新］王赓武：《东南亚与华人——王赓武教授论文集》，姚楠译，
中国友谊出版公司 1987 年版。

[101] ［新］王赓武：《中国与海外华人》，香港商务印书馆 1994 年版。

[102] ［新］王赓武：《移民与兴起的中国》，新加坡八方文化创作室 2005
年版。

[103] ［新］王正华：《抗战时期外国对华军事援助》，环球书局 1978
年版。

[104] 吴前进：《国家关系中的华侨华人和华族》，新华出版社 2003 年版。

[105] 王德春：《联合国善后救济总署与中国（1945—1947）》，人民出版
社 2004 年版。

[106] 吴风斌主编：《东南亚华侨通史》，福建人民出版社 1993 年版。

[107] 吴志超：《日本的侵略战争与我：一个老保人的回忆录》，隆雪中华
大会堂 2006 年版。

[108] 许云樵原主编、蔡史君编修：《新马华人抗日史料（1937—1945）》，
新加坡文史出版私人有限公司 1984 年版。

[109] 徐康明：《中缅印战场抗日战争史》，解放军出版社 2007 年版。

[110] 徐万民：《战争生命线：国际交通与八年抗战》，广西师范大学出版社 1995 年版。

[111] 谢本书：《蒋介石和地方实力派》，河南人民出版社 1990 年版。

[112] 中国人民政治协商会议云南省委员会文史资料委员会编：《血肉筑成抗战路》，云南人民出版社 1998 年版。

[113] 西南地区文史资料协作会议编：《抗战时期的西南交通》，云南人民出版社 1992 年版。

[114] 夏光南编著：《中印缅道交通史》，中华书局 1948 年版。

[115] 徐蓝：《英国与中日战争（1931—1941）》，北京师范学院出版社 1991 年版。

[116] 行政院善后救济总署编印：《中国善后救济计划》，中华民国三十三年十二月版。

[117] 日本防卫厅：《中华民国史资料丛稿：缅甸作战》（上），天津政协编译委员会译，中华书局 1987 年版。

[118] 《侨胞复员概况》，行政院新闻局印行 1947 年版。

[119] ［澳大利亚］颜清湟：《新马华人社会史》，粟明鲜、陆宇生等译，中国华侨出版公司 1991 年版。

[120] ［澳大利亚］颜清湟：《东南亚华人之研究》，香港社会科学出版有限公司 2008 年版。

[121] 叶思奇编：《赤子丹心》，中国华侨出版社 1998 年版。

[122] 姚楠：《中南半岛华侨史纲要》，商务印书馆民国三十四年版。

[123] 尹衍均：《全面抗战与国民外交》重庆中山文化教育馆编印，民国二十七年版。

[124] 杨建成：《南洋华侨抗日救国运动始末（1937—1945）》，台湾中华学术院南洋研究所印行 1986 年版。

[125] 杨建成主编：《英属马来亚华侨》，台湾中华学术院南洋研究所印行 1986 年版。

[126] 杨建成主编：《华侨之研究》，台湾中华学术院南洋研究所印行 1986 年版。

[127] ［美］易老逸：《毁灭的种子：战争与革命中的国民党和中国

(1937—1949)》，王建朗、王贤知译，江苏人民出版社 2009 年版。

[128] 钟业昌、吴清雄主编：《铁血滇缅路》，辽宁教育出版社 2010 年版。

[129] 张礼千：《南洋与与文化》，南洋编译社，民国二十九年。

[130] 张存武、朱浤源：《菲律宾华侨华人访问记录》，台湾"中研院"近代史研究所 1996 年版。

[131] 杨国桢等：《明清中国沿海社会与中国移民》，高等教育出版社 1997 年版。

[132] [澳] 杨进发：《战前新华社会结构与领导人初探》，新加坡南洋学会 1977 年版。

[133] [澳] 杨进发：《陈嘉庚——华侨传奇人物》，李发沉译，新加坡八方文化企业公司 1990 年版。

[134] [澳] 杨进发：《陈嘉庚研究文集》，中国友谊出版公司 1988 年版。

[135] 曾玲：《越洋再建家园——新加坡华人社会文化研究》，江西高校出版社 2003 年版。

[136] 庄国土：《华侨华人与中国的关系》，广东高等教育出版社 2001 年版。

[137] 庄国土：《东亚华人社会的形成和发展》，厦门大学出版社 2010 年版。

[138] 曾瑞炎：《华侨与抗日战争》，四川大学出版社 1988 年版。

[139] 吴伦霓、郑赤琰编：《两次世界大战期间的在亚洲之海外华人》，香港中文大学 1989 年版。

[140] 张玉法：《中国现代史论集：八年抗战》，台北联经出版事业公司 1985 年版。

[141] 曾昭轮：《缅边日记》，辽宁教育出版社 1998 年版。

[142] 朱杰勤：《东南亚华侨史》，中华书局 2008 年版。

[143] 周一士：《中国公路史》，台湾文海出版社 1957 年版。

[144] 《中国国民党与华侨文献初编（1908—1945）》，中华学术院南洋研究所印行 1986 年版。

[145] 广东省省委党史研究委员会等编：《广东华侨港澳同胞回乡服务团史料——东江华侨回乡服务团》，广东省委党史研究委员会等，1985 年。

[146] 周天豹、凌承学主编：《抗日战争时期西南经济发展概述》，西南师范大学出版社 1988 年版。

[147] 张赛群：《南京国民政府侨务政策研究》，中国言实出版社 2008 年版。

[148] 秦孝仪主编：《中华民国重要史料初编：对日抗战时期战时建设》，国民党中央党史委员会编印 1988 年版。

[149] ［英］詹姆斯·贝兰特著：《中国的新生》，林淡秋译，新华出版社 1986 年版。

[150] ［日］中原茂敏：《大东亚补给线》，中国人民解放军总后勤部译，解放军出版社 1999 年版。

[151] ［美］威廉·凯宁：《飞越驼峰》，戈叔亚译，辽宁教育出版社 2005 年版。

[152] 刘焕然编：《英属马来亚概览》，新加坡新国民日报 1935 年版。

[153] 王赓武：《南洋华人简史》，张亦善译注，台北水牛出版社 1979 年版。

[154] ［美］P. Fitzgerald, Daviesh, R. ：《滇缅路》，宋自节、张履鉴、黄钟秀译，今日新闻社出部 1945 年版。

[155] ［日］菊池一隆：《中国抗日军事史》，袁广泉译，社会科学文献出版社 2011 年版。

[156] 吴相湘：《第二次中日战争史》（上册），台北综合月刊 1973 年版。

[157] 王建朗：《抗战初期的远东国际关系》，台湾东大图书公司 1991 年版。

[158] 陶文钊：《战时美国对华政策》，武汉大学出版社 2010 年版。

[159] 韩永利：《第二次世界大战与中国抗战的地位研究》，商务印书馆 2010 年版。

三　中文刊物论文及析出文献

[160] 叶春红：《试论抗战时期中国西部工业之进步》，《抗日战争研究》 2003 年第 6 期。

[161] 童行白：《华侨机工的现状与将来》，《中国劳动月刊》1941 年第 1 卷第 2 期。

[162]《运输人员训练所视察报告》,《训练通讯》1939 年第 3 期。

[163] 和丽琨:《民国时期的云南汽车运输业》,《云南档案》2011 年第 9 期。

[164] 林少川:《南侨机工:中国抗战史上英勇悲壮的群体》,《福建党史月刊》2005 年第 10 期。

[165] 林孝胜:《华侨机工回国服务纪实》,何炳彪主编《新华研究:帮权、人物、口述历史(林孝胜卷)》,新加坡青年书局出版社 2010 年版。

[166] 马玉华:《国民政府对云南土司的调查》,《贵州民族研究》2004 年第 4 期。

[167] 郭亚非、宋明彪:《民国时期的云南匪患及特点研究》,《学术探索》2009 年第 6 期。

[168]《华侨抗战》(旬刊)第一卷第三期,中华民国二十七年三月三十一日。

[169] 庄国土:《从民族主义到爱国主义:1911—1941 年间南洋华侨对中国认同的变化》,《中山大学学报》(社会科学版)2000 年第 4 期。

[170] 中国第二历史档案馆:《宋子文与陈嘉庚为在新、马募集救国捐款往来电函》(1937 年 12 月—1939 年 7 月),《民国档案》2006 年第 3 期。

[171] 魏宏远:《抗战时期的华侨捐输与救亡运动》,《近代史研究》1999 年第 6 期。

[172] 谭刚:《抗战时期国民政府的交通立法与交通管理》,《抗日战争研究》2007 年第 3 期。

[173] 晁丽华:《抗战时期迁建的云南军事工业研究》,《大理学院学报》2007 年第 5 期。

[174] 夏兆营:《论抗战时期的西南运输总处》,《抗日战争研究》2003 年第 2 期。

[175] 陶子厚:《抗战时期的西南运输总处》,《民国档案》1996 年第 2 期。

[176]《建国道上的神行太保——华侨机工》,《华侨先锋》1940 年第 16 卷第 7 期。

[177] 张有高：《抗日战争时期中国最大的兵工厂简介》，《民国档案》1993 年第 2 期。

[178] 肖雄：《抗战时期日本对华的交通封锁与国民政府的反封锁政策》，《抗日战争研究》2011 年第 1 期。

[179] 李盈慧：《动员华侨"继续为革命之母"：太平洋战争前国民党对东南亚的华人政策》，载廖建裕《再读孙中山、南洋与辛亥革命》，新加坡华裔馆、东南亚研究院 2011 年版。

[180] YEN Ching-hwang, *The Overseas Chinese and the second Sino Japanese War, 1937−1945*，《南洋学报》第 52 卷，1998 年 8 月。

[181] 陈松沾：《日治时期新马华人的处境》，1998 年 8 月《南洋学报》第 52 卷。

[182] ［日］菊池一隆：《抗日战争时期的华侨和中国工业合作运动》，《抗日战争研究》2003 年第 2 期。

[183] 秦钦峙：《南侨机工与抗日战争》，载华侨协会总会主编《华侨与抗战论文集》，台湾正中海外分局 1999 年版。

[184] 崔贵强：《还乡心愿夜长梦多：战后初期新马复员机工》，《南洋学报》1987 年第 42 卷第 1、2 期。

[185] 叶钟玲：《南洋华侨筹赈总会机工支援祖国抗日史》，《南洋学报》1987 年第 44 期。

[186] 叶钟玲：《南侨筹赈总会征募机工回国服务史实》，《陈嘉庚与南洋华人论文集》，马来亚陈嘉庚基金会委员会 2013 年版。

[187] 林孝胜：《华侨机工回国服务记史》，《南洋学报》1989 年第 44 期。

[188] 叶钟玲：《槟城华侨机工回国服务纪实》，陈剑虹黄贤强编《斌榔榆华人研究》，韩江学院华人文化馆、新加坡国立大学中文系 2005 年版。

[189] 蔡若水、陈自强：《陈嘉庚与南侨机工回国服务团》，《历史教学》1988 年第 2 期。

[190] 陈宪光：《蔡若水先生对"南侨机工"的调查研究》，《华侨华人历史研究》1996 年第 1 期。

[191] 魏宏运：《抗战时期的华侨捐输和救亡运动》，《近代史研究》1999

年第 6 期。

[192] 连心豪：《1940 年代初期日本南洋华侨政策初探：以日本的南洋华侨调查为中心》，载《1940 年代的中国》（下卷），社会科学文献出版社 2005 年版。

[193] 黄小坚：《关于华侨与抗日战争研究的若干问题》，载庄国土等编《世纪之交的海外华人》，福建人民出版社 1998 年版。

[194] 王赓武：《新旧民族主义与海外华人》，载庄国土等编《世纪之交的海外华人》，福建人民出版社 1998 年版。

[195] 夏玉清：《道阻且长：二战后南侨机工的复员与南返》，《暨南学报》（哲学社会科学版）2015 年第 2 期。

[196] 肖雄：《抗日战争时期国民政府的战时驿运》，《云南民族大学学报》（哲学社会科学版）2010 年第 1 期。

[197] 黄明焕、周聿峨：《东南亚华侨与抗日运动》，《湖北社会科学》2005 年第 10 期。

[198] 徐炳三：《辛亥遗产与南洋华侨抗战之精神动力》，《史学集刊》2011 年第 2 期。

[199] 夏玉清：《南洋华侨机工研究：华侨支持中国抗战研究的新领域》，《西部学刊》2015 年第 2 期。

[200] 王赓武：《中国革命与海外华人》，张铭译，《华侨华人历史研究》2001 年第 2 期。

[201] 谭克绳：《略述华侨对祖国抗日战争的贡献》，载《民国档案与民国史学术研讨会论文集》，档案出版社 1989 年版。

[202] 陈谦平：《试论抗战以前南京国民政府的交通建设》，载《民国档案与民国史学术研讨会论文集》，档案出版社 1989 年版。

[203] 刘卫东：《关于抗战前期苏联军火过境越南的史实订补》，《抗日战争研究》2000 年第 2 期。

[204] 贾国雄：《论国民政府抗战时期的交通运输管理体制》，《西南师范大学报》（哲学社会科学版）2005 年第 7 期。

[205] 王赓武：《"党国民主"与三代海外华人的进与退》，《近代史研究集刊》2000 年第 67 期。

[206] 朱振明：《太平洋时期日本占领下的缅甸》，载邹启宇《南洋问珠

录》，云南人民出版社 1986 版。

[207] 郑应恰：《试论海外华侨对抗日战争的特殊作用与贡献》，《暨南学报》（哲学社会科学版）1995 年第 4 期。

[208] 刘侃：《近年来有关华侨与抗日战争研究概况》，《华侨华人历史研究》1988 年第 4 期。

[209] 纪宗安、崔丕：《日本对南洋华侨的调查及其影响（1925—1945）》，《中国社会科学》2009 年第 1 期。

[210] 曾玲：《挑战与转型：当代新加坡华人宗乡社团变迁》，《暨南学报》（哲学社会科学版）2005 年第 1 期。

[211] 郑会欣：《统制经济与国营贸易——太平洋战争爆发后复兴商业公司的经营活动》，《近代史研究》2006 年第 2 期。

四、英文文献

[212] Stephen Leong. The Malayan Overseas Chinese and the Sino-Japanese War，1937—1941，*Journal of Southeast Asian Studies*，10，No. 2（Sep.，1979）.

[213] Png Poh Seng. The Kuomintang in Malaya，1912—1941，*Journal of Southeast Asian History*，2，No. 1，The Chinese in Malaya（Mar.，1961）.

[214] Stephen Leong. The Kuomintang-Communist United front in Malaya during the National Salvation Period 1937—1941，*Journal of Southeast Asian Studies*，Volume 8 / Issue 01 / March 1977.

[215] Akashi Yoji. *Nan yang Chinese National Salvation Movement 1937—1941*，University of Kansas，Center for East Asian Studies，1970.

[216] Chan Chou Wah. *Light on the Lotus Hill：Shuang Lin Monastery and Burma Road*. Singaopore：Kepmedmia International Pet Ltd. .

[217] Clarence Cendershot. Burma's value to the Japanese，*Far Eastern Survey*，Vol. 11，No. 16（Aug. 10，1942）.

[218] Clarence Cendershot. Role of the Shan State the Japanese Conquest of Burma. *The Far Eastern Quarterly*，Vol. 2，No. 3（May，1943）.

[219] Virginia ThompsonSource. Transit Duty on the Burma Road, *Far Eastern Survey*, Vol. 10, No. 18 (Sep. 22, 1941), pp. 213—215.

[220] Philip Chetwode, E. H. Keeling, Patrick Fitzgerald, Dudley Stamp, Ernest Wilton. The Yunnan-Burma Road: Discussion. *The Geographical Journal*, Vol. 95, No. 3 (Mar., 1940).

[221] Pang Wing Seng. The "Double Seventh" Incident, 1937: Singapore Chinese Response to the Outbreak of the SinoJapanese War, *Journal of Southeast Asian Studies*, Volume 4, Issue 2, September 1973.

[222] Antonio S. Tan. The Philippine Chinese Response to the Sino-Japanese Conflict, 1931—1941, *Journal of Southeast Asian Studies* / Volume 12, Issue 1, March 1981.

[223] Danny Wong Tze Ken. Anti-Japanese activities in North Borneo before World War Two, 1937—1941, *Journal of Southeast Asian Studies*, Volume 32, Issue 1, February 2001.

[224] Huwen. *To Forge a Strong and Wealthy China? the Buy-Chinese Products Movement in Singapore, 1905 — 1937*, A Thesis Submitted for the degree of master of arts department of history national of university of Singapore, 2004.

[225] Huei-ying Kuo. *Nationalism Against Its People? Chinese Business and Nationalist Activities in Inter-War Singapore, 1919 — 1941*. Working Papers Seizes No. 48, July 2003, City University of Hong Kong.

[226] Donovan Webster. *Burma Road: The Epic Story of the China-Burma-India Theater in World War Ⅱ*. Harper Audio. 1970.

[227] Friberg. *West China and the Burma Road*, Augsberg publishing house, 1941. Donovan Webster. The Burma Road, Harper Collins Publishers.

致　谢

　　这部书稿是在我的博士论文基础上补充、修订而成的。这部书稿的完成并出版，我最应该感谢的是我的导师曾玲教授。2009 年，我有幸在厦门大学师从曾老师攻读博士研究生，从事东南亚华侨史的研究。在攻读博士期间，在我的学习和研究中，曾老师给予了悉心指导，尤其是博士论文，从选题到构思，从搜集资料到写作修改，都得到了曾老师的指导和帮助。刚入厦门大学期间，我至今仍清楚地记得，导师利用一切可能的机会让我接触和了解海外华人，2010 年 7 月，世界同安同乡大会在厦门（翔安）召开，导师因身体原因不能陪我们亲自前往体验，但导师想尽办法让我们全程参与大会的活动。参加世界同安同乡大会后，使我对华侨华人的所思所想有了初步的感知。曾老师还经常告诫我们，研究华侨华人文化，必须走到海外才能够真正体会和具有意义。为此，导师利用其在新加坡学术资源为我走出去寻找机会。2012 年 11 月，经过导师的努力，导师推荐我赴新加坡参加"南侨机工·历史聚焦"学术会议并做主题发言。曾老师为我的博士论文写作倾注了大量心血，没有她的帮助，我的论文很难顺利完成。

　　在生活中，曾老师给予了我无微不至的关照。曾老师严谨的治学风格和深厚的学术素养令我敬佩不已，曾老师对学生的关心和爱护，更令我深受感动。曾老师的恩情，学生除了铭记在心之外，只有在今后的学习工作中，通过加倍的努力，以更多更好的成绩，作为对老师的回报。

　　在我博士论文从开题到答辩的整个过程中，厦门大学南洋研究院的李国梁教授，厦门大学历史系的王旭教授，台湾师范大学东亚所的江柏炜教授，福建师范大学的王晓德教授、谢必震教授，河南师范大学的孙景峰教授都提出过许多宝贵意见和建议，使我受益匪浅。此外，特别感谢中国社会科学院曾少聪教授在生活和学习上的关心和帮助。感谢云南省侨办领导对机工研究的鼓励和支持，感谢华侨博物院陈毅明教授的关心和帮助，感谢新华社上海分社许晓青女士、新华社云南分社李怀岩先生的帮助。

感谢新加坡怡和轩俱乐部总务、三江会馆会长李秉萱博士提供的去新加坡的田野调查经费及其在新期间的帮助和热情招待，感谢新加坡"怡和轩"俱乐部主席林清如先生热情接受本人的访谈，感谢新加坡文南飞、韩玉瑜、严春宝、王兆炳、韩山元等同学的帮助和照顾。

感谢我的学长，上海海洋大学的孟庆梓、华侨大学的李勇、集美大学的任江辉。感谢各位学长为我的课题研究指点迷津。感谢与我一起学习和讨论研究课题的同学汤锋旺、王玉娟、王峰、林芳等。在厦门大学学习期间，有赖于历史系的曹升生、阳阳、付华顺、朱圣明、宋永忠、李斌、刘中伟等同学的帮助。和他们一起学习、交流的日子，是我厦门大学生活最美好的回忆。

自从 2006 年硕士毕业以来，我的硕士导师云南师范大学的罗致含教授，一直关心着我的学习和生活，特别是在博士论文写作期间，向我提供了很多宝贵建议。

在昆明期间，得到许多热心人的支持和帮助。在我搜集资料的过程中，云南省档案馆的和丽昆、张云辉、田红兵、谢春霞、李艳等提供的便利，借此表示感谢。感谢云南省档案馆吴强教授对本书提出的建议。

感谢南侨机工联谊会提供资料，感谢云南省华侨历史协会的何良泽先生提供的资料和接受访谈，感谢南侨机工罗开湖、中国远征军老兵杨毓骧接受的访谈；感谢昆明市侨办徐宏基先生，感谢云南省南洋华侨机工回国抗战历史研究会会长林晓昌先生，感谢机工后代汤小梅女士、张田玉女士、汤耶碧女士提供的帮助。

云南师范大学华文学院院长武友德教授为本书写作和出版提供的宽松环境，使我能够有充裕的时间查阅档案和外出访谈。感谢华文学院和雪莲书记的关心和支持。感谢云南师范大学发展研究中心主任王秀成教授、云南师范大学学报编辑部袁盾教授的关心和帮助。

本书的出版得到马来西亚海南会馆联合会会长、马来西亚槟城孙中山协会会长林秋雅女士，新加坡二战历史研究会会长、新加坡南洋孔教会会长郭文龙先生的出版资助。中国社会科学出版社的编辑张林女士、王斐、秦占英女士为本书的编辑出版付出了辛勤劳动，在此表示衷心的感谢。

最后，我要感谢我的家人，感谢父母对我多年以来始终如一的支持，多年来因在外工作和学习很少回山东老家看望父母，哥哥、姐姐等家人一直牵挂着我，但在我攻读博士期间父亲不幸去世，父亲未能看到我获得博士学位的那一天，使我真切地体会到"子欲养而亲不待"的无奈和感慨。感谢岳父、岳母在昆明为我们照看女儿和对家庭的照顾，使我能够在家有充足的时间看书撰写论文。感谢妻子孔慧的牺牲和付出，攻读博士期间，可爱的女儿也陪同我一起成长，为我们增添了无尽的快乐。值此书稿付梓之际，谨以此书表达对他们的诚挚谢意！本人才疏学浅，加之档案报刊等文献模糊不清，书中存有疏漏或讹误由笔者负责，恳请专家批评指正。

夏玉清
2015 年 6 月于昆明雨花毓秀小区